ex libris nosocomii Sanabilium

R 1303.
c.a.

AV ROY.

SIRE,

Puis qu'à la qualité de Roy tres-Chreſtien, que vos Predeceſſeurs vous ont acquiſe au prix de leur Sang, voſtre Majeſté n'a pas eſpargné le ſien, pour y adjouſter celle de Iuſte, & de Sage; & que tous les Monarques de l'Vniuers, vous reconnoiſſent pour le plus accomply de tous les Souuerains de l'Europe: Il ſemble, que tous vos ſujets deuroient ſurpaſſer toutes les Nations, en Sageſſe, & en Probité; auſſi bien qu'ils les ont touſiours deuancez, en bonté d'eſprit, & en grandeur de courage. C'eſt le ſeul motif, qui m'a fait reſoudre à vous dédier ces Entretiens, pour les donner au Public: qui contiennent tout ce qui eſt neceſſaire pour former vn Sage. Et quoy

ã ij

que ie n'y represente que les plus petites Perfections que vous possedez, & que vostre humilité ne sçauroit cacher à ceux qui vous considerent : si est-ce qu'ils sont plus que suffisans, pour apprendre à tous vos Peuples, à tirer toutes les vertus en exemple, en vous imitant. C'est vn souhait, SIRE, que ie fais à tout moment, pour la gloire de vostre Majesté, & pour le bien general de tous vos Peuples : desirant d'estre à jamais,

De vostre Majesté,

SIRE,

De vostre Conuent de S. Honoré, ce 27. de Nouembre, 1636.

Le tres-humble, tres-fidele, & tres-obeïssant sujet & seruiteur,
F. SEBASTIEN DE SENLIS,
P. Capucin.

PREFACE.

JE n'ay rien inferé dans ces Entretiens pour ceux qui ont l'esprit incurable, & qui suiuent le mal par élection: i'essaye seulement à remettre les déuoyez, & à faire reuenir le cœur aux éuanoüis. Ie donne des moyens pour former vn Sage, en parlant mesme à ceux qui le sont desia: & i'essaye de rendre la vertu si familiere, que ceux qui ne l'apperçoiuent pas, la puissent toucher. Quoy que ie ne traite que par abbregé des principaux vices qu'il faut fuir, non plus que des vertus qu'il faut pratiquer: ie m'asseure pourtant que quiconque se les proposera pour reigler sa vie, & pour bien former ses mœurs, égalera dans bien peu de temps la Prudence de ceux, dont l'experience aura esté la maistresse ; & qui ne sont deuenus Sages qu'en faisant des fautes. Il est vray que ie n'ay pas dit tout ce que ie pouuois dire sur ce suject-là, de peur d'estre ennuyeux aux esprits solides: mais i'ay fait ce que i'ay pû, pour y mettre des paroles fortes, des raisons pressantes, & des sentences bien animées, & capables de persuader. Et sur tout, i'ay pris peine que tout le discours en fust ramassé, & succinct: qui, comme vn arc bandé, ne iette pas des fleurs aux oreilles des curieux; mais des fleches au cœur de ceux qui le liront à bonne fin.

APPROBATIONS.

NOvs foubs-figné Diffiniteur general des Freres Mineurs furnommez Capucins, & Gardien du Conuent de l'Annonciation au Faux-bourg S. Iacques à Paris. Veu l'approbation faicte & donnée par les VV. PP. par nous deputez à l'examen du Liure intitulé, *Les Entretiens du Sage. Compofé par le V. P.* SEBASTIEN DE SENLIS, *P. du mefme Ordre*, permettons en vertu du pouuoir qui nous en a efté donné du T. R. P. Antoyne de Modene, General de tout l'Ordre, & de l'aduis & confentement des RR. PP. Prouincial & Diffiniteurs de cette Prouince de Paris, Que ledit Liure foit imprimé. Toutes autres chofes à ce requifes & neceffaires, gardées & obferuées. Fait en noftre fufdit Conuent de l'Annonciation, à Paris le 16. de Nouembre 1636.

   F. LEONARD. Comme deffus.

NOvs foubs-fignez Predicateurs de l'Ordre des Freres Mineurs furnommez Capucins, Certifions auoir exactement lû & examiné, par commiffion du Tres-Reuerend Pere LEONARD de Paris, Diffiniteur General du mefme Ordre, & Commiffaire Apoftolique des Miffions du Leuant, Angleterre, &c. le Liure intitulé, *Les Entretiens du Sage. Compofé par le R. P.* SEBASTIEN DE SENLIS, *P. Capucin*, & n'y auoir rien trouué qui ne foit conforme à la Foy Catholique, Apoftolique & Romaine, & aux bonnes mœurs: ains l'auons iugé tres-digne, non feulement de l'impreffion, mais d'eftre les familiers entretiens de tous les hommes de bon fens; tant de ceux qui pretendent d'eftre defia Sages, que des autres qui defirent eftudier à le deuenir. Fait à Paris ce 13. Nouembre 1636.

F. ANTOINE DE LAON, *Pred. Capucin, & Lecteur en Theologie.*
F. CHARLES BOVLLANGER, *Predicateur Capucin.*

APPROBATION.

NOus soubs-signez Docteurs en Theologie, Certifions auoir lû, & examiné vn Liure, qui a pour titre, *Les Entretiens du Sage*. Composé par le R. P. SEBASTIEN DE SENLIS, P. Capucin, dans lequel nous n'auons rien remarqué qui soit contraire à la creance commune de l'Eglise, ou aux bonnes mœurs, & qui ne soit tres-vtile, & tres-bon pour confirmer, ou former vn homme à la vraye sagesse. C'est pourquoy nous l'auons iugé tres-digne d'estre communiqué au public. Fait à Paris le 12. Septembre 1636.

F. I. GERMONT.   F. P. ROYNE.

Extraict du Priuilege du Roy.

E Roy par ses Lettres Patentes données à Paris, le 28. iour de Nouembre 1636. & signées par le Roy en son Conseil, SAVLGER. A permis à la vefue NICOLAS BVON, Libraire en l'Vniuersité de Paris, d'imprimer, ou faire imprimer par qui bon luy semblera, vn Liure intitulé, *Les Entretiens du Sage*. Composé par le R. P. SEBASTIEN DE SENLIS, & ce pour le temps & espace de neuf ans entiers & consecutifs, à commencer au iour de l'acheuement de la premiere impression. Et fait sadite Majesté deffenses à tous autres de les imprimer, vendre ny distribuer, que de l'impression de ladite vefue, sur peine de mille liures d'amende, de confiscation des exemplaires, & de tous despens, dommages & interests. Ainsi qu'il est plus à plein contenu en l'original d'icelles Lettres, passées le iour & an que dessus.

Les Entretiens du Sage ont esté acheuez d'imprimer pour la premiere fois le dernier iour de Nouembre mil six cens trente & six.

Les deux Exemplaires pour la Bibliotheque du Roy, ont esté fournis.

TABLE

TABLE DES CHAPITRES
DES
ENTRETIENS
DV SAGE.

PREMIERE PARTIE.

Hap. I. *De la corruption des mœurs en general: & de la malice des Athées, des Raffinés & des Fourbes, qu'on appelle auiourd'huy les hommes du temps.* pa. 1
Chap. II. *De l'Ambition.*   page 20
Chap. III. *De l'Auarice.*   page 33
Chap. IV. *De l'Hypocrisie.*   page 46
Chap. V. *De la Médisance*   page 56
Chap. VI. *De l'Oisiueté.*   page 72
Chap. VII. *De l'Ingratitude.*   page 80
Chap. VIII. *de l'Enuie.*   page 85
Chap. IX. *De la peine des Méchans.* page 91
Chap. X. *De la connoissance de soy-mesme; Que c'est l'estude des vertueux, & la Philosophie ordinaire de tous les Sages.* page 101
Chap. XI. *Suitte de la connoissance de soy-mesme, où il est traicté des miseres de l'hõme.* pa. 115

ẽ

TABLE DES CHAPITRES.
Chap. XII. *De la deffiance de soy-mesme.* p. 132
Chap. XIII. *Du mépris du monde.* pag. 145
Chap. XIV. *Du mépris de l'hôneur du môde.* 157
Chap. XV. *Du mépris des plaisirs.* pag. 170
Chap. XVI. *Du mépris des richesses temporelles.* page 182
Chap. XVII. *Qu'il faut mourir, & que personne ne sçait à quel iour, ny à quelle heure.* pag. 197
Chap. XVIII. *Qu'il faut se preparer à bien mourir.* page 208

TABLE DES CHAPITRES
des Entretiens du Sage.

SECONDE PARTIE.

CHAP. I. *De la conduite du Sage : Qu'il fonde sa vie sur de tres-excellentes maximes, &c.* page 223
Chap. II. *Que le Sage pense souuent à son salut, & contribuë tout ce qu'il peut à celuy des autres, &c.* page 241
Chap. III. *Que le Sage est ennemy des soins, & des negotiations inutiles : qu'il auance tousiours du costé de la fin qu'il s'est proposée, &c.* p. 259
Chap. IV. *Que le Sage abhorre la societé des méchans, &c.* page 273
Chap. V. *Que le premier document du Sage est*

TABLE DES CHAPITRES.
de craindre & aymer Dieu, &c.　　page 283

Chap. VI. *Que le Sage garde soigneusement son cœur, ses yeux & sa langue, &c.*　page 305

Chap. VII. *Que le Sage vit selon la raison ; qu'il range toutes ses affections sous la conduite de cette puissance.*　page 326

Chap. VIII. *Que le Sage fait connoistre l'excellence de sa vertu par la bonté de ses œuvres : mais principalement par la pratique de l'aumosne, & des charitez qu'il fait en secret aux orphelins, aux vefues, & aux pauures honteux : & que Dieu connoist luy seul la pureté de l'intention, &c.*　page 349

Chap. IX. *Que Dieu permet que les Sages & les vertueux soient éprouuez, & tentez aussi-bien que les fols & les méchans : que le Fils de Dieu en a luy-mesme frayé le chemin, & donné l'exemple, &c.*　page 372

Chap. X. *De la tribulation : que Dieu ne nous afflige iamais que pour nostre bien ; c'est tousjours ou pour nous éprouuer, ou pour nous faire meriter, ou pour nous chastier de nos malices ; en quelque façon que ce soit qu'il nous punisse, c'est tousiours grace & vn effect de sa misericorde.*　page 382

Chap. XI. *De la vraye & fausse amitié : que le Sage distingue l'vne d'auec l'autre par leurs effects, &c.*　page 397

é ij

TABLE DES CHAPITRES.

Chap. XII. *Que la Prudence est la maistresse du Sage : qu'il se conduit selon ses preceptes, &c.* page 424

Chap. XIII. *Du gouuernement du Sage : qu'il gaigne les cœurs de tous ses sujects par le moyen de l'affabilité & de la douceur, &c.* page 445.

Chap. XIV. *Que le Sage prefere vne pauureté honneste à l'abondance des thresors, & des biens du monde, &c.* page 467

Chap. XV. *De la Constance du Sage : qu'il est tousiours preparé à bien faire, &c.* pag. 493

Chap. XVI. *De la tranquillité de l'esprit du Sage : qu'il se détache de l'affection de tout ce qui est creé pour viure content : qu'il trouue son bon-heur au dedans de soy ; & qu'il ne constituë sa felicité temporelle qu'au reiglement de ses passions, & en la pratique des vertus solides.* page 512

LES

LES ENTRETIENS DV SAGE.

PREMIERE PARTIE.

De la Corruption des Mœurs en general: Et de la Malice des Athees, des Raffinez, & des Fourbes, qu'on appelle auiourd'huy les hommes du temps.

CHAPITRE PREMIER.

SI les bons reglemens nous viennent des mauuaises mœurs, & des grands desordres, il en faut esperer de bien excellens au siecle où nous sommes : puis que la corruption est venuë iusques au point, que les meilleures choses y sont les plus vniuersellement haïes;& qu'en commettant de toutes sortes de dissolutions, & de pechez, l'on dit effrontément, C'est la

A

LES ENTRETIENS

Mode. Nous sommes arriuez au siecle des finesses, & des artifices: Et l'on peut dire que la malice est auiourd'huy à son periode, & en son triomphe. Les sots, & les niais se meslent à present de faire les fins, aussi bien que les malicieux: il n'y a quasi plus de bestes domestiques & appriuoisées dans le Monde, elles sont toutes deuenües sauuages, & furieuses. a Il est vray que les germes des siecles passez sont si corrompus, & la probité des anciens si fort alterée, que les hommes ne peuuent quasi plus naistre bons: Et la malice s'empare de nos esprits de si bonne heure, que les enfans mesme commencent à la succer, aussi-tost qu'ils naissent. A la fin les vices de nos Peres sont deuenus nos vertus: à force d'auoir amassé de la science, & de la finesse, nous auons appris à tromper legitimement; & ce qui décreditoit autrefois vn habile homme, est ce qui met auiourd'huy vn pernicieux en creance. b Nous adjoustons tous les iours des pechez à des malices, & des impietez à des crimes: Et quoy que la plus-part des hommes se perdent malheureusement, nous ne nous satisferions pas nous-mesmes, si nous ne

a. *Bona iam nec nasci licet, ita corrupta sunt semina.* Tertull.

b. *Mala incessabiliter malis addimus, & peccatis peccata cumulamus: Et cùm maxima nostri pars iam perierit, id agimus vt pereamus omnes.* Saluian. lib. 6. de gubernat. Dei.

nous perdions auec eux. Nous n'auons maintenant que l'ombre, & l'apparence de la probité de nos anciens : nous fouhaittons bien tous de trouuer des hommes francs, & sinceres, comme l'on rencontroit és siecles passez ; Mais pas vn de nous ne s'estudie à le deuenir veritablement. Tel a l'ame d'vn Seditieux, qui rend des soumissions d'vn Esclaue : Et il est certain que nous serions moins meschans que les impies, si l'hypocrisie estoit vne vertu, & si nous n'auions que des Aueugles pour Iuges de nos mines, & de nos actions. c Quoy que nous cachions tous nos defauts auec industrie, & que nous passions pour bons aupres des idiots & des simples; si est-ce que nous commettons les mesmes pechez que nous reprochons aux autres, & pour lesquels nous faisons des plaintes. Nous ne sçaurions nier que les siecles anciens n'ayent produits d'excellens hômes, aussi long temps qu'ils ont constitué la Sagesse à faire de bonnes actions, & à fuïr les mauuaises: Mais aussi-tost qu'ils sont deuenus médiocrement doctes, ils ont paru malicieux auec excez; ils ont appris à bien disputer, au lieu d'estudier à bien viure : d *Simplex*

c *Mali inter malos viuimus.* Seneca.

d Senec. Epist. 95.

A ij

illa & aperta\virtus in obscuram, & solertem scientiam versa est; Docti sunt disputare, non viuere.

A mesure que le Monde vieillit, l'iniquité multiplie: Et ceux qui paroissent de bien grands saincts, ne sont pas bien souuent médiocrement bons. La plus-part des hommes ne cachent plus leurs defauts: ils se glorifient de leurs cheûtes, & tirent de la vanité de leurs desbauches, & de l'énormité de leurs pechez. La vertu est auiourd'huy mesconuë, foulée aux pieds, & rebutée des honneurs, & des grandes charges. C'est auiourd'huy vn crime d'estre bon parmy les meschans: les gens de bien ne sont persecutez des impies, que pour ne pas vouloir imiter leurs dissolutions, & leurs malices. Tous les meschans sont soldats contre les Professeurs de l'excellente vertu: tous leurs conseils, & tous leurs efforts ne tendent qu'à destruire, & ruyner tous les bons; Ils tâchent de les abolir, & de les perdre en sorte, que le Monde ne conserue pas seulement le souuenir de leur nom, & que la posterité ne sçache point qu'ils ayent vescu. Le libertinage est deuenu si fort insolent, & si desbordé par-

Captant celebritatem nominis ex ijs, quæ celari, & sempiterno, si fieri posset, silentio obrui deberent. Philo lib. de confusione linguarum.

my tous les peuples, qu'on en tire de la gloire quaſi par tout: Et meſme dans les Cours des Roys, & des Princes, l'on appelle ceux-là les eſprits forts, & les hommes de creance & de probité, qui ne ſont que demy-Fourbes, & demy-Athées. C'eſt maintenant le cours des choſes du Monde, & comme vne loy generale que les meſchans ont promulguée par tout l'vniuers, que toutes les bonnes actions ſoient enſeuelies, & n'oſent paroiſtre, & que tout ce qui eſt turbulent & iniuſte ſoit approuué, & applaudy auec eſclat. Les meſchans ne ſe cachent plus pour perſecuter les Iuſtes: on n'a plus peur à preſent, ny des priſons, ny des loix, ny des Iuges: on ne craint plus de commettre de toutes ſortes de meſchancetez, & de crimes; la plus-part des impies outragent les bons impunément, & les moins fauoriſez d'entre-eux ne ſont gueres chaſtiez, & punis que par leur bourſe. Il eſt vray que l'audace des malicieux s'accroiſt par l'impunité, & leur inſolence vſurpe tout ce qui luy cede : Tous ces gens-là, en ſe perdant eux meſmes, ont perdu la charité auſſi bien que la foy, & l'eſperance: ſont des malades qui ne ſont plus en eſtat de

ff Hic iam eſt curſus rerum, & lex quædam, niſi fallor, mūdi: vt honeſti honeſtáque iaceant, & exurgat quicquid turbidum eſt, aut prauum.
Lipſius in Epiſtolis.

prendre des remedes, & qui feroient vn procés à celuy qui voudroit essayer de les guerir. Au lieu de laisser taster leurs playes, ils proclament l'arriere-ban à tous leurs semblables, afin de les associer à leur nombre, & de persecuter tous ensemble ceux qui aiment la vertu, & qui abhorrent le vice. *g* Quand leur puissance vient vne fois à s'accroistre, & qu'elle esgale la hayne, & l'enuie qu'ils portent aux gens de bien, asseurez vous que les bons se doiuent preparer à bien des souffrances, & que leur Martyre ne finira qu'auec eux. C'est pourtant vne chose digne de compassion, & qui perce souuent le cœur des Iustes, de voir le nombre des meschans si multiplié: lesquels, aueuglez qu'ils sont par Satan, & ne pensans point aux peines & aux tourmens qui leur sont preparez pour l'eternité, s'efforcent d'imiter dés à present cét inique & faux Prophete, qui doit venir persecuter les fideles, vers la fin du Monde. *h Illorum flenda & lamentanda conditio est, quos sic Diabolus excæcat, vt æterna gehennæ supplicia non cogitantes, Antichristi iam propinquantis aduentum conentur imitari.*

Les loix de la Nature sont tellement

g Perierunt omnia, vbi quantum suadet ira, & odium, fortuna permittit. Senec. lib. 3. de Ira.

h S. Cyprianus ad Cornelium.

alterées parmy les hommes, qu'il nous en faut chercher les vestiges parmy les brutes : Et la contemplation de cét Vniuers, qui autrefois nous pouuoit seruir d'vn diuertissement pour contenter nostre curiosité, nous est maintenant vne leçon necessaire pour former nos mœurs. Les raffinez, & les fourbes de ce temps, tâchent de rendre les gens de bien inutiles, afin qu'ils soient moins considerables, & moins employez ; & qu'ayans les plus belles charges des Royaumes, ou des Prouinces, ils n'ayent pour associez, & pour compagnons, que des hommes aussi meschans qu'eux. *i* On cōcede liberalement à l'indignité ce qui est refusé au merite; Et souuent mesme, au lieu de la recompense d'vne action de grande vertu, on encourt les disgraces, & les chastimens d'vn crime supposé. Certes l'on ne iuge quasi plus des cheuaux que par leurs harnois, ny des hommes que par leurs manteaux : encore ne prend-on garde qu'à la doubleure, & és apparences du dehors : Celuy qui est le mieux suiuy, est le plus estimé du vulgaire ; Et l'on compte plustost le nombre de ses chiens, & de ses valets, qu'on ne fait celuy de ses vices, ou

i Nunc ad dignitates assumitur, qui magis vultum, quàm ingenium bonum habeat. Sallust. in Catilinam.

8   LES ENTRETIENS

k *Nobis vm-* de ſes vertus. k Il faut aduouër que le
bra quædam Monde n'eſt plus connoiſſable, mais
illorum bono-
rum, & ſi- principalement à ceux qui ſont vieux:
militudo con- l'ancienne apparence qu'ils ont veuë leur
tingit: Vitiis
noſtris nomen eſt bien reſtée, mais l'interieur eſt tout
virtutis im- changé; il s'eſt fait vne reuolution des
ponimus.
Seneca E- mœurs de nos deuanciers, & vn paſſage
piſt. 92. honteux de la probité à la tromperie, &
de la verité au menſonge; A la fin nous
auons donné les noms des vertus à nos
vices. Les impies ont de l'aduantage de
naiſtre en vn temps comme eſt celuy-cy:
car par la comparaiſon d'autruy, l'on
peut eſtre eſtimé vertueux à fort bon
compte; Et il eſt vray que celuy qui n'eſt
qu'Hypocrite, Adultere, Fourbe, &
Athée, peut auiourd'huy paſſer pour irreprehenſible, & pour homme de bien &
d'honneur. L'apoſtume de l'iniquité eſt
l *Apud om-* maintenant eſparſe par tous les membres
nes per id tem- de la Societé humaine: elle s'eſt gliſſée en
pus multum
eſt calumnia- tout lieu, en tout ſexe, & en toute
rum, periury, profeſſion. l On ne void plus que des
fallaciæ ac
doli: extrema cœurs endurcis, que des entendemens
malorum om- aueuglez, des volontez deſreglées, des
nium inun-
dauerunt. yeux malins, des fronts eshontez, des lan-
S. Cyril. A- gues deſbridées, & des mains impures. Il
lexand. in
c. 4. Oſeæ. eſt vray qu'on a bien veu des temps où la
probité

probité n'estoit pas estimée selon son merite ; où il se couloit des maux mediocres parmy le bien ; & où les hommes deuenoient aussi stupides, & aussi ignorans que les brutes : Mais l'on n'a iamais remarqué de perfidie, de trahison, & de malice noire pareille à celle que l'on void à present. Par tout l'ordre est renuersé, les Loix mesprisées, le vice esleué, la vertu reiettée, le mensonge estably, la verité banie, la pieté persecutée, & l'Atheïsme en vogue: Mais vne des plus grandes marques de la malice de ce siecle, c'est que les grands y offensent impunément les petits ; les foibles y sont tousiours la proye des plus forts ; & on y foule aux pieds ceux qui s'abbaissent, & qui s'humilient : *a Tempora periculosa non instant iam, sed extant : fraus, & circumuentio, & violentia inuaserunt super terram. Calumniatores multi, defensor rarus : vbiquè potentiores, pauperiores opprimunt.*

b Encore que ce grand Vniuers appartienne à Dieu, si est-ce qu'on n'y obserue quasi plus de Loix, ny de Coustumes, que celles que Satan y a introduites. Non, ie ne pense pas, quand mesme l'on vou-

a S. Bern.
l. 1. de considerat. c. 10.

b *Sæculum Dei est; sæcularia autem diaboli.* Tertull. lib. de spectac. cap. 15.

droit defenterrer tous les mefchans des fiecles paſſez, qu'il y en euſt vn qui ne deuſt ceder en fineſſe, en trahiſon, & en malice à ceux d'à preſent: il n'y a plus rien qui leur ſoit caché, de tout ce que l'iniquité peut produire d'extraordinaire : ils n'ignorent plus que les bonnes choſes ; & il ſemble que l'eſprit malin leur ait donné vne experience racourcie, & qu'il leur ait enſeigné la malice noire par abbregé.

c. Laxant habenas ad peccandum; feruntur magno impetu, nullo reuocante, ſpe deſperati.
S. Auguſt. in Pſalm. 50.

c Leurs teſtes, comme des boutiques de mauuais marchands, ſont touſiours pleines de deſſeins pernicieux : & leurs bouches, de paroles à double ſens, & de ſermens que l'on veut violer ; ils n'attendent que l'occaſion, pour monſtrer par experience qu'ils ont des dents & des ongles ; ſont des perdus, qui ne craignent, ny Dieu, ny les Demons, ny les hommes. Les moins meſchans d'entre-eux ont la malice du diable, l'infirmité de la femme, la ſottiſe des guenons, la fineſſe des renards, l'enuie des chiens, la voracité des loups, & la cruauté des ours, des lyons & des tygres. Il eſt vray que les conſommez en malice ne font pas tout le mal qu'ils voudroient faire : Il faut que ie rende ce teſmoignage à la verité, & que i'aſseure les simples que c'est par impuissance, & faute d'inuentions, qu'ils ne surpassent pas en meschancetez horribles, Lucifer, & ses compagnons. *d* Ce que S. Cyprian a dit autrefois parlant des Demons, nous le pouuons dire des impies & des fourbes de ce siecle: Ce sont des esprits impurs, vagabonds, & malicieux, qui s'estans plongez dans toutes sortes de pechez & de crimes, & ayans perdu le desir du Ciel, par la contagion de la terre, ne s'estudient qu'à corrompre & ruiner tous les autres. Parmy ces gens-là vous y trouuerez des gueules largement fenduës, des mines morgantes, des langues dissoluës, des doigts crochus, des mains exercées aux larcins & aux voleries, & des gens aussi mal-faits qu'ils sont mal-faisans. Selon eux, tout le droict Ciuil consiste en la force; & ils croyent à faux que c'est vne action de Iustice, d'adiouster à leurs rapines tout le bien des autres. *e* Certes l'on est contraint de viure auiourd'huy dans le monde auec autant de crainte qu'en vn païs d'ennemis : il semble que les hommes n'y ont de l'esprit, que pour s'offenser les vns les autres; ils n'employent leur industrie que pour exterminer la paix & le

d Spiritus insinceri, & vagi : non desinunt perditi perdere, & deprauati errorem prauitatis infundere.
S. Cyprian. lib. De idolor. vanit.

e Ab homine homini quotidianum periculum: nullum malum frequentius, nullum pertinacius, nullum blandius.
Senec. Epist. 103.

B ij

repos d'entre-eux, & pour y faire regner les meurtres, les embrazemens, & la violence. Nous viuons en vn païs où il n'y a pas mesme de seureté pour les belistres: Ceux qui ne possedent rien ne laissent pas d'y faire des pertes ; & les larrons de dessus le pont-neuf arracheroient volontiers des cheueux aux chauues, quand ils rencontrent des hommes sans chapeaux, & sans casaques. En ce siecle de fer & de bois, où nous sommes auiourd'huy, il faut aduoüer, que comme le plus doux de tous les tygres est vne cruelle beste, l'homme est aussi vn animal tres-dangereux, & qu'il se faut garder des griffes des vns & des autres ; *f* mais particulierement de celles de l'homme. Nous sommes ordinairement aduertis des tempestes auant qu'elles arriuent : les murailles des vieux bastimens se creuent, ou panchent hors d'œuure, deuant que de nous enseuelir sous leur ruine ; & la fumée precede tousiours vn bien grand feu: Il n'y a que les mal-heurs qui nous viennent du costé de l'homme, que nous ne sçaurions preuoir, ny fuir ; pource que leurs autheurs les cachent d'autant plus qu'ils sont proches de tomber sur nous:

f Homo homini lupus.

g Subita est ex homine pernicies ; & eo diligen- g Senec.
tius tegitur, quo propiùs accedit. Epist. 103.

Or vne des plus grandes marques de la roüilleure de ce siecle, c'est que les meschans y gaignent perpetuellement en l'exercice du mal : ils y profitent tousiours de toutes leurs fautes ; & celles qui meritent mesme des chastimens tres-seueres, sont celles-là qui sont mieux recompensées. *h* C'est vn estrange animal que l'homme meschant, & duquel nous deuons nous défier, plus que d'vn troupeau de loups affamez. Les ours, les lyons, & les hommes ne sont pas esgalement redoutables : ceux-là ne le sont que dans les forests, & dans les montagnes; & ceux-cy le sont en tous les endroits du monde: quelques-vns de ceux-là ne s'entre-mangent, que quand la necessité les presse ; & ceux-cy, quoy que non contraints, s'entre-haïssent, s'entre-tuent, se pillent, & se deuorent les vns les autres. Où sont les biens & les thresors, là visent les desirs & les larcins des malicieux : où est la gloire & la vertu, c'est là où buttent leur haine, & leur jalousie; s'efforçant, ou de la ruiner, ou d'en diminuer le merite. Ce sont des Cameleons que les meschans

h Præ omnibus malis, homo est pessimum malum; qualibet bestia vnum habet ; homo autem omnia.
S. Chrysost. in Matth.

B iij

d'auiourd'huy, qui prennent toutes sortes de couleurs, excepté la blanche : *i* sous des visages d'hommes doux, & affables en en apparence, nous y remarquons des ames qui surpassent les bestes les plus feroces en malices, & en cruautez. Ces gens là ne recognoissent plus d'autre honte, que celle de faire du bien : leur langue trahit leur cœur à tout propos ; & ils n'vsent de sermens, & de protestations de leur foy, que pour tromper plus facilement les simples, & les trop credules. Ces malheureux se repentiroient, si de huict mille sept cens & soixante heures qu'il y a en l'année, ils en auoient employé vne à faire du bien. Ils ne desistent iamais de faire du mal, que par impuissance : & le plus grand de tous leurs regrets, c'est de ne pouuoir pecher eternellement. Ie croy, pour mieux tesmoigner qu'ils haïssent Dieu, qu'ils voudroient suiure la vertu au lieu du vice, si la pratique leur en estoit deffenduë ; & ils semblent n'auoir esté mis au monde que pour des-honorer la Nature humaine, & pour faire peur à tout l'Enfer de l'enormité de leurs pechez. k On ne sçauroit si peu estudier leur vie, qu'on ne recognoisse qu'ils

i Erras, si istorum tibi qui occurrunt vultibus credis ; hominum effigies habent, animos ferarum.
Senec. Epist. 103.

k *Confitentur se nosse Deum, factis autem negant, cum sint abominati, & incredibiles, & ad omne opus bonum reprobi.*
Tit. cap. 1.

font abominables iufques aux excez ; & qu'ils n'ont autre foy que l'infidelité, autre loy que leur paſſion, ny autre Dieu que leur ventre. Ils proteſtent neantmoins, quoy qu'ils faſſent, qu'ils n'entreprennent rien que pour la plus grande gloire de Dieu ; & veulent que l'on approuue toutes leurs cruautez, & leurs tyrannies; comme s'ils les auoient entrepriſes par inſpiration diuine, & pour le bien general de tous les hommes. Ils ont touſiours du droict, & de la Iuſtice de reſte en tous leurs deſſeins; il ſemble qu'il y ait vn Code fait exprés pour eux, dans lequel il y a des loix, qui leur permettent de pecher impunément ; & ce n'eſt pas tant en leurs paroles, qu'en leurs actions, qu'on reconnoiſt qu'ils ſont fourbes, & conſommez en malice ; *l Rarò iam inueniuntur, qui linguâ blaſphemant; ſed multi, qui vitâ.* *l* S. Auguſt. tract. 27. in Ioannem.

Parmy les calamitez publiques de ce ſiecle, les gens de bien ſe cachent chez eux, & aduoüent qu'ils ſont impuiſſans, pour remedier aux deſordres des Royaumes & des Prouinces : & le pauure peuple, qui void bien la cauſe de ſes deſolations & de ſes malheurs, en a de l'horreur sans oser en faire des plaintes, de peur qu'on ne luy en fasse des pechez irremissibles. Pendant que la plus haute region du monde est tranquille, & fort à son aise, la moyenne forge les orages & les afflictions; & la plus basse en souffre les oppressions & les ruynes. m Apres tout, on se plaint en beaucoup d'endroicts, que l'humaine iustice est formée à present sur le modelle de la Medecine; & qu'auiourd'huy tout ce qui est vtile à Messieurs de la Robbe, leur semble assez iuste & assez honneste: quoy que le nombre des Iuges ne soit gueres moindre que celuy des criminels, cette vertu, à ce que l'on dit, n'en est pas plus fidelement administrée, ny plustost renduë. Et Dieu veüille que ceux qui sont arbitres des biens, de la vie, & de l'honneur d'vn chacun, ne se rendent iamais fauteurs de l'iniquité des plus puissans, ny oppresseurs du bon droict de ceux qui ne sont appuyez de persōne; & qu'ils ne fassent point en sorte, qu'à l'endroit des pauures, les simples menaces de quelques ordonnances deuiennent des executions seueres, ny que les punitions ne soient abolies que pour les riches. n Il est vray que nous sommes à present aussi affligez

m *Vsq; adeo hoc inoleuit malum, vt iam quasi ex consuetudine vendantur leges, corrumpantur iura, sententia ipsa venalis sit: & nulla iam causa esse possit, sine causa.* S. August. Serm. 19. de verbis Domini.

n *Vt olim flagitiis, sic nunc legibus laboramus.* Tacit. Ann. 4.

affligez par les Loix, que nous l'eſtions autrefois pour des crimes. Noſtre mal s'irrite, & empire à meſure qu'il eſt medeciné : Il eſt auiourd'huy de Meſſieurs nos Iuges, comme de Meſſieurs nos Medecins : ceux-cy pour vn petit mal, eſpuiſent tout le ſang de nos veines ; & ceux-là ne laiſſent rien dans nos bourſes, au moindre procés qui nous arriue. *a* On ne feint plus de ruiner des maiſons, des villes & des Prouinces, & de mettre la Iuſtice à l'enchere du plus offrant : c'eſt vn procedé qui eſt receu en tous les païs ; pource que ſelon le Droict qui eſt auiourd'huy en vſage, il eſt permis de vendre bien cher, ce qu'on a achepté à meſme prix. Ce n'eſt pas d'auiourd'huy que les Procureurs, les Aduocats, & les Iuges ont des mains : les anciens ont fait autrefois de grandes plaintes, de ce qu'ils prenoient trop hardiment de toutes les deux. Ie ne ſçay ſi S. Chryſoſtome & S. Cyprian auoient eſté pincez de ces gens-là, & s'ils auoient eu autrefois des procés : mais ils leur diſent leurs veritez dans leurs eſcrits, ſans déguiſement; & leur donnent des qualitez, qui ne ſont ny bonnes, ny honneſtes, & qu'on n'o-

a Iudices nomē quidem Iudicum habent, re autē latronum, & homicidarum.
S. Chryſoſt. homil. 81. in Ioan.

feroit maintenant leur aller dire chez eux : b *Aduocatus præuaricator est ; Iudex sententiam vendit ; qui sedet crimina vindicaturus, admittit ; & vt reus innocens pereat, fit nocens Iudex.*

b S. Cyprian.

c Quoy que le monde ne valut gueres vn peu apres sa naissance, & qu'au lieu d'amender ses defauts, il ait tousiours esté de mal en pis ; si est-ce qu'il ne faut pas imputer à la qualité du temps, ce qui ne procede que de la corruption de nos mœurs : il est certain que nostre seule malice fait que le siecle où nous viuons est si miserable & si depraué ; & il n'y auroit rien de scandaleux, ny de méchant durant cette vie, si nous nous persuadions que les sujets, que faussement nous estimons nous engager au peché, ne nous sont proposez que pour nous estre autant d'occasions d'exercer nostre vertu, & pour augmenter nostre merite. d La Nature ne nous enseigne pas la malice que nous pratiquons : au contraire, elle nous produit libres : & il semble qu'elle n'a caché ces deux sortes de metaux, qui sont si fort estimez de tous les peuples, que pour nous oster les sujets de tous nos desordres. Cette bonne Mere nous

c *Hominum sunt ista, non temporū, nulla ætas vacauit à culpa.* Seneca.

d *Erras, si existimas nobiscum vitia nasci : superuenerunt, ingesta sunt.* Sene. Epist. 94.

a tourné nos visages vers le ciel, afin que nous vissiós incessamment tout ce qu'elle a fait de plus magnifique, & pour nous exciter à cherir de si beaux objects. Il est donc vray que c'est par la contribution particuliere d'vn chacun de nous, que ce siecle est si corrompu : les vns y apportent la trahison, l'iniustice & la tyrannie, selon qu'ils sont de conditions, ou de qualitez eminentes : les autres y fournissent l'Atheïsme, la perfidie, l'auarice, l'impureté des mœurs, la hayne & l'enuie : & les plus foibles y contribuent la dissimulation, la lâcheté, la finesse, la sotise, la chicane & la mesdisance : *e* voila comme nous nous aidons l'vn l'autre à nous perdre, & à nous infecter de tous les vices. Or pour ce qui est de purifier le Monde de toutes les ordures dont il est plein, & le rendre à son innocence originelle, en laquelle Dieu l'a creé : il est certain que c'est vne chose qui est plus facile à desirer, qu'à faire ; & qui n'est point l'ouurage d'vn bien peu de temps, ny qui despende du pouuoir des hommes. Mais il ne s'ensuit pas pour cela qu'vn chacun de nous ne puisse redresser son mauuais naturel, qui

e Nemo errat vni sibi, sed dementiam spargit in proximos, accipitque inuicem.
Senec. Epist. 94.

C ij

est si fort courbé & enclin au vice : toute inclination cede, & se rend aux efforts d'vn trauail assidu ; & l'ame, par accoustumance, peut passer d'vne vicieuse habitude, à vne tres-saincte & tres-vertueuse. Personne n'est bon, ou vicieux par contrainte : nous sommes l'vn ou l'autre volontairement. Où l'impieté s'est establie par vsurpation, la vertu l'en peut chasser auec iustice: f *Nulli vitium est, nisi cui virtus esse potest.*

f Senec. Epist. 123.

De l'Ambition.

CHAPITRE II.

L'AMBITIEVX ne considere ordinairemnt que la passion qui l'esbloüit, & ne commence iamais aucun dessein, que par où le Sage le voudroit finir : Il n'a iamais ses imaginations moderées, non plus que ses desirs satisfaits, & rassasiez : il est tousjours aueugle, & tousiours inconstāt; il se trouue tousiours au deça de son merite, quand mesme il est au delà des honneurs, que la honte luy auoit defendu de

g *Habet hoc vitium omnis ambitio; non respicit; instabilis est, semper incipit à fine.*
Senec. Epist. 73.

souhaitter. *h* Quád nous sommes espris de ce vice, il manque toujours quelque chose à nostre compte; & nos pretentions ne sont iamais accomplies de tout point. Quelque chemin que nous ayons fait, nous voulons passer plus outre: Et faute que nous ne nous representons pas d'où nous sommes partis, mais où nous voudrions bien arriuer, nous ne goustons iamais de contentement de tout ce que nous possedons; tant il est malaisé que l'esprit ambitieux obserue de la moderation en ce qu'il desire, & qu'il ne s'emporte auec excez, en la poursuitte des choses pour lesquelles il a de la passion. *i* De mesme que l'Auare n'a pas plustost conceu le desir d'estre riche, qu'il souhaitte le deuenir promptement: Ainsi est-il de l'ambitieux; il n'y a point de degrez pour l'accroissement de sa conuoitise, elle est grande dés aussi-tost qu'elle est née: & il a ce malheur, que son imagination ne sçait ny borner les conquestes qu'il medite, ny estendre le temps qu'il faut employer pour les faire. La passion qu'il a de monter aux grandes charges le tourmente iour & nuict: il n'est maigre, ny malade que de cela; & la jaunisse qui pa-

h Nihil satis est morituris, immò morientibus. Inuentus est qui concupisceret aliquid, post omnia. Seneca.

i Ad ea parati sumus peruenire cum sollicitudine, cum periculo, cum iactura pudoris, & libertatis, & temporis. Seneca Epist. 42.

C iij

roist toujours sur son visage, est le signe exterieur de la grande conuoitise qui le brusle, & le consomme au dedans. k *Explerine scit honorum cupido: celerem habituræ res finem, sine fine quæruntur.*

S. Hieronym. Epist. ad Demetriad.

Nous pensons tous auoir les honneurs, & les charges à fort bon prix, quand nous ne donnôs que nous mesmes pour y paruenir. *l* Tel se donne librement pour iouïr de quelque office, pour lequel il ne voudroit donner, ny son argent, ny sa maison, ny ses meubles. Le propre de l'homme, quelque vertueux qu'il soit, ou qu'il le paroisse, c'est d'aspirer toujours aux emplois, & aux charges honorables : Il ne se trouue quasi plus personne qui fasse de bonnes actions pour neant, ny qui vueille pratiquer la vertu, pour le seul amour qu'il a pour elle. L'intention des hommes de ce temps n'est que d'auancer leurs affaires, & de seruir leurs passions auec profit : *m* C'est là le but où tendent toutes leurs belles parolles, toutes ces ostentations de franchise, & toutes ces protestations de seruices & d'amitié. Tout le monde est maintenant attaché à ses interests & à son profit : chacun tâche à s'auancer aux chàrges, aux

l Nihil est cuique se vilius. Seneca.

m Summâ auiditate amplectuntur vmbras, & sequuntur ventos. S. Chryso.

offices, & aux benefices: Pas vn ne cherche le bié du public, ny l'vtilité du prochain, ny le salut de pere, de frere, ny d'amy; non pas mesme ce qui touche la gloire, & l'honneur de Dieu. *n* Anciennemét on se rompoit les iambes en fuyant les dignitez, & les benefices: auiourd'huy on se rompt le col en courant apres; on ne voit à present que querelles, que procés, & que disputes à qui sera Prieur, Abbé, ou Euesque: *o Alius vndique circuit sedulus explorator, blanditur, obsequitur, simulat, & dissimulat, miseraque sibi suffragia mendicare non erubescit, manibus & pedibus repens, si quomodo tandem se ingerere queat in Patrimonium Crucifixi.*

 Ce n'est pas estre habile homme, au siecle où nous sommes, de perdre l'occasion de s'enrichir par quelque moyen qui puisse arriuer: les esprits du temps s'accommodent, & prennét de toutes mains, & ne lâchent iamais prise que la mort ne leur donne sur les doigts. Ne plus ne moins qu'vn aueugle marche d'vn pas aussi asseuré vers vn precipice, qu'il feroit dans vn chemin bien droict, & bien applany: De mesme ces esprits malades desquels nous parlons, s'abusent en leurs eslections, & en leurs souhaits: ils prennent

n *Magnam faciunt tempestaté multitudines cupiditatum, & veluti in quodam freto corporis, nauigantem animũ hinc atque inde perturbant.* S. Ambros. in post. Apolog. Dauid.
o S. Bernardus.

toujours le mal pour le bien ; & comme s'ils ne voyoient pas les perils, ils s'y iettēt auec temerité. A mesure qu'ils obtiennent les honneurs, & les charges qu'ils poursuiuent, leurs esprits n'en sont pas plus satisfaits, ny plus en repos : leurs chaisnes deuiénent bien plus luisantes, & plus fortes, & nõ pas plus lasches, ny plus legeres. *p* L'ambition qui regne auiourd'huy dedans & dehors le móde n'est plus vne folie mediocre, elle est venuë iusques à la rage, & à la fureur. Veritablement le mal est si grand, & si dangereux, que l'on ignore les mauuais effects qu'il pourra produire s'il augmente, ou s'il continuë : Et tant s'en faut qu'on cognoisse le remede qu'il y faudroit apporter, on n'y espere quasi plus de santé ; c'est beaucoup si on y peut apporter quelque lenitif. *q* On a trouué le milieu de la terre, l'on a sondé le fond de la Mer, l'on a pris la hauteur des montagnes les plus esleuées, & mesuré quasi toutes choses ; Il n'y a que le cœur de l'homme dont on n'a pû trouuer les limites. Tous les plus grands hommes des siecles passez se sont employez à la cure de ce mal contagieux : tous neantmoins y ont trauaillé inutilement, & ont aduoüé

à la

p Tantum se fortuna permittunt, etiam vt naturam dediscant.
Curt. 3.

q Cor hominis cor prauum, vanum & vagum, omni volubilitate volubilius ; de vno in aliud vago incessu transit, quærens requiem vbi non est.
S. Bernard.
de interiori domo,
cap. 54.

DV SAGE.

à la fin que cette fiévre peſtilétielle eſtoit incurable. Le mal ſe va multipliant dans la multitude des remedes : les malades ſont ou phrenetiques, ou perclus d'eſprit; *a* Quand le vent de l'ambition les a vne fois portez au haut de la roüe, ils n'en veulent iamais deſcendre que par les degrez des gibets, ou des eſchaffaux. *b In præcipitia curſus iſte deducit : huius eminentis vitæ exitus cadere eſt. Deindè ne reſiſtere quidem licet, cum cœpit tranſuerſos agere fælicitas.*
c Il eſt vray que l'Ambitieux eſt eſclaue d'vne infinité de Maiſtres, & qu'il ſouffre bien plus de maux de ſes paſſions, que de ſes plus grands ennemis : Il a pour le moins autant de liens & de chaiſnes, qu'il a de deſirs; autant de ſeruitudes, que de pretentions, & autant d'eſclauages, que de cupiditez deſreglées. Il ne s'eſleue point tant de flots & d'ondes ſur l'ocean, comme il naiſt de deſirs dedás ſon cœur : C'eſt vn vray abyſme, & vn vray gouffre; il eſt infini, inconſtant, & irreſolu; ſouuant horrible & inſupportable : mais ordinairement vain & extrauagant en tous ſes ſouhaits; Et à la fin de toutes ſes faſcheuſes occupations, il ne luy reſte que le vent & la fumée d'vne trompeuſe eſpe-

a *Sic ſuos eleuat diabolus, vt de alto præcipitet validius in ruinam.*
S. Chryſol. Serm. 13.
b Sene. epi. 8.
c *Malus etiam ſi regnet, ſeruus eſt : nec vnius hominis, ſed, quod eſt grauius, tot dominorum, quot vitiorum.*
S. Auguſt. lib. 4. de ciuit. Dei. cap. 3.

D

rance. *d* Toute sa gloire, & ses honneurs, qu'il tient si precieux, & qui luy coustent si cher, ne sont qu'vne fumée qui s'esuanoüit, vne glace qui se fond, & vne fleur qui se seiche en moins d'vn moment. *e* Ce n'est tout au plus qu'vne honorable seruitude, & vne riche captiuité ; & il est certain que personne ne les voudroit accepter, si l'opinion n'auoit releué ces lâchetez, par la magnificence de leurs tiltres, & par les honneurs, & les profits qui les accompagnent. Il est vray que nous voyons bien la pompe, & la magnificence de cette condition, à qui les plus grands du monde presentent leurs vœux : Mais nous ne voyons pas les supplices interieurs d'vne ame trauaillée de mille soucis, & d'autant de crainte qu'elle en donne aux autres: *f* Nous pensons que cét esclat soit toujours vne faueur de la fortune, le plus souuent c'en est vne embusche ; Ces gens-là sont esclaues de ce qu'ils pensent posseder, & n'ont que cest aduantage sur les malheureux, de boire les amertumes dans vn vase vermeil doré. Tous les mauuais iours qu'ils passent, ne sont pas suiuis de meilleures nuicts ; Et ie m'asseure qu'ils ne sont pas

d Lumen impiorum, tenebra ; honor, vmbra ; celsitudo, transitus.
Paulin. epi. 4.
e Aurea & fulgida compedes, clara miseria.
Senec. epist. 22.

f Fallax in transitorys suauitas, & infructuosus labor, & perpetuus timor, & periculosa sublimitas.
S. August. in epist.

moins tourmentez par de mauuais songes, qu'ils ressentent de desplaisirs lors qu'ils reüssissent mal en leurs entreprises. g Ce n'est rien des peines qu'ils donnent à leurs corps, à l'esgard des inquietudes que leurs esprits souffrent : leurs cœurs sont violentez de mille passions differentes ; leurs conuoitises leur donnent la gesne; la crainte leur gele le sang dans les veines ; la gloire les tourmente; l'enuie les ronge ; les solicitudes les agitent; & tous leurs desirs violens les martyrisent d'autant plus ordinairement, que rarement ils obtiennent ce qu'ils souhaittent : h *Hi sunt martyres sæculi, mundi professores, discipuli curiæ, milites eloquij : Per multas siquidem tribulationes intrant iusti in Regnum Cælorum; hi autem per multas tribulationes promerentur infernum.*

g *Per insidiosum iter vitæ non tantum ferunt sarcinas, sed trahunt.*
Senec. epi. 34.

h Petrus Rauen.

La plus-part de ceux qui se trouuent auiourd'huy dans les grands emplois, aduoüent franchement qu'ils y ont esté trompez, & qu'ils n'y sont retenus, que parce qu'ils ne voyent point de chemin honorable pour en pouuoir sortir. Il est vray que l'exterieur d'vne condition eminente paroist agreable à quelquesvns, & qu'il y a quelque sorte de satisfaction de marcher auec vne trouppe de gens bien faits : *i* Mais qu'est-ce que tout cela, sinon d'estre inuesty de ses domestiques, & d'estre plustost le Procureur, que le Maistre de tant de personnes qu'il faut nourrir? Tout bien consideré, il faut auoüer qu'il n'y a point de monstre si à craindre, ny de peste tant à fuïr que l'ambition : Il n'y a que les aueugles qui la cherchent, que les malheureux qui la trouuent, que les insensez qui la seruent, & que les perdus qui s'attachent à ses principes, & à ses preceptes. *k* Il n'y a point de degrez en vn precipice, mais principalement en celuy de l'ambition : On ne voit gueres remonter de cét abysme, les personnes qui s'y iettent volontairement. Quand il arriue à quelques vns que la fortune ne leur tourne le dos qu'à demy, & qu'ils ont la vie de reste, apres auoir perdu tous leurs biens ; ils sont contraints de se cacher en vn pays inconnu, où personne n'a pitié d'eux ; les plus tendres esprits ne sont point touchez de leurs disgraces, ny de leurs malheurs ; & quoy que ce soit la nature du mal de donner de la compassion à ceux

i Omnium istorum personata felicitas est : contemnes illos, si despoliaueris.
Senec. epi. 80.

k Momento mare vertitur : eodem die ubi luserunt nauigia, sorbentur.
Seneca.

qui le voyent, ils sont haïs de tous, comme s'ils n'estoient pas miserables. *l* Apres donc de si grandes promesses, & de si puissans attraits, qui ont entretenu si long-temps toutes leurs poursuites ; vn seul coup de disgrace renuerse toutes leurs esperances, & ils voyent en vn moment la ruine de tout ce qu'ils auoient édifié en beaucoup d'années. *m* Ces grands changemens qui surprennent si fort les esprits foibles, viennent de ce que les choses perissables ne subsistent pas par elles-mesmes, & que n'ayant l'estre que par emprunt, & par dependance, elles sont contraintes de souffrir leur affoiblissement, ou leur ruine, quand il plaist à la premiere cause dont elles releuent. Comme la durée d'vn superbe edifice, est en la fermeté de ses fondemens, de ses bazes, & de ses colomnes : ainsi l'establissement d'vne condition eminente, depend de considerer l'estat des choses du monde. Plus on esleue vn bastiment somptueux, plus on l'approche des vents & de la foudre : & les courages ambitieux, qui ne prescriuent iamais de bornes à leurs desseins, s'exposent à la haine du public, aussi bien qu'à celle

l *Fortuna solet fatigari, solet posteaquam nimium indulsit, in fine deficere.* Quintilian. declamat. 271.

m *Vt in rerum natura quæ spectatissima florêt, celerrimè marcescunt, velut rosæ, lilia, violæ. cùm alia durent: Ita in hominum vita, quæ florentissima sunt, citissimè vertuntur in diuersum.* Plin. lib. 9. cap. 15.

D iij

des particuliers; plus ils s'accroiſſent & s'enrichiſſent, & plus ils s'auoiſinent de leur decadence. Quand meſme vne fortune exceſſiue ne ſeroit point enuiée, elle ſe deſtruiroit d'elle-meſme ; eſtant choſe aſſez auerée par l'experience, que ce que l'on eſleue ſans meſure, s'accable & ſe ruine par ſon propre poids. Et d'ailleurs, il faut aduoüer qu'il n'y a point d'homme qui iouïſſe d'vne fortune ſi bien affermie, que l'authorité de plus puiſſans que luy, ou l'enuie de ſes égaux, ou la malice de ceux qui ſont au deſſous de luy, ne puiſſent faire tomber, au poinct meſme de ſes plus hautes proſperitez. *n Omne quod fortuito euenit, inſtabile eſt : quo altius ſurrexit, vergit pronius in occaſum.*

n Senec. lib. de breuit. vitæ, cap. 17.

Toutes ces conſiderations meurement peſées, portent les ſages & les vertueux au deſnuëment des choſes materielles d'icy-bas ; leur fait regarder auec meſpris toutes les vanitez qui dependent de l'opinion des hommes, & conſiderer auec compaſſion l'eſtat inconſtant & malheureux, de ceux que l'auarice & l'ambition roulent d'vne dignité à l'autre; iuſques à ce que voulant eſtre eſleuez au deſ-

DV SAGE. 31

fus de tous les honeurs, & de toutes les charges, ils perdent à la fin toutes les qualitez qu'ils auoient acquises, & dont ils n'ont joüy quasi qu'vn moment, pour porter à perpetuité celle de la honte & de l'infamie. Il est certain que ceux qui se confient aux prosperitez du monde, & qui mettent tout leur appuy aux honneurs, & aux charges qu'ils possedent, ne peuuent éuiter leur mal-heur & leur ruine, si ce n'est par vn bon-heur extraordinaire, & fort approchant du miracle. Comme la parfaite santé est bien souuent vn indice d'vne maladie prochaine: de mesme l'on voit tous les iours tomber des ambitieux dans des abysmes de malheurs, lors mesme qu'on les croyoit les mieux asseurez dans leurs affaires. o On est tout estonné que ce grand bastiment de fortune, composé d'iniustices, de concussions, de rapines, & cimenté de la sueur & du sang du peuple, s'en va peu à peu en decadence, & tombe en ruine: Et bien souuent nous voyons que les Ambitieux se rendent eux-mesmes les artisans de leurs propres mal-heurs ; & toutes leurs industries & leurs finesses, ne leur seruent que pour les perdre sans resour-

o Ingentes opes sæpè vna dies abstulit: multi honoratissimi antea, versis rerum vicibus, in contemptum venerunt.
Philo lib. de Ioseph.

ce, & auec éclat. Neantmoins, quoy qu'il y ait du peril au chemin qu'ils tiennent, & qu'il y ait des exemples encore tous frais de ceux qui s'y font perdus, cela ne fait point d'impreſſion ſur leurs eſprits : le mal-heur des autres ne les touche point ; & ils ont ſi bonne opinion d'eux-meſmes, qu'ils s'imaginent qu'ils auront plus d'adreſſe, ou plus de fortune pour s'en garantir. Apres tout, il arriue que tous ces affamez de biens, d'honneurs & de charges, ayans paſſé toute leur vie à baſtir leur fortune, auec vn nombre infiny de trauaux & de ſoins, ſe trouuent preſſez de dire adieu au monde pluſtoſt qu'ils n'auoient proietté ; & reconnoiſſent, quoy que bien tard pour leur ſalut, qu'ils n'y ont rien amaſſé de ſolide qu'vn chetif titre, pour faire vn morceau d'Epitaphe ſur leur tombeau:

p Senec.lib. de breuit. vitæ,cap.19. *p Quidam cum in conſummationem dignitatis per mille indignitates irrepſiſſent, miſera ſubiit cogitatio, ipſos laboraſſe in titulum ſepulchri.*

De

De l'Auarice.

CHAPITRE III.

IL n'y a rien de plus necessaire à l'homme, que de bien distinguer les choses dont il a besoin, d'auec celles dont il se peut passer. Ce n'est pas le ventre de nostre corps qui nous rend insatiables, mais c'est l'auarice de nostre ame qui n'en a iamais assez. Le souhait vehement des richesses, & le plaisir que nous prenons à les posseder, n'a racine qu'en l'opinion de ceux qui ignorent leur malice: le desir déreglé d'en auoir est vne gangrene en nostre ame, qui auec vne venimeuse & mortifere ardeur, consomme toutes nos naturelles affections. a Si tost que ce vice s'est logé dans nôtre cœur, l'honneste & naturelle affection que nous deuons à nos parens, à nos amis, & à nous-mesmes, s'enfuit : tout le reste comparé à nôtre profit ne nous semble rien ; à la fin nous mesprisons toutes choses, fors que le gain, & nous oublions que nous sommes hommes : quoy que nous voyons tous les iours de nouuelles fosses dans les cimetieres, & que nous fassions rencon-

a *Crudelitatis dominus, sæuus hostis, fidem frangit, violat affectum, vulnerat charitatem, adimit innocentiam, suadet fraudes, imperat latrocinium.* S. Chrysol. serm. 29.

tre de conuois funestes, à peine pouuons-
nous penser qu'il nous faut mourir. L'a-
uare ne relâche rien pour cela de ses rapines, ny l'ambitieux de ses pretentions; ils
font ordinairement des desseins pour vn
temps où ils ne feront plus, & il leur semble que la mort a oublié leurs noms, &
qu'elle ne passe deuant leur porte que
pour aller chez leurs voisins. De toutes
les passions qui troublent dauantage la
pureté de la conscience, la plus pernicieu-
se & la plus noire est l'auarice : *b* Celuy
qui tient la pauureté pour le plus grand
de tous les maux, il n'y a sorte de meschanceté qu'il ne commette pour s'en
exempter ; il ne se soucie pas de faire de
mauuaises actions, pourueu qu'il amasse
quantité de ce metal jaune, par le moyen
duquel on se tire de toutes sortes d'affaires. *c* Dés que la passion d'amasser du
bien, a reduit vne ame sous l'esclauage
de Satan, c'est en vain qu'elle se flatte de
pouuoir seruir à Dieu; puis que la verité
nous crie hautement, que Dieu & les richesses, l'Euangile & l'auarice, Iesus-
Christ & le diable, sont deux maistres in-
compatibles. Quiconque s'attache d'affection à l'or & à l'argent, n'a plus de Dieu

b Auarus sanè vt diues euadat, omnes contrahendi modos experitur; emit, vendit, permutat; & cum aliter non potest diuitias adquirere, furto ex natura augere. Salazar.

c Quae super terrâ sunt, desiderat & diligit; coelestia verò non curat: appropinquat ad interitum, & elongatur à salute ; currit ad diabolum, & elongatur à Deo. S. Bernard. serm. de miseria humana.

DV SAGE.

que par ceremonie; il a fait vn temple à vn petit Demon d'argent, qui est assis au milieu de son cœur ; c'est l'object continuel de toutes ses pensées, l'amorce de toutes ses esperances, & le but de tous ses côtentemens : d *Vnusquisq; enim, quod cupit, & veneratur, hoc illi Deus est: auarus aurū Deum habet.*

d S. Hieron. in Psal. 80.

Or comme l'ambition n'est pas contente de tous les sceptres, & de toutes les couronnes de la terre : de mesme l'auarice n'est iamais rassasiée de tous les tresors imaginables ; e Et ces deux passiôs qui ne sont iamais satisfaites, & qui infectent & corrompent la plus-part du gére humain, sont comme vn feu deuorát, qui augmente son embrazement & ses flammes, d'autant plus qu'il rencontre de matiere. f Il faut aduoüer que l'auarice est vne passion si cruelle & si desreglée, que si elle n'a tout, elle n'a rien : tout ce qu'on luy donne pour l'assouuir, n'est qu'vn degré pour obtenir ce qu'elle voudroit auoir; elle voudroit ou gaigner, ou perdre tout le monde ; apres auoir tout, elle souhaiteroit encore quelque chose. L'auare n'est iamais qu'à moitié puissant, ny qu'à demy riche : tout ce qu'il engloutit d'or & d'argent, ne fait qu'accroistre l'auidité de ses conuoitises ; les

e *Duæ pestes humani generis, ... auaritia et ambitio* Lipsius.

f *Amor pecuniæ sæuit, vt barbarus; feruet crudeliter, vt tyrannus; nusquam miseretur, nusquam pudet.* S. Chrysost. in homil.

E ij

môceaux de sacs tous pleins d'or, entassez les vns sur les autres, luy esleuent le cœur à de plus grandes pretentions : & il est vray qu'il ne captiue sa liberté qu'aux deuoirs, d'où il pense tirer quelque sorte de profit. g Le mal d'vn auare n'est pas simplement folie, c'est vne frenesie & vne rage tres-dangereuse: sa côuoitise n'a ny bornes, ny limites ; tout luy est bien peu de chose, & peu de chose luy est moins que rien. A mesure qu'il a dequoy assouuir quelque desir, plusieurs naissent, ou repullulent, & qui le tyrannisent plus cruellement que les premiers:& tát s'en faut que la veuë de ses tresors le côtente, qu'elle luy en fait souhaiter dauantage, auec vne impatiéce desreglée. h Apres tout, ie ne pense pas qu'on ait iamais veu pas vn auare reuenir à soy, pour considerer à quelle fin il se sacrifioit à tant de soucis, & à tant peines : & n'ay point encore appris qu'aucun d'entr'-eux eust iamais demádé à son ame, quelle raison la conuioit de se priuer de toute sorte de repos, pour vacquer à tant d'inutiles soins, & d'infructueuses pensées. Si quelqu'vn entaché de ce vice, vouloit deuenir liberal par quelque sorte de miracle, qu'il s'applique le conseil que luy dône S. Am-

g Inexplicabilis est sola auaritia diuitum, semper rapit, & nunquam satiatur: nec Deum metimet, nec hominem reueretur.
S. August.
li. 2. de verbis Domini.

h In iis morbis, quibus afficiuntur animi, quo quis peius se habet, minus sentit.
Senec.
Epist. 81.

broife, côme s'il luy auoit efté enuoyé du Ciel, pour luy feul. *i Attende tibi diues : nudus es natus, nudus moriturus es : quid excipere quæris, quod tecum auferre non poßis ? fluenta funt quæ miraris : quomodo veniunt, fic tranfeunt, & recedunt. Sola virtus comes eft defunctorum, fola nos fequitur mifericordia.*

i S. Ambr. in Pfal. 61.

Les hommes ne recherchent plus que leurs interefts particuliers en toutes chofes : Maintenant on trompe, on vole, & on rauit impunément le bien du pauure; Et les neceffitez extremes dont tout le monde eft remply de toutes parts, & qui donneroiét de la compaffion à des Turcs, n'amoliffent pas les cœurs de ceux qui fe difent Chreftiens. k Si l'auare vouloit faire tout le bien qui eft en fa puiffance, il acquerreroit plus de trefors pour le ciel, qu'il n'en poffede fur la terre : Mais il declare affez par fon procedé, qu'il n'a point de pretentions pour l'autre monde, & qu'il ne fouhaite que les biens de celuy-cy. Ce malheureux vit comme s'il n'y auoit rien au de-là de cette vie, & comme s'il n'y auoit point de Iuge làhaut, deuant lequel il doit vn iour comparoiftre pour rendre fes comptes. C'eft vn malade qui n'a de l'appetit que pour ce

k *Sed infelix, cuius in poteftate eft tantorum animas à morte deffendere, & non eft voluntas.* S. Ambrof. in tract. de Naboth. cap. 13.

E iij

qui luy est nuisible ; & toute son industrie ne luy sert que pour estre miserable auec excez. *l* Au reste ne pensez pas qu'il gouste de la vie, que ce qu'elle a d'amertume, & de fâcheux : il meurt de faim auprès de tous ses tresors ; il n'y a que les rats, & les souris qui font grand' chere en sa maison : tous ses domestiques n'oseroient boire, ny manger, ny se rejouïr qu'en cachette ; ils gardent tous leurs ris pour l'enterrement de leur Maistre, & se promettent bien de n'en porter le dueil que par le dehors, & pour leur profit. Or comme l'on peut dire que nos trauaux & nos peines ont esté vtilemét employées, lors que nous nous ressentons du reuenu qu'elles nous ont acquises : *m* Aussi faut-il auoüer que nous sommes plus cruels à nous mesmes, que les Tyrans ne nous sçauroient estre, quád nous nous gesnons le corps & l'ame, afin de nous mettre en possession de toutes sortes de biens, dót nous nous deffendons la jouïssance, & l'vsage necessaire. C'est en cela pourtant où pechent tous les Auares : ils sont si fort ennemis d'eux-mesmes, & de leur salut, qu'ils trouueroient quelque chose à dire à leur malheur, s'ils

l Miserum, quem vbertas sterilem, abundantia anxium, inhumanum copia, diuitia facere mendicum. S. Chrysol. Serm. 104.

m Horrenda est cupiditas mala, & difficile mitigatur: horribilis est valde, & fera, & sua feritate consumit homines. S. Hermas, mandato 12.

n'engageoient leurs ames, aussi bien que leurs corps, à souffrir eternellement apres cette vie: n *Mens enim thesaurizantis thesaurum suum sequitur, & quasi in naturam terrestris substantiæ demutatur: nec solum nunc, sed etiam in futuro, atque perpetuò.*

n Saluian. lib. 1. ad Ecclef.

Si nous voulions faire la guerre aux Auares, pour en despeupler le Monde, nous aurions trop d'ennemis à combattre, & à vaincre: Et nous serions bien plus asseurez d'encourir leur hayne, & leur couroux, que de contribuer quelque chose à leur correction & amendement. Ce sont des malades qui n'aduoüent pas franchement leur misere; & qui, au lieu de se plaire aux discours qui la representent, feroient vn procés à celuy qui les en voudroit guerir. o Ce peché honteux leur iette des tayes sur les yeux, qui les empeschent de voir la beauté de la vertu qui luy contrarie: ils suiuent le mouuement des passions qui les en destournét; & pour flatter leur mauuaise humeur, ils se figurent des defauts dans le sujet qu'ils ne veulent pas aimer. Au siecle où nous sommes l'Auarice est vn piége où tous les hommes se laissent prendre volontairement: p Ceux-là mesme qui ont renon-

o *Virtuti aut Deo, numquam carus, cui cara opes.* Lipsius.

p *In eiden..*

cé au Monde, y font bien souuent de mauuais pas; & font assez paroistre qu'ils connoissent bien l'argent, & qu'ils aiment qu'il loge chez eux. Mais de tous ceux qui ont le plus d'inclination à ce vice, ce sont les vieilles gens de l'vn & de l'autre sexe: à mesure qu'ils approchent du temps de partir du Monde, l'enuie les prend de faire des paquets, & d'amasser forces besongnes qu'ils n'emporteront pas. Il est impossible que la vieillesse décrepite les diuertisse du soin qu'ils ont d'amonceller des tresors: Et quoy qu'ils se soustrayent de l'embaras des grandes charges, & des grandes affaires, si est-ce que leurs apprehensions multiplient; leur esprit ne tremblant pas moins que leur corps, ils ne s'asseurent de quoy que ce soit, s'ils ne le tiennent auec deux mains: *q Terram semper intuetur, qui curuus est : Et quo præmio sit redemptus non meminit, qui ima quærit.*

tes saluti suæ, animasque proprias, quæ vocantur ad cælum, terrenis ponderibus in terram premunt. Saluian. lib. 1. ad Eccles.

q S. Grego. homil. 31. in Euang.

L'enfer, & le desir de l'auaricieux, conuiennent en ce point, c'est qu'ils sont esgalement insatiables: Mais cét Abysme toujours beant n'engloutit que ceux qui se veulent perdre; & l'Auare, quelques richesses qu'il puisse auoir dans ses coffres, desire d'y adjouster tout le bien des autres.

Tout

Tout ce qu'il engloutit d'or & d'argent, ne fait qu'accroiftre l'auidité de fes conuoitifes, & luy efleuer le cœur à de plus grandes poffeffions. *a* Il eft des Auares comme des criminels des pays où l'or fe trouue en abondance : les chaifnes de ceux-cy font forgées de ce metal, & les liens de ceux-là font faits de mefme matiere. Tant s'en faut qu'on foit plus heureux, pour eftre plus riche; qu'au contraire, nos peines s'augmentent, à mefure que nos biens multiplient; & tout ce que nous poffedons au de-là du neceffaire, ne fait que nous expofer à de nouueaux foins. Il n'eft point de contentemés pour vne conuoitife qui n'a point de bornes: quoy qu'elle ait, elle a trop peu; & elle ne croyroit pas auoir affez, quand elle poffederoit tout le bien de trois Royaumes. *b* La gefne, & le tourment que fouffrent les Auares, font mille fois plus infupportables, que ne font les incommoditez, & les peines d'vne pauureté extreme : Les richeffes les trauaillent, comme fait la fiévre: plus ils en ont, & plus ils font tourmentez. Au lieu du fommeil, & du repos, ils ne rencontrent que des inquietudes dans leurs licts; ils prennent tous leurs

a Apud Barbaros quofdam, quia vernaculum eft aurum, & copiofum: auro vinctos in ergastulis habent, & diuitijs malos onerant; tanto locupletiores, quanto nocentiores. Tertull. lib. de habitu muliebri. cap. 7.

b Nec intelligit mifer, fpeciofa fibi effe fupplicia, auro fe alligatum teneri, & poffideri magis, quam poffidere diuitias. S. Cyprian. Epift. 2.

repas par coustume, & ne goustent iamais la saueur des viades qui leur sont seruies : leur ame plus auide d'argent que de toute autre chose, desrobe à leurs sens l'vsage honneste de tant de belles besongnes, que la Nature a mises au Monde, pour leur donner du contentement, & du plaisir : c

A 131 st. r.n. 1v. de diuersis.

c *Omnis terrena possessio supplicium est cupiditatis, vt in ipsis bonis crucietur animus, cui viluit, qui tanta largitur.*

d *Auaritia causa est, quod homo magna, & multa recondit non sibi, sed aliis, ad suum planè præsentem, vel posterum cruciatum. S. Chrysol. Serm. 122.*

d Il est vray que les Auares n'amassent des richesses, que pour les conseruer à de plus sages qu'eux : ces malheureux n'ont que le labeur, duquel vn autre recueille-ra le fruict. Sont des tuteurs qui gardent des biens, & des thresors, aupres desquels ils souffrent la faim, pour des enfans qui en feront de bons repas auec le temps ; & qui dans les excez de leurs desbauches, diront en se mocquant des Trespassez, que leurs Peres estoient des sots. Certes comme il n'importe pas à l'Aueugle qu'il y ait vn Soleil tout resplendissant de lumiere dans le Ciel, & qui descouure tant d'agreables couleurs sur la terre, puis qu'il est priué pour iamais de les voir : Aussi est-il inutile à l'Auare de posseder tout l'or & l'argent d'vn Royaume, & d'auoir de toutes sortes de biens en abondance; puis qu'il n'a pas le pouuoir d'en faire du bien ny à soy-mesme, ny aux autres. Nous ne voyōs que trop d'exemples de ce monstrueux déreglement; & il semble qu'il n'y a que les riches, qui sont malheureux auec excez, & volontairement miserables : Car à tous ceux à qui Dieu dōne le moyen d'amasser du bien, il ne leur fait pas la grace de le disperser vtilemét. Il est vray pourtant qu'il ne tient qu'à eux-mesmes qu'ils ne s'accommodent de leurs biens, & qu'ils n'acheptent le Paradis de leur propre argent. e Il faut auoüer qu'il n'y a point de vrayes richesses, que celles que nous emporterons au partir de cette vie: toutes les choses que nous laisserons icy bas, pour precieuses qu'elles soient, seront possedées par d'autres : Et de tant de belles, & bonnes choses, il ne nous restera que le regret de n'en auoir fait force bonnes œuures. Tout le contentement qu'il y a à posseder de grands biens, c'est qu'on en peut faire quantité d'aumosnes; en secourir ses amis, & viure dans vne mediocrité honorable & accōmodée. f Mais il semble que l'inquietude est vn mal inseparable des grands biens, & qu'on n'en

e Si Auari sumus, vita æternæ esse debemus auari, & talem vitam desiderare, quæ non habeat finem.
S. August. in Psal. 90.
f Mens eorum assiduè pungitur spinis solicitudinum, pro acquisitione, vel conseruatione diuitiarum; & multiplici labore, corpus illorum atteritur.
S. Anselm. lib. de simi- lit.

F ij

peut estre beaucoup chargé, sans auoir la face jaune, & le teint plombé. Comme l'on voit que la roüille naist du Metail; ainsi les troubles de l'ame prennent leur naissance des biens de fortune. Le pauure est obligé de souffrir les incommoditez du corps; & il est necessaire au riche d'endurer les soins, & les solicitudes de l'esprit: *g Auri custos, seruator argenti, securitatem non habet: ne scit quietem; & cui deest securitas, quies perit : pœnâ diues est ille, non censu.*

h De toutes les passions qui troublent d'auantage l'equité, & la Iustice parmy les mondains, c'est la cupidité insatiable des Auares, & des mauuais riches : là où il y a des richesses en abondance, il y a toujours des procés, des querelles, & des monceaux de vices: la reprobation de Saül, n'est quasi attribuée qu'à ses conuoitises; Et l'auarice de Iudas fut le principal motif pourquoy il trahit son Maistre. L'affluence des grands biens nous fait choir dans les desordres, iusques à nous faire oublier ce que nous sommes, & le lieu de nostre origine; tant il est difficile de garder de la moderation parmy l'opulence, & d'estre riche auec excez, sans deuenir insolent, & superbe en pareil degré. Il faut auoüer que

g. S. Chrysolog. Ser. 21.

h *Meum & tuum, frigidum illud verbum, & quidquid est malorum vitam nostram inuehens, innumeraque gignens bella, ardor charitatis opponitur, eundemque extinguit.* S. Chrysost. orat. de sancto Philogonio.

les frequentes occasions de faire du mal, tentent les resolutions les plus constâtes; Et il n'y a quasi perfonne, quelque bon naturel qu'il aye, qui ne deuiéne tres-meschât, à mesure qu'il se fait extraordinairemét riche. Où l'or, & l'argent sont en credit, la vertu y est decreditée. Depuis que la seule clef d'or a ouuert la porte aux honneurs, & aux charges, les hommes se sont portez à l'enuy, & comme à qui mieux mieux aux vsures, aux larcins, & aux iniustices: De sorte qu'vn chacun ne s'estudiant qu'à amasser de ce metal, qui peut & fait toutes choses, la societé ciuile est deuenuë vn parc de bestes sauuages; où la plus foible est la proye de la plus forte; & ainsi tous les pauures contribuent au payement des grands employs, & des grands offices, quoy qu'ils ne soient pas mandez à l'achapt; ils portent la peine de l'ambition & de l'auarice de plusieurs, quoy qu'ils n'en ayent pas commis la coulpe: i *Reddunt miseri dignitatum pretia, quas non emunt: Commercium nesciunt, & solutionem sciunt.*

i Saluian. lib. 4. de Prouidentia.

De l'Hypocrisie.
Chapitre IV.

COMME les hommes sont faits aujourd'huy, ou pour mieux dire contrefaits! Ce n'est pas assez dans les conuersations de ne prendre conseil que de nos yeux, pour faire vn iugement asseuré de tous les esprits que nous rencontrons; il faut que nous estudions plus d'vn iour les actions des vns & des autres; & non pas quel est le visage de ceux qui nous veulent payer de mines : k Il faut regarder ce qu'ils font veritablement, & non pas ce qu'ils feignent par hypocrisie. C'est vne Reigle qui est quasi tousiours fausse que la montre exterieure de l'homme. Nous sommes en vn siecle où tous ceux qui ont l'apparence de la vraye vertu, n'en ont pas tousiours la verité. Et on rencontre bien souuent en vne mesme personne vn cœur impie, & des levres religieuses. *l* La deuotion des hypocrites corrige leurs gestes, & reforme leurs cheueux & leurs colets : Mais elle ne touche point à leurs passions, ny à leurs vices. Comme ils ne craignent point d'autre Iu-

k Ibi vitiorum illecebræ sunt, vbi tegmen putabatur esse virtutum.
S. Hieronymus in cap. 10. Ecclesiast.

l Quisquis se vult videri quod non est, hypocrita est : simulat enim se iustũ, nec exhibet.
S. August. lib. 2. de sermon. Domini in mõte. cap. 4.

ſtice que celle des hommes, ils ne ſe portent aux actions de vertu que lors qu'ils y ſont contraincts : Et leurs conſciences touſiours criminelles ſe croyent innocentes, quand elles exercent leurs meſchancetez ſans teſmoins. m Le monde eſt auiourd'huy vn theatre de fictions, où la verité a de la peine à eſtre cogneuë, tant on luy fait de maſques, & de faux viſages. Au meſtier de feindre, de diſſimuler, & de tromper, chacun ſe perſuade d'y pouuoir reüſſir promptement; d'y triompher auec le ſilence; & s'il y faut trauailler, d'y faire vn puiſſant progrez par le moyen de la langue. La plus-part des hõmes exercent le menſonge auec tant de front, qu'on n'en ſçauroit apporter dauantage pour deffendre vne verité bien aſſeurée : & les procedures ordinaires de ces eſprits eshontez & perdus, feront deformais croire que d'aſſeurer vne choſe auec tant d'effronterie & de hardieſſe, c'eſt à dire ou qu'elle eſt fauſſe, ou qu'elle eſt plus qu'à demy falſifiée. A la fin pourtant, vne grande ſuitte de leurs actions les fait cognoiſtre, & on voit bien qu'ils ne ſont pas ſi gens de bien qu'ils en font les mines : n *Semper errantium fluctuant pe-*

m *Vt hiſtriones qui Regum Principũque perſonam agunt, veſte, geſtu, ſermone ſimiles, introrſum nihil eorum habent : ſic iſti apparebũt qui conſcientiam non habent.* Lipſius in Epiſtolis.

n S. Hier. in cap. 61. Ezech.

des, *nec sunt solida vestigia, quæ contra veritatem sunt: sed huc illúcque discurrunt, dum de falsitate transeunt ad aliam falsitatem.*

Les plus raffinez en ce vice, font bien souuent prendre à leur Ambition, le visage de l'humilité; & par vn excez d'hypocrisie, cherchent de la gloire dedans son mespris : leurs deuotions simulées, & leurs gestes contrefaits sont semblables à ces Meteores qui ont plus d'esclat que les vrayes estoilles; quoy qu'ils ne soient que des vapeurs enflammées, & ordinairement les presages de quelque malheur. o Tel qui dit du mal de soy, & qui en parle auec mespris, ne seroit pas bien ayse qu'on le crût, ny qu'on luy reprochât les defauts dont il s'accuse: Et il y en a plusieurs, qui ne mesprisent les honneurs, & les loüanges en particulier, qu'afin qu'on les loüe, & qu'on les honore en public. La plus-part des hommes mesprisent le monde en paroles, & tous le suiuent en effet. On voit auiourd'huy vn grád nombre de pipeurs, qui paroissent ce qu'ils ne sont pas; & qui ne loüét la Iustice & la probité, qu'à fin d'estre iniustes, & tromper les simples plus finement. Et pource que la reputation d'homme de bien est si necessaire

o Naturali ducimur malo ; adulatoribus nostris libenter fauemus: & quáquam nos respondeamus indignos, & calidus rubor ora perfúdat; attamen ad laudem suam intrinsecus anima lætatur.
S. Hierony. Epist. 22. ad Eustochium.

nécessaire dans le maniement des affaires, ceux-là mesme qui ont perdu la sincerité des mœurs, s'efforcét d'en retenir l'escorce, & de nourrir parmy les hómes vne renomée, qui n'est grosse que de vents, & que d'impostures. En ce temps icy que la Religion est combatuë par l'impieté des vns, & par la superstition des autres, il faut auoüer qu'il n'y a guieres moins d'hypocrisie, que de prophanatió en tous les estats du Monde; & il est vray que c'est vne chose qui n'est pas tousiours commune là où la foy se retrouue, d'y rencontrer la vraye Charité. Il n'y a auiourd'huy endroit au Monde, où l'hypocrisie n'ait semé des subtilitez: par tout elle a tendu ses nasses, & ses filets; elle ne cesse de chasser de tous costez, de prendre, & d'attraper de toutes parts. *a* Elle regne dans le fard, dans les habits, dans les complimens, & dans les affaires : Elle se fourre en tout âge, en tout sexe, & en toute condition. Elle va mesme iusques aux Autels, & se glisse iusques dans les Religions reformées. L'Ambition, l'Auarice, la Luxure, & les autres vices, quoy que fort enracinez, quittent l'homme, lors qu'il abandonne sa vieille peau : l'hypocrisie est seule qui l'accom-

a Hypocrisis secura simulat; fallit prospera; curiosa mentitur; & crudeli arte virtutes truncat mucrone virtutum.
S. Chrysol. Serm. 7. de hypocri.

pagne iusques dans le sepulchre, & qui veut encore dormir sous ses cendres: *b Gloriæ cupiditas, etiam sapientibus, nouißima exuitur.*

Ce siecle donne tout à l'apparence, rien à la solidité: on ne cherche pas d'estre ou sage ou vertueux; mais seulement de le paroistre. Il est vray que les yeux d'autruy nous gouuernent, & non la raison; & que iamais l'opinion n'eut tant de pouuoir au monde, ny si peu la verité. *c* Les meilleurs de tous les hommes d'auiourd'huy, sont ceux qui ont la discretion de cacher ce qu'ils ont de vicieux, & qui ne font montre que de ce qui les peut mettre en creance. Ceux qui font le mal auec vn peu de subtilité & d'adresse, & qui rentrayent si bien les coustures de leurs crimes, que les poincts ne paroissent pas au dehors, sont estimez de grands saincts dans le monde: & comme s'ils estoient dans des niches en prospectiue à tous les passans; on tire en exemple iusques aux moindre de leurs gestes, de leurs actions & de leurs paroles. *d* Mais quelques prudens, & dissimulez qu'ils soient, ils ne sçauent l'art de tromper que pour vn temps: à la fin ils ne peuuent si bien se

b Cor. Tacit. lib. 4. histor.

c *Venena nō dantur, nisi melle circunlita: & vitia non decipiunt, nisi sub specie, vmbráque virtutum.*
S. Hieronymus Epist. ad Lætam.

d *Omnia quæ virtute circumdata sunt, firma sunt, & munita: quæ autē vitiis sunt circūscripta, tabernaculi speciem habent.*
S. Nilus in Ascetico.

DV SAGE.

desguiser, & se contrefaire, que leurs œuures ne fassent connoistre quelle est leur intention; Et il ne faut estre que mediocre Physionomiste, pour iuger que toute leur vie n'est qu'vne fourberie continuée; Que le zele de la Religiõ n'est que sur leur visage, & le soin de la pieté, & des bonnes œuures que dans leurs discours. Certes tout ce qui brille, & qui esclatte si fort parmy les metaux, n'est pas toujours le bon or: le vray est ordinairement vn peu pasle; & ces grands Saincts selon l'apparence du dehors, n'ont que le masque des vertus solides. e Ceux qui ont de grands dons de Dieu, & qui sont tout pleins d'vne interieure deuotion; sont ceux-là qui en tesmoignent le moins en l'exterieur: Il n'y a que les foux, & les hypocrites, qui font vne piece de parade de la Saincteté; Et ils ne se satisferoient pas eux-mesmes, s'ils ne faisoient voir aux Aueugles, qu'ils n'ont de la perfection Chrestienne, & de la vertu solide, que sur la superficie des lévres. Il est certain que la marque la plus infaillible pour reconnoistre vn naturel genereux, c'est quand on voit euidemment lors qu'il fait de bõnes actions, qu'il n'a point d'autre objet de contentement,

e *Omnis gloria sanctorum, intus, non foris est: nõ in ore vulgi, sed in Domino, cui soli placere desiderãt; & cui placere, sola, & vera gloria est.*
S. Bernard.
Serm. 25. in cant.

G ij

que le plaisir interieur qu'il ressent de les auoir faites. f Celuy qui est de cette humeur là n'affecte iamais l'applaudissement du vulgaire : dedans les occasions de faire du bien en cachette, il se contente du tesmoignage qu'il s'en peut rendre à luy-mesme : & sa conscience estant assez large, & spatieuse pour l'estenduë de sa gloire, il croit qu'elle ne peut estre ailleurs si bien recognuë, qu'elle le sera en ce lieu, où il a droict de commander. Le feu d'vne parfaite Charité, & d'vne deuotion bien solide, se conserue, & redouble en son ardeur, estant caché sous les cendres de l'humilité, & du silence : la pieté se plaist à l'ombre du secret, & s'y conserue, comme font les fruicts sous leurs fueilles : g *Vt vinum vigorem & florem seruat, sed clausum, apertum exhalat : sic virtus apud secretum manet, vanescet, si vulgaris.*

Les hypocrites ressemblent aux flambeaux qui se consomment & ne peuuent esclairer long-temps : la gloire des meschans n'est qu'vn faux lustre, qui déguise ses impietez, & ses malices ; toute leur recommandation n'est qu'vn vain esclat, qui disparoit aussi tost qu'on s'en approche. Le principal estude de ces

f *Iustitia quæ per se sibi abundat ad gloriam, spectaculum populi, vulgi laudes, fauores hominum, mundi gloriam non requirit.*
S. Chrysol. Serm. 9.

g Lipsius in Epist.

DV SAGE. 53

gens-là, est à cacher leus deffauts; à plastrer les breches qu'ils ne sçauroient fermer; à se mettre du fard sur le visage; & à esblouïr le monde par les apparences de quelques vertus falsifiées. *h* Ces maistres pipeurs n'ont que des mines & des gestes estudiez, dont ils trompent tousiours le simple peuple: & il est vray qu'ils s'employent bien plus à conduire les mouuemens de leurs testes, & à donner de certains adoucissemens à leurs visages, qu'à regler les desordres de leurs passions, & à se faire quites de leurs grands pechez. Ils ont auec eux des faux portraicts de toutes sortes de mortifications, & de vertus, dont ils se seruent selon l'occurrence; *i* & ils sont tousiours prests à contrefaire les gens de bien, pourueu qu'on les voye, & qu'on les admire. Il n'y a personnage que les hypocrites ne joüent, fors celuy d'vn homme de bien: & de tous les animaux qu'ils cherissent, ils ne contrefont ordinairement que les Cameleons, les Renards, & les Singes. Vous ne voyez iamais que l'enuers de leur interieur: on est tousiours contraint de chercher la verité de leurs intentions, dans la contradiction de leurs parolles; & de prédre à contre-sens

h Mala mētis humanæ, tunc perniciosissima scias esse cum simulata sanctitate subsistunt. Senec. Epi. 57.

i Modò multi adsint testes eorum quæ fiunt, lene jeiunium videtur, vigilia facilis, atque preces: laus enim multitudinis excitat animum, & alacrem reddit. S. Nilus, orat. 7.

G iij

tout ce qu'ils font, & tout ce qu'ils disent. k Sous les mesmes visages d'auiourd'huy, vous remarquerez demain d'autres hommes : l'interieur de ces gens-là se fera renouuellé en bien peu de temps ; Et si vous estes aussi ruzés qu'eux, & non pas aussi meschans, vous remarquerez qu'ils cherchent vn passage doux, pour descendre de la finesse dans la tromperie. Mais quoy que les trop credules se laissent quelque-fois surprendre à ces apparences de fausse vertu, l'œil clair-voyant de celuy, dont la lumiere du monde n'est que l'ombre, penetre au trauers de leurs dissimulations, & permet quasi toujours, qu'au lieu de l'estime, & de l'honneur vain qu'ils cherchent, ils ne trouuent que de la confusion, & de la honte : *l Sicut sepulchrum, quamdiù clausum est, pulchrum videtur à foris ; si autem apertum fuerit horribile est : sic sunt simulatores bonorum ; quamdiù non cognoscuntur, laudabiles sunt : cum autem cogniti fuerint, abominabiles.*

La vraye vertu ne veut estre seruie, & suiuie, que pour son merite : ceux qui empruntent son masque pour vne autre fin, elle leur arrache du visage auec confusion. Le beau marbre blanc dont on

k *Sicut histriones in theatro personam agunt alienam laruati, & inde exeuntes in propria apparent : Ita hypocritæ induunt se ornamentis virtutis, cum intrinsecus nequißimi sint.* Tertull. Apolog. contra gentiles.

l S. Chrysost. homil. 46. in Matt.

DV SAGE. 55

se sert pour embellir la difformité des sepultures, fait remarquer à ceux-là mesmes qui n'y prendroient pas garde, que ce ne sont que des tombeaux pleins d'ossemens descharnez, & des carcasses pourries : & la piece de pourpre, ou de velours, que l'on joinct à la bure d'vn manteau pelé, ne sert par son esclat qu'à rendre plus visible, & plus vergongneuse la misere du pauure belistre qu'elle couure. Et ainsi l'on voit qu'en toutes choses, les mesmes ornemens dont on veut couurir les defauts manifestes, les rendent plus remarquables, au lieu de les celer. m Les pommes de Sodome trompent l'œil qui les regarde, mais non la main qui les touche : l'or faux peut imposer à la veuë, mais non pas à la coupelle ; les apparences & les pretextes ont beau déguiser le vice, tost ou tard les faits le manifestent, & la renommée le publie. La feintise peut contrefaire la verité pour vn temps ; mais iamais l'imiter, & moins encore luy ressembler : le singe porte quelques traicts du visage de l'homme, mais on le connoist tousiours pour singe, en quelque posture qu'il se mette. Soyons tant dissimulez que nous voudrons, nous ne sçau-

m *Nihil simulatum, & fictum veræ virtutis esse, certum est ; quinetiam diuturnum esse non solet. In principio vernat, in processu tanquam flosculus dissipatur, & soluitur.* S. Ambros. lib. 2. offic. cap. 22.

56   LES ENTRETIENS

n Homines vident quæ apparent : Deus autem intuetur cor. 1 Reg. 16.

rions tromper Dieu: *n* Il voit iusques aux plus secrettes de nos pensées; & il fera quelque iour connoistre à nostre honte & confusion, que nous ne sommes pas si bons que nous deurions estre, ny tels que nous desirons qu'on nous croye. A ce iour épouuentable du Seigneur, qui doit venir par le feu, & où nous deuons comparoistre tous, nos intentions, aussi bien que nos actions, seront là manifestées. De mesme que la lumiere du feu fait voir les choses cachées, & que sa chaleur épreuue la bonté de l'or : ainsi le iugement de Dieu qui est vn feu consumant, dissipera les tenebres des consciences d'vn chacun de nous, & découurira aux yeux de tous les humains, toutes les malices que nous leur auions déguisées : *o Nudat mors hominem opibus, non nudat operibus.*

S. Ambrosius.

De la Médisance.

CHAPITRE V.

LA plus-part des hommes ont de la facilité à faire du mal; & il se trouue auiourd'huy des enfans si industrieux, qu'ils apprennent de toutes sortes de meschancetez, sans qu'il en couste rien

rien à leurs Peres. Il s'en voit fort peu qui ne soient enclins à bien des vices; & vn chacun de nous a le sien qu'il affecte en particulier: Mais tous sont generalement portez à la médisance. a C'est auiourd'huy le plus renommé de tous les pechez, & celuy qui a le plus d'accés dans le Monde. Il y a plus de la moitié des hommes qui se plaignent de l'iniustice de ce crime: Et il ne se trouue quasi plus personne, pour malheureux qu'il puisse estre, qui ait iamais receu tant de playes de ses ennemis, qu'il a fait des mauuaises langues. b Il se trouue tous les iours des esprits bigearres, & malicieux, qui trouuent à redire à la composition de cét vniuers, & au bel ordre que cette souueraine Sagesse y a establi; qui remarquent des taches au Soleil; qui veulét oster la blancheur au lis, & la pureté au crystal; & à la medisance desquels rien n'eschappe que Dieu; dautant qu'ils n'en ont pas la connoissance, & qu'ils ne croyent pas bien fort qu'il y en ait vn. c Il n'y a rien de si facile au meschant que de médire de la vertu qu'il n'ayme pas; & de persecuter de sa langue les gens de bien qui l'estiment, & qui la suiuent. Les plus mal-

a *Homo domat feram, & non domat linguam: domat leonem, & non franat sermonem; domat ipse, & non domat se ipsum.* S. August. lib. 1. de verbis Domini.

b *Semper offendunt bona malos; pia impios; sancta profanos: Amatores criminum inuigilant, insidiantur in accusatione virtutum.* S. Chrysol. Serm. 32.

c *Fouea alta est os maleuoli, grande in nocentia præcipitium, sed maius maleuolentia.* S. Ambros. in Epist. 1. ad Constant.

58　LES ENTRETIENS

adroits y reüssissent du premier coup: c'est vne pure action de la langue, & des moins difficiles de ceste vie; elle ne demande ny force, ny industrie, & ne donne pas plus de peine que ces petits ieux, qui diuertissent sans trauailler, & qui s'apprennent sans Maistres. Aussi est-ce vn mestier dont tout le monde se mesle à present; Et tel montre les coups qu'il a receuz de la calomnie, demandant de l'huile & du baume pour ses playes, qui affile sa langue pour entamer la renommée d'autruy. d Il est vray que la médisance est le plus horrible, & le plus cruel de tous les vices, aussi bien que le plus commun : Elle respand son venim sur toutes sortes de personnes, & pince aussi bien sur le satin, & sur l'escarlate, que dessus la bure : Elle ressemble maintenant à la queuë du Scorpion; ou elle picque, ou elle est tousiours preste à picquer; iamais on ne l'a veuë si enflammée qu'elle est à present : e *Orbem terræ calumnia inundauit, hæret & habitat in pessimæ huius naturæ medullis, nec iam inter culpas censetur, sed mores.*

f Au siecle où nous sommes les innocentes actions ne se peuuét garantir de la médisance: rien n'expose tant vne person-

d *Maxima pars generis humani, indiscreto iudicio ad reprehendendum prompta, & parata esse probatur: cum tamen non ita se velit ab aliis iudicari.*
S. August. Serm. 102. de tēpore.
e Lipsius, orat. de calumnia.
f *Virum circumspectum, & amicum propriæ con-*

ne aux traits de la haine, & de l'enuie, que ses rares vertus, & sa pieté extraordinaire. Il est tres-certain que les plus sages, & les mieux viuans, tant dedans que dehors le monde, n'ont pas moins d'espions, & d'enuieux de leurs bónes actions, que de disciples & d'aprobateurs: Il se trouue par tout des chats-huans, & des hiboux à qui la lumiere donne des inquietudes; leurs yeux n'estant pas capables de la regarder: Et il est vray qu'il est de mesme de l'applaudissement vniuersel, comme de la quadrature du cercle, & de la pierre philosophale, que plusieurs cherchent, & que personne ne trouue. g Les meschans ne sçauét faire autre chose que médire de ceux qui sont bons, & parler inconsiderément de tout le monde: Ils ne se peuuent seruir que mal à propos de leurs langues, & de leurs léures; & ils donneroient volótiers la gesne à toutes les paroles qu'ils entendent, pour en tirer vn sens contraire à l'intention de celuy qui les a proferées. En leur procedé ordinaire ie ne les trouue en rien dissemblables à ces pernicieux Pharisiens, qui asseuroient que Iesus-Christ chassoit les demons par la vertu des malins esprits; ruse ordinaire de ces

scientia, calumniantur hypocritæ. Porrò amatorem quietis, & sibi interdum vacantem, inutilem dicunt. S. Bernard. lib. 4. de considerat. cap. 2.

g *Rectè viuentes, peccatores condemnant, & persequuntur. S. Chryso. homil. 6. ad populũ.*

H ij

consommez en malice, de rechercher des causes pernicieuses, pour estouffer de tres-bons effects. L'humeur de ces gens là est de se plaire plustost dans les tenebres, qu'aux rayons du Soleil; & de souhaitter dauantage la flestrissure à la renommée des sages & des vertueux, que la reputation & l'honneur dont ils sont dignes. Ils sont ordinairement comme les Tygres qui déchirent l'image de l'homme, quád ils ne peuuent assouuir leur rage de son propre sang : ou comme les Parricides, qui ne pouuans attenter sur la personne des Roys, effacent leurs titres, & se vengent sur leurs tableaux. Ils s'en trouue parmi ces gens là qui font les deuots, & qui ne sont pas moins sobres que des Religieux reformez, & des plus austeres : ils s'abstiennent facilement de l'vsage des viandes, fors que de la chair humaine; ils ieusneront tant qu'on voudra au pain & à l'eau, & feront des austeritez incroyables: pourueu qu'à leurs collations ils puissent ronger la renommée des viuans, deterrer les morts, & dire du mal de tout le monde; ils coucheront sur des fagots, ou sur des pierres, & continuëront le Caresme toute leur vie : *h A cibis abstinent, & praué*

h S Auguſt. ſer. 1ſ. de Quadrageſ.

agunt : *Dæmones imitantur, quibus esca carnis non est ; nequitia spiritualis semper in est.*

i Comme la lumiere du Soleil ne laisse pas d'estre belle, encore qu'elle esblouïsse les yeux des malades : ainsi est-il de la vraye vertu ; son éclat ne laisse pas d'agréer aux gens de bien, quoy que la veuë des meschans s'en trouue offensée. Les lapidaires ne s'estonnent point si parmi vn grand nombre de diamans il s'en rencontre quelques-vns qui ont de petites pailles : aussi ne faut-il pas trouuer estrange, si entre des millions d'actions sainctes que font les vertueux & les bons, on y remarque de petits deffauts en quelques-vns. Il n'appartient qu'à Dieu par nature, & aux bien-heureux par pure grace, d'estre entierement impeccables : & ce seroit vne injustice de vouloir qu'vn homme fist toujours des actions extraordinaires, à cause qu'il en fait quelque-fois d'heroïques ; ou de vouloir l'effacer du nombre des vertueux, pource qu'il tombe par fragilité en de petits manquemens. Autant de fois que le Iuste tombe en des pechez, il se releue aussi-tost par la penitence : il profite, en s'humiliant, de toutes les fautes qu'il commet, & augmente son

i *Nihil veritas erubescit, nisi solummodo abscondi.*
Tertullian.

H iiij

merite par la souffrance des detractions de ses enuieux; k & à mesure que ses ennemis obscurcissent sa renommée par leurs calomnies, il s'efforce de la faire éclater par le bon exemple. Mais nous auons beau faire & beau dire, les malicieux trouueront tousiours des deffauts à la vraye vertu : rien ne leur sçauroit agréer que ce qui est vicieux, ou qui en porte l'image. Ce sont des hableurs qui ont grace en faisant vn Elephant d'vne mouche; & des Samsons redoutables, qui au lieu de Philistins, assassinent quantité de gens de bien, auec des langues d'aspics, & des maschoüeres d'asnes. *l* Comme les malades qui se persuadent que toutes les viandes sont ameres, dautant que leur goust est entierement dépraué : ainsi les personnes médisantes, qui ont l'ame toute vlcerée de ce vice, & qui n'abhorrent rien tant que la vraye vertu, s'imaginent que les bonnes actions des gens de bien sont pleines de fard, & d'hypocrisie; & pource qu'ils ne vallent rien deuant Dieu, & que leur procez est déja fait, ils iugent tous les bons pareils à eux. Il est vray que le tout Puissant ne sçauroit faire d'hommes si parfaicts, qu'ils peussent

k Vt stella in Calo per ipsas tenebras fulgent : sic bonorum fama, per obstantes calumniantium nubes. Lipsius in Epist.

l Improborū natura est, hoc sentire de omnibus, quod ipsi merentur: & in malis solatiū nusquam videre innocentiam. S. Ennodius in Epistolis.

agréer à ces gens-là ; & ceux qui ont esté autrefois selon le cœur de Dieu, ne seroient pas bons à leur mode : *m* Ils ne trouueroient pas Abraham assez obeïssant, Ioseph assez chaste, Iob assez patient, ny Salomon assez sage. Si Iesus-Christ mesme reuenoit encore parmy nous, ils trouueroient à dire en ses actions ou en ses paroles. Ils sont generalement ennemis de la vertu, & ne sont pas mesme d'accord auec le vice : ils hayssent les gens de bien, pource qu'ils sont bons ; ils veulent mal aux meschans, à cause qu'ils ne sont pas impies à leur mode : à peine se peuuent-ils accorder auec eux-mesmes, tant ils sont fascheux, bigearres, médisans & insupportables. Si iamais deux impies s'accordent & s'vnissent ensemble, asseurez vous que c'est pour ruiner vn homme iuste, à coups de langue : *n Ineunt familiaritatem ad maledicendum, concordes ad discordiam, conciliant inter se inimicissimas amicitias.*

m Apud plerosque innocentia, pro ignauia; & culpa pro laude habetur.
S. Ambros. lib. de Noë, & Arca. cap. 22.

n S. Bernard serm. 24. in Cant.

Le cœur du mesdisant est presque inaccessible aux bonnes pensées, aussi bien que tous les mébres de son corps le sont quasi tousiours à toutes sortes de bonnes actions : C'est la boutique ordinaire où se forgent les calomnies qu'il impofe aux gens de bien; & comme il ne fe peut feruir de fa langue qu'à dire du mal, auſſi ne doit-il efperer que la haine, & l'auerſion de tout le monde. Il n'y a point de beſtes, pour farouches qu'elles ſoient, dont les morſures ſoient ſi picquantes, & ſi mortelles, que celles d'vne mauuaiſe langue: Comme c'eſt le membre dont la racine eſt la plus proche du cœur; la malice de l'vne en la perſonne du meſchant, donne aſſez à connoiſtre ce que peut valoir l'autre. o La langue eſt faite en façon d'vn fer de lance, mais elle eſt mille fois plus dangereuſe, & plus offenſiue: Il n'y a eſpée au monde ſi trenchante qu'elle ſoit, qui reſpande tant de ſang; on guarit de toutes ſortes de bleſſures, fors que de celle-là; il n'y a morſure d'aſpic, ny picqueure de Scorpion ſi veneneuſe comme eſt la mauuaiſe langue. Tout ainſi que ces beſtes mortiferes retiennent leurs ſifflemens, & ſe trainent ſur la terre; puis ſe dardent ſur les hommes, & reſpandent leur venin dans leurs morſures: p De meſme quand le calomniateur veut vomir ſa rage contre quelqu'vn qu'il n'ayme pas, il ſe garde bien de montrer aucune chaleur en ſes diſcours,

o *Sagitta vulnerans lingua eorum*, dolum *locuta eſt* Ierem. 9.

p *Verba ſuſurronis quaſi ſimplicia, & ipſa perueniunt ad intima ventris.* Prouer. 26.

discours, afin de ne sembler pas suspect, & remply de passion, contre celuy de qui il detracte; mais joignant la ruse à sa malice, il debite froidement ses mensonges, & ses impostures; & couure son fiel, & maltalent, de paroles emmiellées. Aussi ne luy en arriue-t'il pas moins qu'à ces animaux, qui laissent leur esguillon dans leur piqueure, & qui reçoiuent du mal en mesme temps qu'ils en font aux autres : Et ce n'est pas sans sujet, qu'on tient que d'vn seul coup de langue le medisant fait trois playes: puis qu'il se blesse, aussi bien qu'il fait celuy dont il detracte, & celuy qui luy preste volontairement l'oreille : *a Lingua maledica, vipera est ferocissima, quæ lethaliter inficiat tres flatu vno, illum qui loquitur, & de quo loquitur, & quem verbis suis scandalizat.*

a S. Bernard. Ser. de triplici custodia.

Comme la gloire qu'on attribuë à quelqu'vn est vne éuidente preuue de l'affection qu'on luy porte: Aussi est-il vray que le mespris que l'on fait de ses bonnes actiós, est vn tesmoignage qu'on ne l'ayme pas; & lors qu'on s'emporte iusques à en dire du mal, c'est vn signe qu'on n'est guieres esloigné de la haine, & de l'enuie. b Les meschans font ce qu'ils peuuent, pour rendre les bons tous chargez de crimes:

b *Quærunt non quid corrigant, sed quid mor-*

I

66   LES ENTRETIENS

deant: & cū se non possint excusare, parati sunt alios accusare.
S. August. in Psal. 50.

& s'efforçans de les rendre odieux au public, ils les dépeignent comme des monstres affreux, dont le rencontre est espouuentable, & la familiarité dangereuse. Il est vray que la vertu de plusieurs est deuenuë inutile, aussi-tost qu'on s'est apperceu qu'elle grandissoit : & on a veu des gens de bien en assez bon nombre, qui n'ont esté priuez de toutes sortes d'honneurs & de charges, que pour les auoir trop meritées.

c Terribilis in interitu suo vir linguosus : totū namque virtutum corpus inficit, imò interficit.
Clemens Alexād. lib. 2. Pædag. cap. 7.

c Les langues des médisans se rendent insolentes, pour ruiner la renōmée des bons, lors qu'elles se voyent escoutées : ces doubles malicieux s'apperceuans qu'on a de l'auersion contre ceux de qui ils detractent, ne manquent pas de faire passer pour des veritez, toutes les faussetez qu'ils inuentent. Les plaintes qu'on fait de nous ne sont iamais mal receuës de ceux qui ne nous aiment pas : & tel qui ne commettroit pas volontiers vne injustice, s'il n'auoit quelque pretexte pour la colorer, est bien ayse qu'on nous impose quelque crime, quoy que faux : afin de prendre sujet de-là pour nous ruiner, & pour nous perdre ; tant la passion de la haine, aussi bien que celle de l'amour, est aueugle ; quand principalement

DV SAGE. 67

elle est inueterée en vne ame lasche. C'est vne maladie que la médisance, qui est incurable en beaucoup d'hommes, & en la plus-part des femmes: il faudroit faire de bien grands miracles pour les en guerir. Nous voulons parler de tout le monde: & bien souuent nous médisons de ceux qui ne vallent pas pis que nous, & d'autres qui sont beaucoup meilleurs. *d* Il ne s'en faut quasi rien que nous ne ressemblions à ces porteurs de besaces, qui mettent les fautes de leurs prochains dans le costé qui est estallé sur leur poictrine, afin d'en esplucher iusques aux moindres manques; & entassent les leurs propres dans celuy qui fait le contrepoids de derriere leur dos. C'est à dire qu'ils se proposent d'en faire la reueuë, lorsque la Nature leur aura fait des yeux aux talons: & qu'ils se corrigeront de tous leurs pechez, quelque temps apres qu'ils seront morts; pourueu qu'on leur permette de venir du Cimetiere faire vn tour iusques chez eux. Il seroit à souhaitter pour nostre salut, que nous fussions aussi exacts repreneurs de nos propres deffauts, que nous sommes rigides censeurs de ceux d'autruy: mais au lieu de nous confronter auec les

d Aliena vitia in oculis habemus: à tergo nostra sunt : faciet nos modera-tiores respe-ctus nostri, si consuluerimus nos. Senec. lib. 2. de Ira. cap. 28.

I ij

bons, pour nous humilier bien bas, nous nous mirons sur de bien meschans, pour faire les iustes de ce qu'ils sont plus vicieux que nous. Nous iugeõs de nostre lumiere par leurs tenebres; & nous nous tenons pour bien sains, parce qu'il y en a de plus mal que nous. Pour euiter vne faute, qui nous pourroit estre imputée legitimemẽt, nous donnons le change, & mettons sur le tapis le vice d'autruy, duquel nous sommes Iuges tres-seueres, quoy qu'incompetens: e *Aliis seuerissimi sumus, nobis indulgentissimi: aliis asperi, nobis remissi: in eodem crimine punimus alios, nos absoluimus.*

e Saluian. lib. 4. de prouidentia.

Or comme il n'y a point de lieu si sainct où les impies ne commettent des Sacrileges: Aussi ne se faut-il pas imaginer de si eminente vertu, qui ne soit ternie par leurs médisances. f Il faut auoir l'oreille vn peu dure aux mauuais rapports; & principalement en vn temps comme est celuy-cy, où la langue est si molle, & si coulante au desbordement des detractions, & des médisances. Il y a des ceruelles à fausse esquierre, aussi bien que des bastimens: ce seroit vn trauail de trop longue haleine, de vouloir reformer tout ce qui n'est pas au gré des meschans; il fau-

f *Iusti est dissimulare, nihil loqui, tenere bonæ frustum conscientiæ, plus committere bonorum iudicio, quam criminantis insolentiæ, & contentum esse grauitate morum suorum.* S. Ambros. lib. 1. offic. cap. 5.

droit refondre tous les hommes, & mesme ceux qui se croyent parfaits. g L'opinion, & la renommée sont choses qui nous doiuent suiure, & non pas mener: que le vulgaire nous estime tous tels qu'il voudra; pourueu que nous soyons gens de bien, il suffit. Il est vray qu'il n'y a rien de plus fort que la verité: le mensonge n'a point d'illusions qu'elle ne déface, de tenebres qu'elle ne dissipe, ny de forces qu'elle ne surmonte. Il peut bien estre que les nuées nous ostent la veuë du Soleil, mais ce n'est que pour vn temps; ce bel Astre les dissipe, & se fait voir à peu de là: la verité peut estre offusquée du mensonge, mais iamais esteinte; le vray est toujours le fils du temps malgré les impies: quelque opposition qu'ils facent pour l'en empescher, il se manifeste tost ou tard à leur confusion. h Le crachat tombe tousiours sur le nez de celuy qui l'a poussé contre le ciel. La verité est la prunelle de l'œil du Createur de cét vniuers; c'est son cœur, son entretien, ses delices, sa puissance, & sa Sagesse. Tout ce que Dieu est n'est autre chose que verité: elle penetre toutes les vertus du ciel, comme le feu & la lumiere toutes les parties du Monde.

g *Conscientiam magis, quã famam attende: falli namque sæpè poterit fama; conscientia, nunquam.* Seneca.

h *In caput eorum, qui percutere conantur, omne malum recidit.* Theodoret: in Psal. 63.

Au reste, il vaut mieux plaindre les Detracteurs comme des malades, que de les traicter en ennemis : puis que nous pouuons profiter de tout le mal qu'ils nous font ; *h* & qu'au lieu des playes honteuses, qui leur demeurent dans l'interieur, ils ne nous font au dehors que des esgratigneures honorables, si nous les souffrons pour l'amour de Dieu. Au siecle où nous sommes, les Sages doiuent s'estudier à bien faire, & à bien souffrir, & laisser dire le monde : que l'on die de nous tout ce qu'on voudra, Dieu voit bien ce que nous sommes ; pourueu qu'il soit satisfait de nous, il suffit : *i Benè sibi conscius, falsis non debet moueri conuitijs, nec æstimare plus ponderis in alieno esse conuitio, quàm in suo testimonio.*

La calomnie ne peut demeurer long-temps couuerte & secrette, elle entrebaille de tous costez ; & la verité la penetre de toutes parts. *k* Aussi n'est-elle composée que de pieces fort mal adiustées, qui se laschent, & s'entr'ouurent au premier heurt qu'elle reçoit : elle se fond comme la neige au Soleil, si tost qu'on l'a exposée deuant l'innocence. Les langues des meschans ne peuuent rien contre la cóscien-

h Militia ipsa maximam partem veneni sui bibit. Seneca.

i S. Ambr. de officijs.

k Infirmum est per se mendacium, & fallaciæ pedes ruinoso semper insistunt fundamento, proindè vix ope externâ valens consistere. S. Cyril. Alexand. in cap. 7. Amos.

ce des vertueux : nous demeurons deuant Dieu auſſi ſainčts, & auſſi parfaicts, que nous le ſommes veritablement, quoy qu'on nous noirciſſe à faux ; & tous les dents de la calomnie ne nous oſtent pas vn ſeul atome de la perfection que nous poſſedons: le mépris des affronts & des injures fait mourir la médiſance ; & le reſſentiment que nous en teſmoignons la reſſuſcite. *l* Quoy qu'on retranche de noſtre renommée, ou quoy qu'on la bleſſe, elle ne reuient pas moins que les cheueux, apres qu'on les a couppez ; pourueu que l'innocence ſoit de noſtre coſté, & que nous ayons de la patience de reſte. Auſſi bien eſt-ce vne eſpece de blaſme d'eſtre chery & eſtimé des meſchans ; ils ne loüent volontiers que leurs ſemblables, c'eſt à dire ceux qui ne vallét guieres. Et d'ailleurs le monde eſt touſiours ſi faux en ſes iugemens, que les Sages tiennent pour maxime, de touſiours douter de la vertu d'vn homme, quand elle eſt ſi fort eſtimée du vulgaire. Les gens de bien reputent à faueur, d'auoir pour ennemis de leur reputation, tous ceux qui le ſont de Dieu & de la vertu, & paſſent legerement & auec mépris ſur tous leurs mau-

l Non qui patitur, ſed qui facit contumeliam, miſer eſt.
S. Hieronym. Epiſt. ad Marcū.

uais discours; ainsi que sur certains petits animaux immondes, des ordures desquels on craint de se soüiller en les escrazant.

m Le plus genereux moyen pour nous venger des mauuais discours qu'on tient de nous, c'est de procurer beaucoup de bien à ceux qui nous font tout du pis qu'ils peuuent: c'est d'oublier les injures, & les affronts qu'on nous a faicts, & pardonner noblement les trahisons, & les meschancetez de ceux qui nous persecutent: nous ressouuenant à chaque coup de langue qu'ils nous donnent, que ce n'est pas seulement afin qu'ils s'amendent, que Dieu ne les extermine point, mais encore qu'il les laisse viure sur la terre, afin que par eux les bons soient continuellement exercez: *n* Omnis malus aut ideo viuit, vt corrigatur: aut ideo viuit, vt per illum bonus exerceatur.

m *Nobilißimum genus vlciscendi, est ignoscere.* Senec.

n S. Aug. in Psal. 54.

De l'Oisiueté.

CHAPITRE VI.

LE temps doit estre à l'homme sage la plus precieuse de toutes les choses d'icy bas; & de laquelle il peut estre auare, sans perdre le titre d'honneste,

DV SAGE. 73

neste, & de liberal. Il est vray que l'oysiueté n'est faite que pour les morts; Et il est raisonnable que celuy qui veut jouïr du bien de la vie, s'assuietisse aux loix, sous lesquelles elle se possede, qui nous obligent tous à la peine, & au trauail. Vn homme de bien grand courage, & qui cherit le vray honneur autant qu'il doit, ne deuroit quasi pas se donner le loisir de respirer durant ceste vie : c'est à dire qu'il ne deuroit dôner aux necessitez du corps, que ce qu'il ne luy peut refuser raisonnablement; & c'est vne genereuse enuie à vn vieillard de quatre-vingts ans, de souhaiter de mourir en allant aux hospitaux, & aux prisons, pour y mettre son or, & son argent en depost, pour le pouuoir trouuer & s'en seruir en l'autre Monde, par le moyen de la banque que Dieu a establie en ces lieux-là. *a* Le repos des personnes de bon sens passe bien souuent pour vn crime, lors qu'ils ne fuyent l'embaras des affaires publiques, que pour jouïr d'eux-mesmes plus tranquillement: Et l'oysiueté affectée à contre-temps, esgale la valeur des Generaux d'Armées, & la Sagesse des grands Philosophes, à la lâcheté des poltrons, & à la stupidité des ignorans.

a Talentum creditum repetendum est cum vsura. Si inuentus fueris ad opus impiger, ad fructum referendum infidelis, pro labore tuo mercedem accipies.
S. Bernard. Serm. 13. in Cantic.

K

Tout ce que chaque chose a de beau, & de bon de son estre, ne se reconoist qu'en agissant selon sa nature: Et ceste molle & lâche oysiueté, qui se remarque en quelques-vnes d'icelles, n'estant qu'vne necessité d'vne nature defectueuse, fait assez connoistre qu'elles sont aussi inutiles au public, qu'elles sont peu profitables à elles-mesmes. Apres la cheute du premier de tous les hommes, Dieu luy ayant commandé le trauail, il l'habilla de peaux de bestes, qui est l'habit ordinaire des esclaues, qui sont condamnez aux mines: luy voulant signifier par là qu'il entroit au Monde, comme dans vne mine, pour y trauailler, & fouïr la terre: & qu'il n'y deuoit esperer aucun repos, iusques à ce qu'il fust logé au Cimetiere: b *Homo pellitus orbi, quasi metallo datur.*

b Tertull. lib. de pallio.

Ceux qui ne veulent pas icy trauailler comme les hommes, Dieu les y fait agir comme les demons: Il adoucit les peines & les sueurs des pauures, dans la liqueur de la paix, & consolation interieure, dont leur ame est toute regorgeante: & il trempe dans le fiel, & dans l'absinthe tous les plaisirs, & les souhaits des riches: Certes qui verroit comme leur cœur est fair, on le trouueroit tout fleſtry de melancholie, & de chagrin, & tout remply de haine, & de jalouſie. c Les honneſtes mœurs, & la bonne ſanté, ne ſe maintiennent & conſeruent que par l'exercice moderé de noſtre corps : ceux qui ne veulent rien faire, ne veulent auſſi rien valoir. Plus vn corps celeſte eſt mouuant, plus eſt-il parfait ; & plus vn eſprit eſt vigilant, prompt, & actif, plus eſt-il beau & à eſtimer. Vn oyſeau qui voltige ſans ceſſe, ou qui court de branche en branche, donne peu de mire à celuy qui le veut tirer. d En agiſſant l'on ſe détourne des penſées du mal ; & les tentations de Satan, ou celles de nôtre chair, font fort peu d'impreſſions ſur nos eſprits, quand nous les tenons occupez en de bonnes choſes. Toutes les aduenuës de la vertu, ſont comme vn champ fertile parſemé d'épines ; on ne ſçauroit y faire vne moiſſon bien aduantageuſe, qu'on ne ſe peine, & qu'on ne ſe picque ſenſiblement. Comme noſtre œil ne void que par l'interpoſition de la lumiere, auſſi n'allons-nous à la vertu qu'en agiſſant : Elle conſiſte toute en action ; pour la poſſeder legitimement, il faut ſe mettre en deuoir de faire : ce n'eſt

c *Vt lignum occulta terredo conſumit : ſic animum delimat paulatim, & exedit ignauus affectus.* Lipſius in Epiſt.

d *Tentant otia, quos bella non gerant : periculoſa igitur & pax iſtiuſ; in pace plures perſecutiones eſſe cœperunt.* S. Ambroſ. Serm. 11. in Pſal. 118.

point vne theorie, c'est vne pratique. Le vray Disciple de IESVS-CHRIST, ou celuy qui veut passer pour Sage, & pour vertueux, doit tousiours trauailler, tousjours monter, & tousiours gaigner terre; ou pour mieux dire, gaigner le Ciel: & sçachant bien les grands maux qui naissent de l'oysiueté, & de la paresse, il ne doit point donner au vice le moyen ny le temps de l'attaquer : son mauuais Ange le doit tousiours trouuer occupé en de bonnes actions, lors qu'il le veut induire à en faire de mauuaises. Il n'est iamais permis au seruice du Tout-puissant de demeurer dans vne oysiueté inutile. e Ce Souuerain de tous les Royaumes veut des ames qui soient continuellement embrazées de son amour; auec des paroles, il veut des œuures, & des bonnes: f In hoc campo, quo contra dæmones dimicamus, non quæruntur nomina, sed opera : & gloriosior ille sub vero Imperatore Christo, non qui nobilior, sed qui fortior.

La plus-part de nostre jeunesse d'auiourd'huy croiroient déroger à la dignité de leur profession, s'ils se mettroient en peine d'apprendre des choses, qui les peussent rendre ou plus sages, ou meilleurs qu'ils

e. Amorem eclipticũ non recipit, sed ardorem sibi vendicat copiosum. B. Petr. Damian. Serm. SS. Petr. & Pauli.
f S. Hieronym. lib. 1. contra Iouinian.

ne font, & autát qu'ils le deuroient eftre, pour ne point deshonorer leurs anceftres, & démentir leur naiffance. Toute leur occupation, à la bien confiderer, n'eft qu'vne oyfiueté effeminée, & bruyante, à qui la volupté dérobe vne partie du iour, & la vanité rauit l'autre, fans donner d'autre temps à la vertu, que celuy qu'on ne fçait pas bien à quoy le perdre. Ils fe donnent le loifir de vieillir lâchement dans l'oyfiueté, & dans la pareffe; & tefmoignent, fans rougir de honte, que le plus haut poinct de leur ambition, eft de ne faire que du mal pendant leur jeuneffe, & d'acheuer leur vie de la mefme forte. Ce font des ftatuës dans des niches, qui n'amafferont iamais que de l'ordure, & de la pouffiere : font des efprits lâches & faineants, que la neceffité, l'ennuy, & la mifere accablera toft ou tard; & qui les rendra l'infamie, & l'opprobre de ceux à qui ils appartiennent de confanguinité, ou d'alliance. g. Chofe eftrange, que toute creature foit en action pour le bien de l'homme, & que luy feul demeure enfeuely dans l'oyfiueté, & cherche à fe ruiner dans la pareffe. Les Spheres celeftes font en continuel mouue-

g *Torpemus otio, vanitatibus & fcurrilitatibus indulgemus: tam pigri ad fpiritualia exercitia, ac fi iam pax fit.*

78 LES ENTRETIENS

& securitas, & non sit militia vita hominis super terram.
S. Bernard. serm. 2. de S. Andrea.

ment; le feu & l'air se meuuent tousiours en haut; les eaux rompent bien souuent de fortes digues, quand on veut arrester leur cours naturel: la terre au Printemps fait éclore vn nombre infiny de belles fleurs; en Esté elle produit quantité de bons fruicts: elle les meurit pendant l'Automne; & pendant l'Hyuer, elle se dispose pour l'autre Printemps. Pour ce qui est des animaux, il n'y en a point qui ne s'occupe à quelque chose: les oyseaux volent, les poissons nagent, les animaux marchent ou rampent sur la terre: de sorte que toute la Nature est en continuelle action, & son Autheur mesme trauaille assiduellement. *h* Comme il n'y a point de vigne de si bon plan, qui ne se perde, si on la laisse long-temps en friche, & sans labourer: aussi n'y a-il point d'esprit de si bóne nature, & si bien formé, qui ne deuienne sauuage, & plein d'imperfections, si on le laisse sans culture, & sans exercice. Les eaux se corrompent, si elles ne sont agitées, & l'homme se perd & deuient malicieux, si tost qu'il s'arreste dans l'oysiueté, & dans la paresse: son esprit ne peut demeurer oysif, sans se perdre, ou sans s'offencer notablement: s'il n'est oc-

h Qui otiosa quiete perfruitur, nisi spiritualiter vixerit, more pecudum viuit.
S. Prosper. lib. 2. de vita contemplat. cap. 16.

cupé à faire du bien, il faut necessairement qu'il fasse du mal. Et on pourroit bien s'asseurer que l'homme ne seroit iamais meschant, si fuyant l'oysiueté & la paresse, il s'occupoit tousiours à de bonnes choses. Tandis que Salomon fut occupé au bastiment de ce superbe & magnifique Temple qu'il édifia pour honorer Dieu, on ne vit iamais rien de si sage, ny de si sainct qu'il estoit lors : mais quand ce grand œuure fut acheué, & qu'il se veit dans le repos, & tout regorgeant de richesses, il se perdit miserablement dans l'oysiueté, iusques à renoncer le vray Dieu, & adorer les idoles. *i* Si nous voulons agréer à Dieu, contenter nous-mesmes, & nous mettre en creance parmy les bons, & parmy les sages, il faut necessairement banir l'oysiueté loin de nous, cõme estant vn vice dont il ne reuient aucun bien aux autres, & qui est grãdement nuisible à nous-mesmes ; nous ressouuenans que nous ne sommes pas plustost hommes, que nous sommes obligez à quelque honneste occupation du corps, ou de l'esprit ; *k* & que pour auoir du bien icy bas, & du merite dans le Ciel, il faut agir necessairement : *l Qui otium, vt no-*

i *Non dormieutibus diuina beneficia, sed obseruantibus deferuntur.* S. Ambros. lib. 4. in Lucam.

k *Nemo ignauiâ immortalis factus est.* Salust. in Iugur.

l Philo lib. quod omnis probus sit liber.

xium fugientes, ad laborem se applicant, velut generosarum plantarum cultores, continua cura præcelsas virtutum stirpes educant, in æthera immortales: viuentésque perpetuo ferentes felicitatis fructum, nunquam interiturum, quandoquidem iuxta quorumdam opinionem, non tam felicitatem afferunt, quàm ipsæ sunt felicitas.

De l'Ingratitude.

CHAPITRE VII.

TOvs les hommes sont auiourd'huy reconnoissans si au rebours de bien, que nous n'auons point de plus redoutables ennemis, que ceux que nous auons obligé de quelque signalé benefice. *m* Rendez des seruices à quantité d'hommes, il n'y en a pas vn qui ne iure que la mort mesme ne luy en sçauroit oster le souuenir : l'eternité est trop courte pour limiter la seruitude qu'ils vous promettent: la perte de la vie est trop peu de chose, pour estre le tesmoignage de leur affection ; tous sont bien marris qu'il ne se trouue encore des soûmissions plus ceremonieuses, & plus basses, pour s'engager auec plus d'humilité,

m Nihil carius æstimamus, quam beneficium, quamdiù petimus: nihil vilius, cum accepimus. Senc. Epist. 81.

lité, & plus d'aucu de leur obligation. Mais à peu de là, ils commencent à tenir d'autres discours : ces premieres paroles leur puent, comme indignes d'vn homme d'honneur : peu à peu, ils reuoquent leurs promesses ; a & à la fin ils arriuent à ce poinct d'ingratitude, qu'ils ne se souuiennent plus qu'on leur ait fait aucun plaisir. Il n'y a personne auiourd'huy qui ne crie que l'ingratitude est le plus vilain de tous les pechez, aussi bien que le plus honteux, & le plus commun. b Les ingrats mesmes en font de si grandes plaintes, qu'il semble qu'ils ne se peuuent plus supporter eux-mesmes. En general tout le monde est entaché de ce vice ; en particulier vous ne trouuez personne qui dise, c'est moy. Il est vray neantmoins que nous auons les mesmes defauts que nous remarquons en autruy : & à celuy qui proteste qu'il n'est pas du nombre, & qui se croit meilleur que les autres, on pourroit charitablement dire à l'oreille : c *Amice, fortasse vitium, de quo quereris, si te diligenter excusseris, in sinu inuenies.*

Il est vray que la pluspart de nos ennemis, & les plus pernicieux que nous souffrons dedans & dehors le môde, sont ceux

a *Quidã quò plus debent, magis oderunt : leue æs alienum debitorem facit; graue, inimicum.* Sene. Epist. 19.

b *De ingratis etiam ingrati queruntur.* Seneca.

c Senec. lib. 3. de beneficijs.

L

à qui nous auons confiez nos secrets, & rendu de grands offices. d Et bié souuent si vous cherchez la cause de la haine qu'ils nous portent, vous trouuerez que c'est pour leur auoir procuré trop de bien, ou sauué la vie. Mais ie ne dis pas cecy seulement de l'ingratitude des hommes enuers les hommes, dont tout le môde se plaint, & que tout le monde commet: i'entends aussi parler de la mescônoissance des graces, & des bien-faits receus de Dieu; peché qui découure luy-mesme son infamie à tous ceux qui entendent son nom; & qui neantmoins est si ordinaire, & si familier parmy les humains, qu'il faudroit aller chercher iusques dans le Ciel, ceux qui en sont entierement affrâchis. Quand l'hôme ingrat se retrouue en quelque peril eminét, où il y va de son hôneur, de ses biens, & de sa vie, il n'y a sainct qu'il n'implore, chappelle qu'il ne reclame, pelerinage qu'il ne vouë, promesse qu'il ne fasse, & obsecration & priere qu'il n'employe: il fend l'air de ses clameurs, il frappe le ciel de ses soûpirs, & baigne la terre de ses larmes : vous le voyez plus desolé que Iob, plus humilié qu'Achab, plus contrit que Dauid, & plus esploré que la Magdelaine.

d Illos habemus infestissimos, non post beneficia tantum, sed propter beneficia. Senec. lib. 3. de benef.

Les bien-heureux qui sont dans le ciel, ne sont pas si saincts en effect, comme il le paroist en protestations, & en gestes exterieurs; & si les paroles estoient autant estimées comme sont les œuures, on le pourroit canoniser dés ce monde. e Mais apres que Dieu, plustost par sa bonté, que par le merite de ses oraisons, l'a retiré du peril où il estoit, & luy a accordé toutes ses requestes: cét ingrat se montre aussi froid apres le don, qu'il auoit esté vehement en la demande; & de ce feu de paille, qui estoit si violent en l'apparence, il n'en reste plus rien dás son cœur que les cendres de l'oubly, pour y estouffer la memoire de son bien-faicteur, aussi-bien que le souuenir de tous ses biens-faits: *f Tunc maximè Deus ex memoria hominum elabitur, cùm beneficijs eius fruuntur.*

e *Nescit auctorem suum, à quo ei omnia ministrantur, negligit conditorem.* S. Ambros. lib. de Noë, & Arca. cap. 14.

f Lactan. Firm. lib. 2. institut. cap. 1.

Il n'y a vice plus en horreur dans le monde, ny plus pratiqué que l'ingratitude: & c'est vne chose digne d'estonnement, de voir que chacun deteste ce peché, & que pas vn des hommes ne tasche de s'en exempter. N'auoir qu'vn bien peu de ce deffaut, c'est la perfection des iustes durant ceste vie: en estre quitte, & deliuré de tout poinct, c'est bien leur souhait dés icy bas, mais ils n'en verront l'accomplissement qu'apres qu'ils en seront partis. Le monde ne sera iamais sans homicides, sans traistres, sans larrons, & sans adulteres: il n'est pas necessaire d'y adiouster sans ingrats, puis qu'il n'est point de meschanceté que l'ingratitude ne produise, & qu'à peine vn mauuais acte se peut-il resoudre, que ce mõstre de peché n'y ait quelque part. Le premier de tous les pecheurs que Dieu abandóne, c'est le méconnoissant, & l'ingrat: quand il voit que nous oubliõs toutes les faueurs qu'il nous a faictes, & que de toutes les graces qu'il nous a si liberalement élargies, nous ne nous en seruons qu'à faire du mal; g à la fin il discontinuë de nous faire du bien; & au lieu de punir en son ire, nos abominations & nos crimes, il se contente d'en soustraire la matiere, & d'empescher que nous ne puissions multiplier nos impietez iusques à l'infiny. Or comme l'ingratitude est le plus grand de tous les vices, & le plus honteux; aussi est-ce celuy qui se multiplie plus que tous les autres: & il est vray que nous le commettrions dés aussi tost que nous sommes nez, si la nature n'y auoit preueu : *h Hinc est quod sine denti-*

g *Indigni cælestibus donis sumus, qui beneficiis Dei non bene vtimur: & facimus rem bonorum operum, materiam tantum esse vitiorum.* Saluian. lib. 6. de gubernat. Dei.

h Philo, lib. de speciali legum.

bus nascuntur infantes, ne contingeret eis mordere vbera, quibus alerentur: nequissimum siquidem foret, vt qui inepti sunt ad reddendas matri gratias, apta secum asportarent instrumenta ingratitudinis.

De l'Enuie.

Chapitre VIII.

ON ne voit point d'homme eminent en vertu ou en science, qui n'ait pour le moins autant d'enuieux que d'admirateurs : aussi-tost qu'on entend le bruit de quelque action genereuse, à mesme temps on apperçoit que plusieurs sont jaloux de la gloire de celuy qui en est l'autheur : les vertueux mesmes, qui sont bien aises que tous les hommes les imitent, ne souhaitent pas que quelques-vns les surpassent auec éclat. A mesure que le Soleil darde icy bas ses rayons clairs, & chauds, il attire à soy quantité de vapeurs de la mer, & d'exhalaisons de la terre : on diroit à les voir monter qu'elles sentent du plaisir à s'esleuer deuers ce bel Astre ; car ce sont les plus pures, & les plus subtiles parties de ces Elemens qui se guindent en haut, laissans croupir les grossieres dans des abismes, & des lieux marescageux. Mais quand elles se sont haussées à perte de veuë, elles se joignent les vnes aux autres, pour conspirer contre celuy qu'elles feignoient d'aymer ; formans des nuages épais, dont elles s'efforcent de voiler sa lumiere, & faisans mesme connoistre par leurs bruits, & par leurs grondemens furieux qu'elles sont irritées contre luy. i Certes nous ne voyons que trop souuent la mesme chose parmy nous : car quand vn homme s'est signalé dans le monde, par quelque haute & genereuse action, il excite aussi-tost l'estonnement d'vn chacun en particulier ; & à peu de là, les hommes jaloux de la loüange qu'ils luy ont iustement attribuée, changent leur applaudissement en des murmures confus, d'où il s'ensuit des enuies, des haines, & des médisances insupportables. Il est par tout des enuieux, & des meschans, comme des guenons, & des singes : ceux-cy cassent tous les miroüers qu'ils rencontrent, à cause qu'ils voyent en iceux la diformité de tous leurs membres ; & ceux-là haïssent & persecutent les gens de bien

i *Nouum & inestimabile, nunc in plurimis malum est : parum alicui est, si ipse sit felix, nisi alter fuerit infelix.* Saluian. lib. 5. de gubernat. Dei.

qu'ils connoissent, pource qu'ils remarquent en leurs deportemens vertueux, la laideur de leur vie abominable. Comme les Pirates n'en veulent qu'aux vaisseaux chargez de denrées exquises : de mesme les ennemis de la vraye vertu, n'ont dessein de mal traiter que les ames qu'ils voyent portées au bien, & qui sont remplies de toutes sortes de dons, & de graces : k *Est sanè huius sæculi labes quædam, & maculà, virtuti inuidere.*   k Cic. pro Cornel.

Sur toutes les passions noires & qui sont à redouter, l'enuie est la plus industrieuse pour couurir le lustre de la vertu, qu'elle ne sçauroit imiter; & la plus puissante, pour ruiner la beauté qui luy reproche sa laideur. Il s'en trouue de si malicieux, qu'ils semblét auoir estudié les vies, les estats, les familles, & les genealogies de tout vn Royaume: cóme rien ne peut s'exempter de la curiosité de leurs yeux ; personne aussi n'échappe le venim de leur langue. Ce peché déprauë & ruine toutes sortes d'ordres, & toutes sortes de personnes: il n'y a maisō si saincte, ny lieu si caché où il ne se glisse ; & cōme c'est vn vice hōteux qui se cache au fōd de l'esprit, aussi est-il vray qu'il attaque le plus souuét les spirituels, & les deuots, & leur fait commettre des fautes, & des manquemens, qui ne sont croyables que quand on les voit: tellement que ceux qui croyoient auoir surmonté le monde, le diable, & la chair, sont bien souuent vaincus par l'enuie. *l* C'est vn vice secret, & caché dans le fond des cœurs, & que tout le monde dissimule: vice dont fort peu de personnes sont exemptes, & que neantmoins pas vn ne veut auoüer; dont personne ne se confesse, & dont aucun ne fait penitence; quoy que d'iceluy, comme d'vne source feconde en tous maux, se deriuent parmy les hommes les debats, les procés, les injures, les haines, les querelles, les meurtres, & tous les plus grands malheurs qui regnent parmy les hommes. C'est le premier de tous les vices, qui se vient mettre en garnison dedans nos poitrines; il attend auec impatience que nous sortions du ventre de nos meres, pour se faire emmailloter auec nous dans nos langes : *m Inuidiæ infantis quodammodo incunabula.*

n On ne seroit pourtant iamais offencé de ce vice, si l'on desdaignoit ses menaces, & ses coups de langue; & si d'vne ferme, & genereuse resolution, l'on persistoit

l Vitium diabolicum est inuidia, quo solus reus est, & inexpiabiliter reus. Imitantur illum, qui sunt ex parte eius. S. August. lib. de disciplina Christiana.

m Tertull. lib. de patient. cap. 5.
n Gloria, vmbra virtutis est; etiam inuitos comitabitur. Sene. Epist. 79.

fiftoit toufiours dedans le train d'vne haute, & folide vertu : Mais il faut auoüer qu'à prefent nous ne voyons plus guieres que des efprits foibles, qui ont peur de leur ombre, ou du bruiffement d'vne moufche; & que le nombre des fages, & des conftans, qui peuuent fe garantir de ce monftre, en fe mocquant de tous fes efforts malicieux, eft auffi petit que celuy des montagnes, qui portent leur tefte au deffus de la region, où l'air nourrit les tempeftes, & les orages. *a* Puis donc que nos foibleffes font fi grandes, & fi generales; il nous eft permis de pefter contre l'enuie, & de dire hautement que c'eft vn peché diabolique, & vn chancre qui nous ronge iufques aux os, & qui deffeiche iufques aux moüelles de celuy qui en eft épris. Nous pouuons affeurer que c'eft vne furie, qui change l'amour en haine, le refpect en dédain, & qui nous fait deffier de tout le monde. De tous les pecheurs qui fe font enfeuelis dans les tenebres de l'impieté, il n'y en a point de fi aueugle, ny de fi mefchant que l'enuieux: dautant que ce malheureux peché a cela de particulier, qu'il n'y a raifon qu'il n'offufque, entendement qu'il n'obfcurciffe,

a Mala cætera habent terminum, & quodcunque delinquitur, delicti cōfummatione finitur: liuor terminum non habet, permanens iugiter malum, & fine fine peccatum.
S. Cypri. lib. de Zelo & liuore.

M

& belle humeur qu'il ne change. b Il n'y a point de monstre si horrible, ny de mal si pernicieux ; c'est l'abisme, l'enfer, le bourreau, & le ver ronge-cœur de tous les impies. L'enuieux est marry que le Soleil communique ses lumieres, le Ciel ses influences, la fontaine ses eaux, le feu sa chaleur, la bonté ses graces, & Dieu ses misericordes. Les biens du prochain, & les biens-faicts de Dieu luy déchirent les entrailles : & tant il est peruers & meschant, il voudroit oster à l'homme sa prosperité, & à Dieu sa beneficence. Quiconque est entaché de ce vice, il en veut à tout le monde : c *Inuidet superioribus, quia eis non æquatur: paribus, quia in melius prosperantur: inferioribus, ne ei æquentur.*

Il n'y a rien de si humain, ny de si raisonnable, que de tesmoigner de l'allegresse auec ceux qui se resioüissent equitablement ; & de compatir, & verser des larmes en la compagnie de ceux qui sont opprimez de tristesses & d'afflictions: d Et neantmoins la jalousie, & l'enuie sont ennemis iurez de tous ces deuoirs; au contraire, en peruertissant l'ordre que les lyons & les tygres obseruent parmy eux, elles n'abhorrent rien tant que l'humani-

b *Feris sæuiores inuidi, dæmonibus pares, fortasse iniquiores: quia illi suo generi minimè insidiantur.*
S. Chrysost. homil. 34. in Ioan.

c. S. Bonauent. in Cōpend. Theolog. sect. 19.

d *Hoc malū lædit partim eos in quos intēditur; grauius tamen, & perniciosius eos, à quibus procedit, affligit.*
S. August. serm. 83. de tempore.

té, & la douceur: elles pleurent & s'attristent quand elles voyent que les autres rient; & se resioüissent auec excez, quand elles sçauent que les autres pleurent à bon escient. e La santé d'autruy les fait malades; ils sont rongez par leur mal interieur, comme le fer l'est par la roüille; leurs ennemis, pour se venger d'eux, ne leur sçauroient souhaiter vne plus rude punition, qu'est celle qu'ils se donnent eux-mesmes. Car il est certain que la plus-part des meschans ne meurt que de melancholie, & de chagrin; & c'est l'enuie seule, qui leur cause cette passion si noire, & si tyrannique: f *Hanc qui habet, non suis malis, sed alienis bonis infelix est; miluis similis, quos cadaueribus pasci, & pretioso vnguento emori aiunt.*

e *Hanc qui receperit, sua sustinet sine fine supplicia; quia in se domesticum semper diligit habere tortorem.* S. Chrysolog. serm. 172.

f S. Gregor. Niss. lib. de vita Moysis.

De la peine des Meschans.

CHAPITRE IX.

TOVS ceux qui ont basty leurs fortunes sur le vice, & sur les finesses, se sont asseurez sur des abismes, & n'ont semé que du vent, pour moissonner des tempestes. g Le Ciel &

g *Pugnat orbis terrarum*

contra insensatos.
Sapient. 5.

b Impius ipse sibi pæna est, iustus autem sibi gratia : & vtrique aut bonorum, aut malorum operum merces ex se ipso soluitur.
S. Ambros. lib. 1. de Officiis.

la terre combattent incessamment contre les malicieux, comme contre des fugitifs de la Prouidence, & contre des perturbateurs des decrets de Dieu. *b* Il y a pour le moins autãt de peine à faire du mal, que de contentement à bien viure : & les vns & les autres n'ont pas sujet de se plaindre, puis qu'ils gouftẽt dés çà bas du fruict de toutes leurs œuures. Les soucis superflus, les chagrins de l'esprit, & les déplaisirs de l'ame sont tousiours le salaire des impies : semblables en tout ce qu'ils font à ces mal-heureux esclaues, qui n'ont de tous leurs trauaux, que leurs sueurs, & leur peine ; laissant tout le fruict au maistre, qui les tient à son attelier. L'authorité, la force, & l'industrie du meschant, ne luy seruent qu'à découurir à tout le monde ce qu'il est au fonds de l'ame, & à donner des tesmoignages tres-asseurez de son impertinence, & de sa foiblesse : & se priuant par son impieté, & par sa malice, de la tranquillité interieure que l'innocence, & la debonnaireté donnent au fidele, son esprit ne se comble que de confusions, & de continuelles inquietudes. Sa tyrannique domination n'a point de suitte asseurée, ny d'establissement bien certain : lors qu'il se croit le mieux affermy, c'est à l'heure qu'il tombe és mains de ceux qui le cherchent, pour le punir de ses crimes. i Il a tousiours la crainte dans son cœur, aussi bien que la paslleur sur son visage : & en quelque lieu qu'il aille, ou de quelque costé qu'il se tourne, il luy semble qu'il entend tousjours vne troupe d'Archers qui le cherchent. La paix est par tout, fors qu'en son esprit ; tout ce qu'il voit, ou qu'il s'imagine, luy semble preparé pour l'assassiner. S'il est couché dans son lict pour se reposer, & qu'il pense fermer ses paupieres, pour jouir de la douceur du sommeil : mille frayeurs le saisissent aussi-tost, & son imagination l'agite si fort, qu'il luy semble que son corps est tout percé de coups d'espée, & que le sang luy coulle de tous costez : k *Furia nascitur intus, conscientia est quæ torquet, animus est qui vrit : etiam si omnes fefellerimus, effugere non possumus nos.* l Il est vray que quelques puissantes inclinations que l'on ait au vice, quand on y tombe volontairement, la conscience nous persecute aussi-tost de ses remors : Et quelques excuses que l'on cherche dans les subtilitez du raisonnement, vne hon-

i *Quisquis malus est, malè secum est ; torqueatur necesse est : sibi ipsi tormentum est : ipse enim est pœna sua, quem torquet conscientia sua.* S. August. in Psal. 36.

k Quintillian. in declamat.

l *Ipsa nos circuit, obturbat, flagellat, numquam quiescit : sed & dimi, & in foro, & in templis, &*

M iij

te naturelle fait qu'on se cache comme criminels, & qu'on se prononce vn arrest à soy-mesme, qui ne souffre point d'euocation, ny d'appel. Et apres tout, la peine est tousiours le salaire de la meschanceté ; & la fin du plaisir que l'on prend à faire du mal, n'est autre que le repentir d'y auoir pensé. De toutes les afflictions dont la vie humaine est continuellement agitée, il n'y en a point de si sensible, ny de si perçante que sont les remors, que ressent vne conscience criminelle. *m* Quád nous auons perdu la paix, & le repos de cette partie-là, par la multitude & l'enormité de nos pechez, nous ne trouuons aucune cósolation, ny chez nous, ny chez les autres: Il nous semble que tout l'enfer soit auec nous ; nous ne sçaurions supporter la lumiere, ny voir le iour ; les tenebres nous effrayent, & nous sommes fâcheux, & insuportables à nous-mesmes. Le pecheur qui ne craint point Dieu, est tousiours en crainte: En quelque endroit qu'il se cache, son mal ne l'abandonne non plus que son ombre ; & sa conscience luy tient lieu d'accusateur, de tesmoin, de Iuge, de gesne, de boureau, & de supplice. *n* Ce mauuais Tresorier du College

in mensa, & dormientem adoritur; rationem delictorum semper exigit, ob oculosque proponit.
S. Chrysost. homil. 17. in Genes.

m Nihil potest ad malos peruenire, quod prosit: immo nihil quod non noceat: quacumque enim illis contigerunt, in naturam suam vertunt.
Senec. lib. 5. de benef. cap. 12.

n Cum non posset ferre

DV SAGE. 95

Apoſtolique, ne pouuant ſouffrir ce tourment interieur, apres qu'il eut trahy, & vendu ſon Maiſtre, aima mieux s'eſtrangler luy-meſme, que d'endurer plus long-temps vn ſi grand martyre. La ſynderese eſt vn Precepteur qui ne nous pardonne rien: o C'eſt vn Secretaire, & vn Adjoint qui ſçait nos ſecrets; c'eſt vn miroüer dans lequel nous voyons toutes nos malices; c'eſt vne eſpine qui nous picque continuellement le cœur, & vn ver qui nous ronge l'ame ſans relâche, par le moyen des remors continuels qu'il nous donne; c'eſt le chien de Tobie, qui ne nous abandonne iamais, & qui jappe ſans ceſſe contre les larrons, qui ſont les imperfections & les vices; c'eſt le cocq qui nous eſueille la nuict, comme il fit ſainct Pierre, pour nous faire pleurer nos infidelitez & nos crimes. Vne meſchante ame, qui s'endurcit au peché, au lieu de ſe conuertir à Dieu, ſe donne continuellement la geſne, & ſouffre des tourmens interieurs, qu'on ne peut aſſez exprimer par des paroles: vous diriez à conſiderer ſon viſage, que tous les demons ſont dans ſa poictrine, auſſi-bien que dans ſa teſte; ou elle penſe continuellemét aux moyens

iudiciũ conſcientiæ, adaptato ſibi laqueo, vitam finiuit.
S. Chryſoſt. in Pſal. 7.

o *In domo propria, & à propria familia habeo teſtes, accuſatores, iudices, & tortores; accuſat conſcientia; teſtis eſt memoria; ratio, index; & timor, tortor.*
S. Bernard. in meditat. cap. 13.

de faire du mal, ou elle apprehende d'en souffrir. Si nous voulons croire le plus renommé de tous les Peres, l'impie & malicieux est continuellement au milieu de trois abismes ; l'vn est au dessus de luy, l'autre au dessous, & le troisiesme est dans luy-mesme: p *Abyssus iudiciorum Dei super me ; Abyssus inferni subtus me ; Abyssus peccatorum est intra me. Illam quæ supereminet, timeo ne irruat, & me cum abysso mea, in illam quæ subtus me patet, obruat : vbi tormenta, peccata nunquam delebunt ; sed peccata super me semper tormenta tenebunt.*

p S. August. lib. medit. cap. 26.

Il n'y a point de seruitude pour contrainte qu'elle soit, qui soit si insupportable, & si cruelle cōme est celle du peché. Les esclaues les plus mal-heureux ont du temps pour dormir, pour manger, & pour reposer: q mais les seruiteurs du peché, n'en ont ny pour l'vn, ny pour l'autre ; soit qu'ils mangent, ou qu'ils dorment, ils ressentent continuellement des frayeurs, ou des remors ; & il est vray qu'il n'y a point de maux imaginables, qui égalent ceux qu'ils souffrent sans relache. Vn seruiteur peut quitter son maistre, lors qu'il en reçoit vn traictement tyrannique: r mais il n'en est pas de mesme de

q *Proprium est nocentium, trepidare : multos fortuna liberat pœnâ ; metu, neminem.* Senec. Epi. 97.

r *Non est quò eat mala*

de celuy dont nous parlons; en quelque *conscientia, sequitur se; imò non recedit à se.* S. Cæsarius homil. 4. in Pasch.
païs qu'il aille, son mal-heureux maistre
le suit tousiours, & sa propre conscience
le tourmente continuellement. L'esclaue se repose le soir, apres qu'il a trauaillé
durant tout le iour; le forçat enchaisné
dans vne galere, se resioüit en l'absence
du comite; & le prisonnier reserré dans
vn cachot, soulage ses peines par le dormir: mais le peché ne laisse au meschant
aucune image de repos; il ne fait point de
treues auec le sommeil, ny le trauail; *a* *a Rei sumus sine accusante, sine torquẽte cruciamur, sine vinc lis astringimur, sine venditore serui. Peccatis nostris venditi sumus.* S. Ambros. in Psal. 37.
apres auoir tourmenté l'impie pendant la
journée, il le martyrise & le gesne durant
la nuict, par des inquietudes, & des
frayeurs inoüies. Il est tres-certain que
nous n'auõs point d'ennemis plus cruels,
que nos pechez & nos crimes; ils nous
donnent la question à tout moment, &
nous font souffrir des supplices innõbra-
bles. Or tout ainsi qu'on ne sçait iamais la
valeur des choses, que par la perte ou priuation d'icelles, aussi ne connoist-on
point la grandeur d'vn crime, que lors
que nous l'auons malicieusement commis. La malice noire a cela de particulier,
qu'elle traine tousiours la repentance
auec elle: & au lieu de que doux & attrayant

N

visage qu'elle nous montroit au commencement, pour nous induire à faillir, elle nous paroit plus affreuse qu'vn tyran, & plus furieuse qu'vn lyon, dés que nous auons commis le mal, qu'elle nous a suggeré. *b* Le Roy Saül souffrant vn iour vn semblable mal, pour pareil effect, & ressentant des déplaisirs en son ame, iusques à ne pouuoir plus supporter la vie, dit à vn soldat Amalechite, Tuë moy ie te prie, & tu me feras vn plaisir extréme. Mais d'où vient que Saül veut qu'on le tuë, au lieu que tous les autres Roys, se voyans tout proche de finir leur vie, font tout ce qu'ils peuuent pour ne pas mourir ? le Texte rend raison de cecy quand il dit, *Quoniam tenent me angustiæ*: Ce mal-heureux Roy se ressouuenoit du grand peché qu'il auoit commis, lorsqu'il fit mourir quantité de Prestres, lesquels vestus de leurs habits sacerdotaux, estoient venus secourir Dauid, & luy auoient apporté les pains de proposition: tellemét que le souuenir de les auoir mis à mort, l'affligeoit de telle sorte, qu'il aimoit beaucoup mieux qu'on luy ostast la vie, que d'en souffrir dauantage les remords: c *Videbatur sibi Saül, quod propinquus morti vi-*

b Peccatum in se continet pœnam, antequam puniatur: ante supplicium, supplicium infligit.
S. Chrysost.
in Psal. 124.

c Tostat. in lib. 2. Reg. cap. 19.

DV SAGE. 99
deret Sacerdotes Domini, accusantes eum coram Deo.

De tous ceux qui vieillissent dans l'iniquité, & dans la malice, & qui ne se lassent iamais de faire du mal, à peine en voit-on vn qui ne soit trauersé d'ennuis, de soins rongeans, & de cuisans remors. Il n'est pas possible que celuy-là puisse establir vn bon ordre en ses affaires, qui ne le met pas en sa conscience: quoy qu'il fasse pour colorer ses intétions d'vne apparente probité, pour se mettre en creance parmy les bons, tout luy reüssit à contre-sens de tous ses projets: il se trompe toujiours le premier, en croyant deceuoir les autres: & tout ce qu'il fait à dessein qu'on le repute vertueux, & de bon esprit, ne luy fait qu'attirer les mespris, & les maledictions de tout le peuple. d Que si nous voyons des meschans perpetrer de toutes sortes de crimes, sans ressentir les remors de conscience dont nous parlons, & paroistre aussi joyeux, & aussi tranquilles en leurs visages, que s'ils auoient l'ame purifiée de tous leurs pechez: c'est qu'ils ont peu à peu perdu la synderese, & cõme des corps morts, ils n'ont plus de sentiment d'aucune chose; estant le propre du

d Peccata quamuis magna, & horrenda, cum in consuetudinem venerint: aut parua, aut nulla esse credūtur; vsque adeò, vt non solum occultanda, verum etiam prædicãda, & diffamanda videantur.
S. August. in Enchirid. cap. 82.

N ij

peché de tendre toufiours à fon centre, qui eſt l'infenfibilité, & la mort de l'ame. Et comme les chofes materielles ne nous paroiffent pas eſtre de grand poids, lors que nous les confiderons en leur centre: Auffi ne faut-il pas s'eſtonner ſi l'impie ne reffent plus la pefenteur de tous fes pechez, quoy qu'enormes, & en bien grand nombre; puis que par fon enduciffemét au mal, fon ame eſt morte à la grace, & que fon peché s'eſt affaiffi, & raüallé iufques aux abyſmes de l'enfer, qui eſt fon vray centre. Le pecheur defcend par degrez dás ce precipice, & il ne deuiét pas meſchant tout à coup: au commencement le peché luy paroiſt infupportable; & il luy femble qu'il a tout l'enfer dás fa poictrine, quand il tombe en quelque faute extraordinaire: e A peu de là il ne reffent plus de ſi grands remords; & quelque temps apres il n'en a que des fentimens mediocres: de forte que le peché prenant racine dans fon cœur, le mal peu à peu s'y tourne en couſtume, & la couſtume en nature: f *In breui temporis ſpatio, non folum non fentitur, ſed & placet, & dulce fit quod amarum erat, & aſperum vertitur in fuaue. Ad extremum verò non poteſt auelli, quia confuetudo vertitur in naturam.*

e *Et quod vnum in malis habebat bonum, perdit peccandi verecũdiam.* Seneca.

f S. Bernar. lib. de confcientia.

De la connoissance de soy-mesme: que c'est l'estude des vertueux, & la Philosophie ordinaire de tous les Sages.

CHAPITRE X.

g DE toutes les connoissances naturelles dont l'homme est capable, celle de luy-mesme luy est la plus importante, & la plus vtile; comme la plus grande de ses imperfections, est celle de les ignorer. Le mal de l'ame se cache, & s'enracine d'autāt plus qu'il y vieillit: les habitudes du vice formēt vne apoplexie au dedans de nous, qui en estouffe les remors, & les sentimens; Et il est vray que pour deuenir meschans iusques aux excez, il suffit d'ignorer ce que nous sommes. I'aduoüe que chacun regarde assez deuant soy, au dessus, & au dessous, à costé & derriere: Mais ie me plains que personne ne replie sa veuë comme il faut au dedās de soy; que personne n'examine ses intentions, ses projets, & ses pēsées; que personne ne se contrôlle, & ne se reprend de tous ses defauts occultes; que personne ne veut penser d'où il vient, & où il

g *Nec virtus esse sine studio sui potest; nec virtutis studiũ, sine ipsa.* Sene. Epist. 89.

va; ce qu'il est, ce qu'il deuroit estre, & ce qu'il sera eternellement ; Que personne ne considere comme quoy il vit, combien il profite en vertu, & en bonnes œuures, ou comme quoy il est malicieux, & surchargé de vices; Que personne ne se ressouuient qu'il est homme, criminel en sa conception, miserable en sa naissance, affligé durant sa vie, & condamné à mourir, sans sçauoir l'année, le iour, ny l'heure; & obligé à rendre compte deuant le Tribunal de Dieu, de toutes ses actions, de ses paroles, & de ses pensées. *h* Il est vray que nous sommes prodigues de la plus precieuse de toutes les choses, qui est le temps: nous souffrons volontairement qu'on nous en desrobe la meilleure part; & nous sommes si peu sages, que nous inuentons des sujets pour perdre l'autre. La meilleure part de nostre temps s'en va aux preparatifs de cette vie; & nous ne voulons commencer à bien viure, que lors qu'il nous faut partir pour aller ailleurs. Nous sommes les plus aduisez du monde pour tailler de la besongne aux autres : dans l'employ de tout ce qui regarde nostre deuoir, nous ressemblons à ces Maistres d'Armes, qui perdent ordi-

h Magna vita pars elabitur malè agentibus, maxima nihil agentibus, tota aliud agentibus. Sene. Epist. 1.

DV SAGE. 103

nairement à l'espée blanche, toute l'addresse qu'ils ont à se battre auec des fleurets. i Si nous voulons deuenir Sages, il vaut mieux orner nostre ame de bonnes vertus, que de la meubler des choses du monde; & faire de bonnes actions, que de beaux discours. Il ne suffit pas d'amasser de la Sagesse; mais c'est le tout de la pratiquer, & monstrer par de bonnes actions, que le soin de nostre salut, est le principal de nos affaires. La vraye science de l'homme, c'est l'hôme mesme: tout autre sçauoir est autour de luy, au lieu que celui-cy est dans sa poitrine. k Bref que l'homme regarde de toutes parts: dessus, dessous, à costé, à droict, & à gauche: tout le rappelle chez luy-mesme, tout le presche qu'il se cultiue, qu'il redresse ses defauts, qu'il fertilise son ame de bonnes vertus, & qu'il l'enrichisse de paremens conuenables à sa nature. C'est là la plus commune leçon, & la voix la plus ordinaire que luy chante Dieu, la Nature & tous les Sages. l *Nihil est, quod sic quisque cogitare debeat: nisi vt in semetipsum oculos conuertat, se discat, se discutiat, se inspiciat, se quærat, & se inueniat: quod displicet, necet; & quod placet, optet & plantet.*

i *Nemo est casu bonus: discenda virtus est.* Seneca.

k *secura & quieta mentis est, in omnes vitæ suæ partes discurrere: occupatorum animi velut sub iugo sunt; flectere se, ac respicere non possunt.* Seneca lib. de breuitate vitæ, cap. 10.

l S. August. in serm. de verb. Dom.

L'esprit humain a ses maladies, ses défauts, & ses tares, aussi bien que le corps, dont la plus ordinaire, & la plus à craindre est l'ignorance de soy-mesme. m La plus-part de tous nos maux ne nous arriuent que pour ne pas sçauoir qui nous sommes ; & le peu de connoissance que nous auons de nos miseres, nous fait errer incertains, comme des aueugles sans conduite. Nous ne sômes ingenieux qu'à nous tromper nous mesmes, & nous nous croyons suffisamment sages, quoy que nous ignorions tout ce qui nous touche, & que nous deurions sçauoir. Parmy les conditions de la vie humaine, cette-cy est generalement receuë en tous les Royaumes : qui est de nous plaire dauantage des choses estrangeres, que des nostres propres : & d'aymer la diuersité & le changement en toutes sortes d'affaires. n Châque iour nous produit de nouueaux desirs : & nostre façõ la plus ordinaire, & la plus reglée, c'est de courir apres les inclinations de nostre appetit ; à droit, & à gauche ; côtre-môt, & contre-bas, selon que le vent des occasions nous emporte. C'est nostre element de parler aux autres, & iamais à nous ; & parmy tant d'inquietudes,

m *Hoc nos pessimos facit, quod nemo vitā suam respicit. Quod facturi simus, cogitamus, & id rarò : quid fecerimus, nõ cogitamus.* Sene. Epist. 23.

n *Pauci sunt, qui consilio se suaque disponant : cæteri corum more quæ fluminibus innatant, non eunt, sed feruntur.* Sene. Epist. 23.

rudes, & de soins que nous prenons pour des choses qui ne nous touchent pas, nous n'auons point encore eu le loisir d'estudier à nous connoistre : on nous trouue tousiours occupez ailleurs; & quelque inspiration que Dieu nous en donne, nous remettons tousiours la partie au lendemain. C'est vn fait estrange que l'homme veut sçauoir tout, connoistre toutes choses, & parler de toutes choses : il veut peser le feu, mesurer le vent, sonder les abysmes, compter les estoilles, & penetrer iusques au plus profond de la mer, & de la terre; & iamais il ne veut penser à son propre fait. *a* Pour commencer de bonne sorte à deuenir Sage, il faut continuellement s'examiner, se sonder, & iamais ne s'abandonner : Il faut s'arraisonner, s'interroger, se reprendre, & se gourmander : il faut estre tousiours chez soy, auec soy, & maistre de soy : il faut mesnager le temps, & faire son profit de toutes les choses que l'on voit, qui se font, & qui se disent; s'en faire leçon, se les appliquer, & se faire sages, si l'on peut, aux despens des fols, & des fourbes. Il faut considerer qu'est-ce que nous sommes en Nature, qui nous sommes en Estats, & en

a *Multi multa sciunt, & se ipsos nesciunt, cum tamen summa Philosophia sit cognitio sui.* Hugo de sancto Victore, lib. de anima, cap. 9.

Offices, & quels nous sommes en nos actions, en nos paroles, & en nos pensées. Considerons attentiuemét tous ces trois points, puis qu'au frequent souuenir d'iceux consiste la parfaite connoissance de nous-mesmes: b *Noscamus quid sumus, & quid futuri simus: Et quod sumus professione, actione potius quàm nomine demonstremus, vt nomen congruat actioni, & actio respondeat nomini; ne sit nomen inane, & crimen immane: ne sit religiosus amictus, & irreligiosus profectus: ne sit deifica professio, & illicita actio.*

b S. Ambr. de dignitate sacerdotali.

Les hommes se donnent à toutes choses, & à peine peuuent-ils se prester à eux-mesmes. Aussi voyons-nous que plusieurs d'entr'eux, apres vne suite de beaucoup d'années, sortent du monde, sans iamais auoir pensé pourquoy ils y estoient venus. c Leurs plus beaux iours s'écoulent en la recherche des choses vaines, & des superfluës: leur esprit deuenu serf & esclaue de leurs conuoitises, par vne longue soumission de sa liberté, reçoit la loy & les ordres qu'il deuroit donner; & leur raison engagée dans la presse des vaines affections, y demeure presque estouffée, ou du moins ses forces s'y euanoüissent, & s'y perdent. Nostre procedé

c *Plerisque agitur vita per lusum.* Seneca.

le plus ordinaire, c'eſt d'aller apres les inclinations de noſtre appetit, & de ſuiure ſelon que le vent des occaſions nous entraine. Nous ne penſons iamais à ce que nous voulons, qu'à l'inſtant meſme que la fantaiſie nous y porte. Nos humeurs ſe meuuent ſelon les mouuemens du temps: de ſorte que nous pouuons aſſeurer ſans menſonge, que la vie des fols n'eſt que branle, & inconſtance, ainſi que celle de ceux qui croyent eſtre ſages. La paix & la guerre, le repos & le trauail nous deuiennent inſuportables, s'ils continuent ſans relache; noſtre vie qui s'entretient par le mouuement, ſe plaiſt dans la viciſſitude: & les plus charmantes delices deuiennent fades, & ſans gouſt, ſi on ne leur donne le change. Les plus belles choſes nous laſſent dans la continuë; les Palais, quoy que ſuperbes, nous ſont des priſons, quand noſtre liberté y eſt retenuë captiue; les plaiſirs de la poſſeſſion des belles choſes, & des bonnes, n'égalent iamais les projets de l'eſperance, qui entretient la pourſuitte: parce que noſtre volonté cherche vn infiny, qu'elle ne rencontre point en ce monde, mais qu'elle doit poſſeder, & où ſes mouuemens

O ij

doiuent trouuer leur repos apres cette vie. Tout ce qui est de fâcheux, parmy ces desordres, & qui importe beaucoup pour nostre salut, c'est que personne ne veut connoistre ses fautes, ny auoüer qu'il est ambitieux ou auare, ou infecté de quelque autre vice: tous veulent passer pour bons, & pour sages; & personne ne s'afflige d'estre aueugle en son propre fait, pourueu qu'il voye clair en celuy des autres: d *Non est extrinsecus malum nostrum: intra nos est, in visceribus ipsis sedet. Et ideo difficulter ad sanitatem peruenimus, quia nos ægrotare nescimus.*

d Senec. Epist. 50.

e Ne cherchons donc point nostre mal hors de nous: il est caché, & enraciné iusques dans nos entrailles; & cela mesme que nous ne sentons point qu'il nous blesse, ou qu'il est douloureux, rend nostre guerison bien plus malaisée. Nous dormons tous les iours dans les dangers, & vieillissons volontairement dans la paresse : & pource que Dieu a eu patience auec nous iusques à present, & qu'il ne nous a pas pris au colet à chaque fois que nous l'auons offensé criminellement, nous nous persuadons qu'il continuëra à dissimuler nos impietez, & qu'au

e. Humiliatio nostra in medio nostri. Mich. 6.

besoin il fera autant de miracles pour nous sauuer, que nous ferons de fautes pour nous perdre. ƒ L'homme se plaist dans ses miseres, il ayme ses fers, ses tourmens, & sa prison: il marche comme vne beste, tousiours deuant soy, sans iamais rentrer en son interieur, pour considerer ce qui se fait & ce qui se passe chez luy-mesme. Son entendement ne luy sert non plus, que les yeux à celuy qui les auroit continuellement bandez: dés l'entrée de sa vie il manque à choisir le bon chemin; & en suitte du mauuais choix qu'il a fait, plus il se haste dãs la route du peché, plus il se fouruoye, & s'esloigne de la vraye vertu. g Il est vray que nos passiõs nous aueuglent si fort, que nous ne reconnoissons pas les vertus parmy les vices: nous prenons bien souuent la temerité pour la force, & tous les autres pechez pour leurs contraires. Aussi tost que la lumiere de la raison nous manque, nous nous esgarons, comme on fait dans vn labyrinthe. Outre la contrarieté qu'il y a entre ce qui est bon & mauuais, il y a encore cette difference que le mal nous entraine aysément, & que le bien ne nous attire qu'auec de la difficulté. Nostre ame d'ail-

ƒ *Placent gemitus, cliguntur labores, amantur pericula, pessima mors delectat, & illata mala bonis sunt gratiora collatis.*
S. Chrysolog. ser. 25.

g *Pro bonis mala amplectimur: & vitia sub virtutum nomine obrepunt.*
Sene. Epist. 45.

leurs panche tousiours du costé de la pire partie : d'autant qu'ayant nos sens interieurs, aussi bien que les exterieurs, pour guides en toutes ses actions, elle se laisse ordinairement mener à ses appetits, qui sont quasi tousiours vicieux : h *Ad deteriora faciles sumus ; quia nec dux potest, nec comes deesse : & res etiam ipsa sine duce, sine comite procedit ; non pronum iter est tantum ad vitia, sed præceps.*

h Sene Epistol. 97.

Quoy que tout milieu soit également éloigné des extremitez, si est-ce que le chemin qui tend à l'empirement du vice, est beaucoup plus aisé que n'est celuy par où l'on va à la perfection de la vertu : pource qu'il faut tousiours monter à celuy-cy, & par l'autre on n'a qu'à descendre. Posé que nos ames soient pareilles à celles des premiers siecles, & que leurs facultez soient aussi fortes & aussi puissantes ; si faut-il auoüer que les mœurs d'à present sont bien differentes, & que nous n'auons plus rien de la simplicité de nos Peres. Au siecle où nous sommes, l'on quitte librement la raison, pour suiure l'exemple ; & sur tout quand son employ n'est pas plausible à nos sens, & qu'elle tient des chemins qui ne sont point frequentez du vulgaire. Il ne s'enfuit pourtant pas qu'vn chacun de nous ne puisse redresser son mauuais naturel, qui est si fort courbé, & enclin au vice : toute inclination cede, & se rend aux efforts d'vn trauail assidu; & l'ame par accoustumance, & estant aidée de la grace peut passer d'vne vicieuse habitude, à vne tres-saincte, & tres-vertueuse. Mais il y a vn mal tres-dangereux, qui n'est pas nouueau, & qui se glisse en toutes les conditions du monde, & dont les Cloistres ne sont pas exempts. *C'est que la plus-part des hommes sont pleins de souhaits, dont les poursuites n'ont point de repos; presque tous s'inquietent, & s'attristét de se voir frustrez de ce qu'ils s'estoient promis: & bien souuent, pour ne pas remedier assez tost à ce mal, il s'en voit plusieurs qui souffrent des seditions, & des guerres interieures, qui sont si cruelles, que leurs esprits en demeurent alterez, & la santé de leurs corps offencée. Personne n'est content des choses presentes: tous se proposent de l'honneur, du profit, ou du plaisir, en des choses qu'ils ne peuuent auoir; & lesquelles ils ne voudroiét pas regarder s'ils en joüissoiét. Si l'homme s'occupe à de petites choses,

Intercalera mala, hoc quoque habet stultitia, semper incipit viuere. Seneca.

elles ne feront point capables de luy donner des plaifirs folides : s'il employe fes foins à des deffeins plus illuftres, & qu'il ait le loifir de les acheuer, peut-eftre qu'il n'aura pas celuy d'en joüir : fi ce qu'il aura fait eft encore de faifon à la fin de fon trauail, fon humeur pourra changer fes appetits en d'autres projets; & fes defirs qui n'ont point de bornes, & qui ne mourront pas pluftoft que luy, fe propoferont de nouueaux employs, quand il faudra qu'il déloge de chés luy, pour aller en l'autre monde. Apres auoir bien confideré toutes ces frequentes, & diuerfes agitations de la vie humaine, il faut fe perfuader que Dieu les a ainfi ordonnées, afin que les hommes fe puniffent eux-mefmes de leurs pechez; qu'ils s'affligent l'efprit par leurs propres foins, & qu'ils foient les inftrumens de leurs miferes : puis que pas vn d'entre-eux ne fonge à mettre quelque reigle à fes fouhaits, & quelque moderation à fes conuoitifes. Eftrange & rude condition du iugement humain, qui n'eftant pas fatisfait de voir fi fouuent fa conftance abbatuë, & fa patience affoiblie, par tant de vrais & effentiels déplaifirs, s'en forge de gayeté de cœur, de

bien

bien plus rudes, & de plus cuifans; & fe donne des frayeurs paniques, pour des maux dont il n'eft pas affeuré d'eftre touché. Il eft certain que nous nous rendons miferables deuant le temps, & que bien fouuent nous craignons des chofes qui ne nous peuuent pas arriuer: a *Plura funt quæ nos terrent, quàm quæ premunt : & fæpius opinione, quàm re laboramus.*

<small>a *S enec. Epift. 13.*</small>

Il n'y a que les Sages, & les vertueux qui viuent contens en ce monde: b Vn cerueau mal timbré ne fçauroit demeurer en place; en quelque pays qu'il aille, il eft onereux à foy-mefme, auffi bien qu'aux autres. L'homme de bon fens fe perfuade que fa patrie eft par tout, & qu'il n'y a point d'endroits en tout l'vniuers, où il ne puiffe auoir l'efprit fatisfait, & y viure vertueufemét. Il fçait bien que fa vie n'eft qu'vn pelerinage bien court, pendant lequel on s'efgare infenfiblement, fi l'on ignore le lieu où l'on veut aller: & que ce n'eft pas affez d'agir auec raifon, & de bien prendre fes mefures en tous fes deffeins; mais qu'il faut encore que la vie s'adiufte, & fe gouuerne de forte, qu'elle tienne toufiours la route qui la conduit à fa propre fin. c Il fe faut preparer à la

<small>b *Omnis ftultitia laborat faftidio fui.* Senec. Epi. 9;</small>

<small>c *Neminem cò fortunæ*</small>

P

tempeste durant la bonace, & croire que les accidens qui arriuent aux grands du monde, peuuent aussi tomber sur la lie du peuple. Et sur tout, il ne faut pas attendre à chercher la verité aux flambeaux, ny tant differer icy bas à se faire vertueux, qu'il faille aller rendre compte dans le Ciel, de ce que nous ne l'auons pas esté. Il faut de bonne heure chercher vn bien qui n'empire pas de iour à autre, & auquel on ne puisse opposer aucun obstacle. Ce bien-là n'est autre chose qu'vne bonne ame, droite, forte, & si pure, qu'elle soit capable de loger celuy qui l'a creée. Personne n'est exclus de ce bien-là, quoy qu'il soit au dessus de tous les autres biés: le pauure y peut autát que le riche; *d* & on commence desia d'estre bon, si tost qu'on s'est resolu de le deuenir. Il n'est pas absolument necessaire, pour estre vertueux, d'estre noble, quoy que la noblesse soit issuë de la vraye vertu. Cóme l'on voit de grands fleuues, qui procedent d'vne source fort petite: aussi voit-on de gráds personnages, qui sont issus d'vne extraction fort basse, & fort vile. Nous deuons plustost regarder à nostre fin, qu'à nostre naissance: & il nous importe fort peu de

prouexit; vt non tantum illi minaretur, quantum permiserat.
Senec. Epi. 4.

d Pars magna bonitatis est, velle fieri bonum.
Seneca.

qui nous ayons receu la vie, pourueu qu'elle soit bonne en toutes ses parties; mais particulierement en la derniere. Quelque grand que soit vn homme, il n'est guieres different du pauure. Selon Epictete, nous n'auons rien proprement que l'vsage de nos opinions qui soit nostre; tout le reste que nous possedons, n'est estimé que du vent, & de la fumée: e *Quod nostrum videtur, alienum est ; nam nihil nostrum : quoniam Dei omnia, cuius quoque ipse sumus.*

e Tertull. lib. de patientia.

Suite de la cognoissance de soy-mesme, où il est traicté des miseres de l'homme.

Chapitre XI.

CE seroit nous flatter iusques à l'excez, de dire que nostre nature n'est pas sujette à bien des miseres : & qu'il ne nous faut pas apprendre beaucoup de choses durant cette vie, pour nous establir dans la moderation de la vraye vertu. Il est certain que toutes les belles choses d'icy-bas ont leurs deffauts, quoy que bien cachez en quelques-

f *omnis vita supplicium est.* Seneca.

vnes : le sauon mesme qui nettoye les taches, en est tout remply ; & il est vray qu'il n'y a rien sous le Soleil qui en soit exempt, puis que ce grand Astre mesme a les siennes. Comme il n'y a point de meschant homme, qui n'aye en soy quelque chose qui paroist bonne : aussi ne se trouue-il point d'homme de bien si parfait, qui n'ait quelque defectuosité apparente. Les fautes sont coustumieres à quelques-vns, & bien moins frequentes aux autres ; mais pas vn n'en est exempt : & on peut dire que la race humaine ressemble en quelque façon à de certains arbres, dont les fruicts ne sont point sains, à cause que leurs racines ont vne qualité veneneuse. Tout ainsi qu'il y a des pourtraicts qui semblent tourner la veuë deuers nous, à mesure que pour les mieux contempler, nous changeons de place à l'entour d'eux : de mesme de quelque costé que nous puissions considerer l'homme, il nous montre de toutes parts ses infirmitez, & ses miseres. Certes l'on peut à bon droict comparer la vie de l'homme à vn songe, & dire qu'il y a quelque chose de vray, & de faux en tous les deux : puis qu'elle a des voluptez mensongeres,

& des douleurs reelles; & que les vnes, & les autres s'éuanoüiſſent à meſme temps que nous finiſſons. Les maux pourtant y ſont bien plus communs, & de plus longue durée que ne ſont les plaiſirs : car apres noſtre naiſſance, (deuant laquelle nous n'eſtions rien) nous ſommes ſujets à des afflictions, & à des miſeres, dont le nombre, auſſi bien que la grandeur, ne ſe peut exprimer dans vn ſeul volume. Noſtre conception ayant eſté parmy des ordures, il faut neceſſairement que nous naiſſions dans la ſaleté; que noſtre enfance ſoit imbecille, noſtre education fâcheuſe; noſtre jeuneſſe inſolente, noſtre âge viril laborieux; & que ſur nos vieux iours, nous ne marchions que ſur des épines, & des ronces, dans le chemin par où nous deuons aller à la mort. Voilà vn échantillon des miſeres les plus generales de la vie de l'homme : g *Cuius initium cæcitas obtinet, progreſſum labor, dolor exitum, error omnia.*

g Petrarcha de remediis.

La vie du plus heureux de tous les hommes, n'eſt qu'vn meſlange de bien & de mal, & vne confuſion de choſes contraires : ſi nous y voyons des proſperitez ſans nombre, auſſi y remarquons nous des disgraces sans mesure. Vn mesme iour le verra riche, & pauure; magnifique, & contemptible; suiuy, & abandonné; logé dans vn Palais superbe, & coffré dans vn cachot tres-affreux: libre, caressé, & chery de tous les grands du Royaume; puis à mesme temps disgracié, exilé, & abhorré de tous ses semblables. *h* Quand il s'en trouueroit quelqu'vn qui seroit mieux asseuré en sa fortune, & en ses affaires, si faut-il qu'il aduouë que ce n'est que puanteur en sa naissance, que douleur pendant sa vie, & que pourriture au temps de sa mort. L'homme est vne rose qui s'espanoüit au matin, qui flestrit sur le midy, & qui seiche & tombe à terre vers le soir. C'est vne esteincelle de feu bien-tost esteinte, & vne fumée ou vapeur, qui disparoist au premier soufle. C'est vn vaisseau d'argille, vne fueille morte, vne paille seiche; En vn mot, ce n'est que foin, que poussiere, que fange, & que terre. *i* Il n'y a rien si foible, si fresle, ny si infirme que l'homme. C'est l'infirmité mesme, aussi bien que la misere. Vous diriez qu'il est le but & le blanc de toutes les miseres imaginables, & que toutes les infirmitez, & les afflictions ne

h In fœtenti eugurio, & in turpi tabernaculo, & in obscuro sterquilinio concipitur miser homo. Holcot. in sapient.

i Nihil habet hæc vita, nisi lachrymas; & opprobria, & conuitia, & tristitias, & negligentias, & labo-

sont reseruées que pour luy seul. Nostre vie est desplorable, aussi long-temps qu'elle dure. C'est vne vie que les amours tyrannizent, que les esperáces deçoiuent, que les soins deuorent, que les fâcheries assomment, & que les joyes rendent dissoluë. C'est vne vie que l'ignorance aueugle, que la chair tente, que le monde trompe, que le diable pipe, que le peché empoisonne, que l'inconstance roule, que le temps desrobe, & que la mort ruine: k *Iugum graue super filios Adam, à die exitus de ventre matris eorum, vsque in diem sepulturæ in matrem omnium.*

res, & morbos, & senectutem, & peccata, & mortem. S. Chrysost: homil. 22. ad populū.

k Eccle. 40.

Apres tout, de quelque ornement estranger que la fortune nous pare, la peau de nostre humanité nous demeure tousiours colée sur les os: de sorte que tous les titres d'honneur qu'on nous attribuë vainement, ne sont que les surnoms de nos miseres; puis que la Nature en naissant, nous a donné ces noms propres, de vains, d'inconstans & de miserables. *l* Les enfans des Roys, & des Princes, aussi-bien que ceux du vulgaire, viennent tous au monde par la porte des infirmitez: quoy qu'ils naissent le Sceptre à la main, & le Diademe sur le front,

l Totus splēdor generis humani, honores, potestates, diuitiæ, minæ, tumores, flos fœni est. Sanctus August. in Psal. 139.

si ne laissent-ils d'estre de petits criminels de la Nature. On a beau leur donner des berceaux dorez, & des langes de lin, ou de soye; c'est en quelque façon orner leurs fers, & leurs chaisnes, mais ce n'est pas les rompre. Ils sont aussi-bien captifs là dedans, comme jadis ces prisonniers des Indes, qui pourrissoient de pauuretez & de miseres, dans les chaisnes d'or, dont ils estoient attachez au billot. Il faut pourtant souffrir auec courage, les infirmitez de nostre humaine & fragile condition : nous sommes nez pour vieillir, pour affoiblir, pour estre malades, & pour mourir, en dépit des Medecins, & des Apoticaires. Aussi-bien nostre vie, estant composée comme l'harmonie du monde, de choses contraires, nostre estre ne sçauroit s'exempter de tant de necessitez naturelles, sans imiter la folie de ce Philosophe, qui entreprenoit à faire à coups de pieds auec sa Mule. Apres auoir souffert icy bas en bien des manieres, la terre est le tombeau des pauures, & des riches, aussi bien qu'elle a esté leur berceau : si elle leur a presté des langes à leur naissance, aussi leur sert-elle de drap mortuaire pour les enseuelir. Quique

DV SAGE.

que nous foyons, nous naiffons tous nuds, & nous mourons quafi de mefme: noftre arriuée au monde, & noftre fortie ne different qu'en ce point; Au lieu que nous fortons du ventre de noftre mere la tefte deuant, nous rentrons dans celuy de la terre les pieds les premiers: a *Ritu naturæ capite hominem gigni, mos eft, pedibus efferri.*

a Plin. lib. 7. cap. 8.

Penfer bien gouuerner fa vie, fans la connoiffance de fes infirmitez, & de fes miferes, c'eft vouloir traicter vn malade, fans autre regime que celuy des corps qui font parfaictement fains; c'eft s'engager indifcrettement dans vne guerre, fans auoir fupputé les forces de fes ennemis; c'eft entreprendre vne longue nauigation, fans eftre informé de fes dangers, & fans les équipages neceffaires pour s'en garantir. Il faut aduoüer qu'il n'y a point de confideration plus puiffante que celle de noftre baffeffe, & de nos miferes, pour nous porter au mépris des chofes creées, & pour nous ranger à noftre deuoir: elle eft capable toute feule d'éclairer les pecheurs dans les tenebres, & de leur faire aymer la vertu au lieu du vice. *b* Cette forte de meditation a touf-

b Hæc eft hominis vera

jours seruy d'vn frein salutaire aux saincts, & aux sages, pour retenir les eslans immoderez de la vaine gloire, & de la superbe, qui renuersent bien souuent les ceruelles vn peu debiles, & qui font des impressions dangereuses sur les esprits forts. Comme l'on corrige la fureur du vin, par la froideur de l'eau qu'on y mesle, de peur qu'il ne trouble & aliene les esprits de ceux qui le boiuent: de mesme l'humble reconnoissance de nostre neant, & de nos foiblesses, parmy les plus grands honneurs du monde, sert d'vn temperament fort commode, & fort necessaire, pour empescher que nostre ame ne s'oublie de son deuoir, & qu'elle ne s'enleue de sa droicte assiette. Le Sage se souuient tousiours que le verre n'est point si fragile, comme est ce qu'il y a de plus ferme en toutes les possessions des mieux fortunez: & que tous ces noms de songes, d'ombres, de vents, & de fumées que nous donnons à cette vie, sont encore de trop glorieux titres, & des comparaisons trop releuées, pour exprimer son infirmité, & sa misere. *c* L'exemple de Dauid peut seruir de preuue à nostre discours, lequel apres auoir gaigné tant de victoires sur

sapiētia, imperfectum se esse nosse: atque, vt ita loquar, cunctorum in carne iustorum imperfecta perfectio est.
S. Hieronymus, lib. 1. aduersus Pelagianos.

c. Quis ego sum, Domine Deus, & quæ domus

ses ennemis, & se voyant paisible posses- *mea, quia*
seur d'vn si beau Royaume, en deuint *adduxisti me*
plus humble, & reconnut deuant Dieu *huc vsque?*
qu'il tenoit de sa seule bonté, tout ce qu'il 2. Reg. cap.
auoit, & ce qu'il estoit. Nul honneur, nul 7.
triomphe, & nul Sceptre ne luy pût faire oublier la pauureté de sa naissance, ny
la basse condition de son parentage: &
cette seule consideration luy asseura sa
couronne, & son diademe: d *Nouerat* d S. Chry-
enim se Pastorem esse ouium, & non genere no- sost. homil.
bilitatum: sed quando factus est nobilis, agnouit de Dauid.
se ex nihilo fuisse subleuatum: & quia non est
oblitus, qui natus erat, perseuerauit in culmine
Regali.

De toutes nos ignorances, quoy qu'en
bien grand nombre, celle de nos infirmitez, & de nos miseres, nous est la plus familiere: l'amour que nous auons pour
nous-mesmes, corrompt nostre iugement; la Nature nous flatte tousiours en
tous nos defauts, & reduit tost ou tard
nostre raison, aux pretentions des sens.
Nostre ame gemit sans cesse, sous l'insuportable tyrannie du corps; & la joye
qu'elle ressent de fois à autre, n'est à vray
dire, qu'vn petit interualle d'vne longue douleur, à laquelle elle semble estre

Q ij

condamnée. Quoy que l'homme cherche les moyens pour se rendre heureux, & qu'il trauaille de tout son pouuoir à quitter le vice, il ne trouue pas pourtant de diminution en ses maux. Au contraire, il fait espreuue tous les iours de nouueaux chagrins : & il semble qu'il ne seroit pas hôme à assez bon compte, s'il ne souffroit des maladies, des afflictions, & de la douleur auec excez. *Tous les Elemens employent leurs forces pour rauir les nostres. La terre nous fait mourir par ses venins; l'air nous estouffe par ses infections; le feu nous brusle par ses flammes; l'eau nous noye, & nous ruyne par les naufrages; & tous les animaux nous font la guerre par les armes, dont la Nature ne les a, ce semble, gratifiez, que pour nous persecuter, & pour nous nuire. Outre la guerre que nous font les choses estrangeres, les parties qui nous composent, s'emportent ayfément aux seditions, & aux remuëmens. Et d'ailleurs, vn petit excez de trauail ou d'oysiueté, de repletion ou d'abstinence; vn peu trop de froid ou de chaud, peuuent alterer nostre temperament; & nous causent bien souuent ou des morts soudai-

e Tota vita flebilis est: vigebunt noua incommoda, priusquā veteribus satisfeceris. Senec. lib. de consol. ad Marciā.

nes, ou des maladies bien longues. f Il
est vray que l'homme péne bien à souffrir
tant de miseres, & à se surmonter de tout
point : quelque effort qu'il fasse, il ne
sçauroit haïr ce qu'il ayme naturellement : si ses passions ne dominent pas
chez luy, elles y excitent du trouble ; &
au lieu d'obeïr à la raison, elles se rebel-
lent ; ou du moins, elles n'obeïssent que
par contrainte : g *Innumerabiles sunt, qui
vrbes, qui populos habuere in potestate : paucis-
simi, qui se.*

Les sens agissent sans cesse pour procurer les commoditez du corps, & pour
le pouruoir de tout ce qui importe à son
bien : sitost qu'ils ont fait la descouuerte
de ce qui est propre à son goust, l'imagi-
natiue en reçoit l'espece ; & la faculté ap-
petitiue toute esmeuë de ce rencontre,
qu'elle estime heureux , & qu'elle croit
bon, se porte à sa recherche auec des
élans si prompts, & si precipitez, qu'elle n'attend iamais le consentement de
celle qui a pouuoir de luy commander.
h Il est vray que nous portons l'arcenal
dans nous-mesmes, d'où nos ennemis
prennent les armes pour vaincre nostre
raison : nos sens sont ordinairement les

f *Liber est, qui seruitu-tem effugit sui.* Seneca.

g Seneca.

h *Vbi tranquilla tibi omnia videntur, ibi nocitura non desunt, sed*

quiescunt.
Senec. lib.
2. de Ira.

autheurs de tous les troubles qui font excitez au dedans de nous ; & tous nos autres membres leur feruent d'inftrumens pour nous furmonter. Nos ennemis pourtant feroient faciles à vaincre, fi nous cefliõs de fauorifer leurs défleins. Comme il n'y a point de vaifleaux fi precieux, & fi rares, que l'ordure, ou la roüille n'accueillent auec le temps ; qui peuuent neantmoins reprendre leur premiere beauté, & leur premier luftre, auffitoft qu'on les purifie, & qu'on les nettoye: Auffi n'y a-t'il point d'hommes, fi parfaits qu'ils foient, que la fragilité de leur nature n'affuiettiffe à quelques defauts ; qui peuuent toutesfois eftre corrigez, à mefme temps qu'ils prennent la raifon pour guide. Noftre ame a la mefme intendance fur la partie fenfitiue où refident les paffions, qu'vn bon Pilote fur fon vaiffeau, dôt il plie & tourne les voiles comme il veut, pour les mener à port, où de luy-mefme il ne pourroit iamais aborder. Ce n'eft pas affez que les puiffances de noftre ame foient plus fortes que celles de nos paffions, il faut à tout moment les combattre, & les vaincre : il n'y a perfonne qui ne doiue redouter fes

DV SAGE. 127
ennemis, mais particulierement ceux qui ont accez chez nous, & ceux qui sont domestiques. Quoy que les inclinations du melancholique, & du sanguin soient aussi dissemblables, que celles du bilieux & du phlegmatique, & que les passions de la partie sensitiue se mesurent ordinairement à l'humeur qui est dominante : si est-ce qu'ils doiuent tous soustenir les assauts continuels, & les seditions de leurs sens, pour se mettre dans les ordres que leur prescrit la raison. *i* Il faut que les vns & les autres reduisent le corps en seruitude, & qu'ils le chastient raisonnablement : se ressouuenant à toute heure, quoy que l'on ne puisse rien faire sans luy, que c'est plustost vn instrument necessaire, qu'vn Tresor de bien grád prix ; & qu'entre tous ceux qui ont coniuré nostre ruyne, celuy-là est le plus pernicieux, & le plus à craindre : *Nemo læditur, nisi à se ipso.*

i Vana sug-gerit volupta-tes, breues, pœnitendas: ac nisi magna moderatione temperentur, in contrarium abituras. Senec. Epi. 23.

Outre les infirmitez du corps, où tous les hommes sont sujets, nostre esprit a ses deffauts, & ses foiblesses. Apres que nous auons estudié en quantité de sciences, nous sommes contraincts d'auoüer que nostre sçauoir n'en est pas plus grand: nostre vie est trop courte pour en sçauoir vne parfaictement; & il est vray que nous ne sçauons rien, ou fort peu de choses, au regard de celles que nous ignorons. De toutes nos passions les moins dangereuses, celle de nostre curiosité ne se trouue iamais satisfaite : mais principalement du costé de la science ; tout nostre sçauoir, n'est que comme vne petite estincelle au milieu d'vne grande nuict, en comparaison de ce que nous voudrions apprendre. Pendant que nous viuons icy bas, la verité ne se montre à nous que voilée, ou en habit déguisé : de sorte que les esprits qui n'en ont pas bien la familiarité, ny les habitudes, prennent bien souuent sujet de la méconnoistre, & de douter si c'est elle-mesme qui leur paroist. Nostre vie se trouue enfermée entre vne longue suite de temps, & de siecles, dont nostre veuë ne peut découurir les extremitez : il n'y a rien de tout l'aduenir qui nous soit connu ; & il semble mesme qu'il nous est aussi peu permis de sçauoir ce que nous serons apres nostre mort, que ce que nous estions auant que de naistre. Les lumieres de nostre esprit ne sont iamais si nettes, & si pures, qu'elles ne soient entre-coupées d'ombres, qui nous cachent la moitié des choses,

choses, qui meslent le doute à nos connoissances, & qui ne nous donnent iamais vne pleine satisfaction. Nous auons icy, puis qu'il plaist à Dieu, bien plus de tenebres, & d'obscuritez, que de vrayes lumieres : & bien plus de perfections en apparence, que nous n'en possedons de solides, & de vrayes. Nos affections sont la plus-part irregulieres, & illegitimes; nostre vertu n'est quasi tousiours que contrefaite, & masquée d'hypocrisie; nos plaisirs sont trauersez de mille douleurs, & d'autant d'inquietudes; & pour acheuer de rendre nostre vie aussi triste, qu'elle est malheureuse, les alterations du temps, & du monde, nous font balancer sans relâche entre la vie, & la mort. Mais ce qui nous console, parmy tant de sortes de miseres, & d'afflictions, dont personne n'est exempt, c'est que ces desguisemens, ces langueurs, ces inquietudes, & ces inconstances doiuent prendre fin : & qu'vn iour bié heureux nous deliurera de ces seruitudes, & de ces martyres; iour qui dissipera tous les nuages, & les obscuritez de nos esprits, & nous placera dans vne region de lumiere, qui demeurera à perpetuité sans nuict, sans ombres, &

R

sans occident: a *Qui se totum tradidit diuinæ voluntati, non alió spectans, quam ad illius opem, is demum firmus est, & inuictus.*

a S. Cypri. tract. de duplici martyrio.

Toute la science infaillible que nous possedons, c'est que nonobstant la gloire & la force, que nous nous attribuons vainement, il faudra que sortis de la terre nous y retournions, & que nous allions receuoir le salaire de nos œuures, selon qu'elles se trouueront bónes, ou mauuaises. b C'est à quoy le Sage pense à tout moment; il sçait bien qu'il a commencé à mourir dés l'instant qu'il a commencé de viure; qu'il meurt tous les iours; qu'à mesure que son corps vieillit, sa vie diminuë; & que la derniere Hostellerie où il doit loger au partir d'icy, ne sera pas fort esloignée d'vn Cimetiere, ou d'vne Eglise. Il semble que la Nature nous ait voulu donner quelque sorte de consolation, en rendant commune à tous les hommes vne calamité sans pareille; & en faisant vne loy publique, qui ne reçoit point de priuilege: puis qu'elle traicte les Princes comme les valets, & qu'elle ne fait pas plus de grace aux innocens, qu'aux coulpables. Comme les ombres des corps sont égales lors que le Soleil se leue, & se cou-

b In hoc tam procelloso, & in omnes tempestates exposito mari nauigantibus, nullus portus nisi mortis est. Senec. lib. de consolat. ad Polybiũ.

che: de mesme les necessitez des vns & des autres sont du tout pareilles, à l'entrée & à l'issuë de cette vie. Ils en sortent tous accablez de maux, ainsi qu'ils y sont entrez chargez de peines, & tous s'en vont d'icy-bas, aussi peu chargez qu'ils y sont venus. Certes le iour qui tranche le cours d'vne bonne vie, nous doit estre beaucoup plus cher, que celuy qui la commence: puis qu'à l'heure que nous naissons, nous montons dessus vn theatre, où il nous faut joüer vn personnage fort mal-aisé à representer; & qu'en descendant dans le tombeau, que nos amis nous ont preparé, nous receuons par eux-mesmes sans déguisement, l'honneur & la gloire, qui ne nous pourroit estre qu'iniustement déniée: pource que ce sont les premiers fruicts de nos bonnes actions, dont nous commençons à gouster en sortant du monde; & lesquels nous conserueront eternellement dans le Ciel, poruueu que leur bonté soit approuuée, par celuy qui est la mesme bonté, & l'Autheur des bonnes choses. Apres donc auoir bien souffert des langueurs, & des miseres, on vient à vn terme, où le corps perd auec vn dernier

R ij

soupir, la beauté, les forces, l'action, & la vie. En fort peu de temps la chair se corrompt, & se change en la terre des cimetieres: de sorte que de tant de millions de braues gens, qui peuploient le monde auparauant que nous y fussions arriuez, qui auoient la jouyssance de ses plaisirs, & qui y exerçoient les plus belles charges, nous n'en voyons plus que des tas immobiles de leurs ossemens tous pourris, & vermoulus, où les testes & les os des Roys & des Princes, ne sont point reconnoissables, d'auec ceux de la lie du peuple: c *Hominis gloria, præmatura, vt flos; caduca, quasi fœnum; germinat vita viriditatem in specie, non in fructu soliditatem.*

c S. Ambros. lib. 3. hexam. cap. 7.

De la deffiance de soy-mesme.

CHAPITRE XII.

IE n'oserois dire que nous deuenons fols, de peur d'offenser ceux qui ne seront iamais sages: ie me contéte d'asseurer que nous rajeunissons, & que nous auons besoin qu'on nous aduertisse que nous sommes hommes. Il est vray que nous croyons tous auoir ce que nous n'auons que souhaité, & que le plus commun de tous nos vices, est de nous tromper nous mesmes. *d* C'est vne fosse où nous tombons volontairement; & presque toutes les sottises de ceux qui pensent estre de bon sens, tirent leur naissance de leur presumption, & de la trop bonne opinion qu'ils ont de leur suffisance. Il n'y a celuy qui ne s'estime habile homme, & de bon esprit; & dites aujourd'huy à quelqu'vn qu'il manque de conduite, ou de iugement, il s'en formaliseracomme d'vne injure: dites neantmoins que chacun est aueugle en son propre fait, cet axiome est generalement receu de tous les hommes; on l'auoüe par tous les Royaumes, comme vne maxime tres-veritable. Si vous demandez d'où procede cest erreur si grand, & si general : c'est qu'on prend tousiours les preceptes generaux comme addressez au vulgaire; personne ne les applique à soy-mesme,& nul ne s'y mire, pour y recónoistre ses defauts. Parmy ceux qui ont bonne opinion de leurs personnes, & qui se croyent bien parfaits, vous verrez ordinairement que ce sont ceux-là qui le sont le moins, & qui sont tous pleins d'imperfections, &

d Nulla alia pestis, plura ingenia abripuit, quàm confidentia, & astimatio sui.
Lipsius, in Epist.

de pechez. e La Nature ne leur ayant départy aucun merite, elle ne leur a pas osté l'opinion d'en auoir. A ceux à qui elle n'a pas donné de vrays biens, afin qu'ils ne se desesperent pas, elle en a donné d'imaginaires. Tous veulent passer pour bons, & pour sages, quoy qu'ils n'ayent pas encore acquis vne demie vertu: & bien souuent, en croyant posseder les vertus qu'ils n'ont qu'en opinion, ils negligent d'acquerir celles qu'ils deuroient auoir en effect: f *Durum, difficile, grande, seipsum relinquere, seipsum bene inspicere, & plene despicere; perfectè probare, & penitus improbare: hìc labor; hìc gemitus.*

L'impieté, pour enorme qu'elle soit, ne sera point tant execrable deuant Dieu, qu'vne saincteté presumée: & il est vray que le plus meschant de tous les hommes, qui se déplaist d'estre tel, doit plustost esperer son salut, que ceux qui se croyent plus iustes, & meilleurs que luy. g Nous pensons bien souuent estre dans le port, & bien asseurez, & nous sommes bien prés du naufrage: nous nous estimons bien meilleurs que les autres hommes, & nostre presumption nous rend beaucoup pires. Et en effect, quoy que

e *Vitia nostra, quia amamus, defendimus: & malumus illa excusare, quã excutere.*
Senec. Epi. 116.

f Richard. Victor. tract. de exter. mali, cap. 12.

g *Dum secundo vento nauigas, naufragium time, & tutior à naufragio eris, aditorem ac so-*

nostre conscience ne nous reproche aucun crime, nous pouuons auoir commis des pechez, dont nous auons perdu la memoire ; & ce seroit vne temerité tres-dangereuse, si nous nous estimions innocens, à cause que nous ne nous trouuons pas coulpables. *b* C'est Dieu seul qui nous doit iuger en dernier ressort : les yeux duquel penetrent dedans nos cœurs, & y découurent souuent des abominations, qui y sont secrettement cachées, & que nous n'auions point apperceuës. Il n'y a auiourd'huy personne qui veüille auoüer ses deffauts ; il n'est pas iusques à ceux qui tiennent rang parmy les parfaits, qui ne cherchent des fueilles de figuier pour couurir la honte de leurs pechez. Nous ne nous soucions pas tant quel soit nostre estre, en nous, & en effect, comme quel il soit en la connoissance du vulgaire : & nous nous priuons bien souuent de nos interests, & de nos profits, pour former des apparences exterieures, de tout ce qui nous peut faire considerer dans le monde. Les biens mesme de l'esprit, & de la sagesse, nous semblent sans fruict, s'il n'y a que nous qui les connoissions : & il nous semble que nous sommes bien par-

cium tibi timorem afciscens.
S. Gregor. Naz. orat. 40.

h Appendit corda Dominus, id est, iudicat quæ via recta sit, & quæ non: & ideò nullus debet considere in opere suo, licet bonum sibi videatur.
Vgo Carensis, in Prouer. 21.

faicts, quoy que nous n'ayons pas commencé à le deuenir. Noſtre bouche eſt bien ſouuent pleine des termes de la vie deuote, & ſur-eminente : & noſtre cœur eſt touſiours vuide de toutes les vertus ſolides; mais principalement de la charité, de l'humilité, & de la patience. A nous entendre parler, on nous prendroit pour des ſaincts, ou pour des Anges : & quand on eſtudie de longue-main, nos actions & nos paroles, on a de la peine à croire que nous ſoyons raiſonnables. Tout noſtre mal ne procede, que de ce que nous nous confions trop à nous-meſmes; & la trop grande aſſeurance que nous auons de noſtre ſalut, nous met en danger de nous perdre eternellement : i *Pœnalis eſt homini, ac pernicioſa ſecuritas : Præſumpta ſpes, ſarcinæ ſunt reatus; vſurpata abſolutio, damnationem parit.*

i Salvian. lib. 4. ad Ecclef.

Ceux là font rarement des naufrages, qui connoiſſent la nature des vents, & des mers où ils font voile; qui ſçauent preuoir les tempeſtes, & qui relâchent à temps, & gaignent le port de bonne heure. k Parmy les rochers & les eſcueils de cét Ocean, qu'on appelle la vie de l'homme, la foy Chreſtienne va fendant les

k Fides nauigat tuta ſi cauta : ſecura, ſi attonita. Tertull. de Idolo. c. vlt.

les flots, ses voiles estant enflez de l'Esprit de Dieu: tousiours asseurée, si tousiours elle est dans la deffiance; & tousiours sans crainte, si tousiours elle est en soucy de l'auenir. *a* Toute la sciéce du Sage aboutit là, de connoistre qu'il n'est rien de soy: mais que tout ce qu'il a vient de Dieu. Il n'y a que la paternelle main du Tout-puissant, qui soit suffisante de nous soustenir; & qui cherche des richesses ailleurs, que dans ses thresors, n'aura pour recompense de tous ses trauaux, que la honte de s'estre remué inutilemét. Les forces de nos esprits, aussi bien que de nos vertus, sont bornées fort estroitement: il se rencontre beaucoup de defauts où elles paroissent les plus accomplies: l'excellence que nous pretendons auoir pardessus les autres, n'est qu'vn petit auantage sur les ignorans; & ce que nous appellons perfections éminentes en quelques-vns, ne signifie tout au plus qu'vne vertu ordinaire. *b* L'effect le plus commun d'vn esprit solide, est de ne rien presumer de soy; & quand il a dessein de mespriser toutes choses, il commence tousiours par soy-mesme. Il iuge fauorablement des œuures d'autruy: mais il est censeur

a Error Petri, doctrina iustorum est. S. Ambros. in Lucam.

b Hac est perfectorum vera iustitia, vt numquam præsumant se esse perfectos. S Leo ser. 2. de Quadrages.

S

tres seuere de toutes les siennes; & il ne se fait iamais la faueur, qu'vn meschant pourroit esperer de luy. c L'espoir & la crainte, sont tousiours à ses costez: celle-là le fortifie durant la tempeste; & ceste-cy le modere durant la bonace. Quelque bon-heur que nous possedions, nous deuons nous deffier tousiours de nos propres forces, & nous persuader qu'il n'y a personne d'inuincible, non plus que d'immortel, & d'invulnerable. Ceux-là mesmes que nous tenons pour vaincus, & qui ne sont point forts à l'esgal de nous, sont capables de nous mener en triomphe: souuent le vaincu a mis en hazard le victorieux; & d'vn bout d'espée, tel a tué son ennemy, à qui il auoit demandé la vie: d *Sæpè contemptus hostis, cruentum certamen edidit: & inclyti Populi, Regésque, perleui momento victi sunt.*

Il ne faut pas tousiours croire à nostre premiere ioye, ny nous fier aux victoires que nous auons remportées sur nos passions. Comme il y a de mauuais gains à faire dans le monde; aussi y pouuons-nous faire des acquisitions fort trompeuses: principalement quand elles sont assignées sur nous-mesmes, & que nous ne

c. *Timor Dei, & diffidentia sui, fundamentum salutis est: qui enim præsumit, minus veretur, minus præcauet, plus periclitatur.* Tertullian.

d Tit. Liu. lib. 1. decad. 3.

nous en pouuons refioüir, qu'en nous priuant de toutes nos ioyes. Ne plus ne moins qu'vn Marchand, qui auroit chargé vn vaiffeau de quantité d'ours, de lyons, & de tygres, pour les mener d'Afrique en Europe, feroit tres-mal affeuré au milieu de fes richeffes, & pourroit fe perdre fur mer, quoy qu'il euft les vents fauorables: Il me femble, en vn fujet quafi femblable, que les hommes bien auifez, apres auoir furmonté eux-mefmes, & vaincu leurs paffions, doiuent redouter leurs propres conqueftes, & faire eftat qu'il n'y a point de plus redoutables ennemis, que des fujets qui obeïffent par force. Comme les corps qui fortent d'vne maladie de longue durée, en fouffrent long-temps apres des reffentimens, & des foibleffes : de mefme nos paffions ne fe calment pas incontinent apres les émotions, qu'elles ont excitées au dedans de nous; bien fouuent la violence que nous leur faifons, & qui leur fait prendre la qualité de feintes fuiettes, ne leur ofte pas celle de vrayes ennemies. Les ames les plus fainctes, & les plus prudentes, ne fe promettent iamais d'étouffer tous les fentimens de troubles qu'ils reffentent dans

S ij

eux-mesmes: ils sçauent bien que nostre vie d'icy-bas est vne guerre qui ne finit pas plustost que nous; & qu'il y faut souffrir sans relâche, pour l'amour du Ciel; & y tousiours pratiquer la patience, pour y tousiours vaincre. *e* Tout ce qui nous perd, & qui nous rend odieux à Dieu, & aux hommes, c'est l'estime que nous faisons de nostre vertu, & l'amour desordonné que nous auons pour nous-mesmes. C'est là où nous deuons trauailler fidelement, si nous voulons deuenir sages, & acquerir des vertus solides: *f Decet sanè eum, qui magnus vir futurus est, neque seipsum, neque sua diligere: nimius enim in seipsum amor, omnium peccatorum omnibus causa est.*

C'est le fait d'vn homme de bon sens, d'estudier à se bien connoistre, *g* & de n'entreprendre aucun affaire par dessus ses forces. Les saincts personnages se sont tousiours défiez d'eux-mesmes, quoy qu'ils eussent des vertus esprouuées, & bien approuuées. La difference qu'il y a entre la lumiere, & les tenebres, c'est la mesme qu'il faut remarquer entre le Sage, & le fol. Le Sage regarde, & considere toutes les choses d'icy bas par les

e Quem te putas, hircum te forte neuit Deus.
S. August. lib. de ouibus.

f Plato.

g Necesse est opprimant onera, quæ ferente maiora sunt.
Seneca.

yeux de sa prudence, qui sont clair-voyans, & haut esleuez en sa teste; & comme la lumiere, qui est vne qualité celeste & tres pure, perce tout l'air en moins d'vn moment: ainsi ses yeux passent à trauers l'essence des choses; rien ne pouuant empescher leur viuacité, ny retenir la vitesse, & promptitude de leurs actions. Ceux du fol au contraire, sont debiles & chassieux, s'esbloüissent au grand iour, & n'osent s'ouurir qu'aux tenebres; & c'est dans leur obscurité qu'il marche ordinairement, & qu'il bronche en attendant qu'il tombe dans vn precipice, qu'il ne sçauroit euiter que par vn secours surnaturel. Il est bien aysé au Sage d'examiner tout ce qui est au dessus de son pouuoir, & de sa portée: là où le fol, n'ayãt aucune lumiere d'esprit qui le guide, ne sçauroit discerner les choses dont la possession luy est interdite, d'auec celles dont il peut iouyr. Il n'apperçoit rien dedans soy, qui ne soit confus & desordonné: tellement qu'il iette tous ses desirs au dehors, & recherche tout ce qui luy nuit; & n'estant iamais satisfait d'aucune chose, il est contraint d'errer incessamment çà & là. Il y a bien à dire que le Sage se laisse transporter à toutes sortes d'objets, & de plaisirs faux : il regarde bien les choses qui sont autour de luy, & qui paroissent grandement : mais sçachant estimer les choses à peu prés ce qu'elles vallent, il n'en est esmeu, ny passionné, qu'entant qu'elles luy apportent quelque gain honneste, ou quelque plaisir solide : & préuoyant bien que ce seroit pecher contre la Sagesse, que de s'attacher d'affection à des choses que nous pouuons perdre, ou que l'on nous peut rauir ; il rentre prudemment dans soy-mesme, où il joüit des delices de la conscience, qui ne luy peuuent estre disputées, ou interdites par les hommes : h *Nihil spectat vir iustus, nisi quod constans & honestum est : Et ideò, etiam si alijs videatur pauper, sibi diues est ; qui non eorum quæ caduca, sed eorum quæ æterna sunt, æstimatione censetur.*

i Il ne faut iamais aymer le peril, ny perseuerer dans le vice, sur l'espoir d'vn secours miraculeux, & d'vne bonté infinie : Dieu ne s'est obligé par serment, de rendre heureuses toutes nos malices ; quoy qu'il les ait dissimulées pour vn temps. Il permet à la fin que les mauuais effects suiuent leurs causes ; & que ceux

h Ambros.
lib. 3. offic.
cap. 1.

i *Misericordia Domini plena est terra : in ea sperare, saluberrimum est cōsilium ; sed de ea totum pendere, periculosum est refugium.*
Hildebet.
Cenomanēs. Epi. 15.

qui ont suiuy le mal par élection, soient aussi punis par eux-mesmes. k Il faut deformais penser à nous-mesmes, & fermer les yeux sur le fait des autres : ne les ouurir iamais, que pour considerer les vertus des Sages, afin de les tirer en exemple : ne presumer point de la bonté de nostre esprit, ny de nos merites; ne nous comparer, ny preferer à personne, & conuerser librement auec les pauures, & les simples : sur tout, prenons garde que la colere, & l'animosité, ne nous transportent hors des limites de la raison : mais au contraire, étouffons dans la patience, tous les ressentimens des torts qu'on nous a faits; éuitant seulement auec discretion, & prudence la fureur des malicieux, afin que l'impieté n'adjouste plus rien à leurs crimes, & que l'innocence ne soit point mal traictée en nos opprobres. Or comme il n'y a rien de si puissant pour meriter, retenir, & conseruer la grace, que d'estre trouué tousiours deuant Dieu, humble, craintif, & deffiant de ses propres forces : aussi n'y a-il rien qui ait tant de pouuoir, pour nous priuer de sa bien-veillance, que s'il nous voit arrogant, hautain, & presomptueux. l Le Sage sçait bien que

k *Nusquam est securitas, neque in cælo, neque in Paradiso, multo minus in mundo. In cælo enim recidit Angelus sub præsentia diuinitatis : Adā in Paradiso de loco voluptatis : Iudas in mundo de schola Saluatoris.*
S. Bernard. serm. de ligno, fœno, & stipula.

l *Hæc causa sanctis est*

la terre n'est pas si dependante du Ciel, pour faire ses productions necessaires, que nous le sommes de la grace de Dieu, pour nous acquitter de nostre deuoir; & que la vertu qui donne le poids, & le prix à toutes les autres est l'humilité, comme l'orgueil les ruine, & fait des plus excellentes perfections des monstres de vices.
m Il sçait bien que nous ne sommes point si fort sanctifiez, que nous ne puissions faire de honteuses cheutes; & que nous nous desterions de nos propres industries, aussi bien que des vertus que nous croyós auoir, si nous nous ressouuenions des cheutes d'Adam, de Dauid, de Salomon, du Chef des Apostres, & de cét autre malheureux qui trahit son Maistre: n *Nolite credere, nolite esse securi: licèt in modum stagni fusum æquor arrideat; licèt vix summa tacentis elementi spiritu terga crispentur, magnus hic campus montes habet, intus inclusum est periculum, intus est hostis; tranquillitas ista tempestas est.*

tremendi, & timendi, ne in ipsis operibus pietatis elati, ope gratiæ deserantur, & remaneant in infirmitate naturæ.
S. Leo, ser. 7. de Epiph.
m *Quocumque pergimus, nobiscum inimicum portamus.*
S. Hieronym. in Epist.

n S. Hieronym. Epist. 1. ad Heliod.

Du

Du Mespris du monde.
CHAPITRE XIII.

DE toutes les compagnies ou societez qu'il y a aujourd'huy dedans & dehors le monde, si vous en exceptez celle des fols & des fourbes, il n'y en a point de si nôbreuse qu'est celle des mescontens, & des miserables. Sur quelque condition qu'on puisse ietter l'œil, ou la pensée, il n'y a quasi personne qui ne souhaitte du changement en ses affaires: les vns portez de curiosité, ou de dégoust des choses presentes; & les autres excitez par l'ambition, par la pauureté, ou par l'auarice : & mesme il s'en trouue de si folement passionnez, qu'ils souhaitteroient que le Ciel prist tous les ans vn nouueau Soleil, quoy qu'ils fussent asseurez de ne pas gaigner au change. Celuylà est encore à naistre, dont le cœur rassasié de toutes sortes de consolations, n'ait soûpiré apres de nouueaux plaisirs. On ne voit personne en ce val de larmes, pour heureux qu'il soit, qui ne marque ses pretentions au de-là de ce qu'il

T

possede, & qui ne se donne bien des soins inutilement : & ce qui est le plus déplorable, c'est que les esprits les plus subtils, & les plus deliez sont tousiours les moins contens : ils sont plus auides de l'aduenir, plus desgoutez du present, & moins oublieux des maux passez : ils se bruslent quasi tousiours par leur lumiere ; & quelquefois pour euiter vne honneste captiuité, ils se iettent volontairement dans vn precipice. a Toutes choses passent icy bas ainsi qu'vn songe, & portent le caractere de la vanité : on n'y bastit sa fortune que du débris de celle des autres ; & le ieu qui y est le plus ordinaire, c'est le boute-hors. Il n'y a rien qui y soit plus asseuré, sinon que pas vne chose n'y est asseurée. On y voit tous les iours, que des commencemens formidables, y ont des fins ridicules ; & que ceux qui font auiourd'huy la loy aux autres, sont trois iours apres la pitié, ou l'horreur de tout le peuple. Il semble que la fortune guette quelquesfois nostre dernier iour, pour nous montrer les prodigieux effets de sa puissance, & pour renuerser en vn moment, ce qu'elle auoit basty en beaucoup d'années : b *Fortuna varia nimis, & incerta :*

a *Omnia visibilia transeunt, & omnis huius sæculi pompa, & deliciæ, & curiositas interibunt, & secum ad interitū trahunt amatores suos.* S. August. lib. de catechizan. rudibus.

b Lipsius ex not. ad Polit.

hodiè magnus es ; cras alius, aut nullus.

Tout ainsi que l'Ocean ne nous laisse point de terre en certains endroits, que les inondations n'en reprennent autant en d'autres riuages : c De mesme les felicitez du monde souffrent quelquefois des reflux extraordinaires, & leurs agitations font succeder les sterilitez à l'abondance ; si bien qu'vn mesme âge voit souuent à sec, ces grandes fortunes enflées de biens, & d'honneurs, qui s'estoient fait vn cours dans le monde, auec l'admiration de tous les peuples. d Et comme il n'y a point d'edifices pour profonds qu'en soient les fondemens, qu'vn terre-tremble ne renuerse, & ne ruyne : aussi n'y a-t'il point de dignitez, & de possessions si fermement establies, qui ne soient suiettes aux secousses de la fortune, l'experience nous faisant voir à toute heure, que toutes les côditions eminentes, qui n'ont point d'appuy sur celuy qui soustient cét vniuers, sçauent mieux le chemin des precipices, que celuy de l'éleuation, & de la stabilité. e A la fin le temps change tous les grands du monde, aussi bien que les grandeurs : & nonobstant les soins qu'ils se donnent pour se

c *In momento enim cuncta illa prætereunt, & sæpè honor sæculi abyt, antequam venerit.*
S. Ambros. in cap. 4. Luc.

d *Omne quod fortuito euenit, instabile est : quo altiùs surrexit, vergit proniusin occasum.*
Senec. lib. de breuit. vitæ, cap. 17.

e *Fructus mundi ruina est : ad hoc crescit, vt cadat : ad hoc*

conseruer, les soucis les rongent, les maladies les attaquent, les disgraces les surprennent, la mort les rauit, & les culbute dans la terre; & ceux qui les adoroient dans leurs throsnes, & dans leurs honneurs, les foulent aux pieds, & marchent sur leurs corps dans le Cimetiere. *f* Toutes les vanitez d'icy-bas s'escoulent, & disparoissent comme les fantosmes, qui ne nous repaissent que d'illusions, & de tromperies : & nos sens esueillez de leur terrestre engourdissement, ne s'apperçoiuent que trop tard, que pour auoir trop deferé au mensonge, nous auons perdu ce qui estoit de la verité infaillible. *g* Au demeurant, tout ce que les hommes admirent dans cét vniuers, se rompt, & se brise contre l'escueil de la mort: c'est la fin, & le couchant des grandeurs les plus releuées; & tout ce que le mõde a de gloire, & de pompe, passe comme vn ombre sur nostre horizon, qui s'éuanoüit en vn moment, & ne laisse aucune marque, & impression de ce qu'il a esté. Il est certain que le temps s'entretient par ses momens: mais aussi est-il vray qu'il change continuellement de face ; & que celuy qui s'attend de voir vn ordre autre qu'in-

germinat, vt quodcumque germinauerit, cladibus consumat.
S. Gregor. homil. 1. in Euang.
f Nihil perpetuum: pauca diuturna sunt: quicquid cæpit, & desinit.
Seneca.

g Omnes mũdi promissiones seductoriæ sunt; omnes blanditiæ venena, cuncta delectationis pocula mortalia, vitaque illius sempiterna mors.
Laurent. Iustin. lib. de ligno vitæ, cap. 1.

constant, & toufiours diffemblable, fe peut affeurer qu'il ne fera iamais fatisfait d'aucune chofe : h *Nihil eft in rebus humanis, ac negotijs, præter vmbram, auramque leuiffimam fine mora præteruolantem ; eunt enim vltrò, citroque tanquam æftuantia.*

h Philo Iu. lib. quod Deus fit immutabilis.

En fin le monde fubfifte par vn mouuement d'inquietude, qui defcend, qui monte, qui fe precipite, & qui fe porte à toutes les fituations : en vn mot, qui rompt la tiffure qu'il a commencée, qui la renoüe par vne entreprife qui n'acheue rien, & dont la continuë, entrecouppée de langueur, fe termine en la priuation. i La viciffitude des chofes, non feulement eft en vn branle continuel, mais d'vne conftitution fort briefue : fi la fortune femble fauorifer quelques-vns, affeurez-vous que ce n'eft ny entierement, ny pour durer beaucoup. L'on voit fouuét des Villes, des Prouinces, des Empires, auffi-bien que des perfonnes, dont la fortune eft tantoft floriffante, tantoft fur le declin, & à peu de là tout à fait efteinte. Et c'eft vn chaftiment neceffaire que ce changement, pour reprimer l'infolence des ambitieux, & des riches : parce que fi la fortune eftoit conftante & égale, il eft

i *Nunquam ftabili confiftimus loco: pendemus, & fluctuamus, & alter in alterum illidimur, & aliquando naufragium facimus, femper timemus.* Senec. in confol. ad Polyb.

certain que l'orgueil perdroit les heureux, & les rendroit insupportables à eux-mesmes, aussi-bien qu'aux autres. k De sorte que suspendus dans le vague de cette incertitude de bien, ou de mal; comme nous ne deuons desesperer pour aucune aduersité qui nous arriue, aussi ne nous faut-il fier à aucun bon-heur; voyant cette rouë de la varieté qui tourne continuellement icy bas, & qu'il n'y a rien qui y soit constant que le changement. Nous n'aymons dans le monde, que ce qui y paroist auec éclat: & pource que nous ne sçauons estimer les beautez à peu prés ce qu'elles vallent, nous donnons du prix à celles qui n'en ont point. l L'homme ne compte entre ses richesses, l'or, l'argent, le cristal, les diamans, & les perles, qu'à cause que ces corps enuoyent vn éclat, & vn brillant de lumiere, qui surprend les yeux & qui les fait aymer. Le Ciel mesme, pour se mettre dans nostre estime, en flattant nostre inclination, rend ses parties qui ont le plus de vertu les plus lumineuses. Nous embrassons de certains objets, qui s'écoulent & fondent aussi-tost qu'ils naissent; qui sont perpetuellement menacez de fin ou de changement, que

k *In secundis nemo confidat, in aduersis nemo deficiat: alternæ sunt vices rerum. Ista quibus veheris in summum, nescis vbi te relictura sint.*
Seneca.

l *Magna ista, quia parui sumus, credimus: multis rebus non ex natura sua, sed ex humilitate nostra magnitudo est.*
Sene. lib. 3. Natural. quæstionū.

nous sommes asseurez de haïr bien-tost, ou de mépriser, ou de n'aymer plus. *m* Leur nature estant de commencer à se corrompre, immediatement apres leur production, l'affection que nous leur portons va aussi en diminuant : & à cause que l'infinité ne luy appartient pas, il faut qu'elle perisse par son propre accroissement ; que le desir se termine par le dégoust, & le mouuement par la lassitude : *n* Corporalia omnia, processu ætatis, aut ægritudinis inæqualitate, marcescunt.

o C'est vn mauuais maistre que le Monde : la pompe, & la grandeur qui va deuant luy, quand il chemine, c'est ordinairement la pauureté, la faim, & la misere. C'est vn lieu, où le vice regne par nature, & la misere par necessité : si la vertu s'y rencontre en quelque recoin, asseurez-vous qu'elle n'y est que par merueille, & qu'elle y passe comme vn éclair. S'il y a des perfections releuées en certains endroits, il se trouue aussi de grands deffauts qui les accompagnent ; & il y a bien souuent à dire de la beauté de la montre, à ce qui est caché au fond du sac. Les serpens se cachent dessous les plus belles fleurs : les poisons, & les parfums sortent

m Sola Dei gloria stat, solique stant, & permanet, qui cum illo, & in illo gloriantur. Tertull. lib. de Pœnit. cap. 11.

n S. Ambros. lib. 6. Hexamer. cap. 6.

o Ante faciem eius præcedit egestas. Iob, 41.

du sein d'vne mesme terre : *p* Toute la Nature, à la bien prendre, n'est qu'vne confusion de bien & de mal, meslangé ensemble : il n'y a pas vne de ses parties, qui ne souffre ses incommoditez, & ses manquemens ; & les corps mesmes qu'elle a trauaillez auec le plus de soin, & qu'elle a formé de sa plus riche matiere, ont leurs deffauts, leurs éclypses, & leurs maladies. De quelque costé qu'on se tourne dans tout l'vniuers, tout y regorge de pauuretez, d'afflictions, & d'inquietudes : chacun y rencontre des occasions de bien souffrir, & des sujets pour pratiquer la patience malgré qu'il en ait. *q* Les petites conditions, aussi-bien que les mediocres, sont accablées sous le faix de leurs miseres : les grandes sont continuellement ébranlées par le poids de leur grandeur ; & les vnes, & les autres sont sujettes à des accidens innóbrables. Nonobstant tous les maux, & tous les malheurs, dont personne n'est exempt, quasi tous les hommes se conuient eux-mesmes à suiure l'exemple, & la coustume du siecle : & s'ils n'estoient dans le tracas des affaires, & dans la foule du monde, ils croiroient estre arrestez en quelque prison

p Hæc Dei est lex, Virtutem solā esse, quæ potens, solidáque sit; cætera omnia, nugas & ineptias. Pythagor. apud Stobæū, serm. 1. de Virtute.

q Nihil priùstim, nihil publicè stabile est. Sæpè inter placidissima terror existit: mala vndè minimè expectabātur, erumpunt. Sene. Epist. 91.

DV SAGE. 153
son : leur ame secoüant le bien de la liberté, s'impose elle-mesme les loix de la seruitude; tous aiment mieux seruir chez les grands, que de commander chez euxmesmes. Il est vray que l'homme ne sçauroit demeurer en repos dans sa propre peau : de quelque costé que nous tournions nos yeux, ou nostre pensée, nous en voyons d'occupez à quelque trauail inutile; & comme si la terre estoit vn lieu de supplice, il n'y a pas vn de ses habitans qui n'y souffre quelque gesne, ou quelque peine. Apres tout, nous reconnoissons que tout n'est que vent; que nos desirs n'ont eu que des fumées pour objet ; que nostre esprit, cruel à soy-mesme, s'est trauaillé pour de vrayes folies; & que les plus r'affinez du siecle, n'ont tendu des toiles, que pour arrester des mouches : a *Fallax suauitas in temporalibus bonis, infructuosus labor, vana spes, perpetuus timor, & periculosa inest iucunditas : cui initium sine prudentia, progressus absque rubore, & finis cum pœna.*

La vie, & la mort, sont les deux piuots sur lesquels la Nature fait piroüetter sa roüe, sans vn seul moment d'intermission : & qui ne permet point à qui que ce soit, qu'on affermisse icy bas aucun esta-

a Laurent. Iust. de ligno vitæ, cap. 3.

V

blissement; quoy qu'il semble à plusieurs qu'ils y tiennent de bonnes choses auec les deux mains. On ne voit rien en ce val de larmes, qui n'ait son principe, son progrez, son periode, & sa decadence : & le temps mesme, qui est à venir, doit estre le parricide de celuy que nous voyons maintenant seruir de pere à tout ce qui prend naissance, & accroissement : *b* Pas vn seul de tous les mortels, quoy que Prince, Roy, ou Monarque, ne peut s'affranchir de la necessité du trépas : tous les iours de leur durée sont nombrez, en telle sorte, que celuy qui en a reglé l'estenduë, n'y sçauroit estre trompé d'vn moment. Le premier arrest que la Nature a prononcé contre toutes ses productions, & qui s'est executé en tous les païs, depuis cinq ou six mil ans, c'est que toutes les choses qui sont souz le Ciel de la Lune, belles & laides, grandes & petites, sont caduques, & perissables; & que comme elles ont receu depuis peu leur commencement, aussi verront elles bien-tost leur dissolution, & leur fin. *c* Nous voyons ordinairement que les fruicts fleurissent, se noüent, se nourrissent, se meurissent, & à la fin se pourrissent, & tombent à

b Nihil de hodierna die promittitur: nihil de hac hora: festinandum est; instat à tergo mors. Seneca.

c Nihil longum quod finem habet; æternitati comparatum, om-

terre. Les herbes pouffent, s'eftendent, *ne tempus breue eft.* S. Hierony- puis elles fe fanent, & fe feichent. Les animaux naiffent, s'entretiennét, viuent, mus in Ier. & à la fin meurent: le temps mefme, qui enueloppe tout le monde, eft enfeuely par fa ruine, & fe perd en fe coulant; il roule doucement les faifons les vnes fur les autres, & toutes celles qui fe paffent, s'en vont auec'luy fans nous dire adieu. A la fin, il faut que toutes les chofes s'en retournét, au lieu d'où elles font venuës: d Il en faut, toft ou tard, venir là, & d *Illud verum bonum* auoüer que la feule vertu, entre tous les *non moritur:* biens du monde, eft l'vnique felicité de *certum eft,* l'homme fage; & que hors de fon che- *fempiternúm-* min, quoy que rude & épineux, tous les *que, fapientia & virtus:* autres qui conduifent au vice, font auffi *hoc vnum* parfemez de ronces, & d'orties, qu'on y *contingit im-* croit rencontrer de fleurs douces & agrea- *mortale, mortalibus.* bles. Voilà donc de quelle maniere fe Sene. Epift. changent les pieces du monde: c'eft ainfi 97. que la vie & la mort, courent l'vne apres l'autre, fur toutes fortes de fujets; & s'il eft vray que nous voyons toufiours vn mefme vifage à quelques corps, affeurons nous ou qu'ils feruent au changement de tous les autres, ou qu'ils ne fubfiftent que par vn miracle. Il ne faut pas

V ij

s'eſtonner d'y voir les changemens des Empires, les inondations des peuples, les ruines des grands edifices, le precipice des grandes fortunes, & l'obſcurciſſemēt des plus éclatantes renommées : parce que toutes ces choſes eſtans periſſables, elles ſont ſujettes à tous ſes dechets ; & la foibleſſe & caducité de leur principe, eſt la premiere cauſe de leurs defaillances. e Et d'ailleurs, tout ce qui eſtimé rare, & magnifique en cét vniuers, conſiſte en honneurs vains, & plaiſirs faux, & en richeſſes periſſables, & imaginaires : & tout cela eſt ſi peu de choſe, que le diable en vn ſeul moment, les montra toutes au Sauueur du monde, & les luy offrit, au cas qu'il le vouluſt adorer. Cela eſtant, ſi nous ſommes ſages, nous mettrons toutes nos richeſſes ſouz nos pieds, comme des monceaux de terre, pour nous ſeruir de marche-pied pour monter au Ciel ; & nous nous détacherons des affections de tout ce qui eſt creé, pour penſer ailleurs : f *Patria noſtra in Cælis eſt: ciues Angeli de patria noſtra, vt ad reditum feſtinemus, exhortantur: literæ nobis miſſæ ſunt, quæ quotidiè in populis recitantur. Vileſcat mundus, ametur à quo factus eſt mundus.*

e *Nihil habent iſta magnificum, quo mentes noſtras in ſe trahant; præter hoc quod mirari illa conſueuimus.* Sene. Epiſt. 81.

f S. Auguſt. in ſerm. de Pentecoſt.

Du Mespris de l'honneur du monde.
CHAPITRE XIIII.

LA figure de cét vniuers nous abuse quasi tous, & sa fragilité si visible n'en destrompe presque point : Nous considerons tous son éclat, & sa pompe, sans faire de reflexion sur sa fin, ny sur les accidens dont il est remply; & sa grandeur apparente, dont il est masqué, nous fait fermer les yeux à son infaillible ruyne, & nous donne de la passion pour chercher la nostre. Nos plus beaux iours s'escoulent en la recherche des choses vaines, & nous contribuons tous nos soins, & nos industries, pour acquerir du vent, & de la fumée : nostre esprit deuenu serf & esclaue de ses passions, reçoit la loy qu'il deuroit donner; & nostre raison engagée dans la presse de plus d'vn million de desirs, y demeure comme estouffée, ou du moins ses forces s'y euanoüissent. Tous les hommes d'aujourd'huy souhaitent les emplois, & les grandes charges; l'esprit humain ne conçoit de l'admira-

g *Temporalia bona non cessant nos inflammare ventura, corrumpere venientia, torquere transeuntia: concupita inardescunt, adepta vilescunt, amissa vanescunt.*
S. August. Ser. 22. de verbis Apostoli.

tion, la volonté ne fait des souhaits, & la bouche ne prononce des loüanges, que pour la reputation, & pour l'honneur, quoy que faux & imaginaire; & la pluspart des vœux, & des sacrifices de tous les hommes, ne se font aujourd'huy que pour ces idoles. *h* La gloire neantmoins que les honeurs nous promettent, & dont ils nous abusent quasi tousiours, est si vaine & de si peu de durée, que c'est comme vn feu d'espines, qui rend vne flamme esclatante, & qui fait vn grand bruit, mais qui se consomme presque au mesme instant qu'il est allumé. Toutes ces qualitez éminentes, que le monde cherit si fort, ressemblét à ces belles lumieres qui brillent en l'air, & qui causent tant de maux sur la terre. La grandeur de l'ame n'est pas tant à tirer à mont, & tirer auant, comme à sçauoir s'abaisser, se ranger, & se tenir dedans des bornes. Celle qui possede les vertus solides, tient pour assez grand, tout ce qui est mediocre: & monstre sa bōté, & sa suffisance à aymer mieux les petites choses, que les eminentes. Il n'est rien si beau, ny si honorable, que de faire bien & deuëment l'office d'homme: ny science si difficile, que de bien

h *summa auiditate amplectuntur vmbras, & sequuntur vētos; hac enim, quæ eis videntur sæculi, & carnis bona, è manibus eorum tanquam ventus, & vmbra fugiunt, & elabuntur.* S. Chrysost. hom¹. quod nemo læditur, nisi à se ipso.

DV SAGE. 159

sçauoir viure ceste vie, conuenablement à ce que nous sommes, & pour la fin que nous auons esté créez. Le cœur du Sage ne s'esleue point d'vne joye immoderée, lors qu'il luy arriue quelque prosperité extraordinaire: il tempere tousiours les faueurs de la fortune, par la consideration de ce qu'il est homme; se resouuenant à toute heure, qu'vn heureux succez d'aujourd'huy, n'affranchit pas sa vie des funestes malheurs qui luy peuuent demain arriuer: i Il sçait bien que ce qui nous vient au petit pas, s'en retourne à bride auallée; & qu'on ne descend point par eschellons, comme on est monté; mais que bien souuent de la haute fortune à la plus basse, il y a si peu de chemin, qu'il se trouue bien souuent fait, auant que d'y auoir pensé. Il n'y a rien de moins asseuré que l'honneur du monde: les coups de la calomnie qui le frappent, ressemblent aux foudres & aux tonnerres, qui laissent tousiours quelque puanteur aux choses qu'ils ont touchées; & la voix publique, qui luy donne ses acclamations, se change comme font les vents, qui en moins d'vne heure noircissent la face du Ciel, & conuertissent les serenitez

i *Flores natura in diem gignit, magna hominũ admonitione, quæ spectatissimè floreant, celerrimè marcescere.* Plin. lib. 21. cap. 1.

en orages. Tout cela dépend de l'opinion du vulgaire, qui ordinairement est vn mauuais Iuge, & que les Sages ont tousjours declaré incompetent : s'attacher d'affection à des choses si foibles, & si vaines, & en faire estat, comme de celles qui sont fortes, & solides, c'est vouloir suiure la rouë qui les porte, & qui les traine, & estimer du vent, & de la fumée. Il ne faut qu'vn seul moment pour changer ce calme en tourmente; pour ietter dans le precipice de la confusion, & de la honte, celuy qui estoit le premier d'vne Prouince, ou pour ruiner vn Royaume, ou vn Empire des plus florissans : k *Cum ignominia imperia Regum maxima, breui temporis momento submersa sunt.*

l Ordinairement ce qui paroist vn present de la fortune, en est vn embusche : c'est vn poison couuert d'vne viande delicieuse, & bien apprestée ; & ceste disgrace est commune à tous ceux qui mettent leur affection en ces choses exterieures, que les voulans posseder, ils en sont eux-mesmes possedez, & demeurent les esclaues, & les valets, de ce dont ils pensoient estre les maistres. Les hommes, & les plaisirs du monde sont tousiours trauersez

k Philo lib. de Ioseph.

l *Rota est, in incerto fixa, breuis hæc & multiplex vita, sursum mouetur ac deorsum trahitur, neque enim stabilis est, quantumuis ita videatur, fugiés tenetur, & manens effugit, saltat plerumque nec tamen effugere potest ; stationem suã motu trahit, ac retrahit.*
S. Gregor. Nazianz. in sententijs.

DV SAGE. 161
uerſez de meſcontentemens, & de chagrins, & bien ſouuent de regrets, de ſoûpirs, & de remors: Il arriue quaſi toujours que les heureux commencemens d'vne felicité apparente, ont vne iſſuë lugubre, & funeſte, iuſques à faire eſtimer malheureux, ceux qu'on adoroit le iour precedent. Il y a touſiours quelque petit enfer caché dans le Ciel de ces grãds ambitieux du monde: le plaiſir eſt toujours enté dans la peine,& l'honneur dans l'infamie; & ce qui éblouït la foibleſſe de leurs eſprits, auſſi bien que celle de leurs yeux, c'eſt vn rayon de fauſſe grandeur qui leur paroiſt, & qui les charme, quoy qu'il ne ſoit en effet, qu'vne malediction effroyable. Il eſt ayſé de connoiſtre que tous ces honneurs, & ces grands emplois ne leur donnent point de joyes, qui ne ſoient trompeuſes;ny d'applaudiſſemens, qui ne menacent leur tranquillité. *a* Et il eſt certain que celuy-là n'eſt pas heureux, pource qu'il eſt obſedé de tous les grands du Royaume: peut-eſtre qu'il ſeroit tout ſeul chez luy, s'il ne pouuoit obliger tous ceux qui le ſuiuent; & que l'herbe croiſtroit deuant ſa porte, s'il n'y auoit que deux couuerts à ſa table. La

a Sic ad illũ, quemadmodum ad lacũ, concurritur, quem exhauriunt,& turbant.
Senec. Epi. 36.

X

grande prosperité est tousiours suspecte à l'homme sage : il sçait bien que les faueurs du monde sont iournalieres; que ses biens ne sont concedez que par vsufruit, & par prest; que la vicissitude domine par tout, sans opposition, & sans contredit; *b* que si le Ciel nous donne vn iour tout éclatant de lumiere, celuy du lendemain est tout remply de tenebres, & d'obscurité; qu'vne mesme saison nous represente la naissance, & la vie de quantité de belles choses, & bien tost apres elle nous en montre la defaillance, & la mort; qu'il n'y a disgrace si fort esloignée, ny si peu imaginable, qui ne puisse venir en poste, pour ruiner les mignons de la fortune; & qu'vn fauory, estant aujourd'huy honoré des plus grandes charges du Royaume, fauorisé de tous les grands, chery des petits & des mediocres, peut estre despoüillé de tout en vn tour de main, & abandonné de tout le monde : *c Carnalis gloria, dum nitet, cadit : Dum apud se extollitur, repentino intercepta fine terminatur.*

d. Ces emplois qui font tant de montre exterieure, & qui tiennent tant de ceruelles occupées dans le mode, nous doiuent sembler de petits negoces de choses indi-

b sicut solem istum assiduè vel nubes aliqua subducit, vel nox condit: tali so mnis hîc splendor & felicitas, rapitur, aut euanescit. Lipsius in præfat. ad lib. de mag. Rom.

c S. Gregor. lib. 16. moral. cap. 5.

d Vt pueri nuces, talos, trochos affectant atque æstimant: ita

gnes de nostre recherche, & que nous ne pourrions presque toucher sans nous salir. Et d'ailleurs, les grandeurs & les dignitez du siecle s'évanoüissent, auec la faueur de ceux qui nous les distribuét : sont des biens qui ne dependent pas de nous, non plus que les pensions des Souuerains, & les gratifications des Monarques. Le bon-heur des Roys, & des Princes ne consiste pas en la splendeur de leurs couronnes, ny en l'enrichissement de leurs diademes : il n'y en a point parmy eux, qui n'épreuue qu'ils ont de la pesanteur, aussi bien que de l'éclat, & des diamans; & qui ne confesse que tout l'attirail majestueux de leur pompe, ne contient de plaisir essentiel, que ce que nostre vanité leur en attribuë. La vertu est bien plus tranquille que tout cela; plus asseurée, plus innocente, plus nette de tous soupçons; & elle n'a pas moins d'honneur dans vne condition priuée, que couuerte toute de pourpre, ou assise sur les fleurs de lis, ou sur les throsnes. e Ce qui est honorable est tousiours onereux : & tout cét apparat fastueux des grandes, & releuées qualitez, a plus de masque, que de corps solide & plein. Il est vray que les grands honneurs

nos honores, opes, famam, quid, nisi lusus? Lipsius lib. 2. ad Stoic. Philos.

e Vincula huius mundi, asperitatem habent veram, iucunditatem falsam : certum.

dolorem, incertam voluptatem: durum laborem, timidam quietem: rem plenam miseria, specie beatitudinis inanem.
S. August. Epist. ad Licentium.

ne sont que flambeaux d'enuie, & de haine; tousiours poursuiuis, & talonnez de pauureté, d'exil, ou de mort funeste. C'est marcher sur des cordes en l'air, que d'estre esleué à des dignitez enuiées, & contrôllées de tout le monde: si tost que la roüe vient à tourner, & le pied à nous faillir, chacun fait profit du débris de nostre fortune. Aussi-tost que la matiere, dont est formé le cristal, commence à estre luisante, elle commence à mesme temps à estre fragile: & aussi-tost que l'homme, beaucoup plus fragile que ceste matiere, est esleué aux grands emplois, & qu'il commence à reluire dans les grands hôneurs, il se voit exposé à vn nombre infiny de disgraces; de quelque faueur qu'il soit appuyé, il ne marche plus que sur le bord des abysmes, & des precipices. Il n'y a orage sur la mer, qu'il n'esprouue en terre ferme: & apres auoir esté battu d'vne infinité de vagues, de tempestes, & de furieuses agitations; le havre & le port où elles le conduisent, c'est la mort, dont il ignore si elle sera naturelle, & il ne sçait pas mesme si elle sera honorable: f *Quæ*

f Senec. lib. de tráquill. animi, cap. 10.

excelsa videntur, prærupta sunt. Multi quidem sunt, quibus necessario hærendum sit in fastigio suo,

DV SAGE. 165
ex quo non poſſunt, niſi cadendo deſcendere.

Ce qui fait auiourd'huy le plus de bruit dans le monde, & qui a le plus de luſtre & d'éclat parmy les grands, n'eſt pas touſ-jours le meilleur, ny le plus ſolide. Au ſie-cle où nous ſommes, il y a des acqui-ſitions ruineuſes, & de mauuais gains à faire, dans les emplois que l'on croit ho-norables : nous auons veu des Marchands de grandes charges, qui n'y ont pas bien trouué leur compte ; & quelques au-tres ſe ſont repentis trop tard, d'auoir eſté trop fauoriſez de la fortune. g Nous ſommes en vn temps où des commence-mens extraordinaires, ont ſouuent des fins pitoyables ; & on voit tous les iours des proſperitez de pluſieurs années, qui ſe reduiſent en pouſſiere, & qui diſparoiſ-ſent en vn inſtant. Il ſemble que la fortu-ne ne les auoit éleuez au comble des grands honneurs, que pour les precipi-ter iuſques au centre de l'ignominie, & de la honte : il n'y a eu rien de ſi court, que le chemin de leur grandeur à leur ruine ; le changemét s'en eſt fait ſi ſoudain en quel-ques-vns, que les veuës debiles ne l'ont pû comprendre. Les exemples en ſont ſi nouueaux, ſi frequens, & ſi veritables,

g *Præter fu-turã vitam, cætera omnia fluxa, & fra-gilia ſunt, ac veluti in cal-culorum ludo alij ad alios iactatur, & transferũtur : neque quid-quam eſt its poßidentis propriũ, quod non vel tem-poris tractu finem capiat, vel liuore ad alios tradu-catur.* Clemens Alexand. orat. ad gent.

X iiij

qu'il ne faut auoir rien veu, ou rien oüy dire, pour les reuoquer en doute. Celuy qui affecte de commander aux autres, cherche des entraues à sa liberté : vne grande charge n'est rien autre chose qu'vne grande seruitude : quiconque veut commander à plusieurs, il faut qu'il obeïsse quasi à tous ; & qu'il se rauisse à soy-mesme, pour se donner au seruice, & au soin des autres. Si l'on n'a vn esprit aussi grand en vertu, que la charge qu'on possede est grande en authorité, c'est choisir vne montagne pour se precipiter de bien haut ; & il est vray que nos cheutes ne sont iamais plus à craindre, que lors que nous sommes éleuez au dessus des autres. *h* Il est des honneurs, côme il est du sable, & de la poussiere : il n'en faut ietter qu'vne poignée dans les yeux de quelque teste mal timbrée, pour l'aueugler en telle sorte qu'il ne cônoisse plus ny soy-mesme, ny les autres. Il ne faut qu'vn petit rayon de felicité, quoy que fausse, pour esbloüir vn esprit foible ; & pour le noyer dans la vanité, dans l'orgueil, dans l'ingratitude, & bien souuent dans la tyrannie. Au siecle où nous viuons auiourd'huy, & au poinct d'insolence où sont

h Magnus est, cui præsens felicitas si arrisit, non irrisit.
S. Bernard. lib. 2. de cósiderat. ad Eugenium.

paruenus presque tous les hommes, c'est vne chose fort rare que de porter humblement vne fortune extraordinaire ; de voir vn homme pauure d'esprit, dans vne abondance de richesses ; humble, accort, & de facile accez, dans des charges qui le font honorer de tout le monde ; temperant, & de saincte vie, dans mille occasions de pecher, qui le tentent, & qui l'excitent à toute heure ; & de voir vn homme qui peut faire tout ce qu'il veut, & qui ne veut rien que ce qui est raisonnable ; lequel retenant tous ses appetits, & tous ses desirs dans les bornes de la modestie, met souz ses pieds tous les honneurs de la terre, pour luy seruir de marche-pied, pour monter à ceux du Ciel. Il est vray que de voir vn tel homme dans le monde, c'est y voir vn perpetuel miracle, & vne saincteté consommée ; & on peut bien s'asseurer, que pour acquerir vne si haute vertu, il a plus estudié la Morale de Iesus-Christ, que celle des Philosophes: 1 *Magnæ felicitatis est à felicitate non vinci ; sed felicitatem vincere, felicissimum est: & magnæ virtutis est cum felicitate luctari.* [1 S. August. serm. 3.]

Le Sage qui cherche son contentement dedans soy, & qui fuit le grand embaras du monde, vit en tranquilité, & en continuel repos: il considere dans sa solitude, que l'opinion de beaucoup de choses est douce, dont l'experience est amere, & desagreable au goust; que les plus fortunez confessent eux-mesmes qu'ils eussent vescu plus heureusement dans la mediocrité, que dans l'abondance ; que les grands offices, & les grandes charges n'apportent que de l'inquietude d'esprit, & de la vaine gloire ; que c'est vne marque de peu de sens, de se plaire en la multitude des negotiations du monde: k veu que la plus-part des affaires tourmentent, & peu resioüissent ; & qu'il n'y en a quasi point, qui ne reüssisse tout autrement que nous n'auions projetté. Apres tout, ce poinct inuisible de gloire, & d'honneur, & cette vaine reputation, pour qui les hommes se consomment de veilles, & de trauaux assidus, s'en iront bien tost en fumée : & la succession des années, effaçant auec les desseins & la posterité des mortels, la memoire de leurs ouurages, aussi-bien que de leur nom, vn temps viendra qu'on ne parlera non plus d'eux, que s'ils n'auoient iamais joüy de la vie. *l* Et c'est pour ce sujet là que le Sage fuit & abhorre,

k Caduca hæc omnia, cum damno, sine lucro : illud solum est lucrum, vbi fructus perpetuus, vbi æterna merces quietis.
S. Ambros. Epist. 44. ad Constant.

l Contemnit omnia, quæ superuacuus

re, tout ce que les ambitieux recher- *labor velut*
chent, & souhaitent si passionnement: il *ornamentum*
sçait qu'il aura assez de gloire, & d'hon- *nit. Cogitat*
neur en l'autre monde, s'il le sçait mespri- *in se, præter*
ser & fuïr en celui-cy; & qu'il sera assez *hil esse mira-*
riche, & assez content, s'il peut posseder *bile; cui ma-*
toutes les vertus, que les ambitieux croyét *gnum est.*
auoir à faux. Il croit que tout le reste n'est Senec.
pas plus à estimer que du faux or, dont le Epist. 8.
lustre est capable seulement d'esblouïr les
yeux des simples. La vraye vertu n'est pas
fâchée de meriter les dignitez, & les grandes charges; mais elle ne se soucie pas de
les obtenir: elle accepte bien les honneurs
qui sont deûs à son merite, mais c'est plustost par contrainte, que par aucune industrie qu'elle apporte à les rechercher.
Elle n'est iamais sans récompense, puis
qu'elle a dequoy se contenter au dedans
de soy, sans l'aller chercher ailleurs. Les
couleurs ne vont point au deuant du Soleil, pour faire voir les beautez qu'elles
contiennent chacune à part-soy; elles se
contentent, pour se faire voir, de l'attendre où elles se reposent, & de se tenir pre-
stes à receuoir sa lumiere, lors qu'il leur
iettera de ses rayons: *a* Aussi la vertu ne *a Laus hu-*
doit-elle pas chercher la gloire, ny les *mana in pul-*
uere domici-

Y

loüanges des peuples ; Il luy doit suffire seulement d'estre disposée à la receuoir, par le tesmoignage de ceux qui iugeront sainement de son merite. Et de là nous pouuons conclure, que pour estre vrayement noble, & pour meriter les grandes charges, il faut porter dans soy-mesme, la source du vray honneur, & de la vraye gloire : b *Ille clarus, ille sublimis, ille nobilis, ille tunc integram nobilitatem suam putet, si dedignetur seruire vitiis, & ab eis non superari.*

lium habet, & gloria eius extinguitur super terram : vera autem, & solida virtutis gloria, manet in sempiternum.
S. Nilus, orat. 7.

b S. Chrys. in Matth.

Du Mespris des plaisirs.
CHAPITRE XV.

c TOVS les bons Esprits de l'Antiquité, qu'vne longue experience a fait sages, nous exhortent à nous défier de la volupté des sens, qu'ils appellent la peste & le poison de la vie humaine : Pource, disent-ils, que ces brutales & desordonnées, passions, sont ordinairement accompagnées d'vne certaine douceur qui nous flatte à leur abord ; & qui surprenant nostre iugement, le charme & l'aueugle en telle sorte, qu'il aide luy-mesme à se per-

c Sapientis est separare se à voluptatibus carnis, eleuare animam atque à corpore abducere : & hoc est se hominem cognoscere.
S. Ambros. lib. de Isaac & anima, cap. 1.

dre, & à se ruiner sans resource. Si nous auoüons que l'ame est la meilleure, & la plus noble partie de l'homme: aussi deuons-nous confesser que la volupté du corps est le pire de tous les maux que nous deuons craindre, & fuir; car c'est vne passion sourde, & aueugle, qui rend les plus debonnaires, furieux; les plus rassis, temeraires, & insolens; & qui trouble si fort la raison de ceux qui en sont preoccupez, qu'elle détourne leurs esprits de toutes sortes de belles & genereuses pensées, pour les amuser à des entretiens d'impureté, & à des actiós sordides & honteuses. d C'est neantmoins ce que la raison n'a pû encore persuader à plusieurs, à qui les sens font condamner tout ce qui chocque leurs inclinations, & leurs plaisirs: & mépriser tous les bons discours, qui tendent à refrener les dissolutions de leurs appetits, quand ils veulent s'emporter contre la raison au de là des bornes de l'honnesteté, & de l'innocence. Mais aussi, comme les poissons s'enferrent à l'hameçon, voulant aualler l'appast qui le cache; & que les oyseaux se trouuent collez à la glux, ou attrapez dessouz les retz tendus auprés de l'amorce:

d *Discutiendæ sunt deliciæ, quarum mollitia, & fluxu fidei virtus effœminari potest.* Tertull. lib. de cultu fœminarum, cap. 13.

de mesme ces gens là sont ordinairement surpris dedans les plaisirs honteux, & empoisonnez : & quoy qu'ils leur ayent semblé si doux autrefois, ils voyent bien à la fin qu'ils n'auoient rien d'agreable que l'écorce, & que tout le reste n'estoit qu'amertume, & que fiel. Car apres en auoir pris & gousté de toutes les sortes, & aussi long-temps qu'ils ont souhaité, la mort, qui ne pardonne à personne, se vient saisir d'eux, pour les immoler, comme de grasses victimes, à la iuste vengeance de Dieu : ce qui leur fait bien cõnoistre, quoy que bien tard pour leur bien, & pour leur salut, qu'ils se sont laissé trop long-temps piper à des contentemens imaginaires, & à des voluptez mensongeres : e *Deliciæ terrenorum habent in superficie claritatem, & limpiditatem ; in fundo autem, fæcem. Claritas est præsens delectatio : fæx, est æterna damnatio. Sed stulti non respiciunt, nec attendere volunt, nisi sonitum, & limpiditatem : vndè bibunt, & ingurgitant se deliciis, non attendentes quod oportebit eos postmodum fæces bibere in suppliciis.*

De quelque condition que nous soyons dedans le monde, il faut auouër que nous n'y goustons point de plaisirs purs : l'amour, l'ambition, & l'auarice ne nous y

e Vgo Carensis in Psal. 45.

donnent que des contentemens imaginaires, que des chagrins, & des douleurs veritables : *f* les faueurs qui semblent quelquefois nous vouloir éleuer au dessus des autres, sont ordinairement des fardeaux, qui nous accablent, & qui nous mettent au dessouz des mal-heureux : & nos passions se poussent, & se heurtent continuellement, comme les flots & les vagues d'vne mer agitée, sans chercher d'autre repos, que celuy qui procede de leur impuissance ; méprisant mesme celuy que la raison leur pourroit donner, si elles se vouloient soufmettre à sa direction, & obseruer tous ses ordres. Tout le bruit & le tintamare qui se fait aux champs, & à la ville, c'est pour satisfaire aux sensualitez du corps. *g* Tout ce qui se voit aux boutiques, aux marchez, & foires, & tout ce qu'on peut recouurer sur mer, & sur terre, c'est pour nostre chair, qui contrefait la Princesse, & qui traite nostre esprit en esclaue. Le luxe a inuenté les choses superfluës, les contraires à la vertu, & les ruineuses. *h* On se rit aujourd'huy de la modestie des Sages, comme l'on faisoit autrefois de la profusion des prodigues : & on fait passer pour

f Dulcedo huius sæculi, ad tēpus fauces indulcat: sed in magnā amaritudinem posteà conuertetur. S. August. in Psal. 123.

g Cui omnia olim tanquā seruo præstabantur, nunc tanquam Domino parantur. Sene. Epist. 90.

h Recepit ille naturalis modus, desideria ope necessaria siniës. Iam ruſtici-

auares, & pour vilains, ceux qui viuent selon la nature, & qui reglent leur defpense, selon le pouuoir de leur reuenu. De quelque costé que nous nous tournions, nous trouuons des objets qui nous tentent, & qui nous excitent à faire du mal. i L'auarice nous presente des richesses ; la luxure, des plaisirs ; & l'ambition, nous met à mesme les honneurs, & les grandes charges. k Sans mentir il faut auoüer que toutes les actions genereuses ne se font pas à la guerre, il faut bien de la vertu, & bien du courage pour estre chaste au siecle où nous sommes : & les belles choses sont souuent plus à craindre, que les mauuaises, & les laides. La douleur attaque tousiours nostre ame par la partie la plus forte, où elle recontre le despit, & la colere qui se deffendent genereusement : mais la volupté bat ordinairement par l'endroit le plus descouuert, & par le plus foible, où elle ne trouue que l'amour de nous-smesmes, qui ne luy resiste quasi point, & qui se rend lâchement au premier choc. A peu de là, si nous nous rendós à sa discretion, ou que nous luy resistions lâchement, elle nous conduit à vn precipice, par vn

tatis & miseriæ est, velle quantum sat est. Senec. ibid.

i *Mercede nos vitia sollicitant.* Seneca.
k *Potentissimus est qui se habet in potestate.* Seneca.

DV SAGE. 175

chemin parsemé de roses ; & il est vray qu'il faut estre conduit de Dieu, pour sortir sain, & sauf d'vn si d'angereux labyrinthe : 1 *Fera enim est voluptas, fera grauis; nec scorpio, neque serpens in visceribus nostris sedens ita vndequaque grassatur, sicut deliciarum concupiscentia.*

l S. Chryso. homil. 7. cōtra luxur.

Comme on remarque que les plus beaux iours de l'esté se terminent bien souuent par de violens orages: Aussi est-il vray que la volupté n'a point de saisons qui ne s'acheuent par de fâcheux déplaisirs; ny de douceurs, qui ne soient bien tost conuerties en amertume. Il est des delices, & des plaisirs du monde, comme des conclusions & des fins des tragedies : les commencemens sont tousiours pleins d'amour, de douces caresses, & de promesses tres-aduantageuses ; & la fin se termine ordinairement à coups d'espée. Il naist tousiours quelque sorte d'aigreur, ou de fiel de la source de la volupté, qui nous causent mesme des remors, & des dégousts dans la jouïssance. Quelque bonheur que nous possedions, les fâcheries, & les inquietudes entrent chez nous par les portes de nos sens, quoy qu'elles soient gardées auec vn grand soin : & si nous n'auons de veritables sujets pour nous attrister, nous auons tous ce malheur que nos propres felicitez nous ennuyét par leur durée. *m* Il est vray que nous sommes nez en ce monde beaucoup plus pour les déplaisirs, que pour les joyes: les contentemens qui nous abordent par hazard, ne sejournent pas long-temps auec nous; & pour ne rien déguiser de la verité, nous pouuons bien dire, que les plus douces choses du monde, ne se donnent à nous, que pour vn vsage aussi court, que le sentiment qu'elles nous donnent en est foible. L'on peut dire que c'est vne rose dont le vermeillon resioüit la veuë, & dont l'odeur est fort agreable pour vn temps: mais ses fueilles se flestrissent aussi-tost qu'elle s'épanoüit, & le moindre hasle les desseiche, & les fait tomber en vn tourne-main. Et d'ailleurs vn cœur pressé de quelque mauuais rencontre, & qui croit estre incorrigible pour beaucoup de temps, a bien de la peine à puiser de la ioye, dans sa vraye source: faut necessairement qu'il en emprunte de l'art, & qu'il en contrefasse de fausse; & quoy qu'elles ne soient pas si naïfues, elles ne laissent pas d'estre genereuses, & de tesmoigner vn esprit fort,

m Sic nati sumus ut sæ-pius aduersa fungamur: & bona vnius cuiusque rei tam breuis vsus; quàm leuis sensus est.
Symmach. lib. 1 Epist.

fort. *a* Nous auons beau faire, iamais nous ne iouïssons çà bas tranquillement des choses presentes, quoy que nous fussions le Souuerain d'vn Royaume. La crainte, le desir, & l'esperance nous eslancent tousiours du costé de l'aduenir; & nous desrobent le sentiment, & la consideration de ce qui est en nostre pouuoir, pour nous amuser à des choses qui feront, ou qui cesseront d'estre, quand nous ne ferons plus. Les choses qu'on estime çà bas pour les plus parfaites, sont sujettes à finir & passer comme vn éclair: le temps vient bien-tost à bout de toutes choses, pour fortes & puissantes qu'elles puissent estre; & à la fin de la course de ceste chetiue vie, tous les beaux esprits du temps aduoüent leur misere, & confessent que toutes les consolations, & les joyes d'icy bas, se terminent par des larmes, & par des remords: *b Semper mundanæ lætitiæ tristitia repentina succedit: & quod incipit à gaudio, desinit in mœrore; mundana quippe felicitas, multis amaritudinibus respersa est.*

c Il est vray que les plaisirs, & les joyes du monde ne nous donnent du contentement que dans leur poursuitte: parce que nostre ame se trompe elle mesme, & se fi-

a Hæc quibus delectatur vulgus, tenuem habent, ac perfusoriā voluptatem; quocumque intuelitium gaudium est, fundamento carer. Senec. Epi. 23.

b Innocen. Papa, lib. 1. de contemptu mundi, cap. 21.

c Ideo huius vitæ dulcedo amaritudinibus, & ærumnis respersa est,

gure dans ce mouuement qui luy rit, qu'elle auance vers le bien où consiste son bon-heur; mais quand elle arriue au terme de la possession de ce qu'elle a tant desiré, & où ses souhaits ne finissent pas, c'est lors qu'elle les redouble, que ces gouttes d'eau irritent sa soif, & que son amour s'enflamme, par des objets qui ne le peuuent rassasier. Nos yeux ne sont iamais satisfaits des mesmes objets, ils veulent changer de beauté à toute heure, & s'ennuyent bien souuent du iour, & de la lumiere. d Il n'y a point de peinture dont l'œil ne se lasse, quád on en considere trop souuent les beautez, ou les defauts : & il est certain qu'il n'y auroit point au monde de merueilles qui ne parussent fades auec le temps, si elles ne receuoient du lustre, des choses qui leur sont directement opposées. Le chemin que la volupté nous propose est fort spatieux à l'entrée, & tout parsemé de fleurs : mais si nous prenons cóseil de ceux qui y ont passé depuis peu, il n'y en aura point qui ne nous asseure, que c'est vn passage bien rude, & bié épineux; & qu'on n'y est pas si tost auácé au dedans, qu'on ressent des dégousts amers, & des repentirs insuportables. Or ce qui trouble

vt alia vita quæratur, quæ nulla amaritudine perturbetur.
S. August. lib. 22. de Ciuit. Dei.

d Sola virtus præstat gaudium perpetuū, securū; etiam si quid obstat nubiū modo interuenit, quæ infra feruntur, nec vnquam vincunt diem.
Senec. Epi. 27.

DV SAGE. 179

plus l'esprit des impies, & des fourbes dans la continuë de leurs débauches, c'est que la raison leur fait connoistre que de cette vie il faut passer à vne autre, où comme les vertus y reçoiuent leurs recompenses, aussi les crimes y sont chastiez selon qu'ils meritent. Parmy ces craintes, ces remords, & ces furieuses conuulsions d'esprit, vn méchant homme ne sçauroit gouster de plaisirs qui soient solides; & ces supplices interieurs qu'il ressent à toute heure, luy doiuent estre bien plus cuisans, que la gesne que l'on donne à des criminels, qui sont condamnez à mourir bien-tost apres. e Qui regardera les pieds de la volupté, & non sa teste; sa fin, & non son commencement, il se retirera prudemment de ses attraits deceuants. Tous les plaisirs, & les ioyes du corps, sont de peu ou point de durée: ils passent & s'éuanouïssent plus viste, que ne fait vn feu de paille; en naissant, ils disparoissent. Ceux qui pélent de l'oignon, pleurent dés qu'ils ont leué la premiere peau: & le voluptueux n'a pas si tost atteint le premier abord du peché, que le déplaisir succede à la volupté, enclauée en vn mesme tronc. f Le mécontentement est enchassé dans

e *Voluptates contemplādæ sunt non venientes, sed abeuntes.* Aristoteles.

f *Tristes esse voluptatum*

Z ij

la iouïssance des plus suaues douceurs : si tost que nous sauourons leur miel, nous sentons que leur éguillon nous picque. Pour vn momét de delectation, qui ne dure quasi point, nous nous engageons, ou à des repentances mortelles, ou à des peines immortelles : g *Amara est conditio nostræ mortalitatis: sæpè enim in exigua delectatione, amaritudo perpetua est.*

h Comme il est certain que l'on ne peut regarder le ciel & la terre à mesme temps: aussi est-il vray que l'amour du monde, & celuy de Dieu ne se rencontrent iamais en vn mesme cœur. L'humble mépris des vanitez de la terre, ne vient que de l'estime qu'on fait des grandeurs du Ciel: & il est vray que le Sage, en dédaignant la gloire du monde, s'acquiert vn honneur solide, & s'erige vn throsne au dessus de l'ambition. *i* L'on peut dire qu'il en fait autant des plaisirs du monde: il sçait bien que le fondement de la vraye ioye, est de ne se point resioüir des choses vaines : & que la source de nostre felicité temporelle est dans nous-mesmes, laquelle ne releue de la faueur de qui que ce soit, non pas mesme de celle des Roys, & des Princes. C'est vn grand mystere pour

exitus, quisquis reminisci libidinum suarum volet, intelliget. Boëtius lib. de côsolat.

g S. Ambr. in Iob.

h *Vt oculi, etsi agiles, supera & infera simul non aspiciunt; sic nec nostra mens dat se vno tempore ad diuersa.* Lipsius in Epistolis.

i *sæculi lætitia temporalis est; perpetua autem lætitia eius, qui gaudet in Domino.* S. Ambros. in Psal. 47.

iouïr des contentemens, & des plaisirs d'icy bas, d'ordonner prudemment du cours de sa vie; de ne se point procurer d'affaires ruineuses de gayeté de cœur; de se gouuerner plustost par le conseil des Sages, que par les boutades, & les fantaisies de nos desordonnées passions; de conduire sa personne, sa condition, & sa suite dans des termes ciuilement bien reglez; de ne faire ny fable de son nom, ny tragedie de ses mœurs : d'établir sa petite fortune dans vne pure, & bien asseurée tranquillité : & de n'auoir pour ennemis, autant qu'il sera en nostre pouuoir, que ceux qui trauersent la raison, & qui haïssent la vertu, pource qu'elle est honneste.

k Le Sage n'a garde de sacrifier son affection à ce qui n'a de l'estre que ce qu'il en faut pour n'estre pas, & qui dans son racourcy ne possede qu'vne beauté fort confuse. Il ne sçauroit estimer les entreprises, dont il preuoit à trois pas de là les déroutes & les ruines: & ces desseins magnifiques qui tiennent les peuples dans vne grande attente de leurs issuës, luy semblent vne Comedie dont les personnages sont contrefaits ; & de qui la pompe ne delecte qu'vn bien peu de temps, ceux qui ont

k *Nihil sic ad edomandum desiderium carnalium appetituum valet, quàm vt vnusquisque hoc quod viuum diligit, quale sit mortuum penset.* S. Gregor. lib. 16 Moral. cap. 31.

pris resolution d'y estre trompez. Et d'ailleurs, il sçait par experience qu'il n'y a rien en tout l'vniuers, qui nous puisse solidement contenter, hormis celuy qui a creé tout ce qui est delectable ; qu'on ne sçauroit trouuer de vray contentement, où le contentement mesme a toutes ses defaillances ; que c'est manger sa gloire & son bon heur en herbe que de chercher les delices, & les joyes durãt ceste vie ; l que nostre ame n'est iamais moins libre, ny moins satisfaite, que quand nostre corps jouït de tous les contentemens qu'il souhaitte ; que les plaisirs solides ne sont iamais meurs, que lors qu'on les cueille dans le Ciel, en la societé des Saincts & des Anges; & que ce n'est qu'apres les trauaux, & les sueurs que la recompense se donne : m *Filia laboris, gloria.*

l *Quibus corpus volupta-ti, anima oneri est.* Sallust.

m S. Greg. Niss.

Du Mespris des Richesses temporelles.
CHAPITRE XVI.

LEs ambitieux des premiers siecles ont mis en credit les honneurs, les richesses, & les autres biens de la fortune, comme s'ils estoient les légitimes objets de nos affections, ou qu'il y eust mesme du contentement à les posseder:& les ont fait suiure par vne foule de peuple inconsiderée,qui prend tousjours l'exemple pour la raison, & qui se persuade ayſément que les meilleurs chemins sont les plus batus. n Il est vray que les applaudissemens que les peuples donnent aux possessions, & aux honneurs du monde, nous gaignent facilemét le cœur: les troupes qui les suiuent, nous excitent à faire comme eux; & comme il est plus facile de croire les choses, que d'en iuger sainement, nous nous fions à la foy des autres, & prenós pour le vray bien, ce qui est suiuy par vn consentement le plus general. Nous auons ordinairement plus de passion pour ce qui est le moins en nostre puissance, que pour ce que nous pouuons auoir sans difficulté:& l'Auarice a fait ses thresors, & le Luxe ses voluptez, des choses qui leur estoient nouuelles; quoy que les estrâgers les eussent à mépris. o L'or, dont autrefois les Indiens ont enchaisné leurs esclaues, & leurs criminels, est auiourd'huy entre nous le principal ornement des Roys, & des Princes, & la récompense des grands Capitaines. Il ne

n Vt pueri quidam admirantur, ac fœlices iudicant nebulones miseros, cum in scena saltant aureis induti: sic stulti fœlices existimant diuitiis onustos.
Plutarch. in Moralibus.

o Stulti est cō pedes suas quamuis aureas amare.
Seneca.

nous est pourtant pas besoin d'vn équipage si grand que l'Auarice s'est imaginé, pour vn voyage si court qu'est celuy de nostre vie. *p* Et ce que le vulgaire prend pour vne commodité fauorable, n'est à ceux qui en iugent bien, qu'vn empeschement accompagné de plusieurs chagrins. Car outre les soins ordinaires dont les grandes possessions accablent l'esprit: elles arment encore les passions des autres contre son repos, par vne double disgrace, qui rend sa misere persecutée de la haine, & de l'enuie. Il est certain qu'il faut vn grand attirail, & beaucoup de bouches, en vne famille honorable; principalement quand nous voulons suiure la coustume, & que tout nostre équipage soit magnifique & des plus pompeux: Mais aussi faut-il auoüer que le maistre sera celuy qui aura le moins de contentemét de tout son bien; on le pourra nommer à bon droit l'esclaue de ses seruiteurs: puis que les richesses qu'il amasse auec de si grands soins, ne seruiront que pour les traiter, & pour les vestir. *q* Certes, pour mépriser les richesses, & s'en rendre maistre, il faut estre sage: & pour estre riche, & opulent, il ne faut pas auoir des thresors

p Locupletes, & opulentos appellare felices, sermo ames est & infelix, & mulieribus, & pueris conuenies, quibus scilicet non tam vigetrationis lumen; & ideo non perfecte cernunt, quæ vera sint, & solida bona. Plato, Epist. 8. ad Dionys.

q Diuitiæ apud sapientem virum, in seruitute sunt: apud stultū, in imperio. Seneca.

fors inépuifables; mais des defirs bien reglez, & des paffions amorties. *a* Il eft vray qu'il y a des mauuais riches que les foins accablent, & que la melancholie étouffe, & qui font plus mal-heureux que ne font les belîtres. Il y en a d'autres de plus nouueaux, & de moins gorgez, qui en amaffant des threfors mediocres, n'ont que changé leurs miferes, fans les perdre: Tel d'entre-eux qui eftoit impatient eftát pauure, eft deuenu infuportable, apres eftre riche. On peut dire de ceux-là ce que dit Seneque: *b* *Non est in rebus vitiũ, sed in ipso animo. Vbi fortunæ maiores, ibi superbia.*

a Cupiditatum regnum tyrannicè sauit, & variis cõtrariisque tempestatibus, totum hominis animum, vitamque perturbat.
S. Auguft. lib. 1. de libero arbitrio.

b S. Cyril. in Cantic. Abac. num. 46.

Or tout ainfi qu'il n'y a point de fottife qui égale celle de labourer, & enfemécer des terres, pour en quitter la moiffon à vn autre: auffi eft-ce vne chofe bien ridicule de fe tuer à amaffer des richeffes, puis que nous ferons cõtrains de les quitter en quittant la vie. Et celuy-là doit eftre eftimé aueugle, & perclus d'efprit, qui fait litiere des diuines loix, dont l'obferuáce conduit à vne gloire infinie dans l'eternité, pour poffeder des biens periffables, qui n'ayant qu'vne beauté apparente dans le temps, font diffipez par le

Aa

moindre accident qui les heurte. Chacun pourtant se passionne pour en acquerir: Et il n'y a mal-heur, ny déreiglement que l'amour qu'on leur porte ne cause dedans les congregations les plus sainctes, aussi bien que dans le monde. C'est vne source fatale d'où l'on voit decouler vne infinité d'horreurs, de larcins, de sacrileges, & de meurtres. c Les hommes s'y poussent, s'y renuersent, & s'y estranglent l'vn l'autre, pour posseder vn bien qui est recherché de plusieurs. Comme les richesses ne sont bonnes que par opinion, aussi ne nous-seruent elles que pour le déreglemēt de nos mœurs, & pour procurer nostre ruine. Le desordre n'a point d'abysme où cét amour ne precipite les hommes: outre les tourmens interieurs qu'il leur fait souffrir, il les violente continuellement au dehors ; iusques à leur faire faire des actions, dont le Ciel & la terre rougissent de honte. d Presque tous se font vn Dieu des richesses, des honneurs, & des grandes charges : & recherchent les plaisirs qui flattent les sens, auec autant d'ardeur & de peine, que si leur souuerain bien consistoit aux choses perissables, & materielles. On ne sçauroit assez exprimer

c *Vbi meum & tuum, illic omnium litium genus, & contentionis occasio: ubi autem hæc non sunt, ibi secura versatur pax, & cōcordia.* S. Chrys. homil. 33. in Genes.

d *Perturbant homines, non res ipsæ, sed rerum opiniones.* Epictetus.

par des paroles, toutes les meschancetez, & les iniustices qu'elles font faire, ou souffrir à tous ceux qui les recherchent, ou qui les possedét : e *Inflant animos, superbiam pariunt, inuidiam contrahunt: Et vsque eò mentem alienant, vt fama pecuniæ nos etiam nocitura delectet.*

e Senec. Epist. 87.

Neantmoins, tout ce que les hommes estiment si fort dans le monde, & le sujet pourquoy ils se font de si cruelles guerres, ne consiste qu'en la concupiscence de la chair, & des yeux, & en la superbe de la vie. f Tout cela n'est qu'vn amour lascif, qui est le tyran des cœurs; ou vne auarice alterée de thresors, & de richesses; ou vn desir ambitieux d'estre esleué aux honneurs, & aux dignitez pour opprimer ses semblables. Tous ces grands riches du monde, ces puissans & ces formidables, qui n'auoient autre confiance qu'en leur grandeur, & en leurs thresors, sont à la fin passez comme vn songe; on ne pense non plus à eux, que comme on fait aux choses horribles, dont on ne se resouuient que pour les abhorrer : & ceux qui ont succedé à tous leurs biens, & qui ne sont pas meilleurs qu'eux, font assez connoistre qu'il n'y a presque point de

f *omne quod est in mundo concupiscentia carnis est, & concupiscentia oculorum, & superbia vitæ.* 1. Ioan. 2.

A a ij

riche, qui ne soit impie, ou l'heritier d'vn impie. g Comme l'empire d'vn Monarque suppose la subjectiõ de tout vn Peuple : De-mesme les immenses richesses d'vn Auaricieux procedent des despoüilles de plusieurs familles. Tout ce que l'Auare amasse par ses vsures, & par ses rapines, auec tant de sueurs & de veilles, est ce qui luy seruira le moins ; & ce dont il espere sa conseruation, & son appuy, ne luy seruira qu'à auancer sa ruine : h Il ne songe qu'à se munir de tout ce qui luy sert icy bas, comme s'il y deuoit demeurer eternellement ; semblable à vn mal-aduisé pelerin, qui despendroit tout l'argent de son voyage, pour se meubler vne Chambre en vne hostellerie, d'où il doit desloger dés le lendemain. Mais quand ce bon-heur luy arriueroit de posseder luy seul tout l'or d'vn Royaume, & qu'il seroit tout chargé de diamans, & de perles, iusques à quel temps s'en estendroit la durée, & la iouïssance ? i N'est-ce pas se mettre en peine pour des choses que nous ne retenons qu'vn moment, & aspirer à des biens, dont l'on n'a point loisir d'en gouster les douceurs, ny les delices ? Ouy certes ; car les iours des hommes sont si

g *Omnes diuitiæ de iniquitate descendunt ; & nisi alter perdiderit, alter non potest inuenire.*
S. Hieronym. Epist. 150.

h *Non intelligit miser speciosa sibi esse supplicia, auro se ligatum teneri.*
S. Cyprian. Epist. 2.

i *Vndarum instar res nostræ fugiunt.*
S. Gregor. Nyss.

peu multipliez, qu'à peine sçauroit on remarquer de l'espace entre leur printéps, & leur hyuer; & il en a eu plusieurs qui s'en sont allez si promptement d'icy bas, que peu de gens ont sceu qu'ils y estoient arriuez. Aspirer apres ces friuoles, & inutiles possessions, & les rechercher auec des inquietudes, & des chagrins, c'est auoir les pasles couleurs en l'esprit, & se repaistre de vents, & de mouches. k *Fluxa est diuitiarum natura, suos possessores torrente prærapido ociùs prætercurrit, alios alio modo apta mutare dominos.*

k S. Basil. in Psal. 61.

l L'abondance des richesses n'est qu'vne multiplication de troubles à celuy qui les a recherchées volontairement, & auec peine: Tant s'en faut que l'on soit plus heureux pour estre plus riche; qu'au contraire nos peines s'augmentent, à mesure que nostre argent reçoit quelque accroissement; & tout ce que nous possedons au de-là de ce qui est necessaire, ne fait que nous exposer à de nouueaux soins. Ce n'est pas proprement l'indigence de pain & d'eau, qui nous rend si pasles, & si jaunes: c'est vne pauureté imaginaire, dont nostre fantaisie nous persecute, & nous fait apprehender la necessité au mi-

l *Nõ est optimum hominis, quod est optimum corporis: sed quod aut corporis simul & animæ, aut solius animæ.* S. August. lib. de moribus Ecclesiæ, cap. 4.

A a iij

lieu de l'abondance. Personne n'est iamais si pauure durant cette vie, qu'il estoit lors qu'il est arriué au monde : *m* Et d'ailleurs nous n'auons pas apporté de l'or dans nos veines, ny des perles dans nos entrailles, pour nous plaindre de ce que nous ne sommes pas assez riches ; si nous auons la patience d'attendre vn bien peu de temps, la mort nous donnera vn Royaume de cinq ou six pieds de terre, aussi bien qu'à Pompée, & à Alexandre. La Nature se satisfait dans ses necessitez de fort peu de choses, qui ne manquent iamais à la vraye vertu : ce grand appareil de commoditez, qui paroist ordinairement chez les grands du monde, combat ses intentions ; & ces intrigues, & ces soins que l'on prend dedans les affaires, sont la plus-part les agitations d'vn esprit malade, qui n'estant pas assez bon pour se posseder soy-mesme, tâche de soulager ses inquietudes, par la diuersité, & le changement. *n* Celuy-là est suffisamment riche, qui est abondant en grace, & qui possede toutes les vertus ; qui se montre plus opulent en biens en les distribuant aux necessiteux, qu'en amassant de toutes sortes de thresors dans ses coffres : & qui se resouuient

m Nescit natura diuites, quæ omnes pauperes generat : nudos fecit in lucē, egentes cibo, amictu, poculo. Nudos recipit terra, quos edidit. S. Ambros. lib. de Nabuthe, cap. 4.

n Diuitiæ hominis ad redemptionem animæ debent proficere, non ad destructionem : & thesaurus redemptio est, si

à toute heure, qu'il n'a des richesses que pour en nourrir les pauures, & pour en assister les orphelins, & les vefues. o C'est des biens de l'ame que se forme nostre vraye, & solide felicité, & non pas de ceux qui ne sont que pour le contentement de nos sens exterieurs, ou pour satisfaire à nos vanitez, ou à nos débauches. Il faut rechercher ce qui est réellement bon, & nous enrichir des choses qui nous peuuent faire meilleurs que nous ne sommes. La loy generale, sur laquelle nous deuons regler nostre amour, à l'égard des biens du monde: c'est de les desirer auec moderation, les acquerir auec iustice, les posseder sans inquietude; en departir la meilleure part aux necessiteux, & quitter l'autre sans regret, & sans facherie; reconnoissant, en rendant nostre ame à Dieu, que nous tenions de luy la vie par emprunt, aussi bien que nos richesses: p *Quod nostrum videtur alienum est; nam nihil nostrum: quoniam Dei omnia, cuius quoque ipsi sumus.*

quis bené eo vtatur. S. Ambros. in Epist.1.ad Constant.
o *In solis animæ bonis puræ, & minimè adulterina inuenitur lætitia: in se ipso vtique gaudet omnis sapiens; non in his, quæ circa se habet.* Philo, lib. quod deterius potiori insidiari soleat.

p Tertull. lib. de Patientia.

Toute la masse des biens d'icy-bas est vn torrent qui s'enfle, tantost d'vn costé, tantost d'vn autre: Pour bien faire, & pour imiter les Sages, il faut laisser courir auec patience, ce que nous ne pouuons pas arrester par la force. Nous deuons seulement penser à ce qui nous est necessaire pour passer païs : & nostre preuoyance, & nos soins ne doiuent aller plus auant que la fin de nostre voyage. *q* Tout ce qui passe au delà de nostre dernier giste, ne doit exciter en nous ny crainte, ny esperance : nous laisserons sur les bords de nostre tombeau tous nos biens, & tous nos honneurs ; & ce peu de poussiere que nous serons quelque temps apres que nous serons morts, n'estant plus capable de receuoir aucun contentement de tous nos thresors, ne pourra pas pourtant empescher que d'autres s'en saisissent, sans que nous puissions sçauoir comment ils vseront de ce que nous auons tant aymé. *r* Il vray que tous les Sages des siecles passez n'ont iamais consideré les possessions, & les richesses, que comme des superfluitez dangereuses, qui causent d'etráges maladies dans nostre esprit ; comme des bagatelles qui n'estant de consequence, ne se peuuent neantmoins acquerir, conseruer, ny perdre, sans des regrets bien cuisans, & d'extremes inquietudes : & qui apres estre prises, comme les bestes feroces, auec le peril de la vie, menassent continuellement

q Egredientes è mundo isto, velimus, nolimus, hîc cuncta relinquimus.
Saluian. lib. 1. ad Eccles.

r Omnia ista bona, quæ nos speciosa, sed fallaci voluptate delectant, cum labore possidentur, cum inuidia conspiciuntur : cósque ipsos quos exornant, & premunt; plus minantur quàm prosunt.
Sene. lib. de cósolat. ad Polybium.

tinuellement ceux qui penfent les auoir appriuoifées. Les branches des arbres trop chargés de fruicts, viennent bien fouuent à fe rompre : les efpics trop grenus fe recourbent fur la terre ; & difficilement void-on les fruicts d'vne année furabondante, paruenir à vne parfaite maturité. *a* Il en eft de mefme des perfonnes qui font trop chargées de poffeffions, & de richeffes : elles rampent quafi toufjours contre-bas, & dans les ordures, tant elles font remplies de vices, & de crimes ; elles ne fe contiennent que rarement dans les bornes d'vne iufte, & honefte moderation ; & tous ces biens fuperflus, dont ils font remplis, ne leur feruent ordinairement qu'à parer leurs cabinets, & à multiplier leurs débauches. L'abondance des biens du mõde, nous rend quafi toufiours difetteux de ceux du Ciel : Plus nous poffedons des chofes de la terre, plus la terre nous poffede. C'eft auiourd'huy vn petit miracle, de voir vn homme riche, & vertueux tout enfemble : d'ordinaire, quand les biens exceffifs entrent chez nous par vne porte, la vertu fuit incontinent par vne autre. *b* De mefme que les racines donnent le fuc & la vie, au tronc de l'ar-

a Ifta funt contraria, bona fortuna, & mens bona : melius in malis fapimus ; fecunda rectum auferunt. Sene. Epift. 94.

b Vt inter fpinas fera vipera.

scorpij delitef-
cunt: ita in
fraudibus di-
uitiarum.
S. Chryfoſt.
homil. 23.
in Ioan.
e Saluian.
lib 2. ad Ec-
clef.

bre où elles ſont attachées : auſſi eſt-il vray que les richeſſes fourniſſent de toutes ſortes d'occaſions de pecher, à ceux qui les poſſedent auec des affections ſales & impures : c *Impedimenta hæc ſunt, non adiumenta; onera, non ſubſidia Religioni : poſſeſſione enim, & vſu opum non ſuffulcitur religio; ſed euertitur.*

d Temporales res nemini conferunt veram felicitatem, quia non eximunt inſatiabilem cupiditatem. Qui enim biberit ex hac aqua, ſitiet iterum.
S. Auguſt.
in Pſal. 109.

d Apres tout, il faut auoüer que ces biens, dont nous parlons, & qui n'arriuent que ſucceſſiuement, font ſeicher & languir noſtre cœur, qui ſoûpire ſans ceſſe pour l'entiere poſſeſſion d'vn bien infiny : ils y laiſſent touſiours vne grande eſtenduë de vuide, pour vn point d'apparente ſolidité qu'ils nous promettent; & s'ils donnent quelque choſe à ſes ſouhaits, & à ſes deſirs, ce n'eſt tout au plus que pour entretenir ſes inquietudes, & ſes chagrins. Noſtre ame aſpire à toute autre choſe que ce qu'elle voit : & quoy qu'elle ne puiſſe exprimer ce qu'elle deſire ſi paſſionnémét, ſon cœur pouſſe & exhale des ſanglots, qui teſmoignent aſſez ſa pauureté parmy les richeſſes qu'elle n'eſtime plus. En fin, elle s'apperçoit que pour viure contente, & en repos, elle doit porter ſes affections plus loing que ſes yeux,

& ses esperances; & qu'elle doit donner tout son amour à vn tableau surhumain, dont les coloris de la nature ne sont qu'vne vaine, & morte representation. e Le Sage ne se peine que pour la vertu, & pour les choses qui sont de ses dependances: les grandes pretentions qu'il a pour le Ciel, luy font oublier toutes les esperances qu'il a pour la terre : la seule possession de Dieu est capable de remplir vn si large cœur, & de satisfaire à tous ses desirs; c'est cela seul qu'il appelle sa part, & son heritage, & où bute son ambition & son amour. Il ne considere toute l'estenduë de la terre, que de la mesme sorte qu'on la regarde du Ciel : rien ne luy paroist grand dans vn si petit espace: f il n'y trouue rien qui merite d'y arrester ses pensées, ny d'y attacher ses affections : tout ce qu'elle contiét ne le rempliroit pas à demy; apres la possession de toutes les choses, il souhaiteroit la vision de celuy qui les a creées. Puis donc que la Nature nous foüille au partir de ceste vie, & qu'elle ne nous laisse emporter qu'vn meschát suaire, il faut que nous cherchions le Royaume de Dieu hors du regne de nos interests; & que pour esleuer nos ames plus

e Id bonum curat quod vetustate fit melius. Seneca.

f sursum vocant illum initia sua. Seneca.

facilement vers le Ciel, g nous mettions toutes nos richesses, comme des monceaux de terre, sous nos pieds. Or personne ne peut douter que l'Autheur de la Nature, n'aye expressément disposé le cœur de l'homme en forme pyramidale; à sçauoir pointu par en bas, & large par le haut ; pour nous enseigner par là que tout ainsi qu'vne chose bien pointuë ne touche la terre qu'en l'estenduë d'vn bien petit point, aussi ne la deuons-nous frayer que du bout de nos pieds, & n'y faire estat que des choses qui nous sont necessaires pour aller au Ciel ; portant tousiours le gros de nostre cœur vers ces belles voûtes diaprées d'estoilles, pour offrir à Dieu vne parfaicte obeïssance, aussi-bien que nos affections, & tout nostre amour. h Aussi bien ne trouuerons-nous point de contentement hors de son seruice ; & il est certain qu'il y a plus de gloire, & plus d'honneur à luy obeïr, qu'à commander vn grand Royaume. De mesme qu'il n'y a point de sujet en tout l'vniuers, qui puisse estre mis dans vn plein repos, que par la possession de sa derniere fin : aussi est-il vray que nos ames sont tousiours dans l'inquietude, &

g *Eleuabunt nos, si fuerint infra nos.*
S. August.

h *Nemo potest connecti terra, & iungi cælo. Grata ergo, & chata sit ista terrena separatio, quæ nos sic à terrenis separat, vt inserat nos diuinis.*
S. Chysologus, ser. 164.

DV SAGE. 197

dans l'agitation, pendant qu'elles sont priuées de leur Createur: i *Tibi, ô anima, non sufficit, nisi qui te creauit. Quicquid aliud apprehendis, miserum est: quia tibi solus potest sufficere, qui ad similitudinem suam te fecit.*

i S. August. ser. de quinque porticibus.

Qu'il faut mourir ; Et que personne ne sçait à quel iour, ny à quelle heure.

CHAPITRE XVII.

IE vous prie permettons que la Nature nous pince l'oreille ; qu'elle nous fasse souuenir que nous ne sommes pas immortels ; que nous ne sommes entrez au monde qu'à condition d'en sortir ; & qu'apres que nous nous y serons bien promenez, il faudra de necessité que nous retournions chez nous. l Pas vn seul de tous les hommes qui viuent à present, non plus que de ceux qui nous ont precedé depuis tant de siecles, ne se peut affranchir de la necessité du trépas: les iours, & les heures de leur durée sont nombrez deuant leur naissance ; & celuy qui en a prescrit l'étenduë, comme bon luy a semblé, ne sçauroit estre trompé d'vne minute au calcul qu'il en a faict.

k *In hac terra aduenæ sumus, atque peregrini : remigrandum eò vndè descendimus.* S. Ambros. in Tract. de Fide.
l *Forma moriendi, causa nascendi est: non enim mori solet, nisi quod nascitur.* Tertull. lib. de Carne Christi, cap. 6.

Bb iij

La Nature nous conduit à la mort dés le moment que nous iouïſſons de la vie; & elle croit nous obliger bien fort, en ce qu'elle nous traicte comme des méchans, ou des criminels, à qui l'on ne prononce l'arreſt de leur mort, ſinon le iour que l'execution s'en doit faire. C'eſt vn droict que cette bonne Mere s'eſt acquis ſur nous, & dont perſonne n'a ſujet de former des plaintes, puis qu'il eſt commun à tous les hommes. m Il eſt iuſte que nous faſſions place à d'autres, comme d'autres nous l'ont faite; & nous ne ſçaurions rien trouuer à dire, de ce qu'il faut que nous mourions en perſonne, puis que les Roys, & les Princes ne peuuent s'en acquitter par procureurs. Et d'ailleurs, c'eſt vne loy ſi conforme aux ſouhaits de la pluſpart des hommes, qu'il ſemble pour le bien public, & pour le repos des miſerables, qu'il faudroit faire vn Edict de mourir en vn certain âge en tous les Empires, ſi Dieu n'en auoit fait vne neceſſité generale par tout le monde. Dieu mercy, outre que le mourir nous eſt neceſſaire, l'arreſt qui en a eſté publié à tous les mortels, ſe fait garder auec vne rigueur qui ne reçoit exception de qui que ce ſoit : le ſeul reme-

m *Quemadmodum mutuata pecunia æquo animo reddenda eſt: ſic vitæ munus, quod mutuo accepimus à Deo, citra querimoniam eſt reponendum.* Plutarch. in Moralibus.

de qui nous reste, pour adoucir cette si estroite necessité, c'est d'agréer ce que l'on ne peut fuir; & de suiure volontairemét, ce qui nous entraineroit par la force.

n Quelque effort que nous puissions faire, nous ne sçaurions éuiter le voyage de ce monde en l'autre: il est ordonné par vn decret qui est presque aussi vieil que le monde, que tout homme doit mourir: c'est vne loy promulguée en tous les païs, & qui a esté receuë de tous les peuples: naissons dans la splendeur des Palais, ou dans l'obscurité des cabanes; sur le drap d'or, ou sur le fumier; parmy les tapisseries, ou parmy les araignées, nous en sommes aussi peu exempts d'vne façon que de l'autre: o *Publica totius generis humani sententia, mortem naturæ debitum pronuntiamus: hoc stipulata est Dei vox; hoc spopondit omne quod nascitur.*

p L'eternité se trouue dans le Ciel, & non pas en ce bas monde: en cette terre des mourans, tout s'y change, & tout s'y altere: non d'année en année, de mois en mois, ny de semaine en semaine; mais de iour en iour, d'heure en heure, & de moment en moment. Il est certain que nous ne sommes

n *Æterna lex, à principio dicta omni huic mundo, nasci, denasci; oriri, aboriri; nec quicquã stabile aut firmum, arbiter ille rerum voluit, præter ipsum.* Lipsius, lib. 1. de constāt. cap. 16.

o Tertull. lib. de Anima, cap. 50.

p *Mortem omni ætati communem esse sentio: cōmorādi enim natura diuersorium nobis, non habitandi dedit.* Cic. lib. de senectute.

plus ce que nous eſtions hier; & nous ne ferons pas demain ce que nous ſommes aujourd'huy. q Le naiſtre, le viure, le vieillir, & le mourir ſont choſes ſi conjointes l'vne auec l'autre, que l'imagination meſme a de la peine à les ſeparer d'enſemble. Comme nous voyons çà-bas vne ſaiſon agreable, pendant laquelle le Soleil y eſtale les beautez du Ciel, & les eſpand ſur les herbes, ſur les plantes, & ſur les fleurs: auſſi voyõs nous bien-toſt apres qu'vne autre ſaiſon vient les deſpoüiller de toutes leurs viues couleurs, & faire tomber & pourrir les fueilles, & les fruicts de tous les arbres; delaiſſans en leur place des troncs tout nuds, des tiges priuées d'humeur, & des branches toutes couuertes de neiges, de frimats, ou de glaçons. Et cét hyuer là duquel nous parlons, n'eſt que le pourtrait, & le crayon de la mort, à laquelle toutes ces choſes ſont aſſujetties. r Il eſt vray que la mort ne demande à perſonne quel âge il a: tournons la teſte de quelque coſté que nous voudrons, comme en vn païs ſuſpect, il n'eſt lieu d'où ceſte creanciere ne nous vienne ſaiſir au collet. Auſſi ſouuent que nous voyons les portes de nos voiſins tenduës

q *Incertum eſt etiam iuuenibus vitæ tempus; ſenibus autẽ iam nec incertum eſt: non enim dubitatur, quin quantũcumque, quod putatur ſupereſſe, breue ſit.* S. Clement. Rom. Epiſt. 5.

r *Rapina rerum omnium eſt.* Seneca.

tēduës de noir, autāt de fois sommes-nous aduertis que les nostres auront le mesme parement au premier iour. *a* Cette impitoyable n'est pas ennemie d'vn Royaume, ou d'vne Prouince seulement, elle en veut à tout le genre humain; & sa commission porte en paroles expresses, de ne pardonner à pas vn de tous les hommes. Comme sa necessité n'a point de remede, sa rigueur aussi n'a point d'exception: elle a aussi peu de consideration des lieux & des temps, que de respect pour les personnes de condition éminente ; & elle ne s'est pas mesme encore obligée d'aller trouuer les plus signalez conquerans en leurs propres licts, il y en a quelques-vns qui sont morts en triomphant de la mort des autres. Plusieurs l'ont auallée en mangeāt; & elle est venuë si furtiuement à d'autres qui dormoient, qu'au lieu de les éueiller pour vn peu de temps, elle a continué leur sommeil pour iamais. Il y a eu des Monarques qui en ont esté touchez au milieu de leurs plus grandes ioyes, & apres auoir gaigné des batailles: *b* Et tel au fort de ses miseres l'a appellée à son secours, qu'elle n'a pas daigné écouter ses coniurations, & ses plaintes; attendant à le faire expirer,

a Pauore, seu cogitatione mortis accenduntur tepidi, constringuntur remissi, excitantur ignaui ; desertores compelluntur, vt redeant ; gentiles coguntur, vt credant. S. Cyprian. ser. de mortalitate.

b Volenti mors ipsa subiecta est, quia semper domi nata est nolenti. S. Chrysolog. ser. 110.

que sa miserable fortune se fust changée en vne meilleure. Tous les hommes sont sujets à ces accidens: & quand quelqu'vn d'entr'eux auroit asseurance de les éuiter pour vn temps, si est-ce qu'il ne se peut preualoir du priuilege de l'immortalité; il faut tost ou tard qu'il paye le tribut des autres: *c Cui nasci contingit mori restat: interuallis distinguimur, exitu æquamur. Hoc quod inter primum & vltimum diem iacet, varium, & incertum est.*

Ce n'est qu'vn festin de cette vie, où l'on presente plusieurs metz, & plusieurs seruices: qu'vn balet somptueux & magnifique, où les figures paroissent les vnes apres les autres; & qui est d'autant plus admirable, qu'vne mesme ne s'y montre point deux fois. *d* Il est vray que la durée de nostre vie est courte ou longue, comme il plaist à celuy qui nous l'a donnée: tantost il cueille le fruict en sa verdeur, tantost il en attend la maturité, tantost il le laisse pourrir sur l'arbre: Mais en quelque façon qu'il en ordonne, les creatures doiuent cette soûmission à leur Createur, de croire qu'encore qu'il fasse quelque chose contre leur goust, il ne fait iamais rien que pour leur bien. Il n'offen-

c Senec. Epist. 99.

d Latet vltimus dies, vt obseruentur omnes dies. S. August. lib. 50. homil.

ce point ceux qu'il prend ieunes, ny ceux qu'il laiſſe deuenir vieux: De demander pourquoy il fait ces choſes, auec cette ſorte de diuerſité, c'eſt vn doute dont nous ne ſerons pas éclaircis pendant cette vie. Il y a des ſondes pour les abyſmes de la mer, & des inuentions pour meſurer les precipices: mais il n'y en a point pour comprendre les ſecrets de Dieu. Nous ſommes icy-bas tout entourez de tenebres, qui rendent toutes nos curioſitez inutiles: & nous ne ſçaurions mieux faire, que d'auoüer que tout ce que Dieu fait eſt bien fait; & dire ingenuëment, que nous nous en rapportons à luy. Il eſt certain qu'il y en a bien ſouuét qui ſont pris pluſtoſt que les autres, & qui ſont appellez de Dieu, lors qu'ils y penſoient le moins: ce n'eſt pas qu'ils quittent la compagnie de leurs amis volontairement; mais c'eſt qu'on leur fait tourner viſage pour aller ailleurs. e Et pource que ces mandemens inopinez nous peuuent arriuer, auſſi-bien qu'à d'autres, il nous faut eſtre touſiours bottez, & preſts à partir; entant qu'à nous eſt; & diſpoſer nos affaires de ſi bonne heure, que nous n'ayons plus rien à faire, qu'à dire adieu, à celuy

e *Dies enim Domini, ſicut fur in nocte, ita veniet.* Theſſaloni. cap. 5.

qui nous fermera la bouche, & les yeux.
f Dans cette viciſſitude, qui eſt auſſi vieille que le mõde, nous n'auons aucun ſujet
de nous plaindre, de ce que noſtre vie eſt
trop courte, pour l'étenduë de ce que
nous voudrions ſçauoir : puis-que dans la
reuolution de cinq ou ſix ans, nous
voyons en abbregé ce qui ſe peut faire
dans le cours de deux ou trois ſiecles : g
Quid ergo intereſt id extendere, cuius quantum-
cũque fuerit incrementum, non multum aberit
à nihilo ?

h. Or comme il n'y a rien au monde de ſi
precieux que la vie : auſſi n'y a-t'il rien de ſi
affligeant que la deſvnion de l'ame d'auec
le corps. L'ame eſtant la plus belle de
toutes les formes, & le corps la plus exquiſe de toutes les matieres, il ne faut pas
s'eſtonner ſi le mariage de ces deux parties
eſt ſi eſtroit, & ſi la ſeparation en eſt ſi fâcheuſe, & ſi triſte. i Quoy que la Nature
ait graué dans le cœur de tous les hommes, le deſir du bien ſouuerain : & que l'Eſperance ait empreint dans le cœur des
Chreſtiens le ſouhait du Ciel, où eſt le ſe-
jour & le centre de noſtre bon-heur, perſonne neantmoins ny des vns, ny des autres n'y veut aller par le chemin de la

f *Nemo niſi*
ſuo die mori-
tur.
Seneca.

g Senec. lib.
de conſol.
ad Mar-
ciam.

h *Coniun-*
ctionis natu-
ralis ſepara-
ratio violen-
ta.
Ariſtoteles.

i *Vna eſt ca-*
tena, qua nos
alligatos te-
net, amor
vitæ, qui vt
non eſt abij-
ciendus, ita
minuendus, ita
eſt : vt ſi quã-
do res exiget,
nihil nos de-

mort. Nous recommençons à defirer de viure, quand il faut finir; & noftre bonne mere la Terre ne nous defagrée iamais tant, que lors qu'il nous faut r'entrer dans fon ventre. k Il s'en trouue à tous âges, qui pretendent auoir encore des affaires à acheuer, & qui tefmoignent ouuertemét que leur départ n'eft pas preffé. Quoy que l'ame raifonnable fe trouue affrachie de beaucoup de maux, en quittant le corps : neantmoins elle apprehende de s'en feparer; & n'entre dans cét eftat que par violence, parce que c'eft la trifte diffolution d'vn compofé qu'elle aymoit. Au refte, ny le iour de noftre arriuée en ce monde, ny celuy de noftre départ, ne dépend de pas vn de nous: celuy qui nous y enuoye quand bon luy femble, nous en retire auffi quand il luy plaift; & nous ne fçaurions contreuenir à l'execution de ces deux decrets, quelques raifons que nous puiffions alleguer. l S'il y a du peché à quitter la vie, affeurez-vous qu'il n'eft pas volontaire en bien des perfonnes: il y en a mefme qui font ce qu'ils peuuent en mourant, pour s'empefcher de mourir; & il s'en trouue de fi fots, & de fi peu hommes, qui ont fi peur de mourir

tineat, nec impediat quominus paratifim° quod quandoque faciendum eft, ftatim facere.
Senec. Epi. 26.
k *Gratißima funt poma, cùm fugiunt.*
Seneca.

l *Moriturus homo mori non vult, & tamen erit neceffario moriens.*
S. Auguft. Serm. de amore Dei & fæculi.

qu'ils en meurent. Mais quoy que l'homme ayme son cachot, ses fers, & sa geolle, si faut-il qu'il quitte, & qu'il marche si tost que le Souuerain du Ciel le r'apelle auprés de luy. Apres auoir fait, & souffert bien des maux en ce val de larmes, à la fin il faut qu'il s'en aille en l'autre mõde: Mais ce qui luy broüille le plus l'esprit, & ce qui l'afflige, c'est l'abandon de ses biens, & la reddition de ses comptes. Ce pauure homme a peur, en pensant icy finir ses miseres, qu'il n'en aille receuoir de bien plus grandes, & qui ne prendront iamais de fin: m *Soluitur enim corpore anima, & post finem vitæ huius, adhuc tamen futuri iudicij ambiguo suspenditur. Ita finis nullus, vbi finis putatur.*

De tous les accidens qui arriuent en la condition humaine, le plus soudain, & le plus inéuitable c'est la mort: n cependant il n'est rien au mõde, qui nous tourmente dauantage, que la crainte de son arriuée; rien qui nous cause de plus cuisans, & de plus sensibles déplaisirs; & contre quoy nous cherchions tant de remedes inutilement. o Personne ne veut volontairement, ce qu'il faut vouloir par contrainte; & il s'en trouue de si malheureux, qui renonceroient de bon cœur au

m S. Ambros. lib. 2. de Cain, & Abel.

n Non est timendum quod nos liberat ab omni timendo. Tertull.

o Desperata conditio corum ex prædam ratione solatium reputat, fruenda interim

Ciel, pour demeurer eternellement sur la terre : ceux-là mesme qui viuent selon la vertu, & qui se souhaitent auec Dieu, voudroient bien ne passer pas par le cimetiere, en l'allant trouuer. Les Saincts mesmes de ce siecle ressemblent aux grãds paresseux, il leur fâche de démesnager d'vn lieu en vn autre; & n'estoit qu'il ne faut rien porter auec eux, ils auroient de la peine à quitter ce monde, pour aller en l'autre. *p.* Cette pensée de la mort semble melancholique à quelques-vns, & iette de la confusion dans l'esprit de quelques autres; Mais principalement à ceux qui ont tout ce qu'ils desirent, & qui souhaitent autant de bonne santé, qu'ils ont de possessions & de richesses. *q.* Les plus asseurez reculent en arriere, quãd ils se voyent proches de ce precipice: mais sur tout, ceux qui sont incommodez de la vieillesse; & vne fatale necessité, qui les priue de l'esperance d'en pouuoir eschapper, augmente la crainte qu'ils ont de ce dernier coup, qui les doit enleuer d'entre les viuans, pour les loger auec les morts. Ces bonnes gens voudroiét qu'on ruinast tous les cimetieres, & tous les tõbeaux de leurs ancestres, de peur qu'ils

malignitati de pœna mora.
Tertull. in Apologet. cap. 27.

p *Contristat multa possidentem, qui curis, & negotiis sæcularibus suam deuinxit animam:*
S. Ephrem. Ser. 3. de compunctione.

q *Caput iam canescit : in nos fortè falx acuitur ; & timeo, vt nobis dormientibus, & in vana spe occupatis, repentè accedat messor terribilis.*
S. Gregor. Nissen. ora. aduersus eos, qui differunt baptismũ.

ont qu'on ne les enferme en quelques-vns malgré eux. Et pour ce que le venin ne leur a pas encore gaigné le cœur, & que la mort ne les eſtrangle pas, quoy qu'elle les tienne au colet; ils s'imaginent qu'ils ſe portent encore aſſez bien, pour faire languir leur heritiers, auſſi bien qu'eux. Il eſt vray que ce n'eſt plus vne tache parmy les eſprits de ce ſiecle, mais vn ſouhait de pluſieurs d'eſtre vn peu beſte, & vn peu poltron, afin de viure plus long-temps, & plus en repos; & laiſſer l'arbre de ſcience, pour cueillir le fruiƈt de vie: r *Mortis diem omnes futurum ſciunt, & tamen eum omnes differre conantur: etiam qui poſt mortem ſe beatos credunt eſſe victuros; tantam habet vim, carnis, & animæ dulce conſortium.*

S. Auguſt. in ſermonibus.

Qu'il faut ſe preparer à bien mourir.

CHAPITRE XVIII.

ON ne vieillit point icy-bas impunément, & ſans vne grande diminution de ſoy-meſme : il en couſte d'ordinaire toute la vigueur du corps, & la meilleure partie du ſens commun, & de la raiſon. ſ Et pource qu'vn homme n'eſt

ſ *Laudabilis mors, cùm*

n'est pas asseuré d'y faire de si grandes pertes, & qu'il quitte bien souuent la partie au milieu du jeu, il ne doit pas attendre à se preparer, s'il est sage, qu'il luy faille quitter ce monde, pour aller en l'autre: il doit preuoir de bonne heure à tout son fait, & faire dés à present tout le bien qu'il voudroit auoir fait, quand il sera délogé d'icy. *a* Il n'y a personne qui acheue ses ouurages dés ce monde: au lieu de finir, & penser ailleurs, on commence tous les iours de nouueaux desseins; & quoy que nous deuenions si vieux, qu'il semble que nous ayons passé l'âge de mourir, la mort nous surprend tousiours; nous sommes si acoquinez à la terre, que Dieu ne nous en peut tirer qu'à coup de barre, & en pleurant de regret. Le plus commun souhait de tous les viuans, seroit le bien de l'immortalité; & le plus grand de tous les regrets de plusieurs, c'est de ne pouuoir pecher eternellement; ils ne voudroiét iamais partir d'icy-bas, quoy qu'ils n'y soient occupez qu'à faire du mal, & à y souffrir de toutes sortes de peines. *b* Les méchans ayment mieux demeurer dás les tenebres de leurs crimes, que d'ouurir les yeux à la lumiere que Dieu leur donne: ils

occasio datur, rapienda est. S. Ambros. lib. 2. de officijs, cap. vltimo.

a Hoc nitimur, & reluctamur, & peruicaciam more seruorum ad conspectum Domini cum tristitia, & mœrore perducimur: excuntes istinc necessitatis vinculo, non obsequio voluntatis; & volumus ab eo præmiis cœlestibus honorari, ad quem venimus inuiti. S. Cyprian. serm. 40. de mortalit.
b Quod timent, fugiūt, ac deplorant homines mor-

ne desistent de faire du mal que par impuissance : Presque tous partent d'icy-
bas, sans sçauoir ce qu'ils y estoient venus faire ; & il est vray qu'ils ne pensent
iamais à mourir, sinon lors qu'ils ont la
mort sur le bord des lévres, & qu'ils ont
ordre du Ciel pour desloger presente-
ment. Nous ne pensons iamais à l'orage,
sinon lors qu'il nous agite bien fort ; ny
au froid, que quand il nous transit ; ny à
la mort, que lors qu'elle nous tient au colet. Il n'y a rien pourtant qui puisse imprimer dans nostre ame tant de honte, &
de haine pour les vices, que la representation & le souuenir de nostre derniere fin.

c C'est le plus commun entretien de la
vie des Sages ; & c'est principalement cela
qui les fait tels. Parmy leurs plus serieuses
occupations, ils pensent continuellemét
à la mort : afin qu'en cét extreme periode
de leur âge, examinás tout le temps qu'ils
ont passé icy-bas, ils n'y puissent rien remarquer qui leur déplaise, ny qui leur
cause des remords, quand ils seront prests
d'en partir. Aussi est-il vray que la faueur
de viure long-temps en ce monde, n'est
côcedée aux mortels, que pour acheminer
leurs ames à tel degré de probité que cha-

tem : at mortis causam, nec timent, nec effugiunt.
Rupert. de glorificat. Trinit. lib. 2. cap. 16.

c Qui semel vitam despexit præsentem, magna cum facilitate conficit omnia: cœli municeps est, & ad futuram festinat vitam.
S. Chrysost. in Matth.

DV SAGE. 211

cun doit acquerir, selon la qualité des moyens qu'il en a receu de Dieu. Quiconque apres vne vie bien longue, meurt sans auoir gaigné le point, pour lequel il a demeuré si long-temps viuant, est bien dauantage à plaindre, que celuy qui séjournant peu dans le monde, y a promptement acheué ce qu'il y deuoit effectuer. *d* Cela estant veritable, nous deuons plus étudier à bien viure, qu'à viure long-temps; & nous ne nous deuons pas soucier en quel lieu, ny de quelle mort nous mourions, pourueu que ce soit de la mort des Iustes: *e Quomodo enim fabula, sic vita: non quam diù, sed quam benè acta sit, refert: nihil ad rem pertinet, quo loco desinas; quocumque voles desine: tantum bonam clausulam impone.*

f Nous deuons estre pour le moins autant curieux de perfectionner nostre vie, que Phydias estoit vigilant à bien acheuer ses ouurages: elle doit estre saincte, & agreable en toutes ses parties; mais particulierement en celle-là, où la mort nous entraine l'outil à la main. Le plus important de tous les mestiers du monde, est celuy de bien mourir: De quelque condition que nous soyons, nous ne l'exerçons

d Facilius ad superos iter est, animis cito ab humana conuersatione dimissis: leuiores ad originem suam reuolant. Seneca.
e Senec. Epist. 77.

f Nemo securus debet mori, nisi qui se nouit sic mori, vt mors in illo moriatur, & vita coronetur. S. August. Serm. 10. plurimorū Martyrum.

D d ij

iamais qu'vne seule fois ; si nous manquons à faire vn chef-d'œuure tout du premier coup, nous sommes perdus, & ruinez sans resource. C'est-là où il faut bien faire, & où il faut montrer sans déguisement, que nous sommes sages selon Dieu: puis que nostre mort est le dernier traict du tableau de nostre vie, & le grand sceau qui seelle toutes nos actiós, nos paroles, & nos pensées. La vie se mesure toujours par la fin : pourueu qu'elle en soit belle, & hôneste, tout le reste a sa proportion. g Et quelque ieunesse qu'eust vn hôme, l'on peut dire qu'il est mort vieil, s'il est vray qu'il soit mort sage. La cresme, & le suc de la vraye sagesse, est la continuelle meditation de la mort. h Le Sage se rend volontaire ce qu'il iuge ineuitable; & attend en tous les lieux, ce qu'il peut rencontrer par tout: & par ce moyen il deliure sa vie, des plus pressantes incommoditez qui la trauaillent ; estant chose tres-asseurée qu'il meurt bien, puis qu'il s'est tousiours estudié à bien viure, & à bien mourir. Il est vray qu'on meurt ordinairemét comme on a vescu ; & celuy là ne pense gueres à son salut en mourant, qui n'a iamais voulu penser à Dieu en

g Perfecta est ætas, vbi perfecta est virtus.
S. Ambros. in funere Theodos.
h *Magna res est hæc, & diu discenda, cùm aduentat hora illa ineuitabilis, æquo animo abire.*
Senec. Epist. 30.

DV SAGE. 213

plaine santé. O! que c'est vn point de grande sagesse, de sçauoir bien & iustement estimer la vie: la tenir, & conseruer; la perdre, ou quitter; & la garder, & conduire aussi long-temps qu'il plaist à celuy qui nous l'a prestée: il n'y a peut-estre chose au monde, où nous fassions plus de fautes qu'en cela; & nous ne serions pas si empeschez à la conclusion de nostre vie, si nous auions tousiours esté sages durant les parties qui l'ont precedé. Partant, si nous sommes aussi aduisez, que nous nous croyons sages, faisons nos preparatifs de bonne heure, & songeons à nous mesmes plustost qu'aux autres: i Pendant que nous sommes animez d'vn beau sang; que nos forces sont en leur plus ferme vigueur; que la santé nous seconde, & nous fauorise; que nostre raison est entiere; que nous auons le sens ferme; la veuë aiguë, l'ouyë prompte, & le marcher droit, il faut supputer à part-nous tout ce que nous redeuons à Dieu, & nous tenir tousiours prests à rendre nos cõptes. Cependant il ne nous faut pas tant prendre garde aux accidens qui nous font mourir, qu'au lieu où il nous faut aller apres nostre mort. k *Mala mors putanda non est,*

i *Qui quotidiè suæ vitæ summam manum imposuit, non indiget tempore : ex hac autem indigentia timor nascitur, & cupiditas futuri exedens animum.* Sene. Epist. 103.

k S. August. lib. 1. de Ciuitat. Dei, cap. 11.

Dd iij

quam bona vita præcessit; non enim facit malam mortem, nisi quod sequitur mortem.

La vie de l'homme, aussi bien que le vin, a sa lie; elle est sujette à s'aigrir, quand elle vient sur le bas : *l* La vieillesse nous attache pour le moins autant de rides en l'esprit, qu'au visage ; & il ne se void quasi personne, de qui les humeurs ne sentent le relant, & le moisy en vieillissant. Il ne faut pas attendre que nous soyons vieux, pour nous préparer à la mort : cét âge là est enuironné de tant de miseres, qu'il ne nous permet plus de nous soûtenir, que dessus des infirmitez ; & tant qu'il nous dure, nostre esprit n'a point de plus frequent, ny de plus conuenable exercice que les plaintes, & les hauts-cris. *m* C'est pourquoy nous deuons dés nos plus tendres années, empreindre dans nos cœurs la crainte & l'amour de Dieu ; habituer nostre ame à son seruice, & nous rendre soigneux, & diligens à l'obseruance de tous ses preceptes. Il faut, comme le Soleil, croistre en lumiere, & en chaleur à mesure que nostre courses'auance, & que nous approchons de nostre fin: & contre la mode d'Architriclin, garder le bon vin pour l'issuë. *n* C'est à dire qu'il faut re-

l Nihil est aliud diù viuere, quàm diù torqueri. S. August. de verbis Domini ser. 16.

m Per salutiferas gradimur vias quando anima damnatis voluptatibus, id potius cogitat, quando sepositura sit tabernaculum sui corporis. Euseb. gallic. homil. 1. de Epiph.
n Tutior est via, ut bo-

DV SAGE. 215

muer le Ciel & la terre, pour bien representer nostre dernier acte; & faire durant
nostre vie, tout ce que nous voudrions
auoir fait à l'instant de nostre mort. Mais
apres tout, il faut auoüer que la vie de
l'homme est laborieuse; que le fond du
gobelet est bien amer; que la pensée de la
mort est triste; & que nous auons de la
peine à conclurre, & à dire nostre dernier
adieu. Il est vray qu'il n'y a rien qui en-
fonce plus de cloux dans le cœur d'vn
pauure malade, lors qu'il sent que son
heure approche pour partir, que ce grand
& eternel adieu, qu'il dit à sa femme, à ses
enfans, & à ses amis: c'est à mon aduis, le
personnage le plus affligeant, de tous
ceux que nous deuons representer durant
nostre vie. D'ailleurs, la foule importune de ceux qui regrettent nostre mort, ou
qui s'en resiouïssent, nous étouffe iusques dans nostre lict; & penseroient les
vns & les autres, faire contre les loix du
deuoir, s'ils nous laissoient mourir en repos. Nostre patience n'est pas assez oc-
cupée à souffrir nostre agonie, il faut encore qu'elle reçoiue les importunitez de
ces indiscrets: l'vn tourmente nos yeux,
l'autre nos oreilles, l'autre nostre bouche;

nũ quod quis-
que post mor-
tem suam spe-
rat agi per a-
lios: agat ip-
se, dum vi-
uit, per se.
S. Gregor.
lib. 4. dia-
log. cap. 58.

& il n'y a sens, ny membre en tout noſtre corps, que l'on n'afflige en les remuant. D'vn coſté le cœur nous ſerre de pitié, d'ouïr les ſoûpirs de ceux qui nous aymét veritablement : & de l'autre nous étouffons de dépit, d'entendre les ſanglots, & les regrets feints, & diſſimulez de ceux qui ſe reſiouïſſent dans leur cœur de ce que nous ne ſçaurions réchapper. Mais ce qui nous oppreſſe de douleur, & ce qui auance le plus noſtre mort, ce ſont les ruiſſeaux des larmes d'vne femme, que nous laiſſons pour quelqu'autre, qui ne ſe deſeſpere que de crainte qu'elle a que nous ne mourions pas. Or comme nous auons beſoin d'vne ſage femme à noſtre ariuée au monde : auſſi deuons-nous eſtre aſſiſté d'vn homme ſage au partir de cette vie. Il nous faut choiſir vn homme ſçauant, & de bonne vie, pour nous exhorter à nous reconnoiſtre : homme qui nous parle franchement de noſtre ſalut; qui nous repreſente l'horreur du peché, la beauté de la vertu, la bonté de Dieu, ſa Iuſtice, & ſon infinie Miſericorde : homme qui nous diſpoſe à la penitence ; à nous repentir de tous nos crimes ; à nous reconcilier auec Dieu, & tous nos prochains;

chains; à pardonner les injures; à restituer le bien d'autruy si nous en auons; à faire des aumosnes, selon nos moyens; à donner bon ordre à nos affaires, & à ne laisser rié à faire de ce tout qu'vn bó Chrestien doit faire; homme qui nous assiste de ses prieres; *a* qui nous console, & fortifie l'esprit, par de beaux passages de l'Escriture saincte, & des Peres de l'Eglise: puis, nous exhortant de fois à autre, d'inuoquer le nom de Iesus à nostre ayde, & de l'auoir iusques à la fin dans nostre cœur, quand il verra que nostre ame sera preste à passer, qu'il nous iette de l'eau beniste sur la face, & sur tout le corps; & en éleuant vn peu sa voix, qu'il nous prononce distinctement ce sage, & religieux document du Prophete: *b Educ de custodia animam meam ad confitendum nomini tuo: me expectant iusti, donec retribuas mihi.*

c Ceux qui sçauent que c'est de la vie, & de la mort, sont tousiours sur la frontiere de l'vne, comme tousiours prests pour passer à l'autre: ils considerent la vie, qui suit celle-cy, comme vne lumiere apres les tenebres; comme vne parfaite santé, apres les rigueurs d'vne longue maladie; comme vn port apres la

a Depone onus: transcundum est. Alia origo nos expectat, alius rerum status: Proinde intrepidus horam illam decretoriam prospice; dies iste, quem tanquam extremum reformidas, aterni natalis est. Sene. Epist. 102.
b Psal. 141.

c Qui rectè philosophantur, meditantur mori: & morseis, inter cateros homines minimè terribilis est. Plato in Phædone.

tourmente; & comme vn giste à souhait, apres les fatigues d'vn bien long voyage.

d Non amitti, sed præmitti videntur, quos non absumptura mors sed æternitas receptura est.
S. Ambros. in Tract. de fide Resurrect.

d La mort ne porte point vn visage affreux, pour celuy qui sçait que c'est vne loy publique, qui oblige la partie de suiure son tout; & qu'apres la dissolution, particuliere ou generale, il reste vne eternité, où les vertus doiuent receuoir leurs recompenses, aussi bien que les vices leurs punitions. Ce que nous appellons la mort n'est que le débris d'vne chose pour en rebâtir vne autre : c'est le passage d'vn estre à l'estre sous vne autre forme, & non pas son entiere destruction; estant indubitable que comme Dieu fait courir tous les corps, de la vie à la mort, qu'il les fera pareillement reuenir de la mort à la vie. Et c'est en cela que sa Iustice s'est accordée auec sa Prouidence; afin que les hommes n'eussent aucun sujet de former des plaintes, ny de pouuoir dire qu'en d'autres âges d'autres choses fussent arriuées, dont ils auroient receu plus de satisfaction, que de celles qui s'offrent à eux pendant qu'ils viuent.

e Citius mori, vel tardius, ad rem non pertinet: bene mori,

e L'homme vertueux vit autant qu'il doit, & non pas autant qu'il peut : il luy importe fort peu que sa vie soit longue, ou bien-tost finie;

pourueu qu'elle soit bonne, & honneste, *aut malè, ad rem pertinet.* Seneca.
il est satisfait. C'est vn debteur de bonne
foy, qui est tousiours prest à payer sa debte, quand elle luy sera demandée: il sçait
bien que la vie, que nous tenons icy-bas,
n'est qu'vne continuelle mort: ou pour
dire mieux, vne continuelle faction, d'où
il ne nous est pas permis de sortir, si la
mesme puissance qui nous y a posez, ne
nous en releue; & que c'est vn lieu où il
nous faut rendre de continuels combats,
iusques à ce que la Prouidence diuine
sonne la retraite, & nous appelle aux
couronnes, & au repos. ſ Le port n'est ſ *Eius est in mundo diutelle remanere, quem mundus oblectat.* S. Cyprian. lib. de mortalit.
iamais si desirable que lors qu'on est fort
battu de la tempeste; & la mort ne nous
vient iamais plus à propos, que quand la
vie nous est ennuyeuse. Le vray vsage de
la mort, c'est de mettre fin à nos miseres:
si Dieu eust fait nostre vie plus heureuse,
sans doute qu'il l'eust fait plus longue.
Le iour qui trenche le cours d'vne bonne vie, nous doit estre bien plus cher que
celuy qui la commence: puis qu'à l'heure de nostre naissance nous montons dessus vn theatre, où il nous faut iouer vn
personnage bien mal-aysé à representer;
& qu'en descendant au tombeau, nous re-

ceuons sans déguisement, la gloire que nous meritons, & qui ne nous peut estre qu'iniustement déniée. *g* La mort que nous craignons si fort, n'est rien autre chose que l'entrée d'vne vie heureuse, qui n'aura iamais de fin. Ce n'est autre chose qu'vn heureux passage de la mort à la vie, des miseres au comble des vrais biens, du combat au triomphe, d'vn païs estranger à la vraye Patrie, de la terre au Ciel; & des calamitez du monde, au bon-heur du Paradis. Il n'y a que les méchans qui ont peur de quitter le monde, & qui redoutent le premier giste qu'ils feront au partir d'icy: Ils sçauent bien, quoy qu'ils en destournent leur pensée, que les registres de Dieu sont chargez de tous leurs crimes, & qu'il n'y a rien de bon pour eux apres cette vie. Mais quand vne bonne ame ne fleuriroit pas comme la palme, & ne s'esleueroit pas vers le Ciel, comme le cedre du Liban : tousiours est-il impossible qu'elle redoute la mort, au delà de laquelle elle voit de si grandes récompenses qui l'attendent; ny qu'elle ait du regret de quitter les biens d'icy-bas, pour posseder vn Royaume qui n'a point de bornes. *h.* Il est certain que le plus grand

g. Quid ipsa mors, quam timemus? requies, gaudiū, & vera vita: aut si quid in ea mali, malis tātū. Lipsius in Epistolis.

h. Mors, requies est cor-

de tous les souhaits des gés de bien, est celuy de passer de ce monde en l'autre. Comme les mercenaires, qui cherchans quelque thresor caché, n'ont cessé depuis vn long-temps de remüer la terre, la sueur sur le front, les sanglots au cœur, & les plaintes à la bouche; aussi-tost que l'vn d'entre-eux a donné vn coup de pic sur vn vaisseau de bronze tout plein d'or, qu'ils ont entendu par le retentissement de ce metal, & qu'ils commencent à l'entre-voir, la joye leur monte au visage, & s'embrassent l'vn l'autre, du contentement qu'ils ressentent de voir leurs trauaux couronnez d'vne bonne issuë : ainsi arriue-il à vne ame iuste ; apres tant de combats, tant d'angoisses, tant de calomnies, & tant de persecutions qu'elle a souffert courageusement dàs la captiuité de ce chetif corps, i quand le iour arriue, auquel elle rencontre par vn heureux trespas les veines des thresors du Ciel, qu'elle a si long-temps recherchées, & dont elle doit bien-tost prendre possession, il est vray qu'elle conçoit des allegresses qui ne sont pas imaginables, & qui ne se peuuent assez exprimer par des paroles. Le iour de nostre mort doit estre appellé le iour natal

poris, & anima libertas.
S. Ambros. lib. de Isaac, & anima, cap. 8.

i *Qui expectat mortem, quasi effodientes thesaurum.* Iob. 3.

Ee iij

de nostre eternité: k C'est le iour des nopces de nostre ame ; c'est ce iour-là qu'elle se donne toute à Dieu, & qu'elle dit au monde son eternel adieu : c'est le maistre iour de nostre vie, & qui donne prix à tous les autres: c'est là où les Sages font voir des lumieres d'vne vertu consommée, qui comme les flambeaux, donnent plus d'esclat, lors qu'ils approchent de leur fin. Disons donc, que la vie ne nous est prestée, que comme vn pont à la mort ; que nostre corps ne pourrit que pour regermer, & pour se renoueller vn iour en vne plus heureuse vie ; que mourir, n'est que ietter au vent le dernier soûpir de nos miseres ; que ce n'est que faire le partage de nous mesmes, donnant le corps à la terre, & l'ame au Ciel:

l *Quod interim morimur ; ad immortalitatem morte transgredimur: nec potest vita æterna succedere, nisi hinc contigerit exire ; non est exitus, sed transitus, & temporali itinere decurso, ad æterna trangressus.*

Fin de la premiere partie.

---

k *Transitur à corruptione ad incorruptionem, à mortalitate ad immortalitatem, à perturbatione ad tranquillitatem.* S. Ambros. lib. de bono mortis, cap. 4.

l S. Cyprian. Ser. de mortalitate.

LES ENTRETIENS DV SAGE.
SECONDE PARTIE.

LES ENTRETIENS DV SAGE.

SECONDE PARTIE.

DE LA CONDVITE du Sage: qu'il fonde sa vie sur de tres-excellentes maximes; qu'il s'instruit, & se conseille auec les vieillards; qu'il s'accommode à toutes les loix & coustumes qui ne blessent point la conscience; & qu'il n'est point ennemy des humeurs gayes, ny des diuertissemens honnestes.

Chapitre Premier.

IL n'est pas des hommes Sages comme des oüailles d'vn troupeau nombreux, qui sont tousjours obligées de suiure la route de la multitude : la Prudence nous conuie de

F f

prendre garde par quelles voyes il faut arriuer à la vraye sageffe; fans nous contenter de fçauoir par où le vulgaire s'y achemine ordinairement. Et il n'y a rien qui nous precipite fi fouuent dans les defordres, que de fuiure les opinions des peuples, & de former nos mœurs fur de mauuais originaux. Il eft certain que la perfection de toutes les vertus qui font l'honnefte homme, eft vn poinct où il n'eft pas bien ayfé de dôner du premier coup: outre les dons & les graces qu'il faut que Dieu & la Nature nous donnent gratuitement, il faut y adioufter de l'étude, & fe ietter dans la conuerfation de ceux qui font confommez en cette fcience. C'eft tefmoigner qu'on cherit la vertu, & la fageffe, & meriter l'honneur d'eftre de fes fauoris, que de chercher à fe faire inftruire par des hômes acheuez: fe refouuenant que le foin de noftre falut eft le plus important de nos affaires ; que la fapience n'entre point dans vne ame malicieufe; que la prudence humaine eft reputée folie deuant Dieu; & qu'il n'y a point de vraye fageffe fans fa crainte, non plus que d'edifice fans fondement ; *a* que l'impieté peut éuiter pour vn temps la peine deuë à

a Peccata fi-
uè magna, fi-
uè parua, im-

ses crimes, & à ses malices : mais que tout peché traine apres soy la peine qu'il merite; & que tost ou tard le meschant se verra pris aux mesmes lacs que son iniquité luy prepare; *b* qu'on peut legitimemét quitter le vice, quoy qu'on aye esté long-téps son sujet : & fausser la foy aux meschans, quand on ne leur a promis que de se perdre auec eux; que Dieu ne chastiera iamais en sa fureur, celuy qui le sert & qui l'honore par affection: que s'il le visite de quelque affliction temporelle, & qu'il le châtie icy-bas pour ses pechez, ce n'est point à dessein de le ruiner eternellement, mais pour le maintenir dans les voyes de la Iustice, & pour le rendre digne de sa gloire dans le Ciel: En vn mot, que les Sages sont aussi differens du reste des hommes, que les viuans le sont de ceux qui sont morts; que la moderation est le point essentiel qui constituë toutes les bonnes choses, & que la prudence mesme destituée de ce temperament, n'est plus qu'vne gesne d'esprit, & vne vertu contrefaite; *c* Que la vertu est au dessus de tous les outrages de la fortune, & à l'abry de tous les malheurs du temps: & que le comble de son excellence, & de sa bonté est

punita esse nõ possunt : quia aut homine pœnitēte, aut Deo iudicante plectuntur.
S. August. lib. de vera Innocent. cap. 76.
b *Nunquam sera conuersio: Latro, de cruce, transiit ad Paradisum.*
S. Hieronym. Epist. 7.

c *Iniuria ad sapientem nõ peruenit: nihil potest perdere : omnia in se reposuit:*

Ff ij

qu'elle donne de l'admiration au vice mesme, & imprime du respect iusques dans l'ame des malicieux. C'est vn thresor qui n'a point de prix, & qui de tout temps a esté iugé le vray bien des Sages : en toutes sortes de conditions, & d'estats qu'on veut entreprendre, la vertu doit estre le premier objet que l'on se doit proposer: *d In Religione Christiana pro sacrificio exigitur bona mens, purum pectus, innocens vita : hîc communi, & leui peccato locus est nullus.*

Sans probité personne ne sçauroit estre agreable à Dieu, ny aux hommes; & non pas mesme aux impies : & il est vray qu'il n'y a point de pire esclauage, que de mettre sa liberté entre les mains du peché. e Il faut de bonne heure deuenir sage aux dépens des autres; il faut profiter de l'exemple des fols, & des miserables, & faire la guerre aux vices, comme à des ennemis qui ne sont point de nostre party. Le Sage ne s'arreste pas aux opinions d'vn siecle si débauché que le nostre: Pour aller droict au chemin du Ciel, il monte contre le fil du torrent, & de la corruption presente. Et puis que la Parole eternelle dit qu'elle est la verité, & ne dit pas qu'elle est la coustume, il ayme mieux parler

---

nihil fortunæ credit : bona sua in solidũ habet, contentus virtute, quæ fortunis non indiget.
Sene. lib. 2. de Ira, cap. 5.

d Lactan. Firm. lib. 5. Institut. cap. 19.

e Non tam celerius, sed etiam perfectius imbibitur, quæ discuntur à pueris.
Veget. de re militari, cap. 4.

veritablement, que selon le sentiment de plusieurs; & se tenir à la raison abandonnée, qu'à l'vsage qui est suiuy. L'homme de bien fait profession d'aymer la vertu, quoy qu'elle luy soit inutile : il ne la suit pas seulement sans salaire, mais il la suit auec peril; & il ne voudroit pas pecher contre la moindre de ses maximes, quand mesme il seroit asseuré de gaigner vne Baronnie, ou vn Marquizat. Il sçait que l'honneur & l'obeïssance que nous rendons à Dieu, nous sert d'vn bien grand progrez pour nous rendre heureux;& que c'est asseurer nostre felicité dés ce monde, de n'y auoir de l'affection que pour establir sa gloire. Et quoy que le chemin du vice soit le plus frayé dans le monde, & que le cours du vulgaire aille droit où il deuroit tourner les talons, le vertueux neantmoins ne perd point de veuë le bien souuerain qu'il a trouué; & ne se laisse ny persuader à l'opinion, ny emporter à la foule. La fortune est trop foible pour attaquer sa constance, & trop pauure pour tenter sa moderatiõ. Il ne connoist point d'heur ny de malheur, que la bonne & mauuaise conscience; & il fait bien plus d'estat du moindre priuilege de la grace, que de tous les auantages de la Nature. Le Sage est tousiours veritable en tous ses discours, & religieux à tenir tout ce qu'il promet : il sçait bien que le plus solide, & le plus asseuré contentement de la vie consiste à cheminer droit en toutes ses actions:& que les subtilitez dissimulées, & malicieuses sont des sentiers destournez, qui menent tousiours leurs Autheurs à des precipices. ƒ Partant il ne pardonne à rien pour l'amour de la vertu:il apprend & desapprend beaucoup de choses pour luy plaire. Et pource que ce n'est pas assez, pour deuenir habile homme, de se proposer vne bonne fin, & d'auoir des intentions bien reglées:il faut encore outre cela choisir les moyens pour y paruenir : ie pense que nous ne sçauriõs mieux faire, que faire choix de quelqu'vn qui tienne rang parmy les Sages, & les vertueux, auec qui nous puissions conferer familierement. Et il le faut choisir si accomply en honnestes mœurs, & si consommé en vertu, que nous puissions tirer en exemple iusques au moindre de ses gestes, de ses actions, & de ses paroles. Comme auec vn flambeau allumé, on en allume vn autre : ainsi vn homme éminem-

ƒ *Vicie omnia impedimenta, & ad cætera contemnenda, à contemptu sui venit. Seneca.*

ment sage & vertueux peut communiquer sa lumiere, à celuy qu'il admettra dedans sa conuersation : les mœurs passent facilement de l'vn à l'autre, en ceux principalement qui ont contracté vne familiarité tres estroite. C'est là le plus seur de tous les chemins de la vraye Sagesse, & le moyen le plus asseuré pour acquerir vne experience racourcie, & pour nous instruire par abregé. Et pource qu'ordinairement l'âge a cette proprieté d'acheuer le bon sens, & de meurir la prudence, il faut que nous fassions choix de quelque personne ancienne, à laquelle nous puissions nous confier de nostre conduite. Le conseil des Sages vieillards est tousiours plus seur que celuy des jeunes gens : comme c'est l'estude, la meditation, & la conference qui commence les habiles hommes; aussi est-ce la pratique, & l'experience qui les acheuent, & qui les font sages : g *Memoria præteriti, dispositio præsentis, prouidentia futuri : hæc in senibus facilius inueniuntur.*

g Clemens Alexand. lib.1.Pedag. cap. 10.

Il est certain que le bon sens est la possession des vieillards, comme la legereté & le peu d'experience est la part des jeunes gens; & que la multitude des années qu'ils ont employé dans les affaires, leur a appris tous les secrets de la vraye sagesse. Quoy qu'il y ait des testes qui meurissent de bonne heure, & que les bons & solides conseils ne soient pas tousiours attachez aux cheueux gris: si est-ce que pour l'ordinaire il faut du temps pour deuenir sage; & il n'y a rien, ce me semble, de si asseuré que l'experience, pour nous rendre vertueux, & grand habile-homme. La connoissance des belles & grandes negotiations, le moyen de les bien commencer, de les bien conduire, & la voye pour en bien sortir, ne s'apprennent guieres ailleurs que dans la pratique: il n'y a point d'excellés precepteurs comme est l'vsage, & la conuersation des habiles gens. L'experience n'est point seulement maistresse des fols, elle l'est generalement de tous les Sages: c'est le plus certain, & le moins faillible de tous les Iuges: vn chacun la croit sans caution, & sans répondant; & ce auec plus d'asseurance, que l'exemple est beaucoup plus persuasif que tous les preceptes. Or puis que le Sage, aussi-bien que le reste des autres hommes, est né pour la vie ciuile, il faut qu'il en pratique les regles auec la mesme obseruance

uance que les autres : & ie diray encore qu'il en doit eſtre beaucoup plus ſoigneux; d'autant que ſes actions portent conſequence pour la conduite de pluſieurs, qui n'eſtudient leurs deuoirs, que dans l'exemple de ceux dont ils ont conceu vne bonne opinion. C'eſt vne obligation qu'il reconnoiſt bien, & dont il s'acquite en perfection : outre qu'il ne manque à rien de ſon deuoir, il inſtruit les autres qui ont des aureilles, & des yeux; & pour ne pas bien faire en ſa compagnie, il faut eſtre ennemy de ſon propre bien, & auoir juré de mourir méchant. Mais quoy qu'il y ait pluſieurs façons pour diſcipliner les hommes, & pour corriger les mœurs corrompuës, il faut auoüer qu'il n'y a que la douceur qui fait des merueilles. La franchiſe cordiale, & la debonnaireté dont le Sage fait profeſſion, eſt vn appaſt bien charmant pour des perſonnes qui cheriſſent la ſincerité, & qui ſont ennemis de déguiſemens, & de rudeſſe. Le chemin le plus court pour perſuader, c'eſt de plaire; & pour faire entrer la vertu auec facilité dans vne ame vn peu craintiue, il faut la faire paroiſtre agreable, & riante.

a La Sageſſe renfrongnée, & toute ſci- *a Rudes homines, ſolâ*

formâ, à bru-
tis differunt.
Cleanthes.

che espouuante les esprits debiles : il y faut vn peu d'assaisonnement, ou quelque sorte de correctif, pour faire qu'elle profite aux personnes de petit courage. C'est à dire que le vertueux doit compatir aux folies des autres, sans y prendre part : Il vaut mieux décrediter le vice par le mespris, que luy donner reputation par des inuectiues ; & rire auec profit, que se mettre en cholere inutilement. Il est vray qu'il n'y a rien tant à souhaiter pour vn malade, qu'vne medecine delicieuse, & facile à prendre. Forces gens craignent plus l'amertume du breuuage qu'on leur donne à aualler, que l'incommodité du mal qui les presse : tous voudroient, autant pour les maux de l'esprit, que pour ceux du corps, qu'on les purgeast auec des remedes doux, & faciles à prendre ; & il y en a mesme qui souhaiteroient qu'on leur donnast des capillotades, & des ragousts, au lieu d'agaric & de rheubarbe. Comme on dit que l'arrogáce, pour s'aymer soy-mesme demesurément, est contrainte de demeurer dans la solitude ; chacun apprehendant son abord, & sa compagnie : aussi est-il vray que la courtoisie, la ciuilité, & l'humeur douce & obligeáte font les plus fortes attaches de la societé humaine. *b* On ayme naturellement les perſonnes cõplaiſantes, qui ſont de douce & facile conuerſation, qui n'ont point d'humeurs griſes & inégales, & qui s'accõmodent prudément aux compagnies, où elles ſe trouuét par obligation, ou par hazard. Vn bon eſprit s'ajuſte à tout ce qu'il rencõtre qui ne choque point ſa conſcience : & comme on diſoit d'Alcibiade, il eſt ſi accommodant, & fait toutes choſes de ſi bonne grace, qu'il ſemble qu'il ait vne particuliere inclination à chacune des choſes qu'on luy void faire. Il n'y a point d'humeur, pour extrauagante qu'elle ſoit, auec qui le Sage ne puiſſe viure tranquillement ; ny perſonne ſi bigearre, & ſi farouche qu'il ne trouue le moyen d'adoucir & d'appriuoiſer. Les plus belles ames, & les mieux nées, ſont les plus vniuerſelles, & les plus capables de toutes choſes: elles ſont touſiours honneſtes, accortes, & obligeantes enuers tout le monde; touſjours applicables à tous ſens, communicatiues, & ouuertes à toutes ſortes d'humeurs. Pour moy, ie tiens cette qualitélà pour la plus charmante, & la plus aymable que ſçauroit auoir vn honneſte

b Popularis & grata eſt omnibus bonitas, nihilque quod tam facile illabatur humanis ſenſibus.
S. Ambroſ. lib. 3. Offic. cap. 7.

homme : aussi est-ce la plus honorable que l'on rend au vieil Caton, qui estoit consommé en toute sorte de vertus morales, & comme vn phœnix parmy les hommes : c *Huic enim versatile ingenium, sic pariter ad omnia fuit, vt natum ad id vnum diceres, quodcunque ageret.*

c Plutarchus.

Il n'y a rien qui rend tant agreables les honnestes conuersations, que lors que nous y rencontrons des esprits bien faits, & des humeurs pareilles aux nostres : on cherche auiourd'huy auec autant de soin ce qui delecte, que ce qui est vtile ; & l'esprit de l'homme se paist ordinairement de ce qui luy plaist. C'est pourquoy il faut se montrer honneste, obligeant, & sociable auec vn chacun, mais particulieremét auec les personnes sages, & ciuilisées. Sur tout, il faut estre frāc, & candide en toute occurrence, & auoir tousiours le cœur à la bouche ; nous ressouuenant que la pensée, & la parole sont deux Sœurs Germaines, dont la plus jeune n'est faite que pour faire connoistre son aisnée. Celuy qui emporté d'vne humeur bigearre & particuliere, voudroit fuir la societé des honnestes gens, pour se conduire par des routes escartées, ainsi que les animaux fauuages, ne meriteroit pas le nom d'hõme : car toutes les choses du monde ayant esté faites pour quelque fin ; & la fin de l'homme, pendant qu'il demeure icy bas, estant l'honneste & vertueuse societé, il s'enfuit que nous deuons conuerser ensemble familierement. Que si quelqu'vn est si ennemy de ses semblables, qu'il en veüille fuir la conuersation, & l'amitié, qu'il sçache qu'il est encore plus ennemy de soy, qu'il ne l'est des autres : qu'il s'asseure que les moindres rencõtres le troubleront, n'ayant personne qui dissipe les vaines frayeurs de son esprit; que sa patrie luy semblera vn païs estranger, & les villes des deserts affreux ; bref, qu'il ne goustera de la vie que ce qu'elle a de fâcheux & d'amer, & qu'il sera fort empesché à la supporter, si elle est bien longue. Or il est certain que c'est vn des plus notables abus, qui se soient coulez dans nostre siecle, de s'estre figuré, comme ont fait quelques-vns, que la pure & heroïque vertu ne consiste qu'à faire le bigot en ses prieres, le singulier en ses habits, & le retenu en ses paroles. La plus contraire qualité en vn honneste homme, c'est la singularité, la delicatesse, & l'hypocrisie : & il y a de la honte , & du peché de laisser à faire par orgueil, ou par opiniâtreté, ce que l'on void faire aux vertueux & aux Sages. L'vsage public donne la loy à toutes choses ; & la forme de viure la plus vsitée, & la plus commune , est tousiours estimée la plus belle , & la plus honneste. Le Sage se laisse mener doucement à la coustume, pourueu qu'elle ne blesse ny son honneur, ny sa conscience : & pour des sujets mesme indifferents., il se conforme tousiours au temps , & aux opinions generales. Il sçait bien qu'il faut rendre vne obeïssance aueugle à l'authorité publique : & que ceux qui la luy refusent pour quelque satisfaction d'esprit qu'ils pretendent, rencontrent tousiours beaucoup plus d'inquietude qu'ils ne pensoient fuir. Il faut s'ajuster à l'humeur de ceux auec qui on conuerse : la vertu estant partout égale, elle rend conforme les opinions de ceux qui l'ayment, & qui la suiuent. Il faut sçauoir ioüer, sans s'auilir ; rire sans éclatter; se relâcher, sans s'amollir ; estre constant, sans opiniâtreté ; prudent , sans finesse; simple, sans stupidité ; & corriger tousjours ses deffauts, sur ceux qu'on remarque aux imparfaits, & aux fols: d *Frons* *d* Senec. *noſtra populo conueniat: id agamus, vt meliorem* Epiſt. 5. *vitam ſequamur, quàm vulgus, non vt contrariam.*

Tous les Sages & les vertueux des siècles paſſez n'ont pas eſté maigres, ny melancholiques, non plus que quelquesvns d'à preſent; & ie croy qu'vn homme de bien peut auoir le viſage vermeil, & content; comme l'hypocrite l'a ordinairement aride & plombé. e Les Saincts mesmes ont eu autrefois leurs ébats, & leurs diuertiſſemens: Toute leur vie n'a pas eſté employée aux miracles, ny aux actions heroïques: Parmy leurs lumieres, & leurs rauiſſemens il y a eu de petits interualles d'humanité; & quoy qu'ils fuſſent parfaits, autant qu'on le peut eſtre icy-bas, & conſommez en vertus, & en ſciences, la Prudence les a quelquefois diuerty de leurs viſions, & de leurs extaſes, pour leur faire prendre part aux recreations des infirmes. Sans mentir, c'eſt vne ſcience quaſi diuine de ſçauoir bien faire l'office d'homme; ſçauoir iouïr de ſon eſtre raiſonnablement; ſe conduire ſelon les preceptes de la vraye vertu; & bien conſiderer ſon humeur, ſon âge, ſa

e *Vt ſunt enim vices ſomni & vigiliæ, noctis & diei, tempeſtatis & ſerenitatis, belli & pacis: ita labores lenandi otio, & luſibus.* Plutarch. in Moralibus.

condition, sa capacité, & ses moyens: afin de ne rien resoudre, & executer qui ne soit bon, & honneste. Toutes ces extrauagances d'esprits foibles, & tous ces efforts estudiez de ceux qui s'escartent de la vie commune, pour viure à leur fantaisie, sont tousiours des marques d'vne passion desreglée, & bien souuent d'vne prochaine folie. Ces esprits malades ne veulent d'ordinaire quasi plus manger, ny dormir, ny rire, ny parler, ny conuerser auec personne ; & pensans s'eschapper d'eux-mesmes, & faire les diuins, ou ils deuiennent entierement méchans, ou tout à fait bestes. Toute extremité est importune, & desplaisante aux esprits solides: ne rire iamais, comme Caton & Crassus ; pleurer continuellement comme Heraclite ; ou rire sans cesse comme Democrite, la continuë de tout cela est ennuyeuse, & extrauagâte. ƒ Le port de Socrate entre le gay, & le retenu, est le plus vniuersellement approuué parmy les Sages. Comme le corps s'entretient par repletion, & par euacuation : aussi fait l'esprit par le trauail bien reglé, & par la recreation temperée. Quand nostre esprit se porte bien, le corps en fait mieux ses fonctions;

ƒ *Delectatio iuncta honesto, optima: secus, pessima est.*
Isocrates.

fonctions; & noſtre vertu ne s'en porte
pas pis, ſi nous auons ſoin de la cultiuer.
L'aſpect riant, & la face joyeuſe de l'homme ſage, teſmoignent la tranquillité de
ſon eſprit, auſſi bien que la pureté de ſa
conſcience : & la lumiere interieure de
toutes les vertus, dont il eſt remply, fait
eſclatter ſes rayons iuſques ſur ceux qui le
conſiderent. Il eſt vray que la Sageſſe
pourroit auoir ſes excez, auſſi bien que la
folie : ſi on ne tire bien ſouuent la bride à
vn eſprit vif, ſa vigueur luy pourra nuire
dans la continuë ; & l'aſſiduité du trauail,
le rendra à la fin comme abruty. *a* Faire
quinze ou vingt lieuës de chemin, ſans
trouuer d'hoſtellerie pour repaiſtre, &
pour repoſer:& faire paſſer tout vn iour à
de jeunes gés, ſans leur permettre quelque
diuertiſſemét honneſte; l'inquietude, & le
chagrin eſt quaſi égal de part & d'autre.
Cóme il n'y a rien qu'on ne puiſſe appliquer à quelque bon vſage ; & que la Medecine meſme ſçait tirer des remedes des
venims, & des poiſós: auſſi eſt-il vray que
les plaiſirs de nos ſens peuuét ſeruir à noſtre ame ; & l'intention de la Nature, nous
en declarant l'vſage, a eſté que par leur
ſecours nous en deuinſſions meilleurs. Il

a *Vita ſine feſtiuitatibus, longa eſt via ſine diuerſorijs.* Democrit.

Hh

faut auoüer que châque chose sied bien en son lieu, qui seroit pourtant de mauuaise grace, si on s'en seruoit à contretemps: ny le bonnet de nuict ne sied pas bien allant par la ville; ny le chappeau estant couché dans le lict. C'est pourquoy il faut se seruir si prudemment des recreations permises, que nos corps s'en portent mieux, & que nos esprits n'en soient pas pis. Sur tout, il faut se garder d'vser de risées, & de railleries qui touchent les deffauts des particuliers; car outre que cela montre vn esprit boufon, & pernicieux, sans doute qu'on offenceroit certaines gens, qui n'ont pas enuie de rire. Il faut en tout temps que toutes nos actions, & nos paroles soient animées d'vn esprit de vertu, & de sagesse, sans neantmoins faire le vertueux, & le sage auec des mines trop étudiées. Il faut estre prompt, sans estre étourdy; vigilant, sans estre inquiet; hardy, sans estre insolent; modeste, sans estre melancholique; complaisant, sans estre flateur; respectueux, sans estre timide; & sur tout, en s'étudiant d'estre habile & adroit dans les affaires, se garder d'estre *b* Prouer. 12. fourbe, & malicieux : b *In semita enim iustitiæ, vita: iter autem deuium, ducit ad mortem.*

Que le Sage pense souuent à son salut, & contribuë tout ce qu'il peut à celuy des autres ; qu'il est de facile acceZ ; doux dans la conuersation ; circonspect en ses actions ; veritable en ses paroles ; ennemy de la jactance, & de l'ostentation ; & soigneux d'apprendre tout ce qui le peut rendre habile-homme, en la condition qu'il professe.

Chapitre II.

c LE Sage medite souuent quelles sont les qualitez des choses mortelles, & à combien d'inconueniens elles sont assujetties : Il se represente que la perfidie a violé les amitiez les plus sainctes, & ruiné les Monarchies les plus florissantes ; que de grandes fortunes ont fait naufrage par vn coup de mer ; que les accidens funestes ne sont pas moins frequens sur la terre, que sur l'Ocean ; que les maladies troublent nos contentemens, & nos plaisirs ; qu'vne disgrace moissonne la fleur de nos esperances ; & la mort, celle de nos vies, & de nos fortunes. Il n'a pas pourtant la presomption

c *Scit alibi positas esse diuitias, quàm quo cogeruntur : animum impleri debere, non arcam.* Sene. Epist. 92.

de pretendre vn priuilege d'vne loy qui
eſt generale : il ſe met volontairement à
la ſuitte de ce qui luy feroit reſiſtance, &
paye ſes debtes de bône grace ; mais principalement
la derniere. En attendant que
le terme en ſoit eſcheu, & que Dieu luy
enuoye l'obedience pour partir, il trauaille
ſerieuſement à ſon ſalut, & contribuë
tout ce qu'il peut à celuy des autres. Les
eſpines de ſa ſolitude ne piquent perſonne,
& le genre de vie qu'il méne n'eſt auſtere
que pour luy ſeul : de ſorte qu'on le
peut approcher en toute aſſeurance, &
& ſans auoir peur que ſa vertu égratigne.
Il ne fuit point la ſocieté des humains, ſi
ce n'eſt de ceux qui font gloire d'eſtre méchans,
& qui ſont des loups les vns aux
autres. Pour peu qu'il trouue de vie, & de
ſens commun en vn homme ; il eſt capable
de guerir ſon eſprit, & de le rendre
parfaitement raiſonnable. On ne peut ſe
ſeparer de ſa compagnie, pour peu qu'elle
dure, qu'on n'en remporte des plaiſirs
ſolides, & des profits qui ne l'incómodent
pas : pource que l'on ne ſe fait riche que de
ce qu'il a de trop, & qu'on ne luy prend
rien qu'il ne donne liberalement. Quoy
qu'il faſſe profeſſion des vertus ſeueres,

il ne fait pourtant pas gloire de mauuaise humeur : il n'a rien de sombre, ny de rustique au dehors de luy ; & son austerité paroist si temperée de douceur, dans sa conuersation ordinaire, que sans auoir dessein de plaire à personne, il est agreable à tout le monde. Les plus desbauchez se peuuent confier à sa conduite, & vser librement de tous ses regimes : ils ne le doiuent craindre que comme vn ennemy fauorable, qui ne fait iamais de blesseures, ny de playes, que pour tirer le sang corrompu qui cause la fiéure. Il essaye de reformer le monde, plustost par l'exemple de sa vie, que par la violence de son esprit : & quelque imperfection qu'il rencontre parmy les infirmes, il ne declare iamais la guerre à personne ; non pas mesme aux indiscrets, ny aux insolens. Il a ie ne sçay quoy de seuere, aussi bien que de doux dás sa modestie, qui est mesme respecté par l'audace, & par la superbe ; & pource qu'il porte tousiours la debonnaireté sur son front, aussi bien qu'en ses regards, & qu'en ses paroles, & qu'il est naturellement pacifique, il ne vient que rarement aux outrages, ny aux paroles de colere, pour retenir les meschans dans

d Plin. lib. 8. Epist. vltima.

leur deuoir: d *Malè terrore veneratio acquiritur; longè valentior amor ad obtinendum quod velis, quàm timor: nam timor abit, si recedas, manet amor; ac sicut ille in odium, hic in reuerentiam vertitur.*

Le Sage sçait bien que quiconque a vne langue dans la bouche, porte auec soy le plus redoutable de ses ennemis: & que pour parler aux occasions auec iugement, il faut apprendre à se taire quasi tousiours. Au siecle où nous sommes, il faut auoir le visage & la montre ouuerte à tout le monde; l'esprit, & la pensée couuerte & cachée à tous; la langue sobre, discrete, bien retenuë, & tousiours sur ses gardes. Il est certain qu'il n'y a rien de si vtile que de parler beaucoup auec soy, & le moins qu'on peut auec les autres: car comme il est vray que les grands empressemens de nostre esprit viennent des songes, & des visions nocturnes, qui nous espouuantent lors que nous dormons; il n'est pas moins veritable qu'en l'abondance des paroles que nous proferons indiscrettement, nous y commettons souuent quelque impertinence qui nous fait rougir. Ceux à qui il semble que toutes les paroles soyent à eux, & que de dire vn mot en leur prefence ce foit leur defrober quelque chofe, ne peuuent continuer la fuite d'vn raifonnement iudicieux: ils tombent dans l'extrauagance auffi-toft qu'ils parlent, & font clairement connoiftre que leur iugement n'eft pas fi folide ny fi fort, que leur memoire paroift abondante: tous leurs difcours font tellement à contre-temps, que les bonnes chofes deuiennent mauuaifes en leur bouche ; & les agreables mefme y perdent leur grace, & leur pointe. La caufe de ce vice de vouloir faire l'eloqnent, & le fage à tout propos, vient d'vne fole & ridicule vanité d'eftre eftimé habile-homme, qui d'ordinaire n'a que la hôte de n'eftre pas écouté, outre le blafme de legereté, & d'extrauagance qui l'accōpagne quafi toufiours. e Le Sage fait tout autrement, il a toufiours de grands yeux, de grandes oreilles, & vne bien petite bouche : il ne fe fert de fa langue que rarement, & vtilement: il fçait bien qu'il y a des temps où il faut parler, & d'autres où le filence eft tres-neceffaire; que la probité d'vn muet eft bien plus à eftimer, que l'eloquéce d'vn fourbe ; qu'il faut penfer à ce que l'on dit, mais qu'il ne faut pas toufiours dire ce que l'on penfe;

e *Lingua tua menti fubditafit: ad menfuram fermones proferat librā examinatos iuftitiæ, vt fit grauitas in fenfu, in fermone pondus, atque in verbis modus.*
S. Ambrof. lib. 1. offic. cap. 3.

que l'on deffend de dire ce qui est faux, mais qu'on ne commande pas de dire tout ce qui est vray; & qu'il vaut mieux diffimuler ou taire ce que nous sçauons, que de publier des veritez odieuses. Certes, comme l'imprudent s'éleue par dessus les autres, iusques au faiste de la gloire, & de l'honneur : aussi ne peut-on douter que ses discours ne le rendent le mépris, & l'opprobre de tous les hommes. Celuy qui ne sçait pas obeïr à la raison, ne sçauroit gouuerner sa langue sans faire des fautes: la parole estant l'image de l'entendement, il faut de necessité qu'elle ressemble à son original; & il seroit du tout impossible qu'il y eust de l'ordre aux paroles, quand il y a de la confusion aux pensées. Il n'est pas croyable qu'on puisse remarquer quelque grace en des mots versez à tas; ny qu'vne abondance de discours superflus, ne soient importuns à tous ceux qui les écoutent. Aussi ne sont-ils qu'en la bouche de certaines gens, qui par vn nombre infiny d'autres sottises, ne laissent point douter à ceux qui les considerent tant soit peu, qu'elles ne soient entierement éceruelées, ou bien blessées dans la teste. Veritablement ce deffaut est

l'vn

l'vn des plus insuportables de la conuersation, & l'vn des plus communs de ce siecle : c'est vne maladie dont la racine ne peut estre coupée qu'auec la langue ; & ie croy encore apres tout cela qu'il faudroit aller plus auant, & essayer d'oster la voix aux fols, & aux fourbes, pour le bien de ceux qui ont des oreilles. a Vn esprit fastueux, & turbulent, & qui se laisse vaincre aux premiers mouuemens qui l'assaillent, embroüille tellement sa conduite dans le vague de ses discours, qu'il deuient onereux à tout le monde, & se rend insuportable à soy-mesme. Depuis qu'vn homme s'est vne fois habitué au babil, il ne peut plus dompter sa langue, soit pour son bien, ou pour son mal, il faut necessairement qu'il parle : b *Homo domat feram, & non domat linguam : domat leonem, & non domat sermonem ; domat ipse, & non domat se ipsum.*

 Il est aujourd'huy des alimens que l'on donne à l'esprit, comme il a tousiours esté de ceux du corps : tous les deux n'apportent pas grand plaisir aux personnes delicates, s'ils ne sont apprestez auec quelque nouueau sopiquet. Ce qui est dit à propos, & de bonne grace est approuué

a Narratio stulti, sarcina est in via. Prouerb.

b S. August. serm. 1. de verbis Domini.

des esprits solides : comme aussi les choses dites hors de saison, ne sont iamais agreables aux personnes de bon sens. Et pource que nous naissons tous amoureux de la verité, & que nostre esprit ne peut gouster de parfaite joye que dans sa recherche, comme il ne trouue de repos qu'en sa possession : il faut nous estudier à la retenir tousiours dans nous-mesmes, aussi bien que nous la souhaitons à tous les autres. La franchise, la naïueté, & la candeur toute pure, en quelque siecle que ce soit, trouuent leur opportunité & leur mise : & en celui-cy mesme qui est arriué iusques à la deprauation des bonnes mœurs, nous les aymons en tous les autres, fors qu'en nous mesmes. c Il faut auoüer qu'il y a quantité de fols, & de malicieux qui passeroient pour bons & & pour sages, s'ils ne se seruoient que de leurs yeux, & de leurs oreilles : mais à mesme temps qu'ils veulent montrer qu'ils ne sont pas muets, on reconnoist aussi-tost qu'ils sont fourbes, ou qu'il y a des chambres vuides dans leurs testes. Apres tout, il faut confesser ingenuëment que nous sommes trop passionnez à loüer ce qui nous touche ; & il est vray que nous

c. *Graue malum est, vt aliquis ore suo condemnetur.* S. Ambros. lib. 1. Offic. cap. 2.

ne sçaurions faire vne action de si peu de conſequence, qu'elle ne fuſt infinie en merite, ſi l'eſtimation dependoit de noſtre iugement. Les hommes d'auiourd'huy reſſemblent aux tonneaux qu'on perce, l'on n'en peut rien tirer de bon, ſi on ne leur donne du vent auparauant. Leurs affections ſont penduës continuellement aux yeux d'autruy : ils n'ayment plus la vertu qu'entant qu'elle plaiſt au vulgaire; & s'ils font quelque bien en apparence, ce n'eſt que pour eſtre eſtimez, & bien venus dans le monde. Il y en a qui ſeruent ſi fort leur reputation, & qui parlent ſi ſouuent d'eux-meſmes au mépris des autres, qu'ils font clairement connoiſtre leur peu de merite, auſſi-bien que leur peu de ſens. d Sans mentir, ce deffaut eſt ſi odieux parmy les Sages & les vertueux, qu'il rend dignes de mépris ceux-là meſmes qui d'ailleurs meriteroient de grandes loüanges, s'ils auoient la patience qu'on les leur donnaſt volontairement. La vanterie auſſi-bien que la temerité, eſt touſjours folle & aueugle, en quelque ſujet qu'elle ſoit logée. Le plus habile, & le plus eloquent de tous les hommes, quand il ſe vante luy-meſme d'eſtre tel, & qu'il exa-

d *Licet ſapere ſine pompa, ſine inuidia.* Seneca.

gere ſes perfections dans ſes Liures, ou dans ſes diſcours, ne paſſe que pour vn badin parmy les Sages: Rien de tout ce quil dit par apres, & de tout ce qu'il faict ne plaiſt à perſonne; & le trop de ſoin qu'il a de donner du luſtre à ſes bonnes qualitez, & de les vouloir éleuer hors du commun, ne les obſcurcit pas ſeulement; mais encore les fait auoir à horreur, & à mépris. C'eſt pourtant vne maladie qui eſt incurable en pluſieurs, leſquels pour ſe vouloir croire ſages à faux, deuiennent fols tout à fait. Il eſt impoſſible d'arreſter par de fortes raiſons vn homme à qui la vanité, & l'orgueil ne permettent point de les entendre: vn eſprit trop ſatisfait de ſa propre capacité, ne ſçauroit connoiſtre les bornes de l'opinion qu'il en doit auoir; ny diſcerner l'air qui le pouſſe à ſes entrepriſes. On ne void guieres d'hommes qui ſçachent ſe dompter eux-meſmes, & bien commander aux autres: quaſi tous ne croyent qu'à eux-meſmes, ſuiuent la couſtume, & obeyſſent à leurs paſſions

e Seneca. déreiglées: e *Pauci ſunt qui conſilio ſe ſuáque diſponant; Cæteri eorum more qui fluminibus innatant, non eunt, ſed feruntur.*

f Rectè facti ƒ La vertu ſolide & de bon alloy, ne

doit iamais chercher de plus beau theatre pour se faire voir, que celuy de la conscience : plus le Soleil est haut, & moins il fait d'ombre; & plus la vertu est grande, & moins elle cherche à paroistre & à se produire. La vraye gloire est du naturel de l'ombre : elle fuit tousiours ceux qui la fuyent, & fuyt de ceux qui courrent apres elle; il faut autát trauailler à la fuyr, qu'à s'en rendre digne. Le Sage sçait bien qu'il ne faut loüer en l'homme, que ce qui est de l'hóme : c'est à dire, ce qu'on ne luy peut prédre, ny dóner, à cause qu'il luy est propre; qu'il ne faut quasi iamais parler de nos propres faits, mais qu'il faut hautement loüer ceux des autres, quand ils le meritent ; qu'il ne faut iamais parler de son extraction, ny de ses ancestres, ny de quoy que ce soit qui nous touche : ce sont ordinairement des discours qui ne plaisent qu'à ceux qui les font ; & il est certain que nous n'en sçaurions faire de si modestes, qu'il n'y paroisse quelque teinture de sottise, ou de vanité. Si nostre naissance nous a donné quelque chose de meilleur qu'aux autres, il en faut vser auec tant de moderation, qu'il n'y ait point d'esprit si rude, que la douceur & l'humi-

fecisse merces est. Seneca.

I i iij

lité du noſtre n'appriuoiſe, & ne ſurmonte. Ceux qui ſont ſortis de maiſons illuſtres, doiuent reconnoiſtre que pour en maintenir l'authorité, & la renommée, il faut neceſſairement qu'ils ſuccedent par imitation, aux belles & genereuſes actions qui les ont rendu ſi celebres. Où la vertu n'eſt hereditaire, la gloire ne le peut eſtre, pour quelque conſideration qu'on puiſſe alleguer. La Nobleſſe peut bien paſſer auec le ſang des Peres en leurs propres enfans ; *g* Mais iamais l'honneur ne paſſe au ſeconds, qu'auec la vertu & le merite des premiers. Ces choſes là ne ſe conſeruent que par les meſmes moyens qu'on les a acquiſes, & ne ſe ruinent que par leurs contraires. Il faut auoüer qu'il n'y a rien de ſi delicat que la renommée, & ſur tout celle des hommes qui ſont éleuez aux dignitez & aux grandes charges : elle eſt de la nature des fleurs, qui perdent leur odeur & leur grace, ſi on les manie vn peu rudement : & partant il la faut ſoigneuſement preſeruer, non ſeulement en éuitant l'infamie, & le blaſme ; mais encore du ſoubçon du mal, en fuyant meſme tout ce qui a apparence de quelque ſorte de petit peché. Le blaſme offen-

g. Imperium his artibus retinetur, quibus initio partum est: at fortuna ſimul cum moribus immutatur. Saluſt. de coniurat. Catil.

se toujours l'honneur, & le soupçon le flestrit; quoy qu'apres la deffiance, la vertu demeure entiere, neantmoins son authorité reste blessée, & perd beaucoup de son lustre. Et pource qu'on ne gaigne rien à mentir, sinon de n'estre pas crû quand on dit vray; que la premiere tromperie exclud d'ordinaire la seconde, & que la confiance estant vne fois perduë, il n'est plus possible de nuire, ny de profiter à personne; que la loyauté est le fondement de toute negociation, & de tout commerce; & que nous ne tenons que par là les vns aux autres : il s'ensuit de là que nous deurions estre gens de bien par necessité, & par interest, quand mesme nous ne le voudrions pas deuenir par deuoir, & pour l'amour de la vertu. Au reste, ce n'est pas assez d'entreprédre de bonnes actions, il faut tenir sa parole, & executer tout ce qu'on promet. Tout homme qui craint Dieu ne doit iamais violer sa foy, si ce n'est pour s'abstenir du mal qu'il auroit iuré d'executer; ou pour pardonner à ses ennemis, dont il auroit iuré la ruine. Il est de nos paroles comme des miroüers: ceux cy representent quel est le visage de nostre corps; & celles-là font connoistre la face de nostre ame : h *Mens in sermonibus nostris habitat, & gubernat verba nostra; & vis eius, ac disciplina, in sermone elucet.*

<small>h S. Ambr. lib. 2. de Abraham. cap. 1.</small>

La premiere vtilité que nous deuons chercher dans le monde, c'est d'y profiter pour nous-mesmes: quiconque n'est aduisé que pour les autres, doit estre tenu pour vn sot; car il est certain que nous sommes plus à nous qu'à autruy: & quand la Nature nous a laissé en la liberté d'agir, elle nous a donné assez à connoistre que c'estoit à nos propres soins qu'elle nous recommandoit. Nostre esprit est vn heritage de grand reuenu, à qui le sçait vtilement mesnager; & qui rapporte souuentefois à son Maistre, beaucoup plus que toutes les possessions que sa naissance luy a acquises. En quelque condition que l'homme soit appellé par la Prouidence, il doit cultiuer soigneusement ceste partie-là; & l'entretenir autant qu'il peut en l'acquisition des sciences diuines & humaines. Tant plus l'esprit s'exerce és bonnes choses, autant plus est-il capable de les pratiquer: & celuy qui cesse de souhaiter d'apprendre, abandonne le plus fort appuy qui soustient & deffend la vie. Comme la Nature iette les semences du bien

DV SAGE. II. Part. 255
bien en noſtre ame, auſſi ſa maturité dépend de l'eſtude, & de l'exercice : comme elle fait quelquefois plus de la moitié des choſes ; il faut auſſi que l'art les acheue, & que la diſcipline dreſſe, & mette en ordre les vertus mal adroites, & mal arrangées. Par la lecture des bons liures, toute la vertu des anciens eſt noſtre ; & ils n'ont veſcu, à dire le vray, que pour nous inſtruire ; ny fait de bonnes actions, que pour nous laiſſer de bons exemples : elle nous donne l'induſtrie & la prudence de ceux qui nous ont precedé, pour en augmenter la noſtre : elle nous preſente des conſeils ſinceres, qui ne ſont point ſuſpects de flatterie, ny de paſſion : elle nous montre les iſſües par où les Sages ſont ſortis des paſſages difficiles, & la voye qu'ils ſe ſont faite, lors qu'ils n'en ont pas trouué. Le ſçauoir eſt vn rempart autour du corps, & de l'ame : il orne l'vn, & embellit l'autre, & s'il eſt vtile à tous les deux. Comme les ſciences ſeruent de ſupport, & d'ornement aux heureux, & aux riches : auſſi tiennent-elles lieu d'aſile, & de refuge aux affligez, & aux pauures. Ce ſont des biens que les ſciences, & les arts ſur qui la fortune n'a aucun pouuoir : & il eſt

K k

vray qu'on ne les perd pas en perdant la vie; puis que l'ame ne s'en dépoüille point, lors mesme qu'elle se deffait de tous ses organes. Mais quoy qu'il faille estre sage & sçauant dans les bons liures, cela s'entend tousiours auec sobrieté & mesure; & il faut bien plus estudier à l'estre en effet, que de s'efforcer de le paroistre vainement. Il vaut bien mieux n'estre que mediocrement sçauant és choses necessaires, que de ne rien ignorer de tout ce qui est inutile. Il est certain qu'il y a des sciences si peu fructueuses, & des occupations d'esprit si friuoles, que la perte du temps est le moindre mal qu'on fait, quád on s'y addonne: ce sont des emplois, & des entretiens qui n'amusent pas seulement, mais qui abusent, & qui corrompent; qui destournent des bonnes actions, & du deuoir; qui dissipent les forces de l'ame; qui la remplissent d'habitudes molles, & lâches; & qui constituent leurs pensionnaires en vne impuissance de profiter au public, & d'estre vtiles à eux-mesmes. Toutes ces choses là peuuent estre vtilement negligées; & ce n'est pas vne ignorance, qui puisse ternir nostre honneur, & nostre gloire, que de ne sçauoir pas certaines sciences, desquelles nous ne nous pourrions iamais seruir, qu'en qualité de charlatan, ou de fourbe. Donc l'esprit du Sage ne doit rien affectionner à l'égal du desir d'apprendre, & se perfectionner dans les exercices qui sont vtiles & honnestes, & conuenables à sa condition, & à son âge; afin de ne démentir pas le lieu de son origine, & de tesmoigner à tout le monde qu'il tient le party de la vertu. Et quoy qu'on puisse estre sage, & homme de bien, à bien meilleur compte que de sçauoir toutes les sciences, & tous les arts: si faut-il s'efforcer de n'ignorer rien de tout ce qui est necessaire à la condition qu'on professe. Mais il faut prendre garde de ne nous pas appliquer aux choses où nous ne pourrions pas reüssir, quoy qu'vtiles & honnestes : *a* Car comme vn champ n'est pas propre à toutes sortes de plantes : aussi ne le sont nos esprits à toutes sortes de sciences, & d'emplois. La Nature n'a pas esté si liberale enuers tous les hommes, que de les auoir rendus capables d'exceller en toute sorte de sçauoir : tel qui a le iugement bon, & subtil, n'a pas la memoire heureuse; & à celuy qui a l'vn ou l'autre, il luy máque vne imaginatió forte

a Malè enim respondent coacta ingenia : reluctante natura, irritus labor est.
Senec. lib. de tráquill. animi.

Kk ij

& abondante. C'est à dire qu'il faut bien considerer ce à quoy on est propre, auant que d'espouser vne condition arrestée : c'est le fait d'vn imprudent & d'vn esprit mal fait, de poser sur sa teste vn fardeau qu'il ne peut porter guieres loin; & l'ayant quitté à trois pas du lieu où il s'est chargé volontairement, y tourner le dos, & seruir de risée à tout le peuple. Il faut que le Sage se porte auec vne passion genereuse, pour apprendre toutes les choses dont l'ignorance le rendroit moins considerable, ou luy causeroit du mépris, & de la honte : & qu'il tienne seulement pour doctes, ceux qui sçauent, & qui pratiquent les choses honnestes, les vtiles, & les necessaires. Or entre toutes les sciences que nous deuons rechercher auec vn grand soin, celle de nous bien connoistre doit tenir le premier rang: c'est elle qui nous fait sages, & qui nous fait riches des biens de l'esprit; & sans laquelle nous ne pouuons renoncer aux vices, ny acquerir vne demie vertu. Surtout, nous deuons nous souuenir, que la plus noble possession que nous puissions acquerir dans le monde, c'est la qualité d'homme de bien, & d'honneur : & en songeant au tracas de cette vie, il faut, pour estre reputez sages, que nostre esprit pense ailleurs: b *Ordinemus, & custodiamus in nobis statum vtriusque substantiæ, ne animam nobiliorem vtique hominis portionem Tartaro pars deuoluat inferior: sed cum potius Cælo, sanctificatum corpus acquirat.*

b S. August. Serm. de Ascensione Domini.

Que le Sage est ennemy des soins, & des negotiations inutiles ; qu'il auance tousiours du costé de la fin qu'il s'est proposée ; qu'il est liberal & magnifique aux occasions où il faut paroistre ; qu'il s'estudie d'estre preuoyant, discret, & sincere en toutes ses actions ; qu'il ne fait rien à autruy, que ce qu'il desire pour luy-mesme ; qu'il prend garde à son propre fait, & notamment à celuy de sa conscience ; & qu'il s'abstient des moindres pechez, de peur de glisser dans les crimes.

CHAPITRE III.

COMME il y a des curiositez qui sont non seulement bien seantes, mais en outre profitables & vtiles : il y en a aussi beaucoup d'autres, dont il faut neceffairement fe deffaire, pour l'ayfe & repos de noftre corps, & pour la tranquillité de noftre efprit. On blafme communément celles-là qui nous font abandonner nos propres foins, pour nous charger volontairement de ceux des autres: lefquels ne nous touchent & concernent, qu'entant que nous aymons de gayeté de cœur à remüer çà & là noftre ame, & la tranfporter inutilement en tous les païs. Il y en a qui font faits en dépit des Sages: ils s'ingerent indifferemmēt où il y a du tracas, & des affaires; & l'on peut dire d'eux qu'ils demeurent languiffans, & quafi fans vie, lors qu'ils font fans agitation tumultuaire. Sont des hommes qui font ainfi faits, & qui ont toutes les qualitez neceffaires pour ne deuenir iamais fages : leur efprit cherche leur repos au branfle, comme les enfans au berceau: ce n'eft pas pourtant qu'ils veüillent tant aller, comme c'eft qu'ils ne fe peuuent tenir en place, ny demeurer dans leur peau; Et ie croy que le mouuement perpetuel qu'ils ont dans la tefte, les deuroit excufer de toutes les courfes qu'ils font inutilement. *c* Il eft vray que le Sage ne s'empreffe point l'efprit des chofes qui ne le

c Ad meliora tranfitus eft propria dos

DV SAGE. II. Part. 261

touchent pas, & dont il ne doit pas répondre: il est tousiours libre de tous les emplois superflus, qui se font, ou que trouuent les esprits broüillons; & au lieu qu'ils perdent leur temps en des negotiations qui ne reüssissent qu'à leur honte, il employe le sien en des meditations salutaires, où il trouue la tranquillité de son esprit. Pas vn de tous les vents n'est iamais propre, pour celuy qui n'a point de port destiné en son esprit: & il est impossible que celuy-là dispose ses actions particulieres auec profit, aussi long-temps qu'il negligera de diriger sa vie à certaine fin. L'Archer doit premierement sçauoir où il vise, & puis accommoder sa main, son arc, & sa fleche pour tirer au but. Ce prouerbe est assez commun dans le monde, que chacun est l'artisan de sa fortune: c'est à dire que Dieu ne fait pas tout luy seul; mais que l'homme doit aussi cooperer de son costé, pour bastir son auancement; soit temporel sur la terre, soit eternel dans le Ciel. Il est vray que ce sont les seules mains de la Nature, qui rendent les hommes agreables, & qui leur font des corps, & des visages de bonne mine; que c'est de la grandeur de leur race, & des qualitez de

benè nata animæ, quæ contemptis puerilibus studiis, persolidiora, & magis virilia contendit ad tranquillam constitutionẽ, discurrentem per cogitationes honestissimas.
Philo. lib. de Abrahã.

leurs anceſtres dont ils ſe qualifient Nobles ; & qu'ils ne ſçauroient auoir de richeſſes, ny de grandes charges, ſi la Fortune leur refuſe ſes faueurs : mais quant à ſe faire honneſtes gens, ſages, vaillans, & bien vertueux; on ne ſçauroit dire qu'il ſoit au pouuoir de choſe quelconque, que de leur trauail. Ce n'eſt pas aſſez d'auoir des commencemens heureux, & des parties fort recommandables, pour acquerir du renom, & de la vertu : le principal eſt de les employer prudemment ; car de telles, ou ſemblables choſes, comme des richeſſes & de l'or, l'vſage vaut bien mieux que la ſeule poſſeſſion ; & le libre employ, que la iouïſſance conditionnée. Il faut ſe péner à chercher les occaſions de bien faire; il faut de la prudence à les bien choiſir, & du bon-heur à les trouuer pour s'en ſeruir auec gloire & profit. Mais le bon-heur ne dependant point de nous, le ſuccez de nos trauaux doit eſtre remis à la Prouidence : & il ne faut pas laiſſer de nous rendre capables des belles negotiations, & des grands emplois, quoy que nous ne ſoyons pas bien certains d'y eſtre vtilement occupez : *d Sibi enim quiſque dat mores : miniſteria caſus aſſignat : ſæpè bona materia ceſſat ſine artifice.*

d Senec. Epiſt. 47.

Au

Au reſte, l'éclat des plus belles pierreries de tout l'Orient, n'a point tant de pouuoir ſur les yeux des hommes, que la liberalité ſur les grands courages: celuy qui ſçait gaigner les affections des honneſtes gens, en les obligeant de bonne grace, fait quelquefois d'vn petit preſent, vne conſtitution de grand reuenu. Les dons gracieuſemét offerts de la main d'vn Sage, penetrent merueilleuſement dans l'eſprit de ceux qui les reçoiuent, & les diſpoſent à le ſeruir en toute occurrence. Il eſt vray que les grandes deſpenſes, en des occaſions inutiles & vaines, & dont la memoire ne dure pas plus que la fumée, ne meritent pas le nom de magnificence; ains pluſtoſt celuy de profuſion, & de prodigalité: au lieu du credit, & de la gloire que s'en promettoient leurs Autheurs, ils n'en reçoiuent ordinairement que des reproches, & du blaſme. Comme donner ſans ſujet, & mal à propos, ce n'eſt pas ſçauoir donner; mais c'eſt ne ſçauoir pas conſeruer: auſſi dépenſer en des occaſions indignes, & friuoles, ce n'eſt pas veritablement eſtre magnifique; c'eſt n'eſtre pas ſage en la diſtribution de ſon bien, & de ſes richeſſes. Il faut eſtre liberal, & splendide prudemment; & ne pas imiter sur le tard, ceux qui commencent à viure de mesnage, apres qu'ils n'ont plus que des méchans meubles, qu'ils vendent piece à piece, pour auoir du pain. *a* C'est vne belle & vtile consideration de mesurer ses moyens, pour faire iustement ce que l'on peut, & ce que l'on doit, & rien dauantage. A faute de consulter la prudence, & la discretion sur des sujets douteux, les bons esprits mesmes s'esloignét bien souuent du sens commun, & prennent quelquefois les fausses vertus, pour les vrayes, & les choses profanes pour les sainctes. Toutes les maximes de la vraye Sagesse tombent en confusion, & en desordre, si elles ne sont dirigées & conduites par le iugement: & aux choses mesmes qui nous paroissent euidentes, & faciles à faire, il ne faut laisser de prendre son aduis, aussi bien qu'aux espineuses. Le Sage ne fait point de dessein qu'il n'ait consideré le temps, les iours, & les heures iusques aux momens; & preueu iusques aux moindres circonstances de ses entreprises. S'il a affaire à quelqu'vn, de quelque condition qu'il soit, il penetre subtilement dans sa pensée; il pese auec iuge-

a Nescit egere optima disciplina: quia scilicet, & loco, & temporise se accommodat; & nouit quando occurrere debeat, & quando abstinere.
S. Ambros. lib. de viduis.

ment tous ses interests; il medite les endroits par où il est prenable; & il ne s'efforce point de faire répondre sa volonté à la sienne, qu'il n'ait reconnu que l'opportunité fauorise ses intentions. Et pource que l'Histoire est appellée des grands hommes la Maistresse de la vie, & l'instrument principal de la Morale, il faut que le Sage y corrige ses deffauts, en remarquant les issuës funestes, de ceux qui ont mal dirigé leurs principales actions. Aussi est-ce le miroüer de la vie humaine, & le propre lieu où l'on peut voir dans les actions d'autruy, les taches de celles qui ne sont pas nettes. Le meilleur fruict qu'vn chacun de nous en peut tirer, c'est de nous appliquer les exemples; nous former au patron des personnes qui se sont signalées par leur vertu; & euiter les mauuaises actions, & les desbordemens, que nous trouuons si difformes en ceux qui n'ont excellé qu'en méchanceté, & en malice. Et de fait, quand nous imitons la patience, la douceur, & l'humilité de tant de saincts personnages, qui en s'acquittant de leur deuoir, nous ont enseigné tout ce qui estoit du nostre: ce n'est plus eux maintenant qui operent, c'est nous-mesmes qui agissons ; nos intentions & nos projets sont conformes à ceux qu'ils auoient ; en méprisant nous-mesmes, & tout ce qui est de creé, nous portons nos interests iusques dans le Ciel, aussi bien qu'eux. Autrement, si nous ne nous seruons des grands exemples, que pour enrichir & authoriser nos narrations, & rendre nos entretiens agreables, il est vray que nous ressemblerons à cét esprit mal fait dont parle vn Apostre : b *Considerauit vultum suum in speculo: inspexit se, & abijt ; & statim oblitus est qualis fuerit.*

 Le plus solide, & le plus charmant de tous les plaisirs du Sage, consiste à cheminer droit en tous les destours de la vie presente, & de se montrer sincere & franc en toutes ses actions, aussi bien qu'en ses paroles. Les subtilitez des fourbes, & des r'affinez du temps, sont comme de certains chemins destournez, qui menent quasi tousiours à des precipices; & bien souuent, Dieu le permettant ainsi, pour nous humilier, & pour nous confondre, nous nous enferrons nous-mesmes dans les piéges que nous auions tendus pour les autres. L'homme de bien ne doit iamais separer la prudence de la probité, ny

b Iacob. 1.

se persuader que la discretion puisse habiter au milieu des vices. I'estime beaucoup plus les bons, & les simples, que les Sages, ny que les vaillans: la sagesse, sans la bonté, n'est qu'vn venin subtil, & vne corruption penetrante; & la vaillance, qui n'a pas la probité auec elle, n'est qu'vne faim enragée, & vne alteration bruslante du sang humain. Les Sages malicieux, s'ils sont sujets, trahissent le Prince, & vendent l'estat : les vaillans, qui n'ont point d'ame, entreprennent sur sa personne, & se mettent iniustement en sa place; s'il ne s'asseure prudemment de leurs personnes, les vns le tiennent en continuel soupçon, & les autres en perpetuelle crainte. L'homme simple, qui craint Dieu, & qui chemine en ses affaires auec moins de subtilité que de bonne foy, est celuy qui les fait mieux, & plus vtilement qu'aucun autre : les procedures desnuées d'artifices, & de duplicitez, sont de certains moyens pour establir ses asseurances en toutes sortes de negociatiós;&il est vray que quelque industrie que les plus fins apportent, pour cacher leurs intentiós à double sens, sont bien souuent plustost trompez, & deceus, que ceux qui vont rondement & candidement en besongne. En vn mot, la premiere qualité du Sage, c'eſt d'eſtre irreprehenſible deuant Dieu, & deuant les hommes. Quant à ce qui concerne les deportemens d'vne bonne vie, & les maximes d'vne conſcience qui craint Dieu : il eſt vray que le Sage ne s'arreſte pas aux opinions du vulgaire; & principalement en vn ſiecle corrompu, & décrié comme eſt celuy-cy. Il ſe reſſouuient qu'au meſme temps que la Nature eut donné à l'homme l'vſage de la connoiſſance des choſes, elle luy enjoignit de ne iamais rien faire à autruy, que ce qu'il voudroit qu'on luy fiſt. Il n'y a point de cachette dans le labyrinthe des equiuoques, pour exempter qui que ce ſoit de l'execution de ce precepte : il ne reçoit point d'exception par la conſideration des perſonnes, non plus que les années ne le ſçauroient preſcrire, ou inualider. Cela veut dire aux Roys, & aux Princes, auſſi-bien qu'à ceux de la lie du peuple, qu'ils doiuent eſtre la loy à eux-meſmes ; qu'ils ne doiuent point chercher d'autres preuues, ny d'autres conuictions de leurs deportemens, & de leurs penſées, que le teſmoignage de leur propre cœur;

& qu'aussi-bien seroient-ils absous en vain, si leur conscience les condamnoit. Cela donc estant veritable, il faut commencer de bonne heure à estre sage, & eminemment vertueux ; & ne iamais desister d'estre l'vn & l'autre tout ensemble, pour quelque sujet que nous pretendions : c *In vita enim, perindè vt in simulachro, omnes partes pulchras esse oportet.*

c Socrates.

Il faut éuiter les occasions de perdre inutilement la plus precieuse de toutes les choses du monde, qui est le temps : chaque iour est vn tableau racourcy de nostre vie ; & le seul moyen pour nous rendre bien tost habile homme, & homme de bien, c'est de faire auec grande consideration toutes nos actions iournalieres. Entre tous les sages conseils que Moyse donne au peuple Hebrieu, il leur recommande en paroles expresses d'estre bien attentifs sur eux-mesmes ; c'est à dire sur leurs pensées, sur leurs paroles, & sur leurs actions ; & de se considerer à toute heure, comme si leur vie n'estoit soustenuë que par vn filet bien mince ; qui fust au hazard de se rompre à tout moment. Le plus important de nos affaires, & de tous nos soins, c'est de penser souuent à

ce qui nous touche, & de preuoir prudemment à ce qui concerne nostre salut; c'est là principalement où il faut montrer que nous sommes sages, & que nous laissons la terre sous nos pieds, pour penser au Ciel. Côme les Marchands bien soigneux en leurs negoces, & en leur trafic, il faut supputer le soir tout ce que nous auons perdu ou gaigné durant la iournée. L'experience nous fait voir que l'œil qui a égaré, ou perdu sa pointe, pour auoir regardé trop fixement la lumiere, la recouure dans vn lieu obscur, & où il n'entre que fort peu de iour : ainsi est-il de l'esprit de l'homme ; quand il s'est vne fois esbloüy, & dissipé dans la multitude des occupations exterieures, il faut necessairement qu'il se ramasse, & reprenne sa force dans la recollection de quelque retraite. d Il faut veiller soigneusement sur nostre ame, & estre bien attentifs sur nos œuures, & sur nos paroles ; voire examiner nos moindres pensées ; bien éplucher les accez, & les remises de tous nos desirs; considerer iusques où nous a porté la fievre de telle & telle impatience, ou de tel, & tel courroux ; d'où procede le sujet de cette enuie, & de cette hayne ; d'où vient
la

d Diebus singulis, vespere & manè considera, quo pacto se habeant negotia tua : & vespere quidem ingressus cubiculum, examina teipsum quid egeris : si quid malè,

DV SAGE. II. Part. 271

la sotte cause de ce dépit, ou de ce mépris; l'horreur, & l'erreur de ce mensonge; l'ineptie de cette opiniâtreté; l'aueuglement de cette insatiable auarice, & le déreiglement de cette ambition effrenée. C'est ainsi qu'il faut sincerement nous taster, nous éprouuer, & nous bien examiner, si nous voulons deuenir bien tost gens de bien, & bien tost sages. Et pource que les naissances de toutes les choses de çà bas sont ordinairement fort petites, & fort foibles, il faut de necessité auoir les yeux bien ouuerts, sur les commencemens de tout ce qui nous touche, & qui nous concerne; & notamment sur nos inclinations qui panchent du costé du vice : car comme on n'en apperçoit pas le danger en sa petitesse; aussi n'en découure-t'on plus le remede quand il est acrû. Il est aysé de remedier dés le commencement aux fautes qui ne procedent que de trop de facilité, ou d'inaduertance : *a* mais quand les vices sont passez en habitude, & que les affections sont depraueés, il en est comme des vlceres inueterez, & des maladies interieures, ausquelles il est besoin d'appliquer le cautere, & de faire des profondes incisions. *b* Il est certain

ingemisce & lacryma; facto diluculo, examina quid nocte. S. Ephrem. Serm. de vita Religiosa.

a *Vbi semel recto deerratum est, in praeceps peruenitur.* Velleius, Patercul. lib. 1.

b *Nemo repente ad ex-*

M m

que les grands maux ne naiſſent pas tout à coup dans nos conſciences : les bonnes mœurs ſe peruertiſſent ordinairement par degrez ; des negligences l'on vient aux petites fautes, & de là l'on gliſſe aux plus grandes : à la fin la multiplication de toutes ſortes de pechez ſe dilate ſi fort, qu'elle produit la ſubuerſion de toutes nos œuures, & nous fait douter de nôtre ſalut. Sainct Cyrille, & S. Chryſoſtome tiennent pour aſſeuré que Iudas eſtoit hôme de bien lors que Ieſus-Chriſt l'eſleut pour Apoſtre, & qu'il ne deuint pas impie en vn ſeul iour : mais peu à peu il ſe peruertit & deuint meſchant ; & des petites fautes, il vint aux mediocres, & puis aux grandes. De meſme que la fiévre, ou la gangréne s'engendre bien ſouuent aux corps de ceux qui negligent de panſer de petites playes, dont ils ne ſont incommodez que mediocrement : auſſi voit-on ſouuentefois des perſonnes qui tombent en de grandes fautes, qui ont commencé par de petites manques ; & pour auoir mépriſé de s'abſtenir de petits pechez, ils ſe ſont habituez à perpetrer de grands crimes : c *Ne dicas nihil eſt: propterea magnum eſt malum, quoniam nihil eſſe videtur: nam quæ nihil eſſe vi-*

tremam im-
probitatem
inſiliit.
S.Chryſoſt.
homil. 87.
in Matth.

c S. Chry-
ſoſt. homil.
14. in Epiſt.
ad Epheſ.

DV SAGE. II. Part. 273
dentur, facilè contemnuntur: quæ autem contemnuntur, etiam augentur; quæ autem augentur sunt incurabilia.

Que le Sage abhorre la societé des meschans, & recherche auec soin celle des bons, & des vertueux.

CHAPITRE IV.

IL faut auoüer que les grands exemples donnent souuent de l'authorité au vice, & que se conseruer au milieu de la corruption de ce siecle, n'est pas vn effet de nostre plus ordinaire inclination, non plus que de la cōmune force de nostre vertu. *d* Comme la constitution du corps humain n'est iamais si robuste, qu'à la fin, parmy ceux qui sont malades, on ne le deuienne aussi bien qu'eux: aussi est il vray que les ressorts de l'ame ne sont iamais si fermes, ny si forts, qu'on ne se corrompe & se perde, quand on est long-temps parmy ceux qui ont les mœurs dissoluës, & les humeurs desreiglées. *e* Le malade communique aysément son mal à vn corps bien sain: les imperfections, & les vices se glissent au de-

d Procliuis est malorū imitatio: & quorum virtutes assequi nequeas, citò imitaris & vitia. S. Hieronym. Epist. 3. ad Lætam.

e Serpūt enim vitia, & in proximum quemque

Mm ij

dans de nous, par la seule consideration de ceux que nous voyons familierement : & comme il ne faut qu'vn mouton gasté, pour infecter & perdre vn troupeau bien net ; aussi est-il vray que toute vne assemblée d'esprits simples, & innocens peut estre corrompuë par vne personne entachée de vices, & portée au mal. *f* Nous formons nos mœurs, & nos humeurs selon le modelle des compagnies que nous hantons : la conuersation des Sages, & des vertueux corrige nos inepties, & nos inclinations au mal ; & celle des fols, & des malicieux depraue & ruine toutes les bonnes qualitez de nos esprits. Nostre ame est comme la glace d'vn miroüer, où se forme telle figure qu'on y represente ; laide ou belle, il n'importe ; c'est vne table raze, où l'on imprime telles figures, ou tels caracteres que l'on veut. *g* Mais nous auons cela de mauuais, à cause de la deprauation de nostre nature, que nous nous portons bien plus volontiers en la compagnie des méchans, qu'en celle des bons, & des vertueux : & il est vray que nos ames, aussi-bien que les moûches, s'attachent bien plustost aux lieux raboteux, & mal vnis, que sur la polisseure d'v-

transiliunt, & contactu nocent.
Senec. lib. de trāquill. animi, cap. 6.

f *Qui se improbis immiscet, necesse est eadem pati & agere, qua tales agere, & loqui inter se didicerunt.*
Plato, lib. 5. de legibus.

g *Res ad imitandum prona, & expedita improbitas est ; nec quicquam tam facile est, quam malum fieri, etiamsi nemo ducem se nobis ad vitium præbeat.*
S. Gregor. Nazianz. orat. Apo.

ne enclume, ou d'vn miroüer; c'est à dire plustost sur le vice que sur la vertu; & plustost sur les choses qui ne sont bonnes qu'en apparence, que sur celles qui le sont réellement. Sans mentir, il est auiourd'huy bien difficile d'acquerir la vertu, & la sagesse dans le monde, parmy vn si grand nombre de fols, & de fourbes dont il est remply; & qui y font profession publique de toutes sortes d'impietez. Certes, le venin de ces gens-là est si subtil, & si contagieux, qu'il se communique, & nous saisit au cœur, aussi-tost qu'on s'en approche. Il ne faut qu'vn peu de leuain, pour aigrir beaucoup de paste; & vn homme pernicieux, & consommé en malice noire est capable de ruiner, & de perdre par son exemple, la vertu de plusieurs portez au bien. Ce n'est pas vn effect de la pure vertu des hommes, ains vn œuure de la Toute-puissance de Dieu, lors que parmy les impies, & les mal-viuans il s'en rencontre qui se maintiennent dans la probité, & dans l'innocence. Quand cela arriue, ces grandes & genereuses actions se doiuent tousiours attribuer au secours de Dieu, & iamais à l'industrie ou bonté d'esprit des vertueux &

Mm iij

des Sages. Et en effet, c'est vn don du Ciel, & fort approchant du miracle, de rencontrer de si belles roses parmy de si poignantes espines; & de trouuer de si beaux diamans, & de si belles perles, dans des lieux fangeux, & dans des cloaques: h *Non mediocris virtutis titulus est, inter prauos viuere bonus, & inter malignantes innocentiæ retinere candorem; versari inter spinas, & minimè lædi, diuinæ potentiæ est, non virtutis nostræ.*

Il semble qu'on approuue & soustient le mal, quand on entretient vn estroit commerce auec les vicieux: & les meschans qui se changeroient, si on fuyoit leur conuersation, deuiennent obstinez en leurs malices, & en leurs pechez, quand ils voyent qu'on les y reçoit auec applaudissement. i Comme les abeilles non seulement haïssent les charognes, mais elles s'escartét mesme des lieux où l'air est mauuais: ainsi les personnes Sages, & qui craignent Dieu doiuent non seulement fuïr toutes sortes d'imperfections & de vices; mais encore se destourner des ames qui en sont notablement infectées. Car comme ceux qui sont mordus de quelque beste enragée, non seulement se trouuét surpris du mesme mal; mais ils infectent

h S. Bernard. Serm. 48. in Cant.

i Inimicis autem crucis Christi nulla consensione iungamur, ne impiorum consortio sanctitas fidelių polluatur; lux separetur à tenebris, & fugiant filios diaboli filij veritatis. S Leo Ser. 6. Natiuit.

tous ceux sur lesquels ils iettent la dent:
De mesme les méchans, entachez de la
rage du peché, corrompent tous ceux
auec lesquels ils conuersent, par le moyen
de leurs pernicieux discours, & de leurs
mauuais exemples. La bonne & sage Sara, femme d'Abraham, ne pouuoit souffrir qu'Ismaël frequentast familierement
auec son petit Isaac, qu'elle cherissoit plus
qu'elle-mesme, & dont elle estoit la mere : k cette bonne Matrone craignoit
que le fils de la seruante ne corrompist le
legitime, & qu'auec le temps il ne voulust
marcher du pair auec luy, & peut-estre le
mettre derriere, & luy commander. Le
Patriarche Iacob, ayant appaisé l'ire & la
fureur de son frere, auec des presens en
abondance, & force belles paroles, ne
voulut point continuer son chemin en
sa compagnie : il sçauoit bien que la societé du méchant est tousiours à craindre, & qu'on n'y sçauroit profiter pour le
bien, non plus que pour les bónes mœurs.
Sur toutes les deffenses que Moyse fit aux
Israëlites, vne des plus signalées, & des
plus estroittes fut de ne point conuerser
auec les méchans, & les impies : de peur
qu'ils ne changeassent leurs vertueuses

k Sumuntur à conuersantibus mores; & vt quædam in contactos corporis vitia transiliunt, ita animus mala sua proximis tradit. Senec. lib. 3. de Ira, cap. 7.

habitudes en de tres mauuaises, & qu'ils ne deuinssent semblables à ceux, auec lesquels ils seroient ordinairement: *l Recedite, inquit, à tabernaculis hominum impiorum, & nolite tangere quæ adeos pertinent, ne inuoluamini in peccatis eorum.*

m Le plus fructueux, & le plus naturel exercice de nostre esprit, c'est celuy de la conuersation auec les Sages & les vertueux: il faut auoüer que l'vsage en est plus doux, & plus agreable qu'aucune de toutes les actions de nostre vie ; & celuy-là est bien ennemy de tout bien, & de tout plaisir, qui se priue de son bon gré, d'vne suauité si charmante; que l'on peut iustement appeller l'antidote de nos miseres, & l'vnique remede de nos esprits, au temps que nous sommes oppressez d'afflictions. Il est vray que les bons exemples peuuent tout sur les cœurs, qui n'ont pas entierement renoncé à leur salut, & qui sentent encore des remords en faisant des actions honteuses: & il n'y a si desesperé lequel ne se laisse prendre, ou par les mains de la vertu des bons, ou qui ne redoute de tomber dans les chaisnes de la Iustice de Dieu. *n* En quelque lieu que la vraye vertu se fasse voir, elle s'acquiert l'estime,

l Num. 16.

m Sicut odoramenta replent suaueolentiâ proximos: eodem modo vicini sapientis, & contermini ex afflatu eius latissimè se diffundente meliores euadunt.
Philo. lib. de somnijs.

n Excellenti sanctitate eminentes,

l'eſtime, & l'affection de tous ceux qui la conſiderent: il n'y en a point de ſi deſinteressé, pourueu qu'il ait l'eſprit bon, qu'elle n'engage dans ſon party; ny de ſi froid, à qui elle ne donne de la paſſion pour la ſuiure. Vne ame qui ſe trouue ſouuent parmy des gens vertueux, ne peut qu'elle ne participe à leurs qualitez: Nous formons nos mœurs, & nos humeurs ſelon le modele des perſonnes que nous hantons. Comme la frequentation des bons, & des ſages corrige nos vices; de meſme celle des mauuais peruertit nos meilleures habitudes. a Ce qu'eſt le Soleil au monde, & l'œil au corps de tous les humains, le Sage l'eſt en la ſocieté ciuile: il eſt touſiours la reigle, & la meſure de tous ſes ſemblables; parce qu'eſtát luy-meſme ce que tous doiuent ſouhaiter, il montre tacitement à vn chacun d'eux, tout ce qui eſt de leur deuoir, & tout ce qu'ils doiuent faire pour eſtre pareils à luy. Certes, il eſt impoſſible que de ſi genereux exemples ne nous donnent de l'amour, & à meſme temps des deſirs de les imiter: le ſeul regard des gens vertueux a le pouuoir, ou de changer, ou de ſuſpendre les mauuaiſes inclinations de ceux qui

montes ſunt: qui idonei ſunt etiam alios docere ſic loquendo, vt fideliter inſtruantur: ſic viuendo, vt ſalubriter imitentur. S. Auguſt. in Pſal. 71.

a *Vera bona ex ſe ipſis naturaliter vocem emittunt, etiamſi ſileant.* Philo, lib. de Abel, & Cain.

Nn

les voyent, ou qui les escoutent. *b* L'on ne se figure plus de difficulté en ce dont l'on voit vne pratique continuelle: l'on suit les autres au bien comme au mal; la nature se surmonte par elle-mesme, honteuse de paroistre lâche au chemin de la vertu, & de la sagesse, entre des courages qui l'ont en estime, & qui font gloire de la posseder. Les vrays Sages, de qui nous parlons, ne se ressentent point de la corruption du siecle, & quasi point de l'infirmité humaine : ce sont personnes qui ne se laissent éblouïr les yeux à d'autre éclat qu'à celuy de la vertu, & qui ne regardent pas seulement ce qui est admiré du vulgaire. Leur saincteté ne laisse pas de paroistre, encore qu'ils la cachent; & la lumiere de leur probité rejallit si fort hors d'eux-mesmes, qu'elle se respand sur tous ceux qui sont autour d'eux : c *Nescit dißimulari sanctitas, dum lingua loquatur, quæ tot faces emittit, quot verba: & quot sonos dat, tot exerit fomenta luminis, & claritatis.*

d L'accez des bons & des Sages est si vtile & si agreable, qu'il n'y a personne qui n'en desire la cōmunication : & lors qu'on les a hantez familierement, on trouue en leur esprit tant de douceur, & en leur ame tant

b *Sanctorum vita cæteris norma viuendi est : sæpe vnius exemplo, plurimi corriguntur.* S. Ambros. lib. 5. in Lucam, cap. 7.

c Saluian. lib. 3. de Prouident.

d *Cum sapiens os suum aperuerit, tanquam templum, ibi anima pulcherrima simula-*

de probité, que ceux-là s'estiment heureux, qui peuuent consommer leurs iours en leur compagnie. Les graues discours, les sentences iudicieuses, & les solides cōseils des vertueux sont de vrays clouds qui tiennent en arrest les esprits volages, & inquiets; qui les attachent par de fortes raisons à leur deuoir; & qui les affermissent, & les rendent immuables au chemin de la vertu, pour violens que soient les efforts, & les desordres de leurs passions. *e* Si nous voulons profiter de tant de beaux exemples, & nous assagir sous de si bons Maistres, il faut que nous fassions ce que font les peintres, lesquels imitans quelque beau tableau, iettent souuent les yeux sur leur prototipe, & en rapportent fidelement tous les traits, iusques à ce qu'ils ayent coppié la piece entiere, & en sa perfection: c'est à dire que nous deuons souuent ietter nos yeux sur la vie des Sages, comme sur des images de la vraye vertu; afin de rendre nostre, par vne saincte & honneste imitation, tout ce qui est de bon & d'agreable en leurs personnes. *f* La seule consideration de leurs sages deportemens, & de leurs genereuses actions est capable de re-

chra perspiciuntur. Socrates.

e Non rus improbos, nō vrbs bonos efficit: sed similium congressus, & consuetudo. Philo Iud.

f Virtutis opera arma lucis sunt: & qui in aliorū

mettre nos ames dans le train, & dans la pratique de la vraye vertu; d'arrester nos esprits en de bonnes & salutaires meditations; & de nous faire aymer les choses sainctes, au lieu des prophanes. Les vrais Sages, sans qu'ils y pensent, font paroistre & briller l'integrité de leur vie du dedans au dehors; de la conscience sur l'exterieur; & de leurs pensées, en leurs gestes, en leurs paroles, & en leurs actions. Toute leur estude neantmoins, & leur plus grand soin n'est qu'à cacher leurs grandes vertus; tout leur souhait est que leur bonne vie soit sans changement, sans relâche, & sans eclipse; g tout leur desir aboutit à demeurer tranquilles en cette terre des mourans, au milieu des orages & des tempestes de toutes sortes d'afflictions, dont leur vie est continuellement agitée; & toute leur esperance s'attend de iouïr pour l'eternité, des contentemens & des plaisirs du Ciel, pour l'amour desquels ils méprisent si genereusement tout ce qui est de perissable, & de terrestre. Au reste, nous apprenons en leur compagnie tous les documens de la vraye sagesse, & à former nos mœurs, & nos actions selon qu'il faut estre, pour nous ietter dans la

oculis rectè operatur, exéploso suo, quasi splendentibus armis, contra vitia tenebrica, cunctos armat intuentes.
S. Thom. in Epist. ad Rom.

g *Nesciunt apes pungere, nisi euntes ad mella: nesciunt impij percutere, nisi ad promissam patriam properantes.*
Petr. Damian. lib. 2. Epist. 8.

DV SAGE. II. Part. 283
conuersation des esprits solides, & pour nous rendre considerables dans le monde. *h* Si nous voulons deuenir sages auec eux, nous leur deuons prester la mesme attention que nous auons autrefois donnée aux impies, & aux meschans; & reparer par nostre oüye, tout le bien que nous auons perdu par le mesme organe: *i Auris prima mortis ianua, prima aperiatur & vitæ: nunc autem vndè irrepsit morbus, indè remedium intret; & per eadem sequatur vestigia vita mortem, tenebras lux, venenum serpentis antidotum veritatis.*

h Instruenda est vita exemplis illustribus. Sene. Epist. 83.

i S. Bernard. Serm. 28. in Cant.

Que le premier document du Sage est de craindre & aymer Dieu; d'obseruer par amour tous ses preceptes: & d'auoir vn grand soin de l'instruction des jeunes gens; pource que c'est le Nouiciat des vertueux, & l'Eschole des habiles hommes.

CHAPITRE V.

CELVY qui veut estre sage, & vertueux tout ensemble doit premierement se proposer vne fin generale de sa vie, qui doit estre Dieu, priua-

Nn iij

tiuement à toute autre chose : à laquelle il rapporte ses intentions, & ses projets, & d'où toutes ses actions reçoiuent leur regle. k Comme nous n'auons de l'amour que pour le bien, aussi faut-il que toutes nos affections se rapportent à celuy qui contient en éminence tous les autres, & qui seul est capable de donner la derniere perfection à nostre Nature. Tous nos desseins, & nos intentions se doiuent commencer par l'intercession de ses graces, se continuer par son assistance, & se rapporter à sa gloire, comme au dernier but où ils tendent. Et comme ce n'est point à vn aueugle à disputer des chemins auec celuy qui le méne, & qui voit bien clair : aussi faut-il que nous suiuions ce que Dieu nous ordône, sans y contredire; que nous nous fondions solidement en sa crainte; que nous obeïssions par amour à tous ses preceptes; & que nous mettions en mesme rang les choses iniustes, & les impossibles. *l* Ceux qui craignent Dieu en apparence, & qui ne le reuerent, ny ne luy obeïssent pas en effet, surpassent les demôs en malice, & en ingratitude : lesquels, quoy que perdus sans resource, & priuez eternellement de son amour, ne laissent

k *Affectus tuus nomen imponit operi tuo : quomodo à te proficiscitur, sic æstimatur.*
S. Ambros. lib. 1. offic. cap. 30.

l *Desperādum est de illius salute, qui aliud magis timet, quàm Deum; quem etiam Dæmones con-*

pas pourtant de croire en luy, & de luy obeïr ponctuellement. Il est vray que l'on peut fuïr deuant la face des Roys, & des Princes, & éuiter leur courroux pour quelque temps: *m* mais tout est découuert aux yeux de Dieu: il n'y a rien qui luy soit caché: il sçait nos pensées auparauant que nous les ayons conceuës; & si sa veuë perce iusques aux abysmes, ses bras s'estendent pour le moins aussi loing. Celuy qui craint de l'offencer durant ceste vie, en obseruant filialement ses preceptes, asseure son repos pour la vie future: au lieu que ceux qui entassent crimes sur crimes, & joignent tous les iours des pechez à d'autres, ourdissent vne toile de malheurs pour s'enseuelir. Que si la patience du Tout-puissant lie les mains à sa Iustice pour quelques années, & retarde l'execution de ses arrests contre leurs malices, ce n'est qu'à dessein de rendre ses chastimens plus rigoureux, que moins ils auront apporté de soin à corriger leurs impietez, & leurs crimes. Les Monarques n'affermissent iamais mieux leurs couronnes, que par vn desir genereux de faire voir qu'en dominant sur les hommes, ils cherissent passionnément la gloire de ser-

tremiscunt.
S. Gregor.
Nazianz.
orat. 12.

m Quantascunque tenebras factis tuis superstruxeris, Deus lumen est.
Tertull. de pœnitent.
cap. 6.

uir le Souuerain de tous les Princes. C'eſt la crainte, & l'amour de Dieu qui conduit tous nos deſſeins, qui reigle nos mœurs, qui modere nos paſſions, & qui nous fait ſuiure la vertu, & fuïr le vice. Par elle nous paroiſſons bons ſans hypocriſie, deuots ſans ſuperſtition, prudens ſans malice, modeſtes ſans lâcheté, & vaillans ſans arrogance. Quiconque ſe ſent bien muny de ce threſor-là, il a vn grand auantage pour paroiſtre, & pour reüſſir dedans & dehors le monde : n *Deum time, & mandata eius obſerua; hoc eſt omnis homo : ergo ſi hôc eſt omnis homo, abſque hoc nihil eſt homo.*

Perſonne ne ſe peut dire vrayement homme, ſinon celuy qui connoiſt Dieu, qui le craint, qui l'ayme, & qui obſerue fidelement ſes preceptes. o Il n'y a rien de ſi pernicieux pour nos ames, que l'oubly de celuy qui les a creées : Nous cheriſſons la vertu auſſi long-temps que nous croyons que Dieu nous regarde; à meſme temps que nous en perdons le ſouuenir, nous penchons du coſté du vice. p La crainte nous ſert de clouds, & de chaiſnes pour nous attacher à noſtre deuoir : auſſi-toſt que nous l'auons perduë, il ſemble que nous ne trauaillions plus qu'à nous perdre.

n S. Bernard. Serm. 20. in Cant.

o Vbi memoria Dei abeſt, ibi tenebræ cum fœtore dominantur, omniſque res improba exercetur. S. Ephrem. lib. de virtute, cap. 10.
p Vbi metus nullus, emendatio proindè nulla. Tertull. lib. de pœnit. cap. 2.

perdre. Or de tout ce que nous auons à faire durant cette vie, ce qui nous peut tourner à plus grand profit, c'est d'habituer nostre entendement à l'intelligence du culte, & de l'adoration qui est deuë à Dieu; & nostre volonté à l'accomplissement de tout ce qui nous est commandé, ou deffendu par sa loy. Car celuy qui ne le craint point, & qui ne luy obeït pas, doit craindre & redouter tout; puis que toutes les choses du monde, comme elles sont ses creatures, peuuent aussi estre les instrumens de sa vengeance. *a* Au contraire, la crainte & l'amour qu'on s'en donne, jointe à vne obeïssance aueugle pour tout ce qu'il desire de nous, n'est pas seulement vne asseurance contre tous les hommes, mais c'est encore vn moyen pour s'en faire redouter; & en se soûmettant à luy volontairement, l'on triomphe de tout ce qui s'oppose à sa force & à sa puissance. Cela veut dire qu'il n'y a point de maux au monde, pour celuy qui viura dans l'obseruance des decrets de Dieu; que les persecutions des meschans ne luy peuuent iamais nuire; & qu'il trouuera tousiours plus de douceur que d'amertume, dans toutes les souffrances de la vie

a In hoc speculo, in quo Deus nos docuit vias suas nos perspicere debemus, & scrutari vias nostras, ac quærere quomodo reuertatur ad Dominum. Hugo à Sancto victore, lib. de Arca Noë.

humaine; pource que par la repreſenta-
tion & le ſouuenir de celuy qu'il ayme,
qui eſt Dieu, & pour qui il ſouffre ſans ſe
plaindre, il n'y a ſorte de tourment qu'il
ne pût ſupporter auec plaiſir. *b* Il ne
ſuffit donc pas pour eſtre homme, d'en
auoir le viſage, les yeux, les oreilles, & les
autres membres : il faut auſſi fuir le vice,
aymer la vertu, reigler ſes paſſions ſelon
la raiſon, ſouffrir de toutes ſortes d'injures, & de mépris pour l'amour de Dieu, &
reduire en pratique tout ce que les loix
diuines & humaines nous commandent.
c Dauid voulant inſtruire ſon fils Salomon, qui deuoit ſucceder à ſa Couronne,
luy recommande ſur toutes choſes d'eſtre
fidele obſeruateur de tous les preceptes
que Dieu auoit preſcrit à Moyſe, & de les
faire obſeruer à ſon peuple : ſe promet-
tant par ce ſeul moyen qu'il viendroit à
bout de tous ſes projets, & qu'il proſpe-
reroit en ſes entrepriſes. Cette vertueuſe & chaſte Suzanne ſe montra ſi fidelle en
l'obſeruance d'iceux, qu'elle ayma mieux
expoſer ſa vie, & ſa renommée, que d'y
contreuenir pour peu que ce fut : cette
ame genereuſe choiſit de perdre ſon
corps, pour ſauuer ſon ame : elle voulut

*b Iubenti pa-
reamus, effi-
ciamur iumē-
tum Chriſti,
induëtes vin-
cula charita-
tis. Tale iugū
ne detrecte-
mus, ne excu-
tiamus: ſuaue
eſt, leue eſt:
ſubeuntis cer-
uicem non at-
terit, ſed de-
mulcet.
S. Gregor.
Niſſ. homil.
2. de pau-
per. amore.*

bien perdre la terre, pour gaigner le Ciel ; & elle ayma mieux cesser de viure, que d'offencer l'Autheur de sa vie. Il est vray que Dieu a mis le bien au choix de nostre vouloir, & le mal en nostre puissance : le plus grand sujet de nostre gloire, c'est de pouuoir pecher par malice, & de ne le vouloir pas pour l'amour de Dieu. C'est bien quelque chose de parler auec élegance, & de rauir le cœur des escoutans par l'oreille ; mais c'est tout autre chose d'operer Chrestiennement, & de faire soymesme ce qu'on dit aux autres : la saincteté ne consiste pas en des paroles, elle veut des œuures ; & principalement de celles qui sont commandées : c *Ille se meritò Christianum iudicet, qui Dei præcepta custodit: qui sanctus, humilis, pudicus, & iustus est ; qui in misericordiæ & iustitiæ operibus conuersatur.* c S. August. lib. de vita Christiana, cap. 11.

Nous nous mescontons quasi tousjours en l'attente des choses du monde, & de toutes les promesses que nous font les hommes : mais ceux qui se confient en ceste bonté supréme, & qui la seruent & cherissent de tout leur cœur, ne se voyent iamais deceuz de leurs esperances, ny frustrez du loyer de toutes leurs peines. Tous les conseils qu'on nous donne au preiudi-

O o ij

ce de la loy de Dieu, ne font que des marques, & des effets de la foibleſſe des hommes : qui ordinairement ne produiſent que de la confuſion à leurs Autheurs, non plus qu'aux mal-aduiſez, qui y adjouſtent quelque ſorte de creance. d Le joug des commandemens diuins n'eſt ny difficile, ny peſant à ſupporter : c'eſt noſtre volonté, & non pas noſtre impuiſſance, qui nous le fait trouuer onereux; & il eſt vray que ſi nous examinions ſerieuſement tous les preceptes, que le Tout-puiſſant nous a faits, & preſcrits pour nôtre bien, nous confeſſerions ſans doute que l'humaine prudence n'en ſçauroit faire de ſi iuſtes, ny la Iuſtice diuine de plus doux. Comme aux ſonges que les vapeurs groſſieres des viandes peignent dedans les ceruaux des hommes, il y a communément des figures eſtranges, mal formées, & ſouuant ſi extrauagantes, qu'en ce nombre immenſe des choſes qui ſont dās le monde, on n'en ſçauroit trouuer vne qui approche de leur reſſemblance : de meſme, en toutes ces feintes excuſes, que nos ſens corporels nous ſuggerent à faux, pour donner quelque couleur au peu de ſoin que nous apportons en l'obſeruance des

d Quidquid ibi docemur, veritas eſt : quidquid præcipitur, bonitas eſt : quidquid promittitur, felicitas eſt. Hugo, lib. de Anima.

diuins preceptes, il est vray qu'il n'y a que de la vanité, du mensonge, & de la malice. e Dieu commande les bonnes choses, il deffend les mauuaises, il permet les indifferentes, & conseille les parfaites : il ne se contente pas de nous auoir créez à son image, il veut encore que nous luy ressemblions par nos œuures, & que comme nous sommes ses enfans par grace, nous le soyons aussi par l'imitation des vertus que le Daufin du Ciel nous a enseignées. Il est vray que l'homme a naturellement de la repugnance à se soûmettre à vn autre pareil à luy, & qu'il a mesme de la peine d'obeïr à Dieu : nous auons tous herité ce mal-là du premier de tous les hommes, qui ne pût luy-mesme garder vn petit precepte; quoy que Dieu luy en eust commandé l'obseruance en paroles expresses. Au fait d'obeïr l'homme ressemble à certaines femmes, lesquelles on ne peut ranger à l'obeïssance, qu'en leur commandant le contraire de ce que l'on veut qu'elles fassent : & ie croy que si Dieu donnoit vn contre-sens à tous ses preceptes, & qu'il commandast tout ce qu'il deffend, les meschans ne voudroient plus faire de mal, à cause qu'il leur seroit com-

e specula quippe sunt præcepta Dei, in quibus sanctæ animæ se semper aspiciunt : & si quæ in eis sint fœtida maculæ, deprehendunt, cogitationem vitæ corrigunt, & quasi ex imagine componunt vultum.
S. Gregor. homil. 17. in Exod.

O o iij

mandé. Presque tous les hommes s'égarent, ou s'écartent volontairement du chemin du Ciel, & de l'obseruance des diuines loix: il n'y a quasi plus personne qui marche simplement, & droictement deuant Dieu: on ne void plus d'hommes qui se maintiennent comme il faut dans les reigles de la probité, & de la iustice; ils courent presque tous à leur ruine, & ne s'étudient qu'à faire du mal: leur langue est plus venimeuse, que celles des scorpions & des viperes; leur bouche est vn ocean de mensonges, de blasphemes, & de maledictions; toutes leurs pensées ne sont que des meditations de tromperies, de trahisons, & d'outrages; & toutes leurs actions ne peuuent passer que pour des crimes, & des impietez inoüyes. f Parmy ceux qui veulent passer pour bons, & qui le veulent estre en effect, celuy-là peut estre du nombre, qui exerce la misericorde parmy ses semblables; qui prend part aux afflictions de tous ses prochains, comme à celles qui le touchent; qui ne permet point qu'on opprime l'innocent en sa presence, non plus que le pauure, ny l'orphelin, ny la vefue; qui pleure de compassion auec ceux qui sont affligez;

f *scientiam non lectio docet, sed vnctio; non litera, sed spiritus; non eruditio, sed exercitatio in mandatis Domini.*
S. Bernard. Epist. 107.

DV SAGE. II. Part. 293

qui est prest de mourir pour le salut de ses freres; qui ne s'esmeut point pour quelque injure qu'on luy fasse; qui méprise les honneurs, les plaisirs, & les biens du monde, pour posseder eternellement ceux du Ciel; & qui s'estudie à craindre Dieu, à l'aymer de tout son cœur, & à obseruer tous ses preceptes: g *Qui enim Deum amat, alia omnia despiciens, & eum solum, qui amatur, respiciens, illius curam, & suam in eum seruitutem cæteris præfert omnibus: illa solum & dicens, & faciens, & cogitans, quæ ei, quem amat placent, & grata sunt; & abhorret omnia quæcumque ille prohibet.*

g Theodoret. orat. de Charitate, tom. 2.

Comme il n'est point de terroir, pour fertil qu'il soit, qui ne demande la main de son laboureur: aussi n'y a-t'il point d'ame qui n'ait besoin d'estre cultiuée, si l'on desire que l'vne & l'autre produise d'excellens fruicts. C'est beaucoup, ce semble, d'estre beau & bien né; mais c'est encore dauantage d'estre bien instruit: la Nature est forte & puissante, mais il faut auoüer que l'institution la surmonte. L'enfance est ployable à toute sorte d'habitudes; & ne sçachant ce que c'est ny du vice, ny de la vertu, elle est autant susceptible de l'vn, que de l'autre. h C'est vn

h *sicut vasa;*

vaisseau neuf, qui garde long-temps l'odeur de la premiere drogue qu'on y met; c'est de la cire molle, où l'on graue sans difficulté tout ce qui nous viét en l'esprit; & de l'argile destrempée, à qui le Sculpteur donne telle forme qu'il luy plaist. Le grand mesnage des peres & des meres est excusable iusques à la chicheté; pourueu que ce soit à dessein de se rendre liberaux pour bien nourrir leurs enfans, & de ne rien espargner pour les faire instruire à la vertu, & aux bonnes mœurs. Ce n'est pas assez de leur donner l'estre, il leur faut donner le bien estre : il ne suffit pas de les faire beaux, le Sage veut qu'on les fasse bons, & vertueux; il veut qu'on les fasse instruire tádis qu'ils sont jeunes, & qu'on les fasse plier à toute sorte de bien, pendant qu'ils sont tendres. Comme il n'y a beste si sauuage qu'on ne puisse appriuoiser auec quelque sorte de soin : aussi n'y a-t'il esprit si farouche, & si fort grossier, qu'vne bonne & vigilante education ne rende sociable, & poly. *i* La Nature encore molle & tendre, coule facilement, comme l'eau, du costé où l'education luy donne la pente : elle s'encline, comme l'arbrisseau, du costé qu'on la ployé; & reçoit,

odorem, quo primum fuerint imbuta, referunt : sic iuuenum animi, quas primum formas imaginatione conceperint, nunquam aboleri sinunt. Philo lib. quod omnis probus sit liber.

i Citius frangas, quam corrigas, quæ in prauum obduruerunt. Quintilli. lib. 1. Instit. cap. 3.

DV SAGE. II. Part. 295

çoit, comme vn papier blanc, toute telle impreſſion qu'on luy dóne. a Comme en vn cháp, duquel le fond eſt gras & de bon rapport, s'il demeure vn long eſpace ſans eſtre cultiué de bóne ſorte, il s'y engendre de mille ſortes de chardons, d'épines, & de ronces; & toutes ces productions dommageables ne ſont autre choſe que des ſignes éuidens de la bonté, & fertilité du ſol: Tout de meſme en des ames genereuſes, & bien nées, ſouuent naiſſent de grandes imperfections, faute de ſoin, d'exercice, & de nourriture; & ce n'eſt pas tant vn indice d'vne malice redoutable, comme c'eſt vne marque d'vne bonté tres-particuliere: parce que ſi elles eſtoient chargées des ſemences des vertus ſolides, & de celles de la vraye ſageſſe, ſans doute qu'elles produiroient quantité de bonnes actions, au lieu des mauuaiſes. Les peres & les meres moiſſonnent d'ordinaire ce qu'ils ont ſemé en leurs enfans: leur principal deuoir eſt de les inſtruire tels qu'ils les ſouhaittent; les rendant capables de tout ce qui eſt vtile, & bien-ſeant à leur condition; & les occupant aux honneſtes exercices, aux arts, & aux ſciences où ils ont de l'inclination: b *Quæ enim ad Natu-*

a *Niſi vitia adoleſcentis & pueri, prudentia Pædagogi rexerit, omnis conatus eius, & impetus ad laſciuiam properant.* S. Hieronymus, lib. 2. in Iouinian.

b S. Gregor Naz. Epiſt. ad Eudox.

P p

ra ductum fiunt, plerúmque benè succedunt: quæ verò præter naturam præsumuntur, frustra tentantur.

Il n'y a point d'ame si brutale en laquelle on ne voye reluire quelque faculté particuliere; ny de si fort enseuelie dans l'insensibilité, & dans la rudesse qui ne fasse quelque saillie par quelque bout : c'est aux peres & aux meres à bien sonder les inclinations des enfans qu'ils ont mis au monde : c l'vn est né pour vne chose, & l'autre pour vne autre. Comme la Nature se iouë en la varieté des visages, elle fait le mesme en la difference des esprits: nous auons tous receu quelque grace, ou particuliere inclination de cette bonne Mere; celuy-cy d'vne façon, celuy-là d'vne autre ; & il est certain que tous ne peuuent pas toutes choses : c'est pourquoy chacun se doit chauffer à son point, & considerer à quoy il est applicable. A faute de bien considerer ce precepte, & de s'en seruir vtilement, on ne voit que mescontentemens, que confusions, & que desespoirs dedans & dehors le monde. d Mettez vne personne à vne fonction contrariante à son naturel, vous mettez le poisson dans les nuës, & les

c *Quæ sunt Naturæ consentanea, sequimur libenter.* Aristoteles.

d *Naturam mutare difficile est : nec licet semel*

oyseaux dans les ondes : asseurez-vous qu'elle ne fera iamais rien qui vaille, & qu'elle donnera aussi peu de contentement aux autres, qu'elle en receura pour elle-mesme. Il est vray qu'vne des plus grandes benedictions temporelles que Dieu ait donné aux hommes, a esté de multiplier leurs ans, aussi bien que leur lignee : Par vn âge de longue durée, ils peuent beaucoup meriter, s'ils s'occupent à faire de bonnes actions : Les enfans d'ailleurs sont les doux appuis de la vieillesse, & des sujets propres pour adoucir les infirmitez qui accompagnent les cheueux gris, & les pas tremblans de la decrepitude. Mais quand vn homme conteroit plus d'années de son âge, que la plus longue vie n'en eut iamais ; & qu'il se reuerroit réuiure en plus de cent enfans de ses descendans : si dauanture il a negligé de les faire instruire, & de les corriger pendant leur jeunesse ; e ne leur donnant pas luy-mesme, par ses deportemens, l'exemple de toutes les vertus qu'il desireroit en eux, il ne seroit pas iuste qu'il s'en prist à d'autres qu'à luy, s'ils ont maintenant l'esprit incurable, & s'ils ont imité de temps en temps ses mauuais exemples.

mixta nascentium elementa conuertere.
Senec. lib. 2. de Ira, cap. 20.

e *Vbi enim inuerecundè agunt senes, ibi necesse est adolescentes fieri impudentißimos.*
Plutarch. in quæst. Ro. quæst. 33.

Pp ij

Il est vray que les bons peres font leurs enfans tout pareils à eux : & les bons enfans s'estudient d'imiter leurs perfections & leur doctrine ; mesme de les surpasser, s'ils peuuent, en vertu & en sagesse, sans leur donner sujet de mescontentement, ou de jalousie. Au reste, c'est tousiours le fait du pere d'estre Maistre en sa maison ; de s'y faire craindre, respecter, & obeïr de tout le monde ; de faire quelquefois le fâché, & le fâcheux, quand il s'apperçoit que quelqu'vn des siens manque à son deuoir : f & sur tout de dresser ses enfans au chemin de la vertu, tandis qu'ils sont jeunes ; se ressouuenant qu'il les peut guerir par signes de tous leurs defauts, sans se seruir de magie, ou d'enchantemens. C'est à dire, à qui entend l'idiome des Maistres d'Escoles, qu'il ne faut que bransler le bouquet qui est sur la cheminée, & payer quelquefois sur le champ, sans mettre la main à la bourse. Il faut auoüer que la folie, & l'imprudence sont attachées au col de l'enfant, d'ordinaire il ne recherche que ce qui luy est preiudiciable, & nuisible : ce pauure innocent abhorre son bien, pour n'en auoir ny l'vsage ny la connoissance ; & il fuit d'excellens reme-

f *Patris increpatio suaue remedium est : plus enim vtilitatis, quàm mordacitatis habet.* Socrates.

des, à cause qu'ils sont vn peu rudes en leur application. Il n'y a pourtant que la correction d'vne bonne discipline, qui le puisse dégager des obstacles qui le retiennent dans le vice, & qui le retardent de se porter à la vertu & à la sagesse: la flatterie, & la complaisance perdent les enfans, au lieu que le chastiment, & la verge les réueille, & les assagit. Es Maisons bien policées, & où l'on tient souuent les grands iours, pour reformer les desordres du petit peuple, l'on y remarque tousiours vn bouquet de College, qui est exposé en veuë; & quoy qu'on ne s'en serue pas à toute heure, si le faut-il montrer souuent aux enfans du mesme lieu, afin qu'ils sçachent qu'il n'est là que pour leur seruir, & qu'il est propre à autre chose qu'à chasser des moûches. Il est vray qu'entre toutes les nations du monde les Spartes ont excellé en ce qui est de l'education de la jeunesse: outre qu'ils nourrissoient leurs enfans dans les trauaux, & dans les fatigues, la verge ne leur manquoit non plus que l'eau, & le pain. Si nous en voulons croire Tertullien, on les mettoit en pourpoint au moindre manque; & bien souuent on les payoit par auance, pour des

fautes qu'ils n'auoient pas encore faites:
g *Ante aram nobiles quique adolescentes flagellis affliguntur, astantibus parentibus & propinquis, & vt perseuerent adhortantibus. Ornamentum enim, & gloria deputabitur, si anima potius cesserit plagis, quàm corpus.*

h Les enfans bien nez, & bien instruits selon les documens de la vraye sagesse, se conforment tousiours à la volonté de leurs peres : tous leurs déportemens correspondent aux bônes instructions qu'ils en ont receuës; à considerer leurs gestes, leurs actions, & leurs entretiens : vous diriez des Anges, tant ils sont sages & ciuilisez. Il est vray qu'il y en a d'autres qui sont mal nez, mal instruits, & malicieux iusques aux excez : sont des petits demons incorrigibles, & des enfans qui feront mourir ceux qui les ont engendrez, apres leur auoir fait vn nombre infiny d'opprobres, & de confusions, & les auoir persecutez en mille manieres. *i* Les meilleurs d'entre-eux, & qui ne sont pas si perdus, ont neantmoins des testes vertes, dont le fruict qui est le iugement n'est iamais meur. Ils veulent quasi tous se signaler par leurs desbauches, & en laisser des marques, par lesquelles la posterité

g Tertull. lib. ad Martyr. cap. 4.

h Qui timent Dominum, honorant parentes, & quasi Dominis seruiunt his qui se genuerunt. Ecclesiast. 3.

i Cito impetus irrationabilis præuenit, & flamma quædam celerrimi motus animam depascitur, atque exurit eorum innocentiam. S. Ambros. Epist. 2. ad Simplician.

sçache qu'ils ont esté jeunes, & que nous sommes au siecle des prodigues. La vertu ne peut plus flefchir ces mauuais courages, ny ranger ces esprits abandonnez, à leur deuoir: ils se mocquent de toutes les remonstrances qu'on leur fait; & tout ce qu'on leur dit pour leur bien, ne les touche non plus que si on ne parloit point à eux. k A mesure qu'ils grandissent, leurs pechez augmentent; & à faute de les auoir chastiez estans jeunes, leurs maux sont deuenus incurables, on n'y peut plus appliquer de remedes qu'inutilement. Rien ne peut plus moderer leurs boüillantes, & desordonnées passions: ils ressemblent à vne pierre de moulin, à qui on auroit donné le branfle sur le panchant d'vn precipice, il faut necessairement qu'ils descendent iusques dans l'abysme de toutes sortes d'abominations, & de crimes; & il est vray qu'ils ne peuuent plus deuenir bons, à moins d'vn miracle, ou d'vne grace extraordinaire. Nous sommes tous de petits saincts durant nostre enfance: quelques-vns deuiennent sages & moderez à mesure qu'ils vieillissent; mais il n'y en a gueres qui ne fassent des fautes durant leur jeunesse. C'est vne saison où il

k Curua ceruices eius in iuuentute, & tunde latera eius dum infans est, ne forté induret, & non credat tibi, & erit tibi dolor anima. Ecclesiast. 30.

semble que nous ne sommes point raisonnables, & où nous ne croyrions pas estre en consideration parmy les prodigues, si nous n'estions desbauchez auec excez, & pour le moins aussi méchans qu'eux. *l* La faute de tous ces desordres vient quasi tousiours du costé des peres, & des meres, qui non seulemét negligent de faire instruire, & corriger leurs enfans pendant qu'ils sont jeunes: mais encore leur donnent de si mauuais exemples en tous leurs deportemens, qu'on pourroit auec iustice leur faire leur procés, & les punir pour les pechez qu'ils enseignét, ou qu'ils tollerent & conniuent au temps qu'il y faudroit remedier. *m* Il est certain que les enfans qui n'ont pas esté instruits, ny corrigez, par la negligence de ceux qui leur ont donné la vie, se plaindront d'eux legitimemét deuant le Tribunal de Dieu, & leur reprocheront qu'ils les ont abandonnez à toutes sortes de desbauches, & qu'ils ont esté leurs parricides, au lieu d'auoir esté leurs vrais peres. Les Sages n'ont point peur de se ruiner en balays, ny de déplaire à leurs enfans: Il faut mettre sous les pieds toutes ces tendresses de mauuais peres, & toutes sortes de craintes

l *Vt simia catulos sere complexu necat: ita nonnulli parentes immodico erga liberos affectu, & indulgentia, corrumpunt illos.* Plin. lib. 9. cap. 54.

m *Prodidit nos aliena persidia: parentes sensimus parricidas.* S. Cyprian. de lapsis.

re; si l'enfant vous hayt estant vicieux, il vous cherira quand il sera sage. La verge enseigne à bien viure, & le chastiment appliqué à bonne heure, fait aymer la vertu, & la sagesse. Le Sage doit imiter ce bon & charitable pere, qui fit démaillotter vn enfant de cinq ou six mois, pour luy dōner deux ou trois coups d'vn brin de verge, à cause qu'il auoit frappé sa nourrice, & fait le mutin. La trop grande bonté de Dauid perdit Absalon: plus ce bon Pere conniuoit & dissimuloit ses crimes, plus ce mauuais enfant croissoit en malice. Les meres trop indulgentes, & trop foles de leurs enfans, ne sont pas moins criminelles que celles qui jettent leur fruict dans la riuiere: celles-cy étouffent en secret leurs enfans dans l'eau; & celles-là sont cause que les leur le feront publiquement à vne potence, ou sur vne rouë. Telles meres doiuent estre reputées marastres, & hayes de tout le monde, comme estant la seule cause des vices, & des scandales de leurs enfans: quelques fautes, ou méchancetez qu'ils commettent en leur presence, elles ne veulent iamais leur déplaire, ny leur contredire : Mais qu'elles s'asseurent d'en receuoir vn iour

[a] *Matres, plerúmque specie dulcium corrumpunt, & enervant filios: Patres, tristium specie, servant.* Lipsius lib. 2. de Constant. cap. 8.

de la honte, & du déplaisir; sans parler de la peine où elles se retrouueront, lors qu'il faudra qu'elles comparoissent deuant Dieu, pour rendre leurs comptes; & où elles auront leurs propres enfans pour accusateurs, & pour parties. Vn Autheur ancien, & digne de foy, rapporte qu'vn jeune adolescent, fils d'vn citoyen Romain, lequel pour auoir esté negligé d'vne mauuaise mere, & abandonné à toutes ses libertez pendant son enfance, deuint à la fin prodigue, vicieux, & desbauché iusques aux excez: apres auoir dissipé tout son bien, & celuy de beaucoup d'autres, la necessité le contraignit de quitter la ville, pour chercher du pain; & d'adjouster des crimes atroces, aux excez de ses desbauches. *b* Et pource qu'il auoit passé sa jeunesse dans l'oysiueté, & qu'il n'auoit appris qu'à joüer, à faire grand chere, & à estre braue, il se retira dans vne forest où il commit quantité de meurtres, & de brigandages. A la fin, estant pris par la Iustice, & condamné à mourir sur vne roüe: comme on le menoit au supplice, ce malheureux enfant supplia ses Iuges de luy permettre de parler encore vne fois à sa mere, qui estoit vne hon-

b Vincere consuetudinem, dura est pugna.
S. August. in Psal. 30.

neste vefue, & qui auoit toutes les conditions d'vne fage Dame, mais non pas celles d'vne bonne mere: ce qui fut incontinent accordé au jeune homme. Comme donc elle fut arriuée, & conduite au pied de l'efchelle, fon propre enfant feignant de luy vouloir parler à l'oreille, puis la baifer & luy dire vn trifte & dernier adieu, il luy tronçonna le nez, auec les dents: & luy crachant le morceau fur le vifage, il s'efcria hautement deuant l'affiftance, & leur addreffa ces paroles efpouuantables. c *Sit hoc (ciues) maternæ educationis pretium: difcant aliæ matres liberos fuos bonis artibus educare; non enim fcelus meum, fed mater mea ducit ad fufpendium.*

c Iouinian. Pontanus, lib. de liberr.

Que le Sage garde foigneufement fon cœur, fes yeux, & fa langue: & qu'il s'efforce de reigler fes paffions, felon la raifon, & de les affujettir toutes, fous les ordres de fon Empire.

CHAPITRE VI.

Nous ne fçaurions iamais agréer à Dieu, fi les idoles de nos fens ne font abbatuës: font des amis infideles qui fe laiffent toufiours corrompre ; ou des ennemis redoutables, desquels il se faut ordinairement deffier. d La vraye pieté, aussi bien que la Sagesse, prend racine sur les ruines de nos vices, comme ces sortes d'herbes, qui ne profitent que sur les demolitions des vieux bastimens : & il est vray que nous deuons acquerir la liberté de nos sens exterieurs, non comme on la donnoit anciennement aux esclaues, par le coup de verge ; mais par vne attention vigilante, qui ordonne auec iustice de tout leur commerce. e Il est certain que les objets qui charment nos sens, & qui leur promettent des plaisirs, quoy qu'imaginaires, sont dangereux & fort à craindre, à ceux qui les considerent fixement : & il n'y a point d'imagination si stupide, ny si pesante qui ne s'en éueille ; ny d'appetit si froid, & si mortifié qui ne s'en eschauffe. Or puis qu'il y a vne si estroite alliance entre les yeux, & les beaux visages ; entre les oreilles, & les beaux discours ; entre le goust, & les viandes bien apprestées ; entre l'odorat, & les senteurs odorantes ; entre l'attouchement, & vn corps delicat & poly; & d'ailleurs, puisque nous sommes si fort enclins à rechercher les plaisirs sensuels

d *Molesta est lucta, sed fructuosa : quia si habet pœnam, habebit & coronam.* S. Bernard. de inter. domo, cap. 19.

e *V ignis, ybi fœnum arripuerit, nihil moratur : sed simul vt attigit materiam, accedit flammam; itidem & ignis concupiscentiæ: simulatque per oculorum intuitu, elegantem attigerit formā, protinus exurit animum.* S. Chrysost. homil. 3. de verb. Isaiæ.

de noſtre chair: ƒ Il faut neceſſairement que nous ſoyons eſclaues de noſtre raiſon, iuſques à ce que tous nos appetits ſeront raiſonnables. Il n'y a choſe au monde qui s'écoule ſi facilement de l'eſprit de l'homme, que les bonnes mœurs; ny rien qui ſe gliſſe ſi ayſément dans ſon ame, que les vicieuſes. Les choſes meſmes qui ne ſont pas abſolument deffenduës ne ſont pas touſiours à propos; & il y a des permiſſions dont il ſe faut abſtenir, à cauſe qu'elles offenceroient les eſprits des ſimples. Comme il eſt difficile de conſeruer iuſques à leur maturité les fruicts des arbres qui ſont expoſez ſur les grands chemins: auſſi eſt-ce vne choſe aſſez rare à de jeunes gens de pouuoir maintenir leur pudicité dans les compagnies; principalement en celles où il eſt permis de voir, & de faire de toutes ſortes d'actions, fors que des bonnes, & des vertueuſes. g Il eſt certain que le cœur eſt le principe de la vie, & la ſource des intentions, dont les vertueuſes ou vicieuſes qualitez inſpirent le bien ou le mal à toutes nos œuures. C'eſt vne maxime approuuée de tous les Sages, que quelle eſt la racine, tel eſt l'arbre: ſi bon-

ƒ *Sæpè enim noxia concupiſcimus, nec diſpicere quã perniciofa ſint licet; quia iudiciũ interpellat aſfectus: ſed cum ſubſedit cupiditas, deteſtamur perniciofos malorum munerum auctores.* Sene. lib. 2. de benef. cap. 14.

g *Tota opera noſtra in hac vita eſt, ſanare oculum cordis, vndè videtur Deus.* S. Auguſt. lib. 1. de verbis Domini, ſer. 18.

Q q iij

ne & saine, les fueilles seront vertes en leur saison, & les fruicts seront excellens quand ils seront meurs: si elle est gastée, ou pourrie au dedans, les branches se seichent, & les fruicts tombent à terre tout flestris. Ainsi est-il du cœur de l'homme; s'il est vne fois imbu de l'amour de la vertu, les pensées en seront saines, les desirs pieux, & les actions vertueuses : si déprané par le vice, il n'en sortira que corruption, & que puanteur; le ruisseau se sent tousiours de la condition de sa source; si nette, ou impure, cela est visible. Nostre cœur est comme vn moulin, qui sans cesse broye & puluerise quelque chose, bonne ou mauuaise; celui-cy est tousjours en branfle, & l'autre en vne continuelle agitation. Or comme il est à la discretion du meusnier de ietter sous ses meules du froment, ou de l'yuroye: aussi est-il en nostre pouuoir de donner à nostre cœur, les bonnes ou mauuaises pensées à digerer. *h* Il est vray qu'il n'y a presque que les bons ou mauuais desirs, qui nous rendent heureux ou miserables. Et pource que la cause de nos conuoitises entre quasi tousiours par nos yeux, nous deuons garder soigneusement ses

h oculus fit animæ fenestra: speculum fit mentis: fit lumen corporis: membrorum dux fit: non introitus vitiorum.
S. Chrysolog. ser. 139.

deux poternes, & poser de bonnes gardes à leurs aduenuës. Il se faut seruir de nos yeux pour considerer le bien, & non le mal ; pour nous conduire au chemin de la vertu, & non à celuy du vice : Il faut s'abstenir de ietter des regards sur des choses que nous ne pouuons conuoiter sans offense : il vaut mieux en diuertir nostre pensée, que de l'y attacher opiniatrémét : & si nous voulons vaincre en ces perilleuses occasions, il faut que ce soit à la façon des Parthes, en fuyant. *i* Comme l'œil est le plus bel ornement, & le plus necessaire du corps humain : aussi est-il le plus difficile à bien garder. Pour conseruer inuiolablement la pureté de nostre esprit, aussi bien que celle de nostre corps, il ne faut exposer à nos yeux que des objets chastes, & honnestes ; pource que bien souuent nostre veuë s'esbloüit à force de considerer les precipices ; & la teste quelquefois peut entrainer le corps où l'on ne voudroit pas aller volontairement. Le Sage nous conseille de tenir bien nette la source de nostre cœur, afin que les ruisseaux qui en sourdent soient purs & bien clairs. Il veut aussi que nous éuitions les rencontres de voir des objets lubriques,

i Facile imposturam facit quidquid delectat.
S. Gregor. Nazianz. Orat. 4. contra Iulian.

& d'entendre des discours lascifs; car il sçait par experience que la mort entre chez nous, par la porte de nos sens, & que les ennemis de la Chasteté s'y glissent quasi tousiours par nos yeux, & par nos oreilles : k *Respexit oculus, & sensum mentis euertit; audiuit auris, & intentionem inflexit; inhalauit odor, & cogitationem impediuit; os libauit, & crimen reddidit: tactus contigit, & ignem adoleuit, intrauit mors per fenestras.*

k S. Ambr. de fuga sæculi, cap. 1.

l Toutes les passions de l'homme se font reconnoistre par les yeux, comme l'on remarque les taches du visage dás vn miroüer : on lit en eux l'amour, la hayne, la pitié, la fureur, & la vengeance : l'audace leur éleue le sourcil, l'humilité les abbaisse; ils flattent en amour, ils s'effarouchent en la hayne; la cholere lance des carreaux, & l'enuie des foudres : ils soûrient en la joye, ils languissent en la tristesse; le soucy les colle & les attache opiniatrément à la terre, & ils flestrissent & perdent leur cristal dans les maladies. *m* Il faut auoüer que des yeux de l'homme dépend son salut, & son bon-heur, aussi-bien que sa ruine : s'ils resistent aux objets des plaisirs des sens, c'est signe qu'il cherit
la

l speculum mentis est facies, & taciti oculi cordis fatentur arcana. S. Hieronymus, Epist. 10.

m Democritus excæcando semetipsum, quod mulieres sine concupiscentia aspicere

DV SAGE. II. Part. 311

la vertu, & la sagesse: s'ils se laissent aller aux beautez charmantes, ce n'est plus que desordre, & que confusion au dedans de l'homme. La nuict il soûpire, le iour il se lamente; les angoisses le minent & l'étouffent, & les soupçons le font mourir à toute heure : en fin, toutes ses facultez sont en desordre, & il semble qu'il ait tout l'enfer dans sa poitrine. Au reste il y a des temps où il est besoin d'étouffer ses pensées, & d'autres où nous deuons les manifester: Il faut estre maistre de sa langue, & luy retenir ou lâcher la bride bien à propos : le silence n'est pas moins souuent la marque d'vn esprit iudicieux, que l'est le parler abondant en belles recherches; & comme nous deuons vser de l'vn ou de l'autre, selon qu'il arriue, aussi est-il besoin que nous ménagions nos affections de la mesme sorte : le Sage s'abstient mesme de parler en temps de necessité, de peur que sa teste ne paye pour sa langue; & que s'enferrant en de grands discours, les peuples mesmes ne des-approuuent ses narrations superfluës. Il sçait bien que la sagesse muette vaut beaucoup mieux que l'éloquence mal-conduite; qu'il y a vn temps pour dire

non possit: incontinentiam emendatione profitetur: At Christianus saluis oculis fœminam videt ; animo aduersus libidinem cæcus est.

Tertull. aduersus Gentes, cap. 46.

R r

quelque chose de celles qu'on a veuës, ou appris des autres, mais qu'il n'y en a iamais pour dire toutes celles que l'on sçait bien ; qu'il n'y a pas seulement du peril à dire ce qui est faux en parlant beaucoup, mais mesme à diuulguer ce qui est veritable quand il est secret ; *a* que ceux qui parlent tant auec les autres, ne parlent que rarement auec eux-mesmes ; qu'ils apprennent quasi tousiours par le repentir, ce qu'ils deuroient auoir appris par la preuoyance ; & que tost ou tard ils reconnoissent que le regret & la honte suiuent tousiours de bien prés, les discours que la Prudence ne precede point. *b* Il est vray que ce n'est pas l'effet d'vne petite prudence de ne parler que bien à propos : les grands causeurs sont ordinairement reconnus pour peu veritables ; & des personnes fort approchantes de la saincteté de Iob, n'auroient pas assez de patience pour écouter leurs sottises. Ces gens-là perdent les meilleures causes, les voulant gaigner ; & pour ne pas estre assez discrets, ny assez modestes, ils tombent quasi tousjours en des inconueniens qui les fâchent. La raison mesme semble auoir tort quand elle est de leur costé : pour le moins elle

a Nihil proderit æquè quàm minimum cum aliis loqui, & plurimum secum. Sene. Epist. 16.

b Res magna sustineri ab eo non possunt, qui tacere graue est. Curtius, lib. 4.

n'y est pas à sa place, & sous sa forme ordinaire : ils la déguisent en tant de façons, qu'elle n'est reconnoissable à personne ; & luy ostent son authorité, & sa force, ne luy laissant que les marques de l'indiscretion & de la folie. Celuy qui ne peut retenir sa langue, montre la foiblesse de son entendement ; ses conceptions vagues, & ses discours peu liez, font assez iuger qu'il y a des deffauts dans sa teste ; & qu'il pourra, auec le temps, auoir place aux petites Maisons. c La plus-part des mal-heurs que l'homme reçoit pendant sa vie, luy viennent de l'impertinence de ses discours : c'est d'ordinaire l'origine de toutes ses plus notables afflictions ; & ie croy qu'il joüiroit quasi tousiours d'vne paix perdurable, si sa langue ne luy suscitoit point la hayne des peuples. Encore seroit-ce peu de chose, si le trouble de ses affaires, la perte de ses biens, & l'inquietude de son esprit estoit tout le mal que luy apporte le parler inconsideré : mais l'indiscretion de ses levres luy peut rauir l'honneur & la vie, aussi viste qu'vn traict enuenimé, & faire des playes en sa renommée dont il ne pourra guerir qu'en l'autre monde. Toute l'habileté d'vn

d *Vndique nobis insidias dæmon præparare sueuit, sed facilius lingua, & ore peccante; nullum enim æque congruum illi organum, in ministerium est interitus atque peccati. Nam indè nobis mors, indè lapsus, indè perditio, indè naufragium præparatur.*
S. Chrysost. homil. ad baptizados.

homme eminemment sage, consiste à refrener cette partie-là, & à s'abstenir de toutes sortes de discours impertinens: le silence & la sagesse ont tant de conformité l'vn auec l'autre, que si le fol mesme se pouuoit taire, & ne pas imiter sainct Pierre, qui se fit connoistre par sa langue, il passeroit quasi tousiours pour sage, & pour habile-homme : d *Vanus sermo, vanæ conscientiæ est index: mores hominis lingua pandit: & qualis sermo ostenditur, talis animus comprobatur.*

Il est vray qu'il seroit à souhaiter que la seule raison gouuernast les hommes, & que l'auarice & l'ambition ne pût rien sur eux, non plus que sur les déreiglemens des autres pechez: le monde seroit comme vn Paradis de paix, & de consolations; & des deux parties dont la Iustice est composée, il n'y auroit que celle qui donne les recompenses qui seroit connuë. e Mais puis que desirer ce bel ordre parmy les mortels, ce n'est pas l'y establir; il faut nous efforcer de réigler les desordres de nos passions, & songer plustost aux remedes du peril qui est chez nous, qu'aux vains souhaits d'vn bon-heur dont nous ne pouuons joüir, non plus que les peu-

d S. Bernardus, lib. de interiori domo, cap. 43.

e Hæc est pugna periculosa, & hæc est gloriosa victoria: qui potuerit odisse quod amat, & amare quod odit.
S. Chrysost. de compunctione cordis.

plés. L'homme ne peut estre despoüillé de ses passions, qu'il ne se soit deuestu de la robbe de son corps; ny perdre le sentiment des affections humaines, sans perdre & destruire son humanité. De mesme que le Soleil ne va iamais sans ombre; aussi ne fait l'homme sans ses sentimens. Et ne plus ne moins que la santé du corps ne s'acquiert pas en destruisāt les premieres qualitez dont il est composé; mais en les reduisant en vn temperament bien moderé, & bien iuste: f De mesme la santé de l'ame, & la perfection qui luy est necessaire pour la rendre heureuse, ne s'obtiennent pas en arrachant tous les sentimens des passions; mais en les assuiettissant seulemét aux puissances raisonnables. Elles sont données à l'ame pour la secourir; & de tous leurs efforts, il en reüssit vne espece de temperament, par l'entremise de la raison, qui les retient & qui les modere. g Comme les choses exterieures sont faites pour le corps de l'homme, ainsi le corps est creé pour l'ame: & tous ses organes excellens, qui le rendent digne d'admiration, n'ont esté formez par le Tout-puissant, que pour seruir de sieges à toutes ses puissances, &

f *In captiuitatem redigentes omnem sensum, ad obediendum Christo.* 2. Cor. cap. 10.

g *Anima naturaliter dominatur corpori, sicut Dominus seruo: cum autem hoc dominium stat, omnia bene.* Aristotel. lib. 10 politic.

pour exercer ses fonctions plus noblement. Les passions d'elles-mesmes sont indifferentes, puis qu'elles sont naturelles à l'hôme, & non volontaires; necessaires, & non libres: il est certain que d'elles-mesmes, elles ne sont ny bonnes, ny mauuaises; *h* c'est nôtre volonté reiglée, ou déreglée qui leur imprime la forme de la vertu, ou du vice. De mesme qu'il n'y a rien de plus pernicieux qu'elles, lors principalement qu'elles se portent au de-là des bornes de la raison, & de la iustice: aussi sont-elles bien auantageuses à ceux qui s'en seruent aux exercices des grandes vertus. Chacun sçait que la cholere, qui est moderée par la raison, est l'ame de la vaillance; que la passion de l'amour n'est pas peu vtile au seruice de Dieu, & du prochain; que la hayne, & la fuite seruent à s'éloigner des vices; que la tristesse fournit des larmes à la penitence; que la ioye delasse l'esprit pour le rendre capable des bons exercices : bref qu'elles peuuent toutes contribuer beaucoup, pour acquerir la saincteté, & la vraye sagesse; pourueu qu'elles soient conduittes par le iugement, & par la raison, & que nous ayons de droictes intentions, & de bons

h si dominetur atque imperet cæteris quibuscumque homo, constat tunc hominem esse ordinatissimum.
S. August. lib. de libero arbitrio, cap. 8.

effects. Ce qu'est le sang au corps humain, les affections le sont en l'ame ; si le sang est pur & bien temperé, le corps se trouue sain & dispots: & si les affections sont bien chastes, & bien sainctes, l'ame jouït d'vne pleine & parfaite santé : i *Vt si fons ipse turbidus sit, quicquid indè fluxerit non potest esse purum : sic animus, si sit infectus malis affectibus, omnia vitiat quæ accedunt ; contra, si purus & tranquillus.*

i Plutarch. in Moralibus.

k Tous nos sens trauaillent à desbaucher nostre raison, & à nous porter au vice. Les passions déreiglées auec lesquelles nous auons esté nourris, se font vn droict sur nous par l'vsage, & vsurpent l'empire de l'ame, iusques à vouloir faire reconnoistre leurs inclinations pour vne derniere felicité. Les fausses opinions qui sont receuës du vulgaire corrompent les conseils de la raison: les passions font des ligues contre l'empire de la volonté ; elles luy arrachent souuent le sceptre des mains, & de souueraine qu'elle deuroit estre, elles la traitent en seruáte & en esclaue. Il nous faut viure auec nous-mesmes comme en vn païs d'ennemis, contre lesquels il nous faut venir tous les iours aux mains : & il est vray que la vertu est vne

K *Hæc quæ vides ossa circumuoluta neruis, & obductâ cutem, vultumque & ministras manus ; & cætera quibus inuoluti sumus, vincula animorum, tenebræque sunt. Obruitur his animus, offuscatur, inficitur, arcetur à veris.* Sene. lib. de consolat. ad Marciam.

conqueste qui nous couste bien des sueurs, puis que nous ne pouuons l'acquerir que nous n'ayons surmonté nos passions, & vaincu nous-mesmes. Or comme c'est vn pareil degré d'ineptie de méconnoistre la vileté de son origine, lors que de petit copagnon l'on est paruenu aux premiers employs du Royaume; ou bien de commettre des actions lâches, & indignes de son rang, quand on est issu d'vne race illustre : aussi est-ce vn notable aueuglement, & vne faute qui passe quasi en crime de tant esleuer le corps, & raualler l'ame, que l'vn & l'autre, quoy que diuersement, méconnoisse ce qu'il est, & ce qu'il doit estre; puis que celle-cy est la souueraine, & l'autre l'esclaue, & qu'il faut selon la raison que l'ame commande, & que le corps obeïsse. *l* Si nous ne sommes bien attentifs à tout ce qui se passe au dedás de nous, & si nous n'en faisons vn examen bien exact, nostre entendement apporte vne si grande complaisance à nos affections, & à nostre volonté, qu'il laisse sa liberté à leur discretion, & croid quasi tousiours tout ce qu'elles luy suggerent. Si nous n'auons soin de moderer l'intemperance de nos passions au commencement

l Non obtinebis, ut desinat si incipere permiseris: imbecillis est primò omnis affectus; deindè ipse se concitat, & vires dum procedit, parat; excluditur facilius, quàm expellitur.
Senec.
Epist. 116.

ment de noſtre jeuneſſe, nous rendrons la meilleure part de nos années ſemblable à la vie des brutes : & bien qu'il ſemble que les ſens pleins de viuacité à cét âge-là, eſtans capables de gouſter parfaitement les plaiſirs du corps, nous conuiënt à n'en perdre point l'occaſion : il faut pourtant croire que ſi nous paſſons l'adoleſcence dans les voluptez du monde, ce ne peut eſtre qu'au détriment de noſtre ſanté; & en courant riſque de noſtre ſalut. Apres tout, il faut auoüer que les delices de la plus belle ſaiſon de noſtre âge, reſſemblent à ces fleurs printanieres, qui meurent, & qui tombent auſſi-toſt qu'elles s'épanoüiſſent, ſans eſtre ſuiuies d'aucun fruict : & quoy que promette leur éclat qui brille ſi fort qu'il eſbloüit preſque tous les yeux des hommes, ſi n'a-t'il point de ſujet ſolide, ny d'eſtat qui ſoit permanent; il eſt du naturel de ces fantômes que l'on voit dans les nuës, qui ne ſont couuerts que de couleurs fauces, & qui ſe diſperſent eſtans frappez du moindre des vents. a Il eſt vray que Dieu n'a point abrogé les loix naturelles, & que la conſeruation de nous-meſmes eſt le plus ancien de tous les deuoirs: Mais

a *Darius quidem tractandum eſt corpus ne rebellet, ne inſoleſcat ; ſic* aussi ne faut-il pas que nous passions de ce qui est permis, à l'abus, ny que nous nous fassions l'esclaue d'vn corps, duquel nous deuons estre le maistre. Nous sommes nez pour esleuer nos yeux vers le Ciel, & pour porter nos souhaits par dessus le Soleil & la Lune: la terre est trop basse, & trop raualée pour y arrester nostre dernier but; il faut quelque object plus haut, & plus riche que tout ce qu'elle a de precieux. *b* Et puis que nostre esprit ne doit pas tousiours estre ancré dans ce corps, ny mesme faire icy bas vn sejour bien long: il faut necessairement qu'il aspire, & qu'il s'éleue vers vn bien plus souuerain, & vers vne felicité plus asseurée, que n'est cette terre des mourans. Il est vray que nous nous meslons de trop de choses, & mesmes de celles qui ne nous touchent pas: & il nous semble que nostre iurisdiction ne s'estend pas assez loin, quand nous ne reiglons que ce qui nous touche; nous voulons connoistre du fait des autres, & chercher l'inquietude & le repos à mesme temps. Il seroit en nostre pouuoir, si nous voulions, de ne pas espancher tous nos esprits dans les affaires: il suffiroit de nous prester seulement aux necessaires,

tamen vt seruire sufficiat, quia ad seruiendum spiritui datum est.
S. Bernard. Epist. de vita solitaria.

b Perpassiones nostras possumus ascendere post Christum : si vnusquisque nostrum subdere eas sibi studeat, & eminētia dominantis animi super eas stare consuescat; sublimabunt nos, si fuerint infra nos.
Eusebius Emissen. l.o. nil. de pœnitent. Niniuita.

DV SAGE. II. Part. 321
sans nous donner aux superfluës, & aux inutiles ; & auec le concours des graces diuines, nous pourrions rendre nostre ame aussi ferme, & aussi reiglée en son innocence, que le Ciel l'est en ses ordres, & en ses vertus. Le plus important de tous les soins du Sage, c'est d'estre à soy, & maistre de soy : si nous y prenons garde de bien prés, nous trouuerons à mesure que nous vieillissons, que nos desirs & nos souhaits r'ajeunissent. c Nous auons tous naturellement vn amour tendre pour nos corps : sont des valets que nous aymons par inclination, & que nous traitons en freres ; & ceux-là mesmes qui les tourmentent le plus, ne le font à autre dessein que de les mettre à leur ayse pour l'eternité. Il faut sainctement haïr son ame, quand elle quitte le chemin de la vertu, pour prendre celuy du vice ; & c'est la haïr à son auantage, & pour son bien, quand nous empeschons qu'elle n'execute les pensées illicites, & vicieuses, qui luy sont suggerées par Satan, par la Chair, & par le Monde : d *Hoc est opus nostrum in hac vita, actiones carnis Spiritu mortificare, quotidiè affligere, minuere, frænare, interimere.*

Comme l'on donna autrefois plus de

c *Nullus nobis tam occultus inimicus, quàm caro nostra.* Eusebius Emiss. homil. de pœnit.

d S. August. lib. de verb. Apost. ser. 13.

loüange, & de gloire à Cefar d'auoir pardonné à ſes ennemis, que de les auoir vaincus : *e* De meſme la generoſité de l'ame humaine paroiſt dauantage en ce qu'elle domine à ſes paſſions, qu'en ce qu'elle excelle en ſes connoiſſances. Le Sage fait diſtinction du bien d'auec le mal, ſe garentit des opinions du vulgaire, affermit ſa raiſon dans la creance de la verité ſolide, & fortifie ſa volonté dans les affections raiſonnables : il entreprend tout cela auec vn tel empire ſur les deux appetits, qui cauſent les plus grands deſordres dās ſon ame, que s'il ne peut eſteindre tous les ſentimés qu'ils y excitent; du moins il les modere, & les reigle ſelon les loix de la Raiſon, & de la Iuſtice. On ne ſçauroit croire combien l'on gaigne ſur ſon naturel, quand on prend le ſoin de le cultiuer : & à faute d'y apporter quelque eſtude, on ſe fait vne vie turbulente, vn ſupplice continuel, vne mort haſtée, & le ſalut fort douteux. Il faut auoüer que les infirmitez que ſouffre noſtre ame durant ceſte vie, procedent de ce que l'intellect & la volonté ne s'vniſſent pas aſſez à Dieu, & que ces deux principales puiſſances ne s'acquittent pas fidelement

e Potentiſſimus eſt qui ſe habet in poteſtate. Seneca.

de leurs fonctions : parce qu'on empefche le commerce qu'elles doiuent auoir auec le principe de leur vie, & qu'on les suffoque d'humeurs qui ne leur sont pas naturelles. Et il est certain que si nous manquons à reigler tous les desordres de nos passions, c'est par vne lâcheté qui nous fait rendre les armes, en des occasions où nous deurions gaigner la victoire. Comme le monde a plus de lumiere qui se communique au public, que de chaleur qui soit generale en tout l'vniuers : aussi se trouue-il ordinairement bien plus de connoissance, que de zele dans l'esprit des hommes ; & bien plus de clarté dans l'entendement des Sages, que de ferueur dans la volonté des mesmes personnes. Rien ne nous doit sembler onereux en la conqueste de la vertu, & en la deffaite des vices, estans secondez d'vn bras tout puissant ; & il ne faut pas que nostre foiblesse nous fasse perdre le cœur en vn poste si auantageux, qu'est celuy de la raison, puis que la Prouidence ne neglige pas les moindres choses qu'elle a creées, quand on inuoque son secours à bonne fin. Le Sage n'est pas exempt des troubles qu'excitét les passions, mais il les

S f iij

modere : il sçait bien qu'elles ne s'échauffent, & ne combattent que pour l'intereſt des ſens; & dans les plus rudes aſſauts qu'il ſouſtient de ce coſté là, ſa volôté y demeure touſiours entiere, & bien reſoluë pour y reſiſter. f Il ſçait bien que pour plaire & agréer à Dieu, il faut que nous renoncions à tous nos deſirs déreiglez : & que pour eſtre veritablement à luy, il ne faut plus que nous ſoyons à nous-meſmes. Il eſt vray que quand la chair eſt à l'étroit, la charité ſe dilate dans nos poitrines, & l'experience nous fait tous les iours voir, que nous ne ſçaurions ioüir des vertus ſolides, que par les rigueurs des mortificatiõs internes & externes. I'auoüe qu'on n'en peut pas venir là ſans vn grãd courage, & qu'il faut vaincre ſoy-meſme, auſſi bien que toutes choſes ; n'y ayant rien de ſi aſſeuré qu'il n'y a point de plus dangeureux ennemis que les domeſtiques; ny de ſujet qui s'oppoſe ſi puiſſamment à noſtre bon-heur, que nos propres paſſions. g L'inclination naturelle que nous auons à toute ſorte de mal, les arme continuellemẽt contre la raiſon; & les longues habitudes que nous auons contractées dans les deſordres, & dans

f *Cum caro noſtra ſubdita fuerit animæ, tunc iam non quaſi mortua iacet in ſepulchro ſuo conditio humana, ſed reſuſcitatur per gratiam Chriſti.* S. Ambroſ. in Epiſt. ad Honrontianum.

g *Corporibus dominantur homines; animis autem, affectus & vitia.* Philo. lib. quod omnis probus ſit liber.

DV SAGE. II. Part. 325

les pechez, donnent vn grand accroissement à leurs forces. Tout ainsi qu'vne eau flottante montre le Soleil auec vn mouuement conuulsif qu'il n'a pas, & ne peut representer l'égalité de celuy qui luy est propre: de mesme nostre ame agitée par le desordre de ses affections, se represente les choses tout autrement qu'elles ne sont en leur naturel, & condamne comme vn defaut, tout ce qui n'a pas des qualitez propres à satisfaire ses appetits. h Nous sommes pourtant obligez à combattre contre nous, & à nous vaincre: ce qui est impossible à la Nature, est rendu facile par la Grace; & Dieu vient tousiours à nostre secours, quand nous implorons son ayde pour cét effet là. Il faut coupper comme aux gangrenes, entre le vif & le mort; il faut arracher non seulement les pechez enormes, mais encore tirer iusques aux petits filets des racines des moindres manques: & croire que la plus solide paix, dont nous puissions iouïr icy bas, c'est d'y faire la guerre aux vices continuellement: i *Vera pax cum vitiis litigare: ad patriam superiorem, nonnisi per meatus difficiles, armati milites reuertuntur.*

h *Pax cum bonis, & bellum cum vitiis, semper habendum est.* S. Isid. de summo bono.

i S. Cypr. ser. de stella, & Magis.

326   LES ENTRETIENS

Que le Sage vit selon la raison; qu'il range toutes ses affections sous la conduite de ceste puissance; qu'il sçait donner de vrais noms à toutes choses, & les estimer ce qu'elles sont, & ce qu'elles vallent: & que les fols renuersant cét ordre, & prenant tout à contre-sens, sont perpetuellement inquietez par leur faute.

Chapitre VII.

k *Vnusquisque quamdiu viuit, obnoxius est lapsui: nec senectus immunis à crimine.* S. Ambros. lib. de bono mortis, cap. 3.

k Es beaux yeux sont sujets aux fluxions, & aux tayes; & les ames les plus regulieres, & les plus tranquilles, ne sont pas exemptes de l'esmotion de quelque passion déreiglée: c'est vne guerre qui ne finira qu'auec nous, & où nous ne portons que la moitié de nous-mesmes, vne partie de nostre homme estant reuoltée contre l'autre. Il ne va pas de nous, comme de ce metal jaune, dont les hommes sont si passionnez, & si amoureux, que l'on peut purifier iusques à n'auoir aucun meslange de substances differentes, ny aucune

aucune ordure : car ce metal eſt vniforme, & nous ſommes l'aſſemblage de deux Natures, dont les affections ſont contraires. Comme il n'y a point d'homme ſi abandonné au vice, qui n'ait en ſoy quelque choſe qui paroiſſe bonne : auſſi ne ſe trouue-il point d'homme ſi parfait, qui n'ait quelque particuliere defectuoſité : car l'inclination au peché eſt ſi naturelle, meſme au vertueux, qu'elle ſemble inſeparable de ſon eſtre ; *a* & il eſt vray que tous les hommes, pour parfaits qu'ils ſoient, ont vne ſi grande diſpoſition au mal, que pour peu que la raiſon dorme, ou ne ſe roidiſſe pas, ils ſuccombent auſſi-toſt deſſous l'effort de leurs paſſions. Outre la contrarieté qu'il y a entre ce qui eſt bon, & ce qui eſt mauuais, il y a encore cette difference, que le mal nous entraine ayſément, & que le bien ne nous attire qu'auec de la difficulté. Noſtre ame d'ailleurs panche touſiours du coſté de la pire partie : *b* dautant qu'ayát tous nos ſens pour guides en ſes actions, elle ſe laiſſe mener à leurs appetits, quoy qu'ils ſoient ordinairement vicieux. Il eſt tellement difficile d'eſtre ſage, experimenté, & accomply en toutes ſortes de

a In voluptates deſcenditur: in res aſperas, & duras ſubcundum eſt. Senec. Epiſt. 113.

b Tunc pro bonis, mala amplectimur. Seneca.

perfectiōs, & de vertus, *d* qu'encore que Iesus-Christ ne pût estre sujet à aucun defaut, quoy qu'il se fust incarné plusieurs siecles auparauant qu'il n'a fait : neantmoins il a voulu differer vn bien long espace son Incarnation, pour enseigner par là aux enfans d'Adam la difficulté qu'il y a d'estre parfait de tout point ; & que les negotiations importantes doiuent estre bien premeditées. Or comme il faut croire que le vray bien, que l'homme peut posseder durant ceste vie, consiste au droict & parfait vsage de la raison : aussi se faut-il persuader que tout son malheur dépend du mauuais vsage qu'il en fait ; s'abandonnant au desordre de ses passions, & se soûmettant à la conduite de ses appetits, qui ne luy sont donnez que pour estre esclaues de sa volonté, & ministres de sa raison. Si nous sommes tant soit peu sages, ou du moins desireux de le deuenir, nous n'escouterons iamais les pernicieux cōseils de nos sens : & puis qu'il est vray que nous portons vn petit estat auec nous, dont nostre ame est la souueraine, & de laquelle nos passions sont les sujettes ; il faut qu'elle les reduise toutes sous les loix de la raison, & qu'el-

d Qui iam tunc, & alloqui & liberare, & iudicare, humanum genus addiscebat in carnis habitu non natæ.
Tertull. aduersus Praxeam, cap. 16.

de les contienne en telle forte, qu'elles ne se liguent point contre ses decrets, & ne s'oublient du respect qu'elles luy doiuent. c Et si nous ne voulons lâchement trahir sa gloire, nous la deuons maintenir dans son throsne, & l'empescher d'en descendre pour quelque sujet que ce soit ; de peur qu'elle ne se laisse mesprifer, & qu'elle n'obeïsse à celles qui n'ont l'estre que pour la seruir. En fin nous luy deuons imprimer vne horreur de la colere, en luy representant les tristes effets, que cette affamée de meurtres produit quasi tousjours : la munir contre les vaines frayeurs, qui nous sont excitées par la crainte ; luy faire connoistre quelle folie c'est d'auoir de l'auersion pour les bonnes choses, & des affections pour les mauuaises ; & sur tout, il faut luy faire connoistre que c'est trop auilir sa souueraineté, que de s'abandóner aux sales plaisirs des sens ; & qu'elle ne peut sans ternir la dignité de son essence, se veautrer auec eux dans la bouë des vices, où leurs brutaux appetits les entrainent quasi tousiours. Au reste, c'est le fait d'vn homme sage d'empescher que pas vn de ses appetits ne préoccupe, ou abandonne sa raison : de peur qu'ils ne la

c *Quando bratus sensus primatum obtinet, confusio vehemens sequitur ; non secus quam Dominis oppreßis à suis seruis : tunc enim si vera fatenda sunt, intellectus deflagrat, sensibus flammá nutrientibus, sensibilia in cacoijcientibus.* Philo, lib. 2. legis allegor.

troublent en la preuenant; ou qu'ils ne l'excluent de leurs entreprises, en la delaissant derriere e *Perturbata enim mente latius se ac longius fundit appetitus, & tanquã efferato impetu frænos rationis non suscipit: nec vlla sentit aurigæ moderamina, quibus possit reflecti.*

f Il n'y a rien au monde de plus fort, & de plus puissant que la raison : celuy qui a l'industrie de s'en preualoir en ses actions, & en ses paroles, demeurera tousiours inuincible, quelque resistance que luy fassent ses ennemis. C'est à la Raison à maintenir l'ordre qui doit estre entre les deux Natures, dont l'homme est basty & composé: c'est à elle à faire si bien que la plus noble des deux commande; que la plus illuminée conduise l'autre; que l'vtilité cede tousiours à ce qui est honneste; & que ce qui est le plus conforme à la dignité de l'homme, soit le principal objet de ses soins, & le plus cher amusement de sa vie. C'est elle qui nous apprend à estre sages, aussi-bien qu'à estre justes; & à ne tromper ny nous-mesmes, ny les autres. Elle compasse tout auec vne admirable iustesse: & rien de tout ce qu'elle entreprend n'offence les yeux delicats, & scrupuleux. Elle fait vne reuolution, &

e S. Ambr. lib. 1. Offic. cap. 47.

f Nihil tam acerbum est, in quo non æquus animus solatium inueniat. Adhibe rationẽ difficultatibus: possunt & dura molliri, & angusta laxari, & grauia rite ferentibus minus premere. Sene. lib. de tranquill. vitæ.

DV SAGE. II. Part. 331

vn changement admirable dans noſtre eſprit: elle en chaſſe tout enſemble la moleſſe, & la temerité: elle r'acómode les choſes gaſtées; & elle nous met en vn eſtat où nous ne nous ſentons plus de la corruption preſente, & quaſi point de l'infirmité humaine. g Or afin que ceſte noble faculté ne puiſſe errer en ſes iugemens, il faut qu'elle ait touſiours deuant elle les maximes qui enſuiuent: à ſçauoir, Que tout ce qui eſt en noſtre puiſſance, ne nous peut cauſer aucun detriment contre noſtre volonté: qu'il eſt vray, que tous les ſujets qui ſont hors de nous, n'eſtant point en noſtre pouuoir, ne peuuent auſſi eſtre ny bons ny mauuais: qu'en verité ce ne ſont pas les choſes exterieures qui nous affligent, mais que c'eſt la ſeule foibleſſe de noſtre imagination; h Comme il eſt certain que ce n'eſt pas d'elles que dépend noſtre contentement, mais ſeulement de noſtre Raiſon, qui agit ſelon les loix que l'Autheur de la Nature luy a preſcrites, & qui nous preſerue par ſon induſtrie, de toutes ſortes de pechez & de miſeres. L'homme n'arriuera iamais à la iouïſſance du vray, & ſolide repos de l'eſprit, qu'auparauant ſa raiſon fortifiée par

g *Commoda ſunt in vita, & incommoda; vtraque extra nos.* Sene. Epiſt. 92.

h *Vt cuſtos aſsidens puero, cauet & admonet, ne quid peccet: ſic ratio ſemper animo præſens, non ſinit vſquam abire, aut peccare.* Plutarch. in Moralib.

Tt iij

332   LES ENTRETIENS

vne veritable connoissance du bien & du mal, ne tienne soûmises à ses loix les deux facultez, qui causent tous les desordres dans son ame, qui sont la concupiscible & l'irascible : les empeschant de conceuoir de la haine, de la tristesse, & de la colere pour des objets qui ne soiét vrayement mauuais ; aussi bien que des affections, des desirs, de l'esperance, & de la joye pour d'autres qui ne soient solidement bons. *i* Toutes les richesses des Indes, non plus que les honneurs, & les plaisirs du corps, ne perfectionnent nullement ceste faculté qui fait l'homme : elles ne sont point capables de le rendre plus temperant, plus fort, ny plus prudent, ny plus sage : elles n'ont point la vertu d'appaiser la colere, d'adoucir les aigreurs de l'esprit ; & tant s'en faut qu'elles establissent en l'ame aucune espece de vertu, qu'au contraire elles sont les semences d'vne infinité de vices. Il ne faut pas s'attendre que la tranquillité de l'esprit se trouue iamais en vne ame, qu'auparauant toutes ses facultez ne soient reiglées selon les ordres de la droite raison, qui veut tousiours que les puissances superieures soient soûmises à Dieu, & que

i Non est summa fœlicitatis nostræ in carne ponenda, sed in animo. Bona illa sunt vera, quæ ratio dat: solida ac sempiterna, quæ cadere non possunt, nec decrescere quidem aut minui. Cetera opinione bona sunt: & nomen quidem habent commune cū veris ; proprietas in illis bōni non est. Senec. Epist. 74.

les sensibles obeïssent aux raisonnables. Il est de la santé de l'ame, comme de celle de nostre corps: ce n'est pas estre entierement sain en l'vn & en l'autre, lors qu'on est trauaillé de quelque mal, quoy que mediocre: il est certain que celuy qui a quantité de petits maux, est au chemin d'en auoir de grands: car c'est le propre du mal, comme font les tâches d'huiles, de tousiours croistre; & celuy qui a quátité de petites affections déreiglées, aura plus de peine à les cóbattre, & à les vaincre, que s'il n'en auoit qu'vne grande. Pour bien faire, & pour viure tranquillement, il n'en faut auoir ny grandes, ny petites *k Nihil enim interest quàm magnus sit affectus: quantuscumque est parere nescit, consilium non accipit: quemadmodum rationi nullum animal obtemperat, non ferum, non domesticum & mite; natura enim illorum est surda suadenti: sic non sequuntur, non audiunt affectus, quantulicumque sint.*

k Senec. Epist. 85.

Le mot de content & d'heureux plaist à nostre ouye, mais il est vray qu'en effect nous fuyõs la chose, au moins n'en poursuiuons nous que l'ombre, pendant que le corps s'enfuit de nous; & chassant apres vn vain nuage de plaisir du corps, nous

334 LES ENTRETIENS

quittons les vrais & solides contentemens de l'esprit. *l* Nos passions nous aueuglent en telle sorte, que nous preferons le mensonge à la verité ; le vice, à la vertu ; & les biens du corps, à ceux de l'ame : & apres tout, nous nous contentons d'vser des choses, dont nous deurions joüir plainement ; & nous joüissons de celles qui ne nous sont concedées que pour l'vsage. Le Sage possede toutes les vertus necessaires, & ne manque pas des agreables : les mouuemens de son esprit s'éleuent tousiours vers le Ciel ; & toutes ses passions n'ont garde qu'elles ne soient bien regulieres, & bien iustes, puis que c'est la seule raison qui les a en charge, & qui les gouuerne. *m* Au reste la volupté, auec tous ses appas & ses charmes, n'est pas capable d'emporter sur luy vn commencement de volonté, ny de luy plaire mesme en le surprenant : il purifieroit plustost le monde par ses bons exemples, que le monde ne le corromperoit par ses delices, & par ses plaisirs. La pudeur de son visage, & vn agreable meslange de douceur & de seuerité qui paroissent dans ses yeux, étouffent les mauuaises pensées iusques dans l'ame des meschans,

l Corporibus dominantur homines; animis autem, affectus & vitia. Philo, lib. quod omnis probus sit liber.

m Fœlix illa anima, quæ ita domum sui cordis, & de peccatorum sordibus studet emundare, & sanctis ac iustis operibus adimplere: Vt in ea, non solum Angelos, verum etiam Dominum Angelorum habi-

chans, & reforment d'abord tout ce qui *tare delectet.* paroist deuant luy de vicieux. Si bien S. Bernard. qu'en sa presence les plus desbauchez, & lib. de con- les plus perdus ressemblent aux plus cha- sciētia, cap. stes, & aux plus modestes; & son seul re- 2. gard a le pouuoir sur eux, ou de changer, ou de suspendre leur inclination. Il n'ignore pas les fausses maximes de ce siecle, ny les tromperies des fourbes: mais il ne suit que celles qui sont legitimes, & que la vertu reçoit & approuue: quoy qu'il ait assez d'industrie, & de force pour faire du mal, son inclination seule l'empesche d'estre malfaisant à personne: il donne toute l'attention de son esprit, à chercher des moyens pour paruenir à la grande fin qu'il s'est proposée: il est si passionné aux exercices des bonnes choses, qu'il n'a pas assez du iour & de la nuict pour y employer; & il faudroit, s'il vouloit se delasser, & se diuertir en quelques recreations honnestes, qu'il cherchast vn temps qui ne se trouue point: il n'a garde de rauir le bien des autres, ny de faire des actions noires; puis qu'il ne croit pas qu'il soit loisible de faire des souhaits iniustes: il sçait s'abstenir, au milieu de l'abondance, quoy qu'il aye bon appetit; & souffrir la disette des cho-

V u

ses, sans lesquelles l'on ne peut subsister qu'auec peine; & quand il y auroit autant de mondes en effect, que quelques Philosophes en ont basty en leur fantaisie, pour les auoir tous, il ne voudroit pas offencer Dieu vne seule fois. Le Sage embrasse generalement, sans s'embarasser, tout ce qu'il croit estre de la bien-seance de sa profession: tellement qu'on ne dira pas de luy qu'il sçait tout, horsmis ce qu'il doit sçauoir, & qu'il n'est rien moins que ce qu'il doit estre. De toutes les choses qu'il sçait, il n'en approuue que les bonnes; & de toutes celles qui dépendent de son pouuoir, il n'en execute que les iustes. Il sçait bien que la temperance de la bouche n'importe pas moins que la vie: & que la plus-part des maladies que nous souffrons, ne viennent que de ses excez trop frequens: que la tristesse excessiue énerue, & debilite le cœur de l'homme; & que c'est protester la foiblesse de son esprit, de se donner en proye à la douleur, pour quelque sorte d'accident qui puisse arriuer: que la patience est l'effet d'vne sagesse consommée, & que celuy qui s'en sçait seruir autant qu'il faut, trouue l'occasion de faire tout bien à propos. En vn mot, la

Sage ayme mieux se tenir à la Raison abandonnée de la plus-part des hommes, qu'à l'vsage qui est suiuy de plusieurs ; & faire des actions heroïques en cachette, que de faire des galanteries deuant tout le monde : sa plus grande ambition, & son plus grand soin est de reigler ses passions, & d'établir vne paix solide dans luy-mesme. *a* Il sçait par experience que le commandement de la chair est tyrannique, & insupportable : quand vne fois elle s'est renduë la maistresse sur l'esprit, c'est vne seruitude purement Pharaonique. Comme les foüets & les verges marquent & escorchent les corps de ceux qui en sont battus, & leur font souffrir des douleurs cuisantes : De mesme les passions déreiglées déchirent les ames de ceux qui en sont persecutez, & les affligent en telle sorte, que s'ils veulent estre heureux durant cette vie, il faut necessairement ou qu'ils les étouffent, ou qu'ils les moderent. Quand nous aurons pris la verité pour guide, la vertu pour precepteur, & pour ayde, & que toutes nos actions seront compassées, & conduites par la Raison : alors nous aymerons ce qu'il faut aymer, & nous joüirons de la paix des ver-

a Increpitæ ab initio vitiosæ affectiones sedantur, & comprimuntur. Sin quasi latum, & absque admonitione ad deteriora progressum nactæ fuerint, totam animam per omnia dilaniant, & rationis animaduersionem amplius non patiuntur.
S. Cyril. Alexan. in 1. cap. Ioël.

Vu ij

[b] S. August. in Psal. 26.

[c] Illud ante omnia memento, demere rebus tumultum, ac videre quid in quaque re sit: scies nihil esse in istis terribile, nisi ipsum timorem. Senec. Epi. 24.

tueux, & des Sages : [b] *Verè enim fœlix est, non si habeat quod amat : sed si amet quod amandum est.*

[c] L'opinion tient vn empire merueilleusement tyrannique sur les esprits foibles : elle y fait passer les hommes aussi bien que les autres choses, pour ce qu'elle veut, & pour ce qui luy plaist ; sa façon d'agir la plus ordinaire estant de renuerser tout l'ordre que la raison & la verité ont estably dans cét vniuers. Le soupçon du mal touche les esprits infirmes aussi violemment, que le mal mesme : il leur est impossible de laisser arriuer les euenemens, & d'attendre la maturité des choses ; & ils ayment beaucoup mieux preferer vne condition mauuaise, à vne autre qui est incertaine : ils voudroient haster le cours de la Prouidence, & aduancer ses effets ; la mener, & non pas la suiure ; & que ce fust leur Prouidence, & non pas celle de Dieu. Il est vray que nous ne sommes ingenieux qu'à nous mal traicter, & à nous faire du mal : nostre esprit ne nous sert qu'à ruiner nos plaisirs, & à nous forger de nouueaux maux ; il nous donne la gehenne par de continuelles frayeurs, & bien souuent

nous fait mourir de la peur de nostre ombre, ou d'vn fantosme. *d* L'homme, pour auoir trop de sens, & trop d'esprit, ne se contentant pas des biens réels, & vrayement conuenables à sa nature ; en forge d'autres en son idée, qui sont des biens en apparence, & des maux en verité. Ainsi l'apparence rebute la raison, & prend tousiours le dessus : & quand elle a seduit tous les sens, & gaigné l'imagination, elle se coule iusques dans le cabinet du Prince, qui est l'entendement ; & luy mettant de fausses lunettes sur les yeux, luy fait croire que le noir est blanc, & que les tenebres sont des vrayes lumieres. En suitte dequoy, il faut que la volonté marche, & danse à ce bransle : il faut qu'elle suiue le bien qui luy est representé par l'entendement ; soit vray, ou soit faux : & c'est de là que sourdent la plus-part de nos afflictions, & de nos desordres. Comme nostre opinion nous seduit en la plus grande partie des biens qu'elle nous fait conceuoir faussement : aussi nous trompe-t'elle quasi tousiours, nous faisant prendre des maux imaginaires, pour des veritables. Tout ainsi que nous prenons bien souuent les Espagnols pour des

d Bona, & mala, honesta, & turpia; iusta, & iniusta : pia, & impia : virtutes, vsusque virtutum, rerum commodarum possessio, existimatio, ac dignitas; valetudo, vires, formæ, sagacitas sensuum, hæc omnia æstimatorem desiderant. Falleris enim, & pluris quædam, quàm sunt, putas.
Sene. Epist. 95.

Mores, à cause qu'ils sont bazannez notablement: aussi donnons-nous souuent à certains vices les noms des vertus, qui ne leur ressemblent qu'en l'apparence. Ce n'est pas la verité, ny le naturel des choses qui remuë ainsi nostre ame: ce sont les fausses opinions que nous en conceuons. Certes, les choses prennent en nous telle place, tel goust, & telle couleur que nous leur donnons; & peut-estre mesme que ce que nous estimons auiourd'huy d'vne façon, nostre imagination nous le figurera demain tout d'vne autre. On en void tous les iours qui rendent leurs maux imaginaires, veritables, à force de s'en affliger: tel a tellement apprehendé la pauureté, qu'il en est deuenu malade; & il y en a eu d'autres qui ont eu si grande peur de mourir, qu'ils en sont morts. Il n'y a point de plus cruel mal que celuy de la crainte; car les autres ne sont maux qu'aussi long-temps qu'ils durent, & la peine n'en dure pas plus que la cause: mais la crainte est de ce qui est, de ce qui n'est pas; & bien souuent de ce qui ne fera point, & de ce qui ne sçauroit iamais estre. Ne craignons plus, & nous n'aurons point de mal; ou du moins nous ne l'au-

DV SAGE. II. Part. 341

rons que lors qu'il sera aduenu : & quand mesme il sera arriué, nous ne le trouuerons iamais si fâcheux, que nous l'auions apprehendé par la crainte. Ne nous rendons point mal-heureux deuant le temps, & peut-estre ne le serons-nous point du tout. L'auenir, qui trompe tant de gens, nous trompera aussi-tost en nos craintes, qu'en nos esperances ; & peut-estre que le temps que nous estimons nous deuoir apporter de l'affliction, nous amenera son contraire. e Il faut auoüer que nous ne viuons pas selon la Raison, mais selon la coustume : chacun suit son compagnon, comme le plus sage ; & celuy qui vend sa folie auec plus de temerité, il passe pour habile-homme, & conduit les autres. De là vient que nous tombons les vns sur les autres, par monceaux, comme des aueugles dans vne fosse : f *Multitudo vulgi more magis quàm iudicio, post alium alius quasi prudentiorem sequitur.*

e *Non ad rationem, sed ad similitudinem viuimus; indè ista tanta coaceruatio aliorum supra alios ruentium.* Senec. de beata vita.

f Cornel. Tacit. hist. 2.

La raison nous permet bien de nous émouuoir moderément en des sujets veritables : mais non pas de nous laisser saisir d'vne crainte si excessiue, qu'elle altere le repos de nostre esprit ; veu qu'il est tousiours au pouuoir de la faculté qui nous rend hommes, d'en recueillir des biens spirituels, qui surpassent de beaucoup les maux qui nous en peuuent arriuer. Et ie croy qu'il est autant iniuste, qu'inutile, de nous inquieter si fort par la crainte des choses, ausquelles nous ne pouuons apporter aucun remede; puis que ce n'est rien faire autre chose, qu'adjouster aux maux qui nous heurtent, vn mal interieur qui priue nostre ame de toutes sortes de contentemens, & mesme de son repos. Or le moyen de nous faire vn passage doux, de ce mal imaginaire à vn bien réel, c'est de r'entrer dans nous-mesmes, lors que l'apprehension nous fait souffrir autant d'inquietudes & de chagrins, qu'elle nous oblige d'en redouter pour l'aduenir; & d'appeller au tribunal de nostre raison, tous ces vains & foibles objets, qui nous font blesmir & suer de peur. *g* Et lors que nous les aurons dépoüillez des fausses apparences, dont ils se reuestent ordinairement pour nous tromper, nous connoistrons clairement qu'il n'y a point de iuste sujet de les redouter auec frayeur. Car, ou il est en nostre puissance de les surmonter; & en ce rencontre la lumiere naturelle

g Plura sunt quæ nos terrent, quàm quæ premunt: & sæpius opinione, quàm re laboramus.
Sene. Epist. 13.

e nous fait affez voir qu'il eſt iniuſte de les craindre, puis qu'il ne tient qu'à nous d'y apporter du remede : ou ils ne dépendent point de noſtre pouuoir; & alors quelle apparence y auroit-il que nous en euſſiós de l'apprehenſion; apres auoir veu que l'Autheur de cét vniuers, nous a fait la faueur d'eſtablir cét ordre dans le monde; à ſçauoir, que tout ce qui n'eſt point en noſtre puiſſance, ne nous peut apporter de mal ſans noſtre conſentemét; & qu'au contraire, nous auons moyen d'en tirer du merite, & de l'auantage, ſi noſtre vertu ſe veut roidir contre leurs efforts. Il eſt tres-certain que nous ne ſçaurions eſtre bleſſés en la conſcience que par nous-meſmes; & que ſi noſtre raiſon eſtoit aſſez forte pour dompter nos paſſions, nous ſerions inuulnerables à tous les vices. Nous rendons les choſes bonnes ou mauuaiſes par l'vſage, ainſi qu'il nous plaiſt: le plaiſir & la douleur ſe puiſent touſ-jours à meſme ſource; il n'y a qu'à ſçauoir tourner ſon vaſe, pour l'emplir de celuy qui âgrée le plus. a Il eſt vray que noſtre malheur vient de ce que nous donnons de trop grands noms à de petites choſes, & que nous n'en ſçauons eſtimer pas

a *Idcirco omnia confuſa, turbataque iacent: quia quaſi ſuper-*

vne à peu prés ce qu'elle vaut. Il faut, à l'imitation du Sage, que noſtre raiſon combatte, & vainque noſtre ſentiment, afin de nous faire trouuer bon a l'aduenir, ce qui ne nous a pas agréé par le paſſé. Mais ie ne ſçay qui nous à ainſi trompé en l'impoſition de noms, en nous faiſant paſſer pour de vrais biens, les plus dangereux maux que l'on ſçauroit s'imaginer; comme ſont les honneurs, les plaiſirs, la beauté, & les richeſſes, qui neantmoins ne dépendent pas de nous. Celuy qui nous a trompé de la ſorte, a bien attaché nôtre bon-heur à vn chable pourry, & anchré noſtre felicité dans vn ſable mouuant: car qu'y a-t'il au monde de ſi incertain, & de ſi inconſtant que la poſſeſſion de ſemblables biens, qui vont & viennent, paſſent & s'eſcoulent comme vne eaüe rapide? Certes, comme vn torrent ils font du bruit à leur arriuée; & outre cela, ils ſont touſiours troubles, & laiſſent de triſtes remarques aux lieux meſmes où ils ne font que paſſer. L'entrée en eſt touſiours fâcheuſe & penible: à meſme temps que nous les poſſedons, ils diſparoiſſent; & quand ils ſont eſcoulez, ils ne nous laiſſent que de la bourbe au

flua quædā res anima ſpernitur; quia quæ neceſſaria ſunt, contemnuntur; quæ vilia ſunt & caduca, magno ſtudio conſouentur.
S. Chryſoſt. homil. 60. in Matth.

fond de nostre vaisseau. b Or comme les honneurs, les plaisirs, & les grands thresors n'apportent de satisfaction, qu'autant qu'on en prend soy-mesme en les possedát; veu que l'on en a remarqué plusieurs verser des larmes au milieu de leur plus grand heur: De mesme les ignominies, les bannissemens, la perte des biens, des amis, de l'honneur, & autres pareils accidens, ne nous affligent iamais, qu'en tant que nous nous les rendons penibles & fâcheux par nostre imprudence, & par la fausse opinion que nous en auons conceuë; l'experience faisant voir tous les iours que plusieurs Sages se resioüissent, ou du moins ne s'attristent pas à l'arriuée de toutes ces choses. L'homme vertueux tourne en bien tout ce qui luy arriue qui paroist fâcheux, comme Mydas transformoit en or tout ce qu'il touchoit: il n'y a sorte d'accident, ny d'affliction dont il ne tire du repos d'esprit. Il ne desire point que les choses luy arriuent ny d'vne façon, ny d'vne autre : il s'efforce seulement de les trouuer bonnes de la sorte que le Tout-puissant les luy enuoye ; & par ce moyen il joüit d'vne paix continuelle : c *Quia igitur in solis*

b *Tu qui veram requiem, qua post hanc vitam Christianis promittitur, quæris: eam inter amarißimas huius vitæ molestias degustabis, iucundiúsque ex bona conscientia inter ærumnas lætaberis, quàm ex mala inter delicias.*
S. August. lib. de Catechum.

c Philo. lib. quod deter. potiori insid.

animi bonis genuinum, & sincerum reperitur gaudium, : ideò in se quisquam sapiens gaudet; non in ijs, quæ circa ipsum.

Il nous faut considerer ce qui doit estre estimé vray bien, & vray mal: & nous desabuser nous-mesmes de l'erreur, dont nos esprits ont esté preoccupez par l'opinion des peuples; qui donnans iniustement les noms aux choses, ont bien souuent mis au nombre des maux, celles qui doiuent estre reconnües pour aduantageuses, & pour bonnes. Tous les sujets particuliers qui sont estimez maux, ou afflictions par les esprits foibles; comme sont les maladies, la pauureté, l'exil, les persecutiõs, les injures, la perte de l'honneur, des amis, & des richesses, ne doiuent nullemét estre mis en ce rang: *d* c'est vn erreur dangereux que nostre imagination a forgé, & qui est cause de tous les desordres de nostre esprit. Le Sage, qui n'estime rien à l'égal de la paix de l'ame, les doit tenir tous pour indifferens, & en tirer le profit & l'vtilité, que la Prudence & l'Amour de Dieu luy permettent d'en recueillir. Or est-il que nous appellons indifferend tout ce qui n'est de soy ny bon ny mauuais : mais qui peut estre l'vn

d Auferamus igitur carceris nomẽ, secessum vocemus : etsi corpus includitur, etsi caro detinetur, omnia spiritui patent; totum hominem animus circumfert, & quò velit transfert.
Tertull. lib. ad Martyres, cap. 2.

ou l'autre, selon l'vsage qu'on luy veut donner. Tout ce qui est hors de nostre esprit, & qui ne dépend point de nous, peut estre bon ou mauuais: comme sont les honneurs, les affronts, la santé, la maladie, la pauureté, les richesses, & autres semblables choses, que nous pouuons à tout moment ou gaigner, ou perdre. e Quoy que ce soit donc qui nous arriue de toutes ces choses qui sont opposées, tous leurs efforts pour violens qu'ils soient, ne seront iamais capables de nous faire aucun mal, si nous n'abandonnons la force de nostre raison, à la tyrannie de nos passions déreiglées; & si nous ne permettons lâchement à la douleur, de triompher de nostre constāce. Le Sage doit sçauoir distinguer l'homme d'auec son corps: l'esprit est ce qui constituë l'homme en son estre; & le corps n'est autre chose que la prison, où la Prouidence diuine l'oblige à souffrir diuerses peines durant cette vie. De sorte qu'à proprement parler, celuy qui frappe le corps ne frappe pas l'homme; mais seulement ce que l'homme a de commun auec le reste des brutes. Il faut aduoüer qu'il n'y a rié si déraisonnable, que d'appeller maux, ce que

e *Beatus nō is est, quem vulgus appellat, ad quem pecunia magna confluxit, sed ille cui bonū omne in animo est, erectū, & excelsum, & mutabilia calcans.* Sene. Epist. 45.

le vulgaire nomme afflictions: puis que la Prouidence diuine ne nous les enuoye que pour nostre bien; & qu'en effect nous en voyons produire de si grands profits, à ceux principalement qui les sçauent prendre comme les tisons, par le bout qui ne brusle pas. C'est le propre de ce qui est vrayment mal, de nuire à l'homme qui le souffre, & de le rendre plus meschant qu'il n'est. *f* Ce n'est donc pas vn mal que la prison, la pauureté, l'exil, la persecution, la perte des amis, & des biens: tout cela ne fait point de mal à nostre ame, & ne la rend point plus mauuaise qu'elle estoit. Au contraire, il n'y a rien au monde qui luy soit si vtile, & si necessaire que les souffrances de toutes ces choses; il n'y a rien qui la guerisse mieux de l'orgueil, de l'ambition, & des autres vices qu'elle auoit auparauant. La reigle des Sages est de mesurer, estimer, & iuger des choses par leur vraye, naturelle, & essentielle valeur, qui est souuent interne & secrette : puis ils considerent ce qui est en elles d'vtile, & d'honneste ; & tout le reste ne leur paroist que du fast, & du fard. C'est là la chose la plus importante, & la plus difficile à obseruer pour bien esta-

f Tunc beatum esse te iudica, cum tibi ex te gaudium omne nascetur: & bonum tunc habebis tuũ, cum intelliges infælicissimos esse fælices.
Sene. Epist. 124.

DV SAGE. II. Part. 349

blir la paix au dedans de nous, cela aussi estant fait comme il est requis, nous portons le Paradis dans nous-mesmes; & c'est en ce sens qu'il faut entendre les paroles du Prophete: *Si separaueris preciosum à vili,* Ierem. 15. *quasi os meum eris.*

Que le Sage fait connoistre l'excellence de sa vertu par la bonté de ses œuures; mais principalement par la pratique de l'aumosne, & des charitez qu'il fait en secret aux orphelins, aux vefues, & aux pauures honteux: & que Dieu connoist luy seul la pureté de l'intention, pour laquelle il fait toutes ces choses.

CHAPITRE VIII.

L'HOMME de bien cherche beaucoup plus la solidité de la vertu, que sa pompe: il ayme bien mieux faire de bonnes actions en cachettes, que d'estre loüé en public: il ne veut point d'autre gloire en ce monde que celle de bien obeïr à Dieu, & de faire tout le bien qu'il peut, pour luy

g *Perfecta autem est liberalitas, ubi silentio quis tegit opus suũ: & necessitatis singulorum occultè subuenit, quem laudat os pauperis, & n*

agréer. Il ne cherche autre recompense, ny autre estime de toutes les bonnes actions qu'il execute, quela satisfaction interieure qu'il ressent de les
auoir faites. Et quoy qu'il s'acquiere l'adr
miration des vertueux, l'amour des peuples, & la bien-veillance des pauures,
& des affligez : sa vertu n'est point capable de changemét, sa generosité de crainte, sa prudence d'erreur, ny sa pieté de
superstition ou d'orgueil. Il parle hautement des richesses de l'esprit, mais principalement de celles qui font le vray sage;
h & quoy qu'il y ait des bornes en toutes
choses, asseurez-vous qu'il les surpasse,
toutes les fois qu'il plaide pour les œuures
de pieté, & notamment pour l'aumosne. Son ambition n'aspire qu'à la succession des biens eternels, & il ne trauaille à
autre fin qu'à se rendre vn des heritiers de
Dieu ; rendant à cét effet vne si parfaite
obeïssance à la raison, & conduisant tous
ses desseins auec vne si exacte probité,
qu'il semble qu'au lieu d'vn homme, l'on
voit vn Ange. Les malheurs qui arriuent
à tous ceux qu'il ayme, ou les particuliers
qu'il reçoit en sa personne, ne seruent
qu'à rendre sa constance plus éclatante,
& sa

Tobia sua.
S. Ambros.
lib. 1. offic.
cap. 30.

h. Optimus est, qui non solum utitur virtute ad se, sed & ad alios.
Aristotel. in œcoom.

& sa generosité plus recommandable: *a*   *a Amor Dei nunquam otiosus est, operatur magna si est: si autem operari renuat, amor non est. Laurent. Iustinian. de Charitate, cap. 3.*
Il trouue dans l'agitation de tout vn Royaume l'affermissement de son esprit, & de sa vertu; & au milieu des calamitez publiques, toute sa vie est vn exemple de pieté vers Dieu, de fidelité vers son Prince, de zele enuers le public, de charité & de secours vers les miserables. Il fait vne profession serieuse d'assister les paures, de frequenter les prisons & les hospitaux: & croit que c'est son deuoir de donner de bons exemples à vn mauuais siecle. Il éleue ses desirs, & ses esperances au dessus du Monde, & de la Nature; s'efforçant de cônoistre Dieu, pour le mieux aymer, quoy qu'il soit incomprehensible, & inconnoissable; & de connoistre les defauts de l'homme, qui par sa vanité est inconnu à soy-mesme, lequel mesme ne connoist pas ce qui est au dessous de luy.

b Au reste, dans tout le cours de sa vie, il ne reconnoist point d'affaires plus importantes que les deuoirs du Christianisme, ny de plus nobles occupations que les exercices de la charité, qu'il appelle ordinairement les grands emplois de la vraye sagesse. Et pour montrer que ses sentimens, & ses actions sont semblables à ses

b Quantumlibet quisque iustificatus sit, habet tamen, dum in hac vita est, quo probatior esse possit, & perfectior. S. Leo. ser. de Ieiunio.

paroles, & qu'il est encore plus curieux de faire de bonnes actions, que de beaux discours, il cherche la compagnie des miserables, auec le mesme soin que les autres apportent pour la fuir: les douleurs des affligez luy sont precieuses, & les malheurs des innocens luy tiennent lieu de choses sacrées: Il trauaille sans cesse pour trouuer des remedes à leurs maux, des soulagemens à leurs peines, & des consolations à leurs infortunes. c Dieu veut que la pieté des Chrestiens soit actiue, leur simplicité aduisée, & leur sagesse bienfaisante: & il nous aduertit luy-mesme en termes exprés, que nous connoistrons les siens à leurs œuures, comme on fait les arbres à leurs fruicts. d C'est pourquoy, dés aussi-tost que nous auons la connoissance des actions de pieté, & le moyen de les pouuoir pratiquer, nous deuons en embrasser l'exercice sans aucun delay; & nous ne deuons iamais quitter les emplois de la Reyne des vertus, que quád il faudra que nous partions pour l'autre monde. Car cóme on ne peut dire qu'vne iournée soit belle, si le Soleil rencontre en son orient vn air espais & broüillé, ou si les nuées offusquent sa lumiere, lors

c *Mentitur ergo se amare Christum, qui eum in egeno non diligit; qui dilectionem, quā promittit verbis, negat operib°.* S. Gaudent. Episc. tract. 13. ad Neophytos.

d *Quantum possumus fructus iustitiæ studeamus afferre, timentes illud quod Dominus dixit: Omnis arbor quæ non facit fructum bonū excidetur, & in ignē mittetur.* S. August. lib. 50. homil. homil. 16.

qu'il tire vers son couchant: aussi ne doit-on pas appeller vne belle vie, si l'on n'y a veu poindre toutes les vertus, aussi-tost que l'vsage de la Raison; si elles ne se sont accreuës auec l'âge; & si elles n'ont perseueré iusques au dernier moment de la vie. Il faut que nostre compassion, & nostre secours marchent d'vn mesme pas pour le bien du pauure: & que dans la nuict de ses miseres, nostre œil se montre semblable au Soleil, de qui les rayons n'éclattent iamais sur aucun sujet, sans y cómuniquer les effets de quelque douce influence: *e e Planè; & in omni loco, & in omni tempore facienda est misericordia; præbendus est victus; nuditas est tegenda; sed sic quomodo docuit misericordiæ Author, vt misericordia non terræ sit nota, sed cœlo; non hominibus insinuata, sed Deo.*

e S. Chrysolog. ser 9. in Matth.

Ne plus ne moins que nous voyons en la constitution de nos corps les parties tellement composées, que la plus esloignée se meut incontinent, & se porte au secours de l'autre si tost qu'elle ressent quelque affliction, ou quelque blesseure; & que si nous sommes offensez au pied, nous y portons aussi-tost les yeux & les mains, & ployons tout le corps, pour contribuer à son ayde, tout ce que peut chaque membre : f De mesme en la conjonction du corps mystique, & en la societé des fideles, dont nous-sommes tous les membres, l'Esprit de Dieu qui nous regit & gouuerne, nous apprend que pour nostre spirituelle conseruation, il faut que nous nous entre-aymions cordialement ; & que nous estimions communs nos biés & nos maux, afin de contribuer sans lâcheté, & sans repugnance, aux necessitez les vns des autres. Il est vray que c'est vn abus, qui ne peut seruir qu'à nous tromper auec industrie, de nous persuader que nous aymós Dieu comme il nous l'ordonne, si les effets de compassion, & de secours n'en reiaillissent sur les affligez, & sur les pauures. Comme la valée est necessairement subalterne à la montagne, & la paternité relatiue à la filiation : aussi l'est l'amour du prochain à celuy de Dieu ; voire ce n'est à proprement parler qu'vn seul & vn mesme amour : car quád vne chose n'est que pour vne autre, toutes deux ne doiuent sembler qu'vne mesme chose. g Quiconque donc cherit Dieu de toute son affection, pour le pur & seul amour qu'il luy porte ; & soy-mesme, son prochain, ou quelque autre

f *sicut lucernæ lumen oleo retinetur, & consumpto eo, ipsum quoque lumen consumptum euanescit : ita etiam spiritus gratia, quantisper habemus opera bona, & crebris eleemosynis animam rigamus, manet non aliter, quàm flamma oleo retenta.* S. Chrysost. ho. de verbis Apostoli.

g *Bonum factum Deum habet debitorem, sicut & malum: quia Iudex omnis*

chose pour le seul amour de Dieu, celuy-là n'ayme que Dieu en tout ce qu'il ayme : & s'il pratique les œuures de la Charité pour le mesme amour, asseurez-vous qu'il accomplit tout ce qui est commandé par la loy, & par les Prophetes. *h* Il y en a beaucoup qui font estat de la misericorde, & qui publient par tout ses loüanges, plustost afin qu'on l'exerce en leur endroit, que pour la pratiquer eux-mesmes vers les autres, qui en ont besoin. Il y en a d'autres qui vsent de tant de circonspections auant que de donner vn denier à vn pauure, que vous diriez, à considerer comme ils prennent leurs seuretez, qu'ils en veulent faire vne rente constituée; & quoy qu'ils demandent à vn mendiant leur reste d'vn double, ils ne le consignent pas en ses mains, qu'il ne leur donne bône & suffisante caution. Aujourd'huy la plus part du monde s'estudie plustost à bien parler, qu'à faire de bonnes actions; plustost à faire ce qui est deffendu, qu'à executer ce qui est commandé : il n'y a sorte d'exercice que l'on n'apprenne, fors celuy d'homme de bien, excepté la pratique des vertus, & celle des œuures de pieté, on n'ignore plus rien

remunerator est causa. Tertull. lib. de pœnitent. cap. 2.

h *Omnis Christianus, qui non est diues fide, spe, & charitate, id quod dicitur non est.* S. Proclus, Epist. de recta fide.

dans le monde. *i* On sçait assez que Dieu veut que nous cherissions nos semblables ; que nous les assistions à leur besoin; que nous nous entre-aymions reciproquement ; & que nous portions les fardeaux les vns des autres. D'ailleurs l'on sçait aussi que c'est en la pratique des vertus solides, qu'on reconnoist si nous sommes des disciples du Fils de Dieu ; & tous croyent que nous serons sauuez, & bien-heureux à iamais, si nous mourons en la Charité parfaite, comme ils ne doutent point de nostre damnation eternelle, si à l'heure de nostre départ elle nous manque. Cependant personne ne veut estre charitable ; personne ne veut aymer ses ennemis, & pardonner les injures ; personne ne veut visiter les hospitaux, les prisons, ny donner l'aumosne, & faire tout ce que la Charité demande de nous. *k* La terre neantmoins est le champ où l'on doit semer les bonnes œuures, & le Ciel le lieu destiné pour les recueillir, & moissonner : nous verrons au iour du iugement quel pouuoir la Reyne des vertus aura sur nous autres, & le grand secours qu'elle donnera à ceux qui auront pratiqué fidelement tout ce qu'elle pres-

i Sicut in imagine sua rex honoratur, aut contemnitur : sic & Deus in homine vel diligitur, vel oditur.
S. Chrysost. homil. 41. in Matth.

k Sacrificium Christiani est eleemosyna in pauperem : hinc enim fit Deus peccatis propitius.
S. August. lib. 50. homil.

crit & ordonne. Il n'y aura rien pour lors de si puissant qu'elle, & celuy qui en aura fait les œuures n'aura rien à craindre: l *In die mala illi Deus liberator assistet, qui*   l Chrysol. *malis pauperem liberarit. In angustijs illum*   Serm.14. *Deus clamantem audiet, qui pauperem cùm clamaret, audiuit: non videbit diem malum, qui dies bonos habere pauperem facit.*

Ce n'est pas la Toute-puissance de Dieu, qui est imitable aux hommes: mais c'est sa bonté, sa charité, & sa iustice, dont nous pouuons representer quelques traits, & quelques ombrages: m Nous ne sçaurions trouuer de plus puissans artifices, pour nous faire aymer de Dieu, & des hommes, que de donner librement nostre argent aux pauures; puis que l'homme ne se peut passer de l'homme, Dieu l'ayant ainsi ordonné pour nostre bien, chacun doit rendre le mutuel secours aux necessiteux, & aux miserables, qu'en pareil accident il voudroit qu'on luy rendist à luy-mesme. n Et d'ailleurs, puis qu'il est vray que nous sommes freres, & tous formez sur vn mesme moûle, & à mesme fin, ce seroit vne injustice criminelle de voir les indigens étranglez par la pauureté, pendant que les riches sont

m *Per charitatem homines diligunt Deum, eligunt Deum, ad Deum currunt, & ad Deum perueniunt.*
S. August. lib. de spiritu & anima.

n *Pulchra res fraternus amor, eiusque rei Iesum testem habemus, qui non modò frater noster vocari,*

sed etiam sa-
lutis nostræ
causa supplì-
cio assici su-
stinuit.
S. Gregor.
N. zianz.
orat. 16.

presque étouffez dans la diuersité de toutes sortes de biens, & dans l'abondance. Tout ce que l'Auarice reserre dans ses coffres, dans ses caues, & dans ses greniers ; tout ce que le luxe dissipe, ce que les delices épanchent, & tout ce que nous employons en pompes, en festins, & en bastimens superflus, tout cela sera perdu pour nous sans resource, & ne nous accompagnera point au delà de cette vie : nous ne trouuerons rien entre nos mains, lors que nous serons deuant Dieu, que ce que nous aurons mis dans celles des pauures ; & cette petite part de nos moyens, que nous pensons perdre en la donnant, ce sera la seule portion qui nous sera conseruée pour l'eternité. o Si nous sommes desireux de nostre salut, nous ferons desormais quantité d'aumosnes, & préuiendrons nous-mesmes les pauures honteux, pour leur donner en secret ce qu'ils n'osent demander en public. Il faut s'étudier à faire de bonnes actions, plustost qu'à nous faire admirer par nos beaux discours : pour estre estimé tres-eloquent en l'autre monde, il suffit de parler Chrestiennement en celuy-cy ; & des paroles venant aux effets, mettre en œuure tous nos

o *Hæc est*
enim perfecta
pietas, quæ an-
tequam flecta-
tur precibus,
nouit conside-
rare fatiga-
tos.
Cassiod. lib.
4. Epist.

DV SAGE. II. Part. 359

nos beaux discours, afin d'en receuoir vne double couronne dans le Ciel; quoy que nous n'ayons fait icy-bas que nous acquiter de nostre deuoir. a Ceux de qui les bonnes actions s'accordent auec la langue & la parole, ont toutes les qualitez requises pour se rendre agreables à Dieu, & aux hommes: le bienfaire, & le biendire sont les parties de la saincteté que Iesus-Christ nous a enseignée. Dieu veut que les pauures gaignent le Ciel par la patience, & les riches par l'aumosne. Auec des paroles, il faut des œuures, & des bonnes: l'homme est comparé à l'arbre; pour estre estimé bon, il faut qu'il rapporte d'excellens fruicts, aussi bien que de belles fueilles. Il est vray qu'il y a cela de different entre les fruicts des arbres, & celuy des bonnes œuures: c'est que ceux-là ne se montrent qu'à certain temps, & ceux-cy doiuent paroistre en toutes les saisons. b Nous n'auons, à dire le vray, que l'vsage de nos biens & de nos richesses. Dieu s'est reserué la proprieté, pour en disposer comme bon luy semble; quãd nous en prenons moderément ce qu'il faut pour nostre viure, & nostre vestemẽt, tout le reste appartient aux pauures. Or

a Adde Charitatem, prosunt omnia: detrahe charitatem, nihil prosunt cætera. S. August. serm. 50. de verbis Domini.

b Superflua diuiti necessaria sunt pauperi: alienã retinet, qui ista tenet. S. August. in Psal. 147.

Zz

comme nous confeſſons, en aymant Dieu de tout noſtre cœur, qu'il eſt encore plus aymable que nous ne pouuons exprimer par nos actions, & par nos paroles : auſſi deuons nous aduoüer, quelques bons offices que nous puiſſions rendre à nos ſemblables, en les cheriſſant pour l'amour de Dieu, que le bien & le ſecours que nous leur donnons eſt touſiours au deça de noſtre deuoir, pour le reſpect que nous deuons à celuy dont ils portent la vraye image. c Cela eſtant, lors que nous voyons quelqu'vn dans la miſere, ne nous amuſons pas à le regarder, comme celuy qui contempleroit la cheûte d'vn autre ſans s'eſmouuoir ; preuenons charitablement ſa demande, & tendons luy vne main liberale, dans laquelle il trouue ce qu'il a beſoin. Et pour ce que tous ceux qui ont meſme intention en l'entrepriſe de quelque action de vertu, n'ont pas ny meſme moyen, ny meſme pouuoir en l'execution d'icelle : Dieu, qui penetre dans nos cœurs, eſtime autant nos bonnes volontez, que nos bons effets ; il regarde pluſtoſt la ſincerité de nos affections, que la magnificence des preſens dont nous nous efforçós de l'honorer. Et

c *Apud ſummum Patrem qui non fuerit in Charitate fratrũ, non habebitur in numero filiorum.*
S. Leo. Ser. 11. de Quadrageſ.

ainsi les pauures ne sont point exclus de pouuoir meriter autant que les riches; leur bonne volonté leur fournissant dequoy nourrir tous les necessiteux, sans rien donner : d *Illud pulcherrimum, humanissimúmque censendum est, quod Deus magnificentiam, non oblatæ rei pretio, & dignitate ; sed offerentis affectu, & facultate metitur.*

d S. Gregor. Nazian. orat. ad Iulian.

e Ceux qui rendent tesmoignage de leur foy par leurs vertueuses & sainctes actions, sont fondez sur cette asseurance, que ce qu'ils employent en œuures de pieté, & pour le secours des pauures, leur sera restitué dans le Ciel auec vsure; mais non pas en mesmes, ny semblables especes : Ils croyent que pour des auances materielles, & pour des biens perissables, ils en receuront d'eternels, & d'incorruptibles : ils sçauent où doit estre la retraite, & le port asseuré de leurs fortunes : ils asseurent icy bas leurs moyens, & leurs richesses, afin qu'elles ne courent point de hazard par les chemins; & qu'à leur arriuée, comme par vne lettre de change, le principal & les interests leur soiét rendus, en especes qui ayent cours au lieu où ils doiuent continuellement resider. f C'est vn sensible plaisir, & vne douce satisfa-

e *Quemadmodum frumentum in terram cadens lucrum proijcienti parit: sic & panis in esurientem proiectus multam in posterum tibi reddet vtilitatem.* S. Basil. to. 1. homil. 6

f *Nihil tam commendat*

ction à vne ame bien née que de donner de belles paroles, & de bons effets à tout le monde indifferemment. Que ceux-là sont heureux, qui en ayant la volonté, en ont aussi le pouuoir ; & qui aux occurrences de faire de bonnes actions, secourent liberalement les necessiteux, & les miserables ; prennent part à la douleur des affligez, & des tristes ; aydent la foiblesse de ceux qui sont opprimez ; protegent les innocens ; accordent les querelles ; étouffent les mauuaises affaires des opiniastres, & des imbecilles ; & en fin, employent tout leur esprit, leur authorité, leurs industries, & leurs richesses à faire du bien, & du plaisir aux grands, aux petits, & aux mediocres. On reconnoist tousiours la vraye vertu par les œuures qui la suiuent, comme l'on fait toutes les causes par leurs effets : & il est certain que ceux qui ont la charité bien enracinée dans le cœur, se tuënt pour secourir les affligez, & pour procurer le bien de tous leurs semblables. *g* Nous deurions à l'imitation d'Abraham aller au deuant des pauures, & les attendre sur les grands chemins pour les loger honorablement : ils nous obligent en nous donnant le moyen d'exercer vn

Christianam animam, quā misericordia; nec quisquam magis beatus, quàm qui intelligit super pauperum necessitatem.
S. Ambros. lib. 1. offic. cap. 11.

g Modus diligendi Deum est, sine modo diligere.
S. Bernard. lib. de diligendo Deo.

œuure que Dieu approuue, & qui refiouït les Sainéts & les Anges; & il eft vray que nous ne parlons pas d'eux auec affez d'honneur, & de refpect quand nous les appellons des gueux, & des beliftres. *h* Et de fait, fi nous nous perfuadions lors que nous donnons l'aumofne à vn pauure, que c'eft Iefus-Chrift qui la nous demande, & que c'eft dans fa propre main que nous la mettons: il eft certain que nous les honorerions dauantage, & que nous irions au deuant d'eux, pour leur donner liberalement tout ce dont ils auroient befoin. Cependant il eft tres-affeuré que tout ce que nous faifons au moindre d'iceux, foit bien, foit mal; foit honneur, ou ignominie; le Fils de Dieu le repute comme fait à foy: & il eft vray qu'il nous en tiendra compte, comme de chofes qu'il a receuës par fes propres mains. Au refte, il faut fe fouuenir en donnant fon bien aux pauures, que nous fommes obligez de quitter le vice. Ceux qui font obftinez en leurs pechez, & qui veulent que leur malice dure autant qu'eux, ont beau pratiquer la charité, & faire de bonnes œuures; s'ils ne meflent l'eau de la penitence parmy leurs aumofnes, ils n'efface-

h Manus pauperis eft gazophilaciū Chrifti: quiaquid pauper accipit, Chriftus acceptat. S. Chryfol. ferm. 8.

ront iamais leurs crimes. La plus chere oblation que l'on puisse faire à Dieu, c'est celle d'vn cœur contrit, & d'vne ame purgée des ordures du peché: nous aurions tort sans cette condition-là d'esperer quelque fruict de nos bonnes œuures; puisque comme le feu ne peut demeurer auec l'eau, la grace ne peut aussi habiter auec le vice: i *Regnum Dei tantum valet quantum habes: verumtamen non ita emitur, vt tua tribuas Deo, te autem vitiis, & diabolo; sed vt te primum restituas ei, deindę quę tua sunt, vt eum liber sequi valeas.*

i S. Paschaf. lib. 7. in Math.

La plus rare merueille que l'on sçauroit voir dans le monde, c'est d'y rencontrer des trouppes d'hommes donnant leur argent aux pauures à grosses poignées: c'est là le plus court chemin, pour nous acquitter de tous nos pechez, & pour acquerir le Ciel à fort bon compte. Le meilleur employ que nous puissions faire de nos biens, & de nos richesses, c'est de les mettre à la banque du Fils de Dieu, qui est l'aumosne: il nous les asseurera, si nous nous confions à luy, sur toute l'étenduë de cét vniuers, qui luy appartient legitimement; mais encore sur les cieux, & sur la beatitude du Paradis, qui est le plus precieux de son patrimoine. Il est vray qu'il n'y a point de marque plus asseurée que nous sommes du nombre des predestinez, que de procurer le salut des personnes, qui sont comme abysmées dans le vice, & de les assister en leurs necessitez du corps, aussi bien qu'en celles de l'ame: k Mais afin que nous ne pensions pas que les pauures ne puissent faire de grandes actions, & qu'ils soient exclus du merite que les riches acquierent par la pratique de cette vertu, nous deuons sçauoir que Dieu ne mesure la valeur des presens qu'on fait à ses membres, que par le zele & la cordiale affection de ceux qui les offrent pour l'amour de luy. Il promet des recompenses infinies à ceux-là mesmes qui n'auront pû donner qu'vn verre d'eau froide en son nom ; declarant par là que personne ne peut s'exempter de donner l'aumosne, & que les pauures peuuent beaucoup meriter en donnant selon leur puissance, & selon leurs moyens. l Ce que l'or est entre les metaux, le Soleil entre les estoiles, de Diamant parmy les pierreries, & le Chef au corps humain, la Charité l'est entre les vertus Chrestiennes : c'est elle

k *Amore pauperis Deus suum regnum vendit: & vt emere illud omnis homo possit, fragmentum panis ponit in pretium.* S. Chrysol. Serm. 41.

l *Dilectio est pacis vnda, ros gratiæ, charitatis imber, semen concordiæ, affectus gen-*

qui donne le goust, & le prix à toutes nos œuures : c'est la marque du Prince qui les rend de mise, & de franc alloy ; & c'est la pierre de touche, qui discerne le billon d'auec la monnoye qui doit auoir cours. C'est vn Soleil qui orne tout, qui eschauffe tout, & qui viuifie tout : adjoustez cette vertu en vne ame, elle est riche auec excez ; ostez luy ce thresor inappréciable, tout le reste luy est inutile. De toutes les sainctetez imaginables, & que l'on peut pratiquer facilement, il n'y en a point que Dieu estime dauantage que l'aumosne : il n'en fait pas moins d'estat que de la foy ; il la cherit autant que l'esperance ; & il est certain qu'il l'égale quasi au Martyre, & que nostre dernier iugement nous sera prononcé, selon que nous l'aurons bien ou mal pratiquée. Car encore que l'on doiue là couronner, l'innocence d'Abel, la foy d'Abraham, la douceur de Moyse, la patience de Iob, les combats de tous les Martyrs, la pureté des Vierges, la constance des Confesseurs, & les austeritez de tant de saincts personnages. *m* si est-ce que l'aumosne, comme la principale de toutes les vertus, sera la premiere en rang, & la plus puissante, & de

& de laquelle les loüanges seront hautement publiées par la bouche du Souuerain de tous les Iuges. Au demeurant, l'on peut asseurer que la Charité est vn thresor qui ne s'épuise iamais; que c'est vne source dont les eaües sont tousiours viues; & vn bel arbre de grand reuenu, qui porte des fleurs, & des fruicts en toutes les saisons, quelque mauuais temps qu'il fasse. C'est vn puits qui se remplit d'autant plus qu'on le tire, vne mamelle qui ne tarit iamais, & vne source viue que l'on ne peut iamais mettre à sec. a Ceste vertu si precieuse, & si noble deuant Dieu, est l'ame & la vie de toutes les autres, leur couronne, & leur plus precieux ornement: il y a des bornes pour toutes les autres, qu'elles ne peuuent outrepasser sans perdre leur nom, & leur vraye essence: la charité seule ne connoist point du tout de limites; estant vn appetit infiny de faire du bien à tout le monde. b Il faudroit s'imaginer quelque chose de diuin, pour se figurer quelque chose d'aussi grand, & d'aussi sainct que cette vertu. Le salut est montré à la foy, il est preparé à l'esperance; mais il n'est donné qu'à la charité. En vn mot, la porte pour entrer dans le Ciel,

stipendia pauperis tractantur in cœlo; erogatio pauperis prima diuinis scribitur in diurnis.
S. Chryso. Serm. 14.

a *Sola misericordia terminum non habet: ipsius enim nimietas placet, eius laudabilis potest esse profusio.*
S. August. in tractat. de orat. & misericordia.

b *Sola charitas est, quæ vincit omnia, & sine qua nihil valent omnia.*
S. August. lib. de doctrina Christiana.

Aaa

c'est l'aumosne : il n'y a ny oraison, ny austerité, ny jeusne qui soit aussi puissant qu'elle : c *Magna res eleemosyna, præcidit aërem, transit lunam, solis radios cædit, ad ipsum venit Cœlorum culmen, ipsos pertransiens Cœlos, & Angelorum populos decurrens, ipsi astitit regali throno.*

Ceux qui sçauent distinguer la vraye vertu d'auec la fausse, voyent bien que nos intentions, & nos œuures ne sont pas tousiours de mesme, & ne buttent pas à mesme fin ; d quoy que nous nous déguisions en bien des manieres, & que nous n'oublions rien à faire pour paroistre bien parfaits dans l'esprit des simples. Le bien pourtant que nous faisons, ou par consideration, ou par contrainte ne nous doit pas satisfaire ; quelque bon iugement qu'en puissent faire ceux qui estudient nos actions, dautant qu'ils ne iugent des choses que par leur dehors, & que cette marque est fausse ordinairement. e Le Sage imite tousiours les Pilotes, qui tenans continuellement la main au timon, leuent souuent les yeux vers le Ciel, pour prendre du Pole l'asseurée conduitte de leur vaisseau : ainsi à mesme temps qu'il manie le gouuernail de tout ce qu'il doit

c S. Chrysost. homil. 9. de pœnit.

d *Qui virtutem suam publicari vult: non virtuti laborat, sed gloriæ.* Sene. Epist. 103.

e *Tunc recta sunt opera, cū in illū finem diriguntur, qui est Christus: finis enim præcepti est charitas de corde puro, & con-*

executer, il tient les yeux fichez sur ce qui *scientia bonâ* eſt commandé ou deffendu par les loix di- *& fide non* uines, d'où il prend les ordres de tout ce *facta.* qu'il a à faire. Pour rendre nos actions *in Pſal. 89.* fructueuſes, & meritoires pour le Ciel, il ne nous en faut point propoſer d'autre recompenſe ſur la terre, que celle que nous eſperons de celuy, pour l'amour duquel nous les auons faites. Celuy-là eſt vrayement genereux qui fait du bien pour l'amour de la vertu, ſans penſer ailleurs ; & qui pour auoir trouué beaucoup de méchans & d'ingrats en plein iour, ne laiſſe pas de chercher à faire de bonnes actions aux flambeaux. f L'a- f *Neſciat ſi-* me ſolidement vertueuſe reſſemble à la *niſtra tua :* Palme, qui porte toute ſa force au cou- *id eſt, vt alie-* peau, & qui y fait pointer toutes ſes bran- *cupiditatis,* ches : elle a toute ſa vigueur en Dieu, & *ab opere cha-* de Dieu ; c'eſt luy ſeul qui eſt la ſource, & *ritatis.* la fin de toutes les œuures qu'elle opere. *in Ioan. ſer.* La pieté ne conſiſte pas en la graiſſe des *50.* victimes, mais en la feruour, & en l'intention des ſacrifians : & certes l'on ſe tromperoit bien fort, ſi l'on croyoit qu'vn homme vertueux, pour ne pouuoir donner qu'vn denier à vn pauure, euſt moins de Religion, & de Charité qu'vn méchãt,

A a a ij

qui en donne dauantage. g Presque toutes les actions humaines ressemblent aux grandes riuieres, dont peu de personnes sçauent la source; quoy que plusieurs en voyent le grand cours : la Raison de la Iustice d'vne chose, ne consiste pas seulement en ce qu'elle est iuste de soy ; mais bien en ce qu'elle a esté faite iustement, & à bonne fin. h Il y a cette difference entre les ouurages de l'industrie des grands hommes, & les sainctes productions des vertueux & des Sages, qu'à celles-là l'on ne regarde que la dexterité & la gentillesse de l'œuure, & en celles-cy l'on considere la probité & la bonne vie de l'ouurier : là, la main & l'art font le tout; icy le cœur, l'intention, & la renommée ont meilleure part : & si le cœur n'est bon, l'intention droite, & la fin legitime, l'œuure ne peut estre que mauuaise, quoy qu'elle paroisse excellemment bonne. Si vn Architecte fait vn excellent Palais pour vne mauuaise fin, sa volonté déreiglée ne gaste pour cela son ouurage : mais si celuy qui produit vn acte de vertu, se propose vne fin iniuste, son intention vicieuse dépraue & ruine le bien qu'il a fait; & la mauuaise qualité de son cœur se

---

g *Non quid quisque faciat, sed quo animo faciat, considerandum est. Magis enim interest, cum aliquid boni facimus, cuius rei contemplatione faciamus.* S. August. in Psal. 118.
h *Affectus tuus nomen imponit operi tuo : quomodo à te proficiscitur, sic æstimatur.* S. Ambros. lib. 1. offic. cap. 30.

communique iusques dans son œuure, quelque industrie qu'il apporte pour la déguiser. *i* Le cœur qui est le principe de la vie naturelle, l'est aussi de la bonté en la vie morale : c'est vne source qu'il faut necessairement purifier, si nous voulons que toutes nos actions, qui en sourdent comme de petits ruisseaux, soient meritoires, & bien approuuées. Quoy que ce soit que nous fassions desormais pour le bien de nostre eternité, il faut necessairement que nous ayons la Charité en l'intention de tous nos projets, & la verité en l'eslection de tout ce que nous voulons entreprendre. De là dépend le soustien, la bonté, & la valeur de toutes nos œuures: *k* *Sicut fabrica columnis, columnæ autem basibus innituntur: ita vita nostra in virtutibus virtutes autem in intentione intima subsistunt.*

Colorem operi nostro dat eius bonitas, & cordis intentio odorem; modestia, & virtutis exemplum.
S. Bernard. ser. 71. in Cantic.

k S. Grego. lib. 22. moral.

A aa iij

Que Dieu permet que les Sages & les vertueux soient éprouuez, & tentez, aussi-bien que les fols & meschans: Que le Fils de Dieu nous en a luy-mesme frayé le chemin, & donné l'exemple; & qu'il faut combattre à son imitation, & s'efforcer de vaincre par le moyen de son assistance.

CHAPITRE IX.

l sicut assidua est in mari tempestas: sic in isto mundo, persecutio Satanæ. S.Chrysost. homil.59.in Matth.

m Ad hoc exagitat tribulatio, vt exinaniat vas, quod plenū est nequitia, & impleatur gratia. S. August. in Psal. 55.

l Ln'y a point d'endroits dedans ou dehors le monde où les hommes puissent tousiours demeurer en vn mesme estat, & également tranquilles: & quand mesme la force de leur esprit les pourroit garantir de tant d'accidés, dont cette vie est toute pleine, il est necessaire pour leur bien, & pour leur salut, qu'en quelques occasions ils changent d'assiette; m afin qu'ils s'humilient deuant Dieu, en implorant son secours, & qu'ils se souuiénent de temps en temps, qu'ils sont encore sujets aux communes infirmitez de leurs semblables. Le Soleil a ses eclypses dans les Cieux, & la Lune ses deffauts & ses taches: dessus la terre, les plus belles vies ont tousiours leurs marques de foiblesses & d'infirmitez ; & ordinairemét de certains nuages de malheurs, y viennent troubler la serenité des Sages & des vertueux. *n* Certes c'est ne cónoistre que la moitié de la vie, de n'auoir iamais senty que la prosperité en tous ses affaires ; & c'est n'auoir pas nauigé fort loin, que d'auoir tousiours eu le vent en poupe, & la mer propice. Il n'y a personne si mal-heureux, qu'vn homme à qui il n'est iamais arriué de mal-heur : & celuy-là ne sçait pas iuger de la douceur, qui n'a iamais gousté d'aucune amertume. *o* Le calme qui vient apres la tempeste semble bien plus doux : la paix est trouuée bien plus agreable à l'issuë d'vne longue & fâcheuse guerre ; & la bourasque d'vne forte & violente tentation, nous fait mieux iuger du bon-heur de la tranquillité de l'esprit. Ceux qui voyent la laideur du vice, admirét dauantage la beauté de la vertu ; & il n'y a point de plus competens iuges de l'horreur des pechez & des crimes, que ceux qui regrettent d'auoir failly, & qui sont penitents pour vn bon sujet. *p* Par tout il y a des difficultez à combattre, & des ennemis à surmonter.

n Semper esse fœlicem, & sine morsu animi velle transire vitã, ignorare est rerum naturæ alteram partem. Senec. lib. quare bonis viris, &c.

o Dulcior fit salus, cum dolor excruciat, & sanitatis amissæ dulcedinem, languoris amaritudo commendat. S. Prosp. de vita contemplat. lib. 1. cap. 19.

p Quos manet gloria, expectat iniuria.

Ce seroit ignorer les loix que Dieu a establies icy-bas, & les conditions sous lesquelles nous joüissons de la vie, d'y pretendre vn repos sans inquietudes, & vne paix sans allarmes. Depuis que nous auós esté venduz pour estre esclaues du peché, nostre sensualité nous fait assez connoistre que nous sommes corporels. Le mal inseparable de nostre chair broüille nostre entendement à toute heure, affoiblit nostre raison, & surmonte nostre volonté: il n'y a quasi point d'hommes, pour parfaits qu'ils soient, que le vice n'attaque furieusement, ny si bon naturel, que l'iniquité ne peruertisse tost ou tard. C'est en cela que paroist l'estroite seruitude, où nous a reduit la rebellion de nostre premier Pere, & la pesanteur du joug de cette rigoureuse captiuité, qui ne nous permet pas de suiure ce que par l'adueu de nostre propre consentement nous connoissons estre le meilleur, & nous porte à commettre des actions que nous confessons estre tres-mauuaises. q C'est nostre profession, & nostre exercice d'estre esprouués, tentés, & persecutés en bié des manieres: cela nous est aussi naturel, comme à l'oyseau de voler, de chanter, & se courir

qui vero non subscripserunt se ad coronam, non tenentur ad laborem certaminis.
S. Ambros. lib. 1. de offic. cap. 16.

q *Quis sanctorū sine certamine coronatus est? Solus in deliciis Salomon, & ideò forsan corruit.*
S. Hieronymus, Epist. ad Eustoch.

urir de ſes plumes. Le Fils de Dieu luy-meſme n'eſt monté à la gloire, que par l'eſcalier des tentations, & des ſouffrances; & il a fallu qu'il ait liuré le combat à ſes ennemis, & remporté la victoire, auparauant que de triompher, & receuoir la Couronne : a *Non ante rex gloriæ à cœleſtibus eſt ſalutatus, quam rex Iudæorum proſcriptus in Crucem.*

b Nous naiſſons tous en ce val de pleurs, comme en vn champ de bataille, où toutes ſortes de maux nous attendent, & nous attaquent dés noſtre arriuée: depuis l'inſtant que nous commençons à voguer ſur cét Ocean du monde, iuſques au moment que nous deſcendons en terre pour aller au Ciel, nous n'y auons point d'autre exercice que le combat: qui que nous ſoyons, ſi nous penſons aymer Dieu, cherir la vertu, & eſtudier à nous faire ſages, ſans eſtre eſprouué, mépriſé, & perſecuté, c'eſt nous flatter; & en nous flattant, nous tromper. Il n'y a çà bas ordre ſi ſainct, vie ſi auſtere & particuliere, ny place ſi ſecrete que les tentations ne s'y gliſſent; Pas vn des mortels n'eſt exempt d'icelles, auſſi long-temps qu'il joüit de la vie. Il eſt vray qu'il faut vne force ſur-

a Tertull. lib. de Corona Militum, cap. 14.

b Inter bonos viros ac Deum amicitia eſt, conciliante virtute: hos itaque Deus, quos probat, quos amat, indurat, recognoſcit, exercet. Eos autem quibus indulgere videtur, quibus parcere: molles venturis malis ſeruat. Erratis enim, ſi quem iudicatis exceptum: veniet ad illum diù felicem ſua portio; quiſquis videtur dimiſſus eſſe, dilatus eſt.

humaine, pour se tenir ferme parmy tant d'objets qui nous tentent, & parmy tant d'ennemis qui ont proietté de nous ruiner: & ce qui est plus à craindre pour nostre salut, c'est que ce sont des objets si plaisans, des attaques si charmantes, & des ennemis si dissimulez, que tout à la fois ils caressent & trahissent; ils presentent du miel, & donnent du poison; ils nous baisent, & nous tuent à mesme temps. c Encore si nous n'auions pour ennemis que des hommes pareils à nous, & composez de chair & de sang comme nous sommes, il est vray que nous pourrions les appriuoiser, ou les vaincre: mais nous auõs à combattre vne armée de Demons, & à soustenir les forces & les efforts de tout l'enfer; & il est certain que Satan ne cherche continuellemẽt qu'à nous tenter & qu'à nous perdre sans resource. d Tout ainsi que Dieu desire, que tous les hõmes prennent le chemin du Ciel, pour l'amour de luy : aussi le diable souhaite-il que pas vn d'eux ne luy eschappe des mains; il s'ennuye si peu accompagné dans ces lieux vastes des enfers, & il ne tiẽdra pas à luy qu'il n'y méne tous les r'affinez, & tous les fourbes, aussi bien que tous les Athées.

Senec. lib. quare bonis viris, &c.

c *Deus vtitur cacodæmone in nostris tentationibus, sicut medicus in teriacis, serpentibus & viperis: id enim agit, vt prosit infirmo.* Theodoret. serm. 3. de Græcor. curat.

d *Non sufficit ei vt solus talem domum possideat: socios quærit, spaciosus est locus, multis indiget habitatoribus.* Eusebius Emissenus.

de ce siecle. Il faut auoüer que la tentation & l'aduersité nous font des leçons tres-salutaires, & nous montrent les preceptes de la Sagesse par abbregé: les peines qui nous viennent de la part de Dieu sont bien plus instructiues, que les plaisirs que nous receuons du costé du monde; & il vaut bien mieux pour nostre profit interieur, que nos aduersaires ayent exercé nostre vertu, que si des impies & des méchans l'auoient corrompuë. e Bien souuent Dieu permet que le juste tire sa bonne fortune de quelque fâcheuse disgrace, dont en apparence il deuoit estre ruiné sans ressource. De toutes les sortes d'aduersitez dont Dieu nous visite, c'est plustost vn effect de sa bonté, que de son couroux: c'est vne sorte de correction bien plus douce, que seuere: telle qu'est le chastiment d'vn bon pere, ou d'vn pedagogue, qui pour retenir en bride les desbauches de ses chers enfans, leur donne à connoistre par quelque discipline moderée, non tant les moyens qui sont en son pouuoir de leur nuire, que le desir qu'il a de leur profiter. f Et il est vray qu'il n'y a pas plus d'estoilles dans le Ciel, que d'yeux ouuerts sur toutes les actiós des iustes: que si Dieu

e *sæpè maiori fortunæ locum fecit iniuria: multa ceciderunt, vt altius surgerent, & in maius.*
Sene. Epist. 91.

f *omne quod tibi applicitum fuerit, accipe: & in*

semble par fois sommeiller au milieu de nos miseres, c'est afin de nous sauuer auec plus d'admiration, & plus de tesmoignages de son amour. Il n'y a point de Saincts ny de Sages icy-bas, qui ne soient sujets à errer, à estre tentez, calomniez, & persecutez comme les autres : s'ils tombent par infirmité, ils se releuent par la grace ; s'ils sont tentez, ils resistent ; si on les persecute, ils le souffrét ; & c'est en cela que l'on reconnoist que leur saincteté, & leur sagesse n'est pas fausse. La vraye marque des enfans de Dieu, & des coheritiers du Dauphin du Ciel, c'est la ressemblance qu'on voit en eux de toutes les vertus qu'il a pratiquées : quiconque ne porte graué dans son cœur ce precieux caractere, le Fils de Dieu le rebutte comme illegitime, & comme indigne des dons & des graces qu'il a preparées pour tous les fideles : g *Vocati enim sumus ad militiam Dei viui. Nemo miles ad bellum cum deliciis venit : etiam in pace, labore, & incommodis bellum pati iam ediscunt.*

h La vertu se roüille, & se ternit quand elle n'est point exercée : l'affliction est la fournaise ordinaire, où elle se purifie, & s'éclaircit. C'est vn vent qui l'enracine, & la fortifie, à mesure qu'il l'ébranle, & qu'il

dolore sustine, & in humilitate tua patientiā habe. Quia si est aduersitas, medicamentum est : si prosperitas, beneficium.
Hugo Cardinal. in cap. 2. Ecclesiast.

g Tertull. lib. ad Martyres.

h *Quod auro ignis, hoc animis tribulatio ; sordes abstergens, faciens mundos,*

là fecouë rudement. L'or & le verre, les deux plus belles chofes du monde, ne fe purifient que dans le feu: c'eft auffi l'afpreté des actions humaines que la vertu cherche; & c'eft parmy les difficultez de la vie que l'honneur & la gloire fe rencontrent. L'aduerfité nous fait des leçons qui nous enfeignent le chemin du Ciel, & tous les fecrets de la vraye fageffe. Les chofes du monde que nous croyons les plus fauorables, font ordinairement les plus dangereufes, & les plus contraires à noftre bien: les peines font bien plus inftructiues, que ne font le repos & les plaifirs; les afflictions, les pauuretez, & les maladies, font les vrays remedes d'où nos ames tirent la fanté, & la fainctecé tout enfemble. i Dieu permet fouuent que noftre falut nous vienne de ceux-là mefme qui ont deffein de nous ruiner: & il ne tient qu'à nous autres que nous ne tirions vn grand auantage de toutes les perfecutions qu'ils nous font fouffrir. k Il nous faut croire, fi nous fommes fages, que nulle aduerfité ny profperité ne nous arriuent iamais, que par la difpofition de cette prouide Bonté, qui fçait tirer la joye de la douleur, & le bien du mal: & qui

claros reddens at splendidos.
S. Chryfoft. homil. 66. de pœnitentia.

i *Salutem ex inimicis noftris, & de manu omniũ qui oderunt nos.*
Cantic. Zachar.
k *serui Dei, etfi patiuntur mala, non patiuntur ad pœnam, sed subeunt ad coronas.*
S. Chryfol. ferm. 15.

sçait faire que toutes choses cooperent au salut de ceux qui sont appellez pour estre esleus, & qui doiuent estre vn iour sanctifiez, selon que Dieu l'a proposé dans les decrets de sa prescience. Quand les hommes se persuadent que Dieu les méprise, & qu'il ne les exauce pas, c'est lors qu'il prend leur tutelle, & qu'il prend leurs affaires à cœur : & il est vray qu'il ne leur refuse que les choses qu'ils ne deuroient pas souhaiter, s'ils estoient sages. De sorte que le Tout-puissant les fauorise par vne voye extraordinaire, quand il ne permet pas qu'ils s'éleuent, où il leur seroit difficile de se conseruer dans l'innocence, & de ne pas finir par vn precipice. *l* Au reste, quoy que la volonté des méchans soit tousiours inique, & qu'ils ne tendent qu'à nous ruiner, & à nous perdre ; leur puissance neantmoins n'est iamais iniuste : leurs mauuais desseins demeureroient sans aucun effect, si Dieu ne leur en permettoit l'execution ; & de tout le mal qu'ils exercent si iniustement sur les gens de bien, Dieu a tousiours de la Iustice de reste en leur permettant. Il n'est donc point inconuenient que nous soyons tentez, & affligez en bien des ma-

l Sciendum est, quia Satanæ voluntas semper iniqua est, sed nunquam potestas iniusta: quia à semetipso voluntatem habet, sed à Domino potestatē. Quod enim ipse facere iniquè appetit, hoc Deus fieri nō, nisi iustè permittit.
S. Gregor. lib. 2. Moral. cap. 6.

nieres, puis que Dieu ne le permet iamais que pour noſtre bien ; & que la tentation ne nous ſçauroit nuire, ſi nous n'y donnons noſtre conſentement. Si nous voulons, le diable ne ſera malicieux & méchant que pour luy-meſme ; nous pouuons tirer de grands profits de tous les aſſauts qu'il nous liure, & en remporter autant de gloire & d'honneur, que luy de côfuſion & de honte. Ce deſloyal demeure confus quand on luy reſiſte ; & la peur qu'il a que l'on ne triomphe de ſes pernicieuſes ſuggeſtions, le fait reſoudre à fuïr, & ſe retirer pour ne nous tenter plus. m L'homme peut bien eſtre ſolicité, & violenté en la tentation ; mais non pas forcé à y conſentir malgré ſoy : noſtre ame n'a point de production plus entiere, plus ſaine, & plus ſiéne que le vouloir ; vouloir qui eſchappe des mains de la contrainte, qui eſt plainement abſolu en ſa domination, & qui eſt inflexible, non aux allechemens ſeulement, mais aux tourmens & aux geſnes. Il eſt vray qu'il n'eſt pas en noſtre pouuoir d'empeſcher qu'il ne nous vienne des penſées impures & mauuaiſes en bien des façons ; qu'il ne s'eſleue de fortes eſmotions en noſtre chair ; & que nous

m *Peccatum in foribus eſt: niſi ipſe aperias, non intrabit: appetitus in corde prurit, ſed ſub te eſt ; niſi ſponte cesseris, nihil nocebit.* S. Bernard. in cap. 5. Iob.

ne ressentions du plaisir & de la propension au vice: mais il est en nostre pouuoir d'y resister, de les chasser, & de les vaincre : n *Nemo habet in potestate, quid ei veniat in mentem : sed consentire, vel dissentire, propriæ voluntatis est.*

n S. August. lib. de spiritu & littera. cap. 34.

De la Tribulation : Que Dieu ne nous afflige iamais que pour nostre bien ; c'est tousiours ou pour nous esprouuer, ou pour nous faire meriter, ou pour nous chastier de nos malices ; en quelque façon que ce soit qu'il nous punisse, c'est tousiours grace, & vn effect de sa misericorde.

CHAPITRE X.

L'HOMME sage sçait bien que Dieu preside en cét vniuers, comme en vne maison que luy mesme a bastie de ses propres mains : & que rien n'arriue aux affaires de tous les mortels, que ce qu'il commande, ou ce qu'il permet pour leur bien. o Si par fois il fait des choses contre nostre goust, il n'en fait iamais côtre nostre vtilité : iamais il ne nous blesse,

o *Temporaliter verberat, vt à perpetuis flagellis abs-*

blesse, qu'il n'ait le remede prest à nous guerir; & à peine la playe est-elle faite, qu'il y applique luy mesme l'emplastre, & le baume. C'est vn Medecin qui trauaille pour la santé, & non pas pour le plaisir; qui veut guerir l'esprit du malade, sans flatter les sens du corps: Il tire ordinairement de nostre mal, nostre bien; & ce que nous estimons tendre à nostre ruine, il le tourne, si nous voulons, à nostre salut. Si ce bon Pere nous chastie par sa Iustice, malgré luy, il ne tient qu'à nous qu'il ne nous sauue en implorant sa misericorde: il afflige autant l'homme de bien, comme il l'ayme; les presens magnifiques qu'il fait icy-bas à ses fauoris, sont des croix, des afflictions, & des martyres. a Mais les esclats de tous ses tonnerres ne tombent que pour nous resueiller: toutes ces reprises d'aduersitez si inopinées, ne sont que des pincemens d'oreilles, pour nous faire ressouuenir que nous ne sommes pas impeccables, non plus qu'immortels; & tous ces chastimens si diuersifiez & si ordinaires, ne buttent qu'à humilier nos esprits, & à tirer de nos cœurs des soûpirs, & des repentances salutaires. Ce sont des effects ordinaires de l'amour du Createur;

condat; premit vt eleuet, secat vt sanet, deiicit vt exaltet.
Petr. Damian. lib. 8. Epist. 6.

a *Siuè miseria nostra, siuè infirmitates, siuè euersiones, siuè captiuitates, & penè improbæ seruitutes, testimonia sunt mali serui, & boni Dei.*
Saluian. lib. 4. de prouidentia.

des benedictions qui partent de sa main quand il luy plaist ; & des preuues qu'il tient tousiours les yeux collez sur ceux qu'il ayme, se seruant de toutes sortes de remedes pour guerir leurs ames. *b* Il nous veut faire riches des biens de l'esprit, par la perte de ceux du corps: il sçait bien que s'il ne nous perdoit pour un temps, nous nous perdrions nous-mesmes eternellement. Dieu pourroit bien souuent nous octroyer les richesses, les honneurs, la vie, & la santé mesme à nostre dommage : car tout ce qui est agreable à nostre goust, ne nous est pas tousiours salutaire. Si au lieu de la guerison que nous luy demandons en nos maladies, il nous fait venir la mort à nostre secours, ou s'il permet que nos maux augmentent, & qu'ils continüent, il le fait par les raisons de sa Prouidence, qui regarde bien plus certainement ce dont nous auons besoin, que nous ne pouuons nous-mesmes bien iuger. *c* Dieu a tousiours raison de faire ce qu'il fait, ou de permettre ce qui nous arriue ; & il ne faut pas que nostre entendement iuge de ses intentions selon sa portée. Encore que nous n'en puissions comprendre les ma-

b Corrumpimur enim rebus prosperis, corrigimur aduersis: & quos intemperantes pax longa fecit, turbatio facit esse moderatos. Saluian. lib. 6 de gubernat. Dei.

c Deus nõ ex ira irrogat supplicium, sed, quod iustum est, considerat: nempè quod non expediat propter nos præ-

tifs, il ne s'enfuit pas qu'il n'en ait de tres-raisonnables: sa toute puissance n'executa iamais rien sans sa Iustice, ny sans le conseil de son eternelle sagesse; & nous ne sçaurions mieux faire, en humiliant nostre esprit tout le plus que nous pourrons, que de croire auec asseurance, que tout ce qu'il fait est bien fait. Cette connoissance est pour nos esprits, ce que le Soleil est pour nos yeux: & comme il est certain que nous nous aueuglons, à force de regarder la beauté de ce bel Astre: aussi est-il vray que nostre entendement s'esblouït, & se perd, voulant penetrer dans les secrets de la volonté diuine. De-mesme que ce n'est point à vn simple soldat à changer les ordres qui luy sont donnez par son Capitaine; mais il les doit tous executer ponctuellement: aussi faut-il que nous suiuions ce que Dieu nous ordonne sans y repugner, & que nous nous rapportions à luy seul de nostre conduite: d *Prouidentiâ enim Dei, omnia gubernantur: & quæ putatur pœna, medicina est.*

termitti id, quod iustum; quos enim laus non mouet, incitat vituperatio; & quos tanquam mortuos vituperatio non excitauit ad salutem, eos ad veritatem expergefacit maledictum. Clemens Alexand. 1. Pedag. cap. 8.

d S. Hieronymus, in Ezech.

e Le Sage se resiouït dans les combats des afflictions, & dans les miseres de la vie humaine, dont il sçait que les

e *Vt miles, si occiderit, surgit alacrior, & animos*

Couronnes luy font preparées au Ciel, s'il en sçait surmonter les difficultez auec courage, ou les souffrir joyeusement par la patience; considerant que ce luy est vne preuue asseurée que Dieu ne l'exclud pas du nombre des iustes, & des predestinez pour la gloire, puis qu'il prend luymesme le soin de l'instruire, & de le rendre meilleur par ses visites. Il est vray qu'il est aussi iniuste, qu'inutile de nous inquiéter pour des accidens que nous ne pouuons fuïr : & que nous laissant emporter à l'impatience, & à la douleur, ce n'est qu'adjouster aux afflictions qui nous heurtent au dehors, des souffrances interieures, qui priuent nostre ame de sa paix, & de son repos. Le Sage sçait bien qu'il n'y a point de mal ny de peine en la Cité, c'est à dire dás l'estenduë de cét vniuers, duquel Dieu ne soit l'Autheur : que comme il a creé ce grand Monde par sa puissance, qu'aussi le gouuerne-'il par sa sagesse ; & que sa Prouidence veille sur toutes ses œuures, sans oublier la moindre des plus petites : qu'ayant formé nos ames de ses propres mains, il en a vn soin tres-particulier, & qu'il les dispose bien plus souuent par les souffrances, que par

trasque sumit à casu : idem nobis fit, & constanter pergamus ad illum tranquillitatis internæ portû, qui verè efficit beatos.
Lipsius in Epistolis.

les consolations, à receuoir la perfection de la grace: qu'ordinairement il donne les plus grands trauaux à ceux qu'il ayme le plus, comme vn General d'armée confie vne action genereuse au soldat qu'il estime le plus vaillant: f Que l'aduersité, & la disgrace est bien souuent l'eschole de la vraye sagesse, & que la patience a vne infinité de belles vertus qui nous sont cachées: que cette vie n'est qu'vne lice où nous courons, & vn champ clos où nous combattons, pour obtenir la couronne de la gloire, qui nous attend au bout de la carriere: qu'en fin apres auoir icy souffert des indignitez, des douleurs, des afflictions, & des affronts innombrables, tant en nos personnes, qu'en nos amis, & en nos fortunes, il faut payer à la mort le dernier tribut, & cesser de viure bien souuent quand nous ne faisons que commencer. Il est vray que si nous estions aussi modestes au temps que toutes choses nous prosperent, & nous rient, que nous le sommes quand Dieu nous montre la verge, & qu'il nous chastie, il ne nous faudroit point d'afflictions pour nous faire sages. g Ce n'est iamais le dessein de Dieu de fouler aux pieds les hommes,

f *Ignis autum probat: miseria, fortes viros.* Seneca.

g *Sauire videtur Deus, cū ista facit:*

& de triompher de leurs humiliations : ny son intention de les jetter dans la pauureté, & dans la misere, pour les y abandonner eternellement : il sçait ce qu'ils ont besoin pour les faire sages, & il ne leur fait iamais rien souffrir, que ce qui est necessaire pour les rendre bons. Il n'est pas de l'humeur de ces mauuais Iuges, qui ne demandent que des faux pretextes, pour pendre & roüer legitimement. Il ne void iamais nos fautes qu'auec regret ; & c'est bien à contre-cœur, quand sa Iustice le contraint de nous chastier. *h* Il y en a beaucoup parmy les pecheurs que Dieu punit durant cette vie, pour leur pardōner tous leurs crimes au partir d'icelle : & d'autres qui semblent pecher impunément, & n'estre pas veuz de celuy qui voit toutes choses, qu'il reserue neantmoins à punir en l'autre monde. Ne nous prenons point à Dieu de nos infortunes, & de nos malheurs : examinons diligemmēt nostre vie, & nous trouuerons que la racine de tous nos maux est dans nostre cœur ; laquelle estant infectée de plusieurs pechez, corromp & gaste tout ce qu'il produit. Or de toutes les tribulations que nous puissions souffrir durant cette vie, il n'y en a

ne metuas, quoniam Pater est : nunquam sic sæuit, vt perdat : quando male viuis, si parcit, plus irascitur.
S. August. in Psal. 65.

h Diuina bonitas ideò maximè irascitur in hoc sæculo, ne irascatur in futuro : & misericorditer adhibet temporalem seueritatem, ne æternam inferat vltionem ; procedit tamen à Dei clementia ipsa temporalis pœna.
S. August. lib. de vera innocentia, cap. 5.

point de si onereuse, & de si amere, que d'auoir la conscience chargée de vices, & de crimes: car l'ame qui est en la captiuité du peché, estant continuellemét gehennée de remords, porte son enfer auec elle; au lieu que celle qui en est exempte, & tout à fait libre, quoy qu'elle soit d'ailleurs affligée auec excez, se retirant à l'escart dans sa conscience, comme en vn port asseuré, elle y trouue Dieu qui la console, & qui la protege: i *Inter omnes tribulationes, & angustias, nulla maior quàm conscientia delictorum : si ibi malum non est, vbicumque passus fueris tribulationes, illuc confugies, & inuenies Deum.*

i S. August. in Psal. 45.

Quoy que nous sçachions que les aduersitez de cette vie, doiuent faire tous nos souhaits, & tous nos plaisirs, puis qu'elles font toutes nos couronnes; k que nous voyons par experience que c'est parmy les épines qu'il faut cueillir les belles roses de la vertu, & de la sagesse; que le fiel est la plus solide nourriture de nos esprits, bien qu'elle ne soit pas la plus agreable à nostre goust: neantmoins la crainte des picqueures nous empesche d'y porter la main; & nous sommes si peu passionnez pour nostre salut, & pour nostre

k *Sicut è spinis pulchræ oriuntur rosæ suauißimum odorem efflātes: sic etiam è tribulationum aculeis bonorum incrementum prouenit.*
S. August. in Psal. 52.

bien, que l'horreur que nous auons conceuë de son amertume, nous oste l'enuie de gouster de ses delices, & de ses plaisirs. Il est vray que nous sommes negligens iusques aux excez; principalement quand il s'agit des interests de la vertu, & du bien de nostre esprit: nous n'auançons iamais de ce costé là, si l'on ne nous y pousse par contrainte: nous n'aymons le Ciel, qu'autant que la terre nous tourmente; & nous n'embrassons guieres le party de Dieu, sinon lorsque celuy des hômes nous afflige. Il faut auoüer qu'il faudroit estre plus qu'homme, & auoir vn double esprit, pour pouuoir maintenir vne grande vertu, dans vne grande & continuelle prosperité: Il y en a qui ont besoin, pour deuenir bons, qu'on leur oste la puissance de faire mal. Quoy que la vertu soit placée entre la prosperité & l'aduersité, & tousiours preste d'aller indifferemment de quelque costé qu'elle sera appellée: si faut-il confesser que le bonheur attire l'homme, & le retient bien plus facilement dans le vice; & que l'affliction est bien plus puissante pour l'en retirer, & pour le porter au bien. *l* La prosperité nous est tousiours infidele, & la

1 *Sicut sagitta infixa cordi nostro, nos*

la tribulation ne nous abuse iamais: l'vne nous flatte pour nous perdre; l'autre ne nous rudoye que pour nous sauuer: l'vne est venteuse, coulante, & volage; l'autre est solide, stable, & de longue durée: l'vne nous retire du vray bien par le chatoüillemét de la vanité; l'autre nous ramene par vn chemin salutaire, dans le deuoir d'où nous nous estions esgarez. A mesure que les pluyes douces tombent sur la terre les semences croissent & s'esleuent en haut: & en mesme temps que les eaües des afflictions tóbent dans nos ames, nous sentons que nos desirs pointent vers le Ciel. Quoy que les bons soient bien souuent persecutez, & que la vertu soit quasi tousjours dans l'opprobre, & dãs la misere, les gens de bien ne laissent pas de la regarder cóme vne qualité sur-humaine, & de luy rendre beaucoup de veneration & d'honneur. Ce qui ne se pourroit iamais faire, si Dieu n'auoit mis dans nos ames vne lumiere, qui nous fait connoistre qu'il nous reste vne autre vie apres celle-cy, où toutes nos œuures, bonnes & mauuaises, doiuent receuoir leur salaire : & il faut bien que cette esperance soit ferme dans l'esprit des fideles, puis qu'elle leur donne

mouet ac impellit, vt in re aliqua remediũ quæramus: sic tribulatio dolorem affert anima nostræ, ac nos mouet & impellit, vt in re alia solatium requiramus, scilicet in cogitatione boni æterni. Idiota de vera pœnitentia.

Ddd

le courage de vaincre les difficultez qui se rencontrent à la suite de la vertu, & de la sagesse; & qu'elle leur fait trouuer de la consolation parmy ses fatigues, & du plaisir dans vn chemin plein d'espines. a L'homme sage est vn industrieux artisan, qui profite de toutes choses: il se forme la vertu de toutes les matieres qu'il rencontre, comme faisoit l'excellent Phydias toutes sortes de figures; quoy qu'il luy arriue de fâcheux, il y trouue sujet de bien faire, & de bien souffrir: & regardant de mesme visage les deux differentes faces de la fortune, il demeure moderé durant la bonace, & tranquille pendant la tempeste. De mesme qu'il y a des poissons qui meurent dans l'eau dormâte, & qui se plaisent au tintamarre des boüillons des ecluses, & des moulins: aussi se rencontre-il des personnes de grand cœur, qui se portent de cét air là au chemin de la vertu: ils ne se perdent non plus dans la tribulation, que le Soleil fait dans son eclypse, qui ne sert qu'à le rendre plus clair, & plus esclatant: b *Calamitas inuētrix est ingeniosa. Iob in sterquilinio mysteria loquitur.*

c Ceux qui ayment Dieu cordialement, ne sont iamais moins affligez, que lors qu'il gresle de toutes sortes d'affli-

a *Sicut cera igni apposita emollitur, ac veterem imaginem deponens, nouam recipit: ita cord ad ignem tribulationis apposita, emolliuntur; deponunt pristina vitia, ac se reformant in nouum hominem.* Laurent. Iusti. lib. de ligno vitæ.

b S. Ambr. in Iob.
c *Tribulatio nostra, superni gaudij instruitus est.*

ctions dessus eux: les affronts, & les mé-   S. Gregor.
pris qu'ils souffrent icy-bas, sont les lib. 5. in acta
fleurs des fruicts qu'ils esperent en l'autre Apostol.
monde; & ils croyent auoir perdu vn bien
inappreciable, quand ils ont manqué à
souffrir de nouueaux maux durant tout
vn iour. Au lieu que l'impie murmure côtre Dieu, dés qu'il luy arriue quelque chose qui chocque son sens, l'homme iuste se
croid luy estre obligé, & se persuade qu'il
le fauorise, en le mettant à l'épreuue de la
vraye vertu: il sçait bien qu'il mesurera
ses douleurs à sa patience, & qu'il ne l'af-
fligera point au delà de ce que ses forces
pourront porter. *d* Les Sages, & les ver-   d *Iugum*
tueux se plaisent dans les aduersitez, & *Christiamã-*
dans les souffrances, comme font les oy- *ti suaue est;*
seaux en l'air, & les poissons dans la mer: *Crux est vn-*
souffrir la persecution pour la iustice est le *&z oleo.*
comble de tous leurs desirs; & ils ne se *S. Bernard.*
plaignent de quoy que ce soit qui leur ar- *in Psal. 99.*
riue de fâcheux, sinon qu'ils ne souffrent
rien, ou bien peu de chose. Il est vray que
c'est pecher contre la Raison d'appeller
maux ce que le vulgaire nomme afflictions: puis que Dieu ne nous les enuoye
que pour nostre bien, & qu'en effect nous
en pouuons tirer vn tres-grand profit.

D d d ij

Les gens de bien ne se plaisent qu'à bien faire, & à bien souffrir : aussi Dieu permet-il, pour leur consolation, & pour leur profit, qu'ils ne manquent point de sujets pour l'vn, & pour l'autre: ils ont tousiours des ennemis à combattre, des dangers à fuir, & des maux à craindre, ou à supporter. On les traite ordinairement comme les noyers; plus ils rapportent de fruicts, & plus on leur donne de coups de gaule. Chacun d'eux fait plus d'vne paix, & plus d'vn traicté durant cette vie : ils sont tousiours sur la deffensiue contre les méchans; & apres en auoir receu des mépris, & des affronts innombrables, encore sont-ils contraints d'auoüer qu'ils sont en tort, & qu'ils ont failly. *e* L'homme qui craint Dieu, & qui est fidele obseruateur de tous ses preceptes, est tousiours tenté, éprouué, & persecuté en bien des manieres; ce n'est pas pour luy les honneurs, les plaisirs, & les biens du monde: Dieu luy garde de plus solides possessions en son Royaume; & de peur qu'il ne s'affectionne à la terre, il luy dénie tout ce qu'il permet aux méchans. Veritablement les plus rigoureuses peines semblent douces, quand on les croid iustes:

e. Arman-
tur in eadem
funesta ma-
nus multo-
rum, prouo-
cantur in in-
nocentem vl-
sci.
S.Chrysost.
homil. de
Absalon.

& il est vray que toutes les aduersitez que Dieu nous enuoye ne sont que de petits sujets, qui donnent de l'exercice à nostre vertu : la fortune n'a ny presens, ny supplices pour vn bon courage ; ce que nous prenons pour vne tempeste, n'est autre chose qu'vn vent fauorable, qui nous méne au port de l'eternité, où le merite de nos œuures doit estre accueilly de ses recompenses. Souuenons-nous donc à toute heure, que nous sommes entrez au monde comme dans vne lice, ou dans vn grand cercle, dont la Prouidence diuine a compassé le tour de ses propres doigts : f & qu'il faut que nous souffrions, sans nous plaindre, tout ce qui nous arriue dans ces termes, comme prouenant des ordres du Tres-haut, auquel nous nous sommes soumis volontairement. C'est luy qui gouuerne nos vies, nos conditions, & nos fortunes : si nous sommes si perclus d'esprit, que de penser donner la loy à la police qu'il a icy introduite, d'où nous la deuons nous-mesmes receuoir ; que gaignerons-nous autre chose, sinon que nous ferons imprudemment les mutins, & par nostre impatience nous rendrons nostre condition beaucoup plus

f *Vir prudens tacebit : ad opprobria, non respondens tanquam surdus. Colligit enim in sinu patientiæ contumelias, quasi lapides pretiosos, quibus ornabitur corona sua.* Vgo Carensis in cap. 11. Prouerb.

Ddd iij

fâcheuſe, & moins ſupportable. Il faut
ſouffrir de bon cœur de courtes peines,
qui produiſent de ſi grandes, & de ſi longues proſperitez: & nous ne ſçaurions de-
ſirer auec honneur d'eſtre déchargez d'vn
faix, que le Souuerain du Ciel porte con-
jointement auec nous. Il faut deſormais
que toute ſorte d'ignominie, de fleſtriſ-
ſeures, & de mépris ſoient nos lauriers, &
nos couronnes : & qu'elles ſoient les
vrayes marques de noſtre vertu, engra-
uées en toutes les parties viſibles de nos
corps, auſſi bien que dans nos cœurs, &
dans nos ames. Ce qui fait pour noſtre repos, & pour l'affermiſſement de noſtre
eſprit, c'eſt que tout le mal que nous ſouf-
frons icy-bas, ne contre-peſe point le
moindre de tous les biens, dont nous ſerons recompenſez dans le Ciel : & nous ne
ſçaurions former qu'vne ſeule plainte
contre Dieu; c'eſt qu'il nous a fait du bien
en tant de manieres, & auec tant d'excez,
qu'il n'eſt pas en noſtre puiſſance de le
pouuoir iamais aſſez reconnoiſtre : g
Seruus Dominum Patrem vocare audet: Iudicem ſuum reus nuncupat genitorem: conditio terrena ſua voce ſe adoptat in filium: qui terrena perdidit, æſtimat ſe diuinitatis hæredem.

g Chryſo-
log. ſer. 70.

De la vraye & fausse Amitié: que le Sage distingue l'vne d'auec l'autre par leurs effects; & que c'est au temps de l'aduersité qu'il en fait la vraye espreuue.

Chapitre XI.

DE quelques pretextes que les hommes déguisent leurs intentions, l'amour propre est quasi tousiours le premier mobile de tous leurs desseins: & il semble que ce soit vne loy receuë, & pratiquée en tous les Royaumes, que personne n'y agit plus que pour la conseruation de ses interests. *h* L'on ne voit quasi plus parmy les hommes que de la malice, ou de la finesse: & le peu de bons, & de vertueux, que l'on ne retrouue que bien rarement, ou ils sont lâches, ou ils sont infirmes. La plus-part de ceux qui passent pour sages, & pour bons, ont tant d'amour pour eux-mesmes, qu'il ne leur en reste point pour les autres: quelques-vns n'ont que des affections tiedes, & fort moderées; & les autres se contentét de debiter

h omnes aut sunt hostes, aut esse possunt.
Seneca.

leurs magazins de belles paroles, & leurs complimens. Toutes les amitiez d'à present demādent des soins continuels pour les cultiuer: & il est vray qu'elles sont sujettes à plus d'vn inconuenient, & qu'elles languissent & deuiennent tiedes, si à toute heure on ne les excite, & les réchauffe. La bouffonnerie a aujourd'huy vn bien grand empire sur les esprits qui ayment à passer leur temps: & ie croy que les sept Sages de Grece, s'ils ressuscitoient au siecle où nous sommes, mourroient de faim en bien des maisons, où vn homme à demy fol, & qui sçait railler plaisamment, fera vne fortune extraordinaire. Il est vray que les auersions sont plus ordinaires, que les bien-veillances: & que les sentimens d'vne vieille injure sont plus vifs dedans nos cœurs, & de plus longue durée, que les souuenirs d'vn biéfait que nous auons receu tout recemment. La plus-part des amitiez qui ont cours aujourd'huy dans le monde, ne sont fondées que sur la volupté, ou sur le profit: & c'est pour cela qu'elles sont si changeantes, & esclaues du temps & de la fortune; ce sont, à proprement parler, des haines masquées, & des flammes

mes qui se doiuent esteindre au souffle des moindres disgraces. Parmy ceux-là mesmes qui s'entr'ayment pour vn bon sujet, le mépris s'y introduit ordinairement par vne familiarité trop commune, & trop indiscrette: ce qui fait bien souuent que la hayne succede aux plus cordiales affections, & que nos meilleurs amis se découzent de bonne heure d'auec nous, de peur qu'auec le temps nous ne leur fussions à charge. Quelque personnage que l'hôme represente icy-bas, il y jouë tousjours le sien parmy: on n'en void guieres qui laissent leurs terres en friches, pour labourer celles de leurs voisins ; tout le monde songe à son profit, & à peine se trouue-il vn amy qui ne butte là. Le propre interest est le poison de toutes les amitiez de ce siecle, & la vraye peste de la vie humaine: ᵃ C'est de là que viennent les dissimulations, les ingratitudes, & les perfidies: de là viennent les trahisons, les larcins, & les sacrileges; c'est de là, en vn mot, d'où procede tout ce qu'il y a d'horrible, & d'affreux en la Nature. C'est pour cela que les amis rompent les plus fortes amitiez, que les parens se hayssent de mort, que les familles se ruinent en pro-

ᵃ *Ex amico inimicus, hostis ex socio.* Sene. Epist. 91.

cez, que les villes & les maisons se bruslent, & que les Royaumes se font la guerre. *b* C'est pourquoy il faut bien fonder les esprits de nos amis ; bien éprouuer leurs affections ; bien considerer ce qu'ils pretendent en nous flattant ; & bien discerner si c'est nostre vertu qu'ils ayment, ou nos biens qu'ils cherchent. Or il faut remarquer qu'il y a de trois sortes d'amitiez, qui sont en vsage parmy les hommes : à sçauoir, l'honneste, l'vtile, & la delectable. L'honneste, qui a pour objet la vertu, est solide, veritable, & de longue durée : au lieu que l'vtile, & la delectable durent peu, & se rompent au premier changement qui arriue au sujet, où elles sont attachées. Comme les affections qui dépendent de nos interests, disparoissent aussi tost que l'esperance du profit s'est éuanoüie : de mesme celles qui ne sont appuyées que sur le plaisir des sens, ne durent non plus que le sujet de la volupté subsiste ; à mesure que l'âge, ou les maladies viennent à flestrir les beautez, & les bonnes graces de ceux qui les ont, l'affection de ceux qui les cherissoient vient à se refroidir peu à peu ; à la fin ils méprisent ce qu'autrefois ils auoient ido-

b Mel enim muscæ sequuntur, cadauera lupi : turba ista sequitur prædam, non hominem. Seneca, lib. de remed. fortuit.

latré. En matiere d'amitié, il y faut marcher la bride à la main; c'est à dire auec bien de la prudence, & bien des precautions. La liaison de nostre amitié n'est iamais si bien noüée que l'on n'ait tousjours suject de s'en déffier: Il ne faut pas seulement connoistre auant que d'aymer, il faut encore se connoistre bien aymé, auant que de se confier à ceux qui protestent qu'ils nous ayment. L'homme est esclaue de celuy auquel il a déposé son secret, pource qu'il n'oseroit plus luy contredire en quoy que ce soit: de peur qu'il ne reuele à quelques-vns, ce qu'il veut estre caché à tout le monde. c La bonne foy, & la sincerité ne se retrouuent quasi plus parmy les hommes: on ne trouue plus que des complimens, du visage, & forces mines estudiées; & c'est ce que nous deuons autant abhorrer, comme nous deuons cherir la vraye & solide amitié. Il est vray que la bonne fortune n'a guieres plus de vrais amis que la mauuaise: parce que si tout le monde fuit celle-cy, de peur de la secourir, & de l'ayder: aussi est-il vray que personne n'approche de l'autre que pour la perdre, & pour la corrompre. La Pru-

c *Ingenia nō aperta; sed astuta & callida, & ad decipiendum parata, magis quàm viperas fugere debemus.* Theophrastus, apud Stobæum.

dence nous oblige de refrener la precipitation d'vne nouuelle amitié, comme celle d'vn embarquement de grande importance: c'est vn sujet merueilleusement vain, & ondoyant que l'homme; il est mal-aysé d'y asseurer vn iugement stable & vniforme. C'est la prosperité qui concilie les amitiez dans le monde; l'affliction au contraire les y refroidir, & les en escarte: on fuit là les miserables, comme si l'on craignoit la contagion de leurs infortunes. Ce que nous ne pouuions apprendre lors que nous estiõs riches, la pauureté nous le fait connoistre. d *Illa veros, certosque amicos retinebit: discedet quisquis non nos, sed aliud sequebatur.*

Ce n'est point vn sujet de bien grande admiration si l'amitié est aujourd'huy si falsifiée, & si corrompuë: les hommes de ce siecle ne peuuent souffrir qu'on leur dise leurs veritez auec franchise; ils veulent qu'on leur bouche les oreilles de discours musquez, & qu'on ne leur parle que de leurs loüanges, en les flattant. e La sincerité, non plus que la verité, ne trouue plus d'accés auprés d'eux: & si parfois ils la tollerent pour quelque respect, ils tesmoignent aussi-tost que ses entre-

d Seneca, Epist. 10.

e *Malos qui monet offendit: incurrit odium qui arguit criminosos.* S. Chrysol. serm. 127.

riens leur font des efpines, & des narrations qui ne leur plaifent pas. Veritablement il n'y a point de menfonge qui nous charme fi fort, que lors que l'on nous protefte que nous auons l'efprit bon ; que noftre renommée s'eftend par tous les Royaumes ; que la Nature, & la Grace nous ont fait riches ; & que tout le monde admire noftre probité, & noftre vertu. Or quand vn flateur a reconnu que nous n'eftimons que ceux qui fe conforment à nos opinions, & à nos defirs, il s'eftudie à nous tromper agreablement.

f Tel d'entre-eux vous proteftera de vous feruir, iufques à mourir pour voftre deffence, qui neantmoins ne medite que voftre ruine, & ne fouhaite rien plus que voftre mal-heur : le plus grand, & le plus frequent de leurs fouhaits, c'eft que nous ne deuenions iamais fages ; ils nous fouhaitteroient pluftoft de toutes fortes de biens, que celuy-là. g La nourrice des pechez, & des crimes, c'eft la flatterie : il n'y a perfonne que nous deuions tant abhorrer que ceux qui nous flattent ; mais le plus pernicieux, & le plus à craindre de tous nos ennemis, c'eft vn amy hypocrite, traiftre, & diffimulé, duquel il

f *Adulator quafi fyrena diaboli, trahens in exitium audientes.* Vgo Carenfis, in cap. 6. Prouer.

g *Inimicus enim vitari poteft, amicus non poteft. Si infidiari velis : illum cauemus, cui non committimus confilia no-*

faudroit prendre tous les discours à contre-sens, si nous voulions profiter dans son entretien. Nous deuons fuir ces gens-là aussi soigneusement qu'vne bien dangereuse contagion, & chercher plustost qui nous desabuse, que qui nous entretienne en nos erreurs. Ordinairement ceux qui tesmoignent de l'amitié à tout le monde, n'en ont pour personne : c'est le propre de la fausse amitié d'auoir plus de pompe, & plus de mine que la vraye, & bien plus de montre que d'effect. L'art de peindre, & celuy de feindre de l'amitié, ne different guieres l'vn de l'autre : tous deux ne s'occupent qu'à des couleurs, & ne trauaillent qu'aux surfaces. La malice du flatteur est ordinairement déguisée d'vne affection cordiale, & d'vne apparente bonté : ses protestations de parfait amy, qui paroissent si fort au dehors, sont bien souuent les dispositions des mauuais desseins qu'il cache dans son cœur; & quasi tousiours des preparatifs falsifiez, pour tromper des simplicitez trop credules, & trop franches. *h* Ses paroles de complaisance, & ses caresses excessiues sont autant de pieges pour attrapper ceux qui adjoustent foy aux sermens qu'il fait de son amitié. Il est vray que l'amy qui flatte, & qui dissimule nos imperfections, ne nous ayme pour autre sujet que pour son profit particulier: & la grande peur qu'il a de nous contredire, ou de nous déplaire, procede plustost de la crainte de perdre ce qu'il espere de nous, que de quelque sentiment d'affection qu'il nous porte. Tel dit du bien de nous en public, qui nous maudit en son ame: & bien souuent ces admirateurs de nos perfections, & de nos vertus, & qui ne parlent iamais de nos merites qu'auec des loüanges immoderées, sont ordinairement ceux qui nous estiment le moins, & qui nous feroient passer pour fols, & pour méchans, si leurs interests n'estoient attachez à nos fortunes. Ce sont personnes consommées en finesses, en dissimulations, & en fourberies: ils sçauent l'art de complaire auec lacheté, de loüer auec excez, & de blasmer auec outrage. Selon l'occurréce, ils sçauét noircir la vertu, & pallier le vice: ils ont de l'onguent pour toutes sortes de playes, & du fard pour toutes sortes de visages; en vn besoin ils blanchiroient vn More, & feroient croire que les Espagnols sont simples naturellemét. Aussi long-temps que la fortune nous rit, nous acquerons tous les iours des amis nouueaux ; nos maisons en sont tousiours pleines, mais particulierement quand il faut disner. A mesme temps que l'infortune nous vient attaquer vn peu rudement, & que nostre despense diminuë, tous nos amis disparoissent comme vn esclair ; ce sont des oyseaux de passage, qui cherchent vn païs plus chaud : à mesure que nos afflictions augmentent, l'herbe croist deuant nos portes ; & tous ces chercheurs de lippée franche, nous fuyent d'aussi loin qu'ils nous apperçoiuent, comme si nous auions la peste : i *Qui vtilitatis causâ assumptus est, tamdiù placebit, quamdiù vtilis fuerit ; hunc florens amicorum turba circumsedit ; circa euersos, solitudo est.*

Il ne se voit rien au monde, à quoy il semble que la Nature nous ait donné plus d'inclination, qu'à la societé, & à l'amitié de nos semblables : & il est vray que nous serions cruels à nous mesmes, si nous nous priuions du plus doux fruict de la vie humaine ; n'ayant point d'amy fidele, dans le sein duquel nous puissions mettre en depost nos desplaisirs, & nos joyes. C'est vne loy immuable que l'amitié,

i Senec. Epist. 9.

mitié, que les hommes n'ont point inuentée, que les Legiſlateurs n'ont point preſcripte en certains Royaumes, & qui ne dépend point des exemples, ny des couſtumes des peuples: c'eſt l'Autheur de la Nature qui nous en a dóné luy-meſme les premieres inſtincts, & imprimé les premiers rayons dans nos cœurs. Dieu voulut, en creant le monde, que tous les hommes deſcendiſſent d'vn ſeul, afin de les obliger à l'amitié, par la qualité de freres: & voyant, du depuis, que ce moyen n'auoit pû empeſcher entre-eux les diſſentions, & les deſordres, qui naiſſent ordinairement des cupiditez, de l'ambition, ou de l'auarice: le Daufin du Ciel eſt venu luy-meſme au monde, afin qu'en ſe rendant le pere commun de tous les mortels, nous fuſſions deſormais meilleurs freres par le moyen de la Grace, que nous ne l'auions eſté par le droit de Nature. Qui voudroit banir l'amitié de la vie ciuile, ce feroit comme arracher le Soleil du monde, & rauir à l'année la plus belle, & la plus agreable de ſes ſaiſons: car qu'y a-il de plus doux en la vie, que d'auoir vn amy ſincere, à qui l'on puiſſe ſeurement ouurir ſon ſein, & luy confier ſes plus importans secrets, sans apprehender qu'il les descouure, & sans entrer en deffiance de sa fidelité, & de sa franchise? Quel plus grand contentement que de passer la vie dans la couersation d'vne personne, dont les sages discours adoucissent l'amertume de toutes les peines de l'esprit; dont la Prudence serue de conduite dans les grands affaires ; dont le courage dissipe les apprehensions dont on est saisi, en certains rencontres de malheur; & dont la presence charme les tristesses, & comble de rauissémens & de joyes? *a* Certes, sans l'amitié cordiale & fidele, toutes nos pensées seroient ennuyeuses, toutes nos actions pleines de trauail, & tout le cours de nostre vie vn supplice perpetuel; à qui mesme la mort seroit souuent preferable, & choisie de plusieurs. Il n'y a point de remede si prompt, ny si efficace, pour guerir les douleurs, & les peines de l'esprit, que le doux entretien d'vn amy fidele : c'est tout le sucre, & le miel de la vie de l'homme ; à mesme temps qu'il nous manque, la vie nous est onereuse, & nous manquerions volontiers à nous mesmes, pour nous abandonner au chagrin, & à la tristesse. Il est de la

a In omni actu, in omni studio, in certis, in dubiis, in quolibet euētu, in fortuna qualibet, in secreto, in publico, in omni consolatione, domi, forisque; vbique amicitia grata, amicus necessarius, vtilis gratia reperitur. Cassiod. lib. de Amicitia, cap. 5.

douleur, comme du trauail, eſtant communiquée à pluſieurs, elle diminuë : il n'y a perte ſi fâcheuſe, ny calamité ſi funeſte, que la conſolation d'vn amy ne nous rende ſupportable. De-meſme qu'vn grand fleuue diminuë, à meſure qu'on en tire quantité de petits ruiſſeaux : auſſi eſt-il vray que les afflictions qui nous oppreſſent s'amoindriſſent de beaucoup, lorsque nous les communiquons à ceux qui nous ayment. Vn homme ſage, & vertueux a autant de cœurs, autant de mains, & autant d'yeux & d'oreilles, comme il a d'amis : & l'experience, auſſi bien que la verité, nous oblige à croire qu'il n'y a rien icy-bas, dont nous deuions faire eſtime à l'eſgal d'vne amitié acheuée. Ceux qui s'entreayment cordialement, deſireroient d'eſtre transformez l'vn en l'autre, & voudroient au lieu de deux, n'eſtre qu'vn. Mais parce que cette transformation ne ſçauroit arriuer ſans la deſtruction de leur eſtre, ils s'efforcent de recompenſer ce defaut par vne vnion ciuile & honneſte, qui ne va point à la ruine, ny au detriment de leur Nature, mais qui contente leurs reciproques affections.

Fff ij

De-là vient que ce qui est agreable à celuy qui ayme, l'est pareillement à la chose aymée: ce que l'on souhaite & desire, l'autre l'embrasse aussi-tost: & celuy des deux qui ne veut pas vne chose, oblige l'autre à la fuir, & à l'auoir en horreur à mesme temps. De sorte que leurs volontez estans si estroittement vnies, toutes leurs actions conspirent tousiours à mesme fin, & ne se proposent iamais qu'vn mesme objet. Car tout ainsi que quand on a enté le rameau d'vn arbre sur le tronc d'vn autre, les fruicts qui en naissent suiuent la nature de la greffe, & ne sentent rien du tronc sur lequel ils croissent: ainsi la volonté de l'amant estant transformée en la chose aymée, en prend la teinture & la ressemblance, & ne fait aucune chose qui ne soit conforme à ses intentions, & à ses desirs : b *Conformitas voluntatis, est proprius effectus dilectionis: & idem velle, & nolle, suffragatur.*

S. Thomas, 3. contra gentil. cap. 151.

C'est vn lien qui serre bien tost, & bien fort que celuy de la sympathie: elle oblige souuent sans sçauoir à quelle condition; & d'ordinaire elle signe, sans auoir examiné les articles. Il est vray que les amitiez les plus faines, & les plus fainctes sont celles qui se traitent auec la raison, & le iugement, & qui sont establies & fondées sur la vraye vertu. Les esprits mieux faits, & les plus gens de bien de chez le monde, s'attachent volontiers à la beauté des vertus morales, & ayment singulierement vn homme qui est sage, humble, prudent, secret, liberal, & courageux aux occasions qu'il le faut paroistre : ils se plaisent à la societé d'vn tel personnage, & cultiuent son amitié par vne correspondance de mœurs, par vne conuersation agreable, & par des effets d'vne dilection extraordinaire. Les belles & chastes amitiez, qui vnissent les sages & les vertueux, non tant par vne agreable communauté de demeure, que par vne douce correspondance de cœurs, & de volontez, ont bien de l'aduantage par dessus celles des esprits reuesches, & mal polis qui ne peuuent compatir auec personne, ny se souffrir eux-mesmes. En la conference & hantise de nos vrais amis, aussi bien qu'en toutes les negociations que nous auons auec eux, il ne se trouue iamais que de l'affabilité, de la modestie, & du respect : si on y dispute, c'est sans colere ; & si on y discourt, c'est sans vanité, & sans médisance: leur accueil est tousiours humain, leur parler gracieux, leur communication pleine de douceur & de courtoisie ; & la franchise & la probité dont ils sont pleins, sont bien les plus grandes raretez que l'on puisse trouuer en ce siecle. c Apres tout, il faut auoüer qu'il n'y a rien de si doux durant cette vie, que de faire entrer nostre amy en partage de nos biens, aussi-bien que de nos pensées : & il est vray que nos consolations ne sont iamais si parfaites, que quand nous en donnons la communication à celuy que nous aymons. De mesme que toutes les beautez dont est paré ce grand vniuers, pour rares & excellentes qu'elles soient, demeureroient sans éclat & sans lustre, & ne donneroient aucun plaisir à nos yeux, si elles n'estoient éclairées du Soleil, qui nous découure les principaux traicts de leurs perfections : aussi est-il vray que les plus grandes richesses, & les plus grands honneurs du monde, seroient incapables de faire aucune impression dedans nos esprits ; si nous n'auions quelque amy fidele, qui prenant part à nos interests, nous

c *Solatium huius vitæ est, vt habeas cui pectus aperias tuum; Cum quo arcana participes; cui committas secreta pectoris ; vt colloces tibi fidelem virum, qui in prosperis congratuletur tibi, in tristibus compatiatur, in persecutionibus adhortetur.*
S. Ambros. lib. 3. de offic. cap. 16.

aydaft à en conceuoir de la joye. Selon le iugement de tous les Sages des siecles paſſez, il faut eſtre à nos amis iuſques aux Autels: c'eſt à dire qu'il les faut ſeruir de tout noſtre bien, & de tout noſtre ſang; mais non pas de noſtre conſcience, ny de noſtre honneur. Il n'y a perſonne auec qui nous ne deuions rompre, s'ils nous veulent forcer à faire du mal, ou nous empeſcher de faire vn bien neceſſaire. L'amitié eſtant vne vertu ſi recommandable parmy les honneſtes gens, elle ne nous doit iamais engager dans le vice: & celle qui pretend de nous y porter pour peu que ce ſoit, eſt autant à fuir, & à abhorrer, comme l'autre eſt loüable, qui ſe maintient dans les bornes de l'honneſteté, & de la juſtice. Car quand nous tranſgreſſons la loy de Dieu, pour le reſpect ou la crainte de qui que ce ſoit, ce n'eſt pas vne bonne excuſe de dire, mon amy me l'a fait faire: les preceptes de l'amitié ne repugnent point à ceux de la conſcience; & comme vn amy ne nous doit iamais rien demander que de juſte, auſſi ne luy deuons-nous rien refuſer qui ſoit raiſonnable. Or comme nous deuons vſer du ſilence & du parler, ſelon les occaſions qui occurrent : auſſi eſt-il beſoin que nous ménagions nos affections de la meſme ſorte. *d* Si les cauſes qui ont fait naiſtre nos amitiez viennent à ceſſer, pour quelle raiſon en ferions-nous durer les effects? ferions-nous pas dignes du mépris des Sages, ſi nous rendions maintenant à celuy qui eſt tout pourry de vices, les deuoirs d'amitié que ſes vertueux deportemens ont autrefois exigé de nous? Nous le ferions ſans doute ; & le changement d'amour en hayne eſt excuſable en celuy, qui void ſon amy renoncer à faire de belles actions, qui luy auoient gaigné le cœur. Au reſte, il faut obliger tous nos amis de bonne grace, & leur diſtribuer nos bien-faits de la meſme ſorte, que nous les voudrions receuoir de leurs mains pour nous-meſmes. Il ne faut pas meſme attendre qu'ils nous demandent, ſi nous pouuons deuiner ce qu'ils ont beſoin : les perſonnes de grand cœur n'eſtiment rien achepter de ſi cher, que ce qu'ils ne peuuent auoir que par prieres. Et pource que nous demandons bien ſouuent de mauuaiſes choſes à nos amis, ſans conſiderer que l'vſage en eſt ruineux, noſtre iugement eſtant offuſqué par le deſordre

d Non recipit ſordidum virtus amatorem : ſoluto ad illam ſinu veniendum eſt.
Sene. lib. 4. de benef. cap. 24.

ordre de nos paſſions, vn parfait amy ne nous doit rien donner, qui ne nous ſoit vtile & honneſte. Comme nous refuſons aux malades tout ce qui peut nuire à leur ſanté : auſſi deuons nous deſnier à nos amis, tout ce qui preiudicie à leur bien, & à leur ſalut : *a Exorari enim in perniciem rogantium, ſæua bonitas eſt.* ^a Seneca.

Nos deſirs immoderez ſont autant d'accez de fiévre que ſouffre noſtre ame : quand nos amis s'apperçoiuent que nous en ſommes extraordinairement agitez, ils font ſagement de refuſer nos demandes; en fermant l'oreille à noſtre volonté, ils ouurent les yeux à noſtre profit. Puis que tout homme peut eſtre aueugle en ſon propre fait, c'eſt luy faire office de parfait amy, d'empeſcher qu'il aille où ſa paſſion le veut entrainer. C'eſt vn acte genereux, & de grande Charité de ſauuer la vie à vn homme qui s'en veut priuer par ſes propres mains, quoy que peut-eſtre le deſeſpoir où il eſt l'empeſche de conſentir au bien qu'on luy fait : & c'eſt vne ſorte de bonté, qui meriteroit le nom de cruelle, que de ſe laiſſer gaigner aux prieres de ceux qui veulent que nous les aydions à ſe ruiner. Comme nous refusons de l'eau cruë à vn malade, vn cousteau à vn desesperé, & à vn amoureux tout ce que le desreiglement de sa passion luy fait desirer à son preiudice: ainsi de quelque vehemence que nos amis nous prient, quelques soûmissions qu'ils nous fassent, & quelque pitié mesme que nous en ayons, nous ne deuons iamais consentir à aucune chose qui leur puisse causer quelque desplaisir. *b*. Ce n'est pas assez de les bien aymer, il faut que ce soit selon l'ordre que Dieu nous prescrit, & procurer leur bien, & leur salut, auec les mesmes soins que nous deuons auoir pour le nostre. Or comme la possession d'vne parfaite amitié surpasse en valeur tous les biens du monde: aussi deuons-nous y employer bien de la Prudence, afin de l'acquerir aussi parfaite que nous la souhaitons. En matiere de bonne amitié, il faut des effets, aussi bien que des paroles : & toutes choses doiuent estre cómunes entre deux personnes qui s'ayment cordialement. Pour ce qui est des personnes de qualité eminente, il est vray qu'ils n'ayment quasi rien qu'eux mesmes: ils n'ont point d'amitié qui leur soit si chere, que le moindre de leurs inte-

b Ille veraciter amat amicum, qui Deum amat in amico: aut quia est in illo, aut vt sit in illo.
S. August. serm. 256.

rests; & ils n'ont point mesme de parens qu'ils ne sacrifient, s'il leur en reuient de l'vtilité. Si quelquefois ils feignent d'affectionner les petits, ce n'est que pour les ietter dans leurs filets, & pour faire leurs affaires à leurs despens: ils les embarquent ordinairement dans leurs querelles, & les oublient presque toujours dans tous leurs traictez d'accommodemens; & apres qu'ils ont eu toute leur jeunesse, & bien souuent tout leur bien, ils rompent auec eux pour moins que d'auoir cassé vn verre. c Ceux qui ont appris de l'experience comme l'on vit auiourd'huy chez les grands du monde, pourront asseurer auec moy, qu'il est de l'amitié des Roys & des Princes, comme des jettons de celuy qui fait le calcul d'vn compte; vn jetton vaut quelquefois vn million de liures, & en moins d'vn tourne-main il ne vaut plus que la moitié d'vn double: ainsi est-il des fauoris de tous les Monarques; auiourd'huy ils peuuent tout dans vn Royaume, & ils sauuent la vie à qui bon leur semble; en vn clin d'œil leur fortune paroist si ruinée, qu'ils ne peuuent pas se sauuer eux-mesmes. Les amitiez du commun se peu-

c Vt oculus paruâ festucâ turbatur: sic principum gratia, offensiunculâ vel minimâ cadit. Interdum etiam nullo crimine perditur: tantum apud Principes subdola lingua potest. Pius Pontif. lib. Epist. Epist. 166.

uent departir au tiers, & au quart : l'on peut aymer en cettuy-cy la beauté, en cét autre là la facilité de mœurs, en vn autre la liberalité, en celuy-là la qualité de parent, de voisin, d'associé, ou de compagnon d'office ; & ainsi du reste. Mais cette amitié qui possede l'ame, & qui la regente souuerainement, il est impossible qu'elle soit double, ny qu'elle se communique à plusieurs : chacun se donne si entier à son amy, qu'il ne luy reste rien à donner ailleurs ; l'vn est marry qu'il n'a plusieurs ames, & plusieurs volontez pour les vnir toutes au sujet qu'il ayme ; & l'autre souhaitteroit d'auoir quantité de vies, pour les sacrifier au seruice de celuy dont il est entierement possedé. On ne void plus d'amitié semblable à celle de Dauid, & de Ionathas : ces deux belles ames estoient si fort collées l'vne auec l'autre, qu'il sembloit que leurs deux corps ne fussent animez que par vne seule. L'amitié que Moyse porta au peuple d'Israel, dont Dieu luy auoit donné la conduitte, fut si cordiale, & si grande, que cette populace estant tombée en la disgrace du Tout-puissant, ce bon & affectionné conducteur pria pour leur reconciliation, iusques à demander luy-mesme d'estre puny eternellement : ses paroles percent le cœur de ceux qui les lisent, & il faut estre de bronze pour ne pas ietter des larmes en les meditant : d *Aut, inquit, dimitte eis hanc noxam, aut dele me de libro tuo.*

d Exod. 32

Il est vray que c'est vne rare & precieuse acquisition d'auoir fait rencontre d'vn amy parfait, & bien acheué; c'est vn bon-heur qui ne se peut exprimer par le discours, d'auoir fait rencontre d'vn homme de probité, d'entendement ferme, & de mœurs conformes aux nostres: homme qui nous suiue en l'vne & l'autre fortune; & de la fidelité duquel nous sommes hors de doute, par l'experience que nous en auons faite plus d'vne fois. Certes on ne trouue que difficilement vn si grād thresor, parmy vn million d'ours, de lyons & de tygres qui sont habillez en hommes: ie veux dire vn amy d'eslite, qui ait toutes les conditions que nous souhaitons en sa personne. La terre n'est pas plus diuerse en ses proprietez, ny le Ciel en ses influences, que les hommes le sont en temperamens, & en inclinations; & c'est vne chose aussi rare que les miracles, de trouuer vne humeur qui symbolise entierement à la noſtre. Il n'eſt pas de la vraye & parfaite amitié comme de l'excellente muſique, dont l'harmonie naiſt de la contrarieté des tons, & des voix: au contraire, la perfection de cette vertu eſt ordinairement fondée ſur la conformité des mœurs, & des inclinations de ceux qui s'entre-ayment. e Il faut auoüer que la liberalité tient vn grand empire entre les actions principales de la vie de l'homme: & il eſt certain que celuy qui la peut exercer prudemment ne peut qu'il n'agrée à pluſieurs; puis qu'il n'y a guieres d'ames ſi farouches, que cette vertu n'appriuoiſe, & qu'elle ne gaigne. Quand ie parle d'vn amy fidele, & auſſi accomply que nous le ſouhaitons, ie n'entends pas parler d'vn compagnon de trafic, d'vn amy de table, ou d'vn complaiſant: ie parle d'vn Medecin des douleurs de l'ame, d'vn teſmoin de la conſcience, d'vn moderateur en la proſperité, & d'vn guide fidele pendant l'infortune. f Il faut que l'amitié ſoit forte, conſtante, & ſans changement; car celle qui a pû deſiſter d'eſtre, n'a iamais eſté que falſifiée. Aux occaſions de ſeruir vn amy, & où il va de la fidelité du ſecret, il n'eſt pas permis de

e Plurimum iuuat beneuolentia, qua omnes ſtudet beneficiis amplecti, deuincere officiis, oppignorare gratia.
S. Ambroſ. lib. 2. de offic. cap. 7.

f omni tempore diligit, qui verus amicus eſt.

faillir deux fois: en matiere d'amitié, l'infidelité est vn crime irremissible; & il n'y a que les fols qui se confient à ceux dont ils ont esté trahis. Comme c'est le propre d'vn cœur genereux de celer les deffauts de celuy qu'il ayme, & de ne luy dénier iamais son secours, pendant qu'il souffre les disgraces des grandes puissances, ou que Dieu le visite de quelque affliction inopinée: aussi est-ce l'ordinaire d'vn esprit desloyal, & malicieux de manifester les secrets de celuy qui s'est confié en son amitié, & d'estre le premier à le trahir, au temps qu'il a besoin d'estre protegé. En matiere de vraye amitié, il faut faire à moitié de tout: c'est l'office d'vn vray amy de se condouloir du mal de celuy qu'il ayme, cóme du sien propre. Cóme nos amis prennent part à toutes nos joyes, & à tout le bien dót nous jouïssons: aussi ressentétils le contre-coup de tous les maux dont nous sommes affligez: ils sçauét deuiner le temps que nous auons besoin d'eux; aussitost que l'infortune entre chez nous, ils sont à nos portes; & le premier secours qu'ils nous offrent, c'est d'employer tout leur sang, & tous leurs biens pour nostre seruice. Comme il y a des riuieres qui ne font iamais tant de bien au monde, que quand elles se débordent : de mesme l'amitié n'a rien de meilleur que ses excez; elle peche pluſtoſt en ſa moderation, qu'en ſa violence; & ce n'eſt pas eſtre vray amy, que de n'offrir que la moitié de ce qu'on poſſede, pour ſauuer celuy qu'on cherit de tout ſon cœur. C'eſt auiourd'huy vne preuue d'vne amitié acheuée de mettre vn amy à meſme ſon bien : principalement en vn temps comme eſt celuy-cy, où l'argent eſt le Dieu du Monde, & où l'intereſt eſt le but de tous les hommes. Au reſte, l'on ne ſçauroit nous obliger de meilleure grace, qu'en nous venant offrir liberalement tout ce que l'on croid qui nous manque, ou ce que nous auons beſoin : g Au contraire, il nous ſemble que nous achetons vn plaiſir plus cher qu'il ne vaut, lors que nous ne l'obtenons que par des prieres. Quiconque a deſſein de ſe faire aymer des honneſtes gens, il faut qu'il leur teſmoigne le premier qu'il les ayme : & puis qu'il ſe rende accort, obligeant, & aymable en conuerſant auec eux. h C'eſt icy le comble & l'abregé de tous les preceptes, qu'on ſçauroit donner ſur cette matiere. Or comme

g Serò beneficium dedit, qui roganti dedit. Moleſtum verbum eſt, oneroſum, & demiſſo vultu, dicendum, Rogo. Senec. lib. 2. de benefic. cap. 2.
h Si vis amari, ama. Seneca.

cette

cette noble & vertueuse passion ne peut demeurer qu'en des personnes d'humeur douce, de bon sens, & de probité: aussi n'appartient-il qu'à elles d'en produire de legitimes effets, & de s'en former vne parfaite idée. L'extreme franchise, la iuste complaisance, la solide fidelité, la veritable confiance, la facilité à obliger, & la crainte de desplaire en sont des marques les plus euidentes, & les plus précises : mais le mouuement du cœur en est le vray Iuge ; & l'on ne doute plus de la perfection de nostre amitié, quand nos effets vallent autant que nos paroles. Tost ou tard l'on voit que ceux qui n'ont que leur profit pour objet des plaisirs qu'ils rendent, & qui esbloüissent les yeux des simples par des caresses & des mines estudiées, se descrient eux-mesmes, & attirent sur eux la haine, & le mespris des honnestes gens. Au contraire, ceux qui ayment sans artifice, sont ordinairement aymez de la mesme sorte: si tost qu'on est asseuré de la fidelité d'vn amy, il est absolu sur celuy qu'il ayme. Pleust à Dieu que nos amitiez ressemblassent à celle de S. Chrysostome, & que comme luy, nous fussions preparez

H h h

de mourir en assistant nos intimes: *a Aliter, inquit, amare non didici, nisi vt & meam animam in discrimen adducam, dum periclitantem amicum aliquem seruare opus est.*

<small>a S. Chrysost. lib. 2. de Sacerdotio.</small>

Que la Prudence est la maistresse du Sage : Qu'il se conduit selon ses preceptes; Qu'il n'entreprend rien que selon ses ordres ; & qu'il consulte les Anciens & les bons Esprits qui sont consommez dans les grandes affaires, lors qu'il doit resoudre d'vn poinct important, & dont il n'a pas l'experience.

CHAPITRE XII.

QVELQVE bon sens que puisse auoir l'homme, il se peut tromper en son propre fait : & il est à craindre que son esprit ne deuienne temeraire, pour se montrer fort, s'il n'entre en consultation auec les Sages ; lors principalement qu'il faut qu'il resoude de quelque poinct important qu'il n'entend pas bien. Ce n'est pas assez de connoistre ce que l'on fuit, il est aussi necessaire de sçauoir où l'on va : de peur qu'en quittant

<small>b *Nulla alia pestis, plura ingenia abripuit, quàm confidentia & æstimatio sui.* Lipsius, in Epistolis.</small>

vne chose par horreur, nous en embrassions vne autre qui nous épouuante. Il n'y a que les fols, qui veulent adjouster leurs malheurs à ceux des autres, & suiure l'exemple de ceux qui se sont perdus. Le Sage ne souhaitte pas de deuenir Medecin à force d'estre malade, ny d'apprendre à estre prudent par ses propres fautes : il ayme beaucoup mieux faire du progrez aux dépens d'autruy, & apprendre par l'exemple des mal-aduisez, comme il doit prendre ses mesures iustement. L'experience nous fait connoistre que les victoires se gaignent plustost par vne prudente conduite, que par vne fureur de Mars ; que le bon sens est l'ame des armes ; que les forces qui sont priuées de conseils, se brisent sur ce qu'elles attaquent, & se tarissent comme les torrens, apres que leurs boüillons on fait vn leger degast. Les esprits qui sont sans conduite dans leurs entreprises, sont aussi sans courage dans leurs afflictions : la mesme legereté qui les rend temeraires pour attaquer, les rend aussi lâches, ou impatiens quand il faut qu'ils souffrent, ou qu'ils se deffendent. Les imprudens, & les temeraires ne peuuent reüssir que par miracle, ny se signaler que par leurs fautes. *c* Il faut toujours consulter les Anciens, & les Sages quand on doute de l'euenement d'vn grand affaire: & en effect, ce concert d'esprits solides, qui ont vieilly dans les grandes charges, apporte de l'éclaircissement aux desseins qu'on veut entreprendre; & nous apprend, par l'experience du passé, comme il faut resoudre du present, & de l'aduenir. Celuy qui de tous les temps ne connoist que le present, est surpris par la nouueauté d'vn malheur qu'il n'a point preueu: au premier rencontre de quelque affliction extraordinaire, il s'imagine que son mal doit tousiours durer, & que Dieu mesme ne l'en sçauroit faire quitte, sans faire vn miracle. Celuy au contraire qui semble estre de tous les païs, & auoir vescu en tous les âges; qui se persuade qu'il n'est point arriué *d* d'accidens à personne, qui ne puissent tomber sur luy-mesme ; & que la perte des biens, la prison, l'exil, & la mort mesme, ne sont que de petits maux ordinaires ; il tire de-là de puissans secours pour resister à l'aduersité. Pour le moins il n'est point surpris à l'arriuée de ces infortunes, que le vulgaire estime si

c Memoria præteriti, dispositio præsentis, prouidentia futuri: hæc in senibus facilius inueniuntur. Clemens Alex. 1. Pedagog. cap. 10.

d Inexpectata plus aggrauant. Ideò nihil nobis improuisum esse debet. In omnia præmittendus est animus: cogitandumque, non

rudes: il ne trouue rien d'estrange, ny de nouueau parmy les malheurs: il attend la bonne fortune apres la mauuaise, & iuge d'vne action par vne autre. Or pour former la Reyne de toutes les vertus politiques, qui est la Prudence, il faut necessairement de grands aydes, & des aduantages bien particuliers. La force de l'esprit, la solidité du iugement, la pointe de la Raison, la docilité pour apprendre des anciens, & des sages en sont les dispositions les plus necessaires: l'instruction receuë des grands personnages, l'estude des sciences, la connoissance de l'histoire, l'heureuse memoire des choses passées, & le souuenir des grandes actions qui se sont faites en tous les Royaumes, & en tous les siecles, tiennent lieu de commencement; & la pratique des negociations importantes, & des grands affaires, la longue experience, & la vieillesse chenuë en sont la consommation. e L'homme prudent prend les mesures de toutes ses actions dans la vie des sages qui l'ont precedé: il trouue là sans beaucoup de soin, ce que les autres ont pû recueillir ailleurs: il apprend quelles vertus ont rendu ceux-là gens de bien, & pour quels

quicquid solet, sed quicquid potest fieri.
Sene.Epist. 91.

e *In omnia præmittendus est animus, cogitandumque non quicquid solet, sed quidquid fieri potest.*
Sene.Epist. 92.

Hhh iij

vices les autres ont esté reputez méchans, & sont deuenus malheureux : il y voit toutes les differences de la vie humaine, & à combien de changemens toutes choses sont assuietties. Dieu n'enseigne guieres la perfection de cette vertu, par vne experience racourcie, & par abbregé : Presque tous les sages l'ont apprise en faisant des fautes. Et apres auoir pris le temps, disposé les ordres, & préueu à tout ; les mieux versez dans la Politique laissent encore vne grande partie de l'éuenement à la Fortune : & quoy qu'vn dessein ait roulé long-temps dedans leur pensée, l'incertitude de tout le succés fait balancer leurs plus fermes resolutions entre l'esperance, & la crainte : f *Multis præceptis eget animus, vt videat quid sit agendum in vita.*

f Seneca, Epist. 94.

Nos desseins ne sont iamais couronnez d'vne heureuse issuë, que par le bon ordre que nous apportons à leur conduitte. Vn Pilote à qui la mer est connuë, demeure asseuré au plus fort de la tempeste : & il semble que ce soit vne piece au nauire, que l'impetuosité des vents & des flots n'a pas la force d'esbranler ; là où celuy qui n'est pas encore experimenté, pastit de frayeur au moindre orage qui s'esleue. Celuy qui est instruit par l'experience, regarde les affaires qui tiennent les esprits neufs en admiration, comme de petits negoces dont il void de loin tous les incidens : & les termine auec vne dexterité si tranquille, qu'il semble faire naistre les occasions, pour y appliquer à propos les maximes de la vraye sagesse. Comme les vents les plus impetueux, & les plus froids, se relâchent & s'adoucissent aucunement passant par vne region temperée : aussi les plus seueres, & les plus fâcheuses actions retiennent quelque chose des bonnes qualitez de la personne qui les entrepréd; & perdent vne partie de leur aspreté, & de leur rudesse, sous la conduite d'vn homme sage, & bien auisé. Or pour agir sagement dans les grands emplyos, il importe beaucoup qu'vne ame soit libre, & qu'elle n'ait point de passion que pour son deuoir : & ce n'est pas faire trop, si elle employe toutes ses forces, en des occasions où elle n'en peut assez employer ; & où les affaires se ruinent, ou ne se font qu'imparfaitement, si quelque autre inclination les diuise. Il y a certaines affaires qu'il faut abandóner dés qu'on les a commencées; ou pource qu'elles sont impossibles; ou pource qu'elles empeschent de meilleurs desseins : & il est vray que s'opiniastrer en cecy, est vne manifeste imprudence; & que plus on va en auant, quand on est hors du bon chemin, on s'esgare dauantage. Il y en a d'autres qui sont infiniment importantes, & qui ne sont que difficiles à executer : de celles-cy il en faut voir le bout, quoy qu'il nous en couste, & perir ou les emporter. La necessité se fait des armes de tout ce qu'elle rencontre, soit pour offenser, ou pour se deffendre: & on ne sçauroit croire quels grands effets ont esté produits par vn exacte soin; par vne assiduité continuelle; par vne contention infatigable; & par cette prudente inquietude qui agit tousiours; qui ne se relâche iamais; qui ne laisse rien eschapper; & qui arrache à la fin ce qui tient trop, & entraine par force, ce qui ne veut pas suiure volontairement. g Aux choses d'importance le delay quelquefois n'est pas moins dangereux que la precipitatiō : pour estre trop variable, & trop considerant, souuent l'on perd l'occasion d'expedier de grands affaires. Il faut de la grauité

g *Consilia ad euentus & tempora accommodanda, & sapè inflectenda sunt.* Lipsius, ex notis ad Politica.

uité pour consulter, & pour bien resoudre : mais il est requis de la diligence,
pour executer ce qu'on a determiné.
a Vn homme sage, & bien aduisé doit
sçauoir la raison de tout ce qu'il fait, &
n'entreprendre iamais rien par boutade,
ny legerement : il faut tousiours que l'ordre, & la discretion reiglent les mouuemens de son esprit, & que toutes ses actiõs
importantes soient meurement premeditées. La moderation est le point essentiel
qui constituë les bonnes choses : il n'y a
rien çà bas de parfait, sinon entant qu'il
est moderé ; la prudence mesme, desnuée
de ce temperament, n'est plus qu'vne
gesne d'esprit, & vn instrument d'inquietude. Selon que nous sommes esleuez aux
emplois du monde, il nous faut seruir de
la Prudence ; és petites charges, les fautes
sont legeres pour la plus-part, & se peuuent facilement guerir : és grandes, elles
sont de consequence, & le plus souuent
hors de remede ; il n'est pas souuent loisible d'y faillir deux fois, le premier coup
est quasi tousiours mortel. Le plus grand
empeschement que l'on sçauroit apporter à l'execution d'vn bon affaire, c'est
d'aller sautillant, comme l'oyseau, de

a Inspicere debemus primò nosmetipsos ; deindè quæ aggredimur negotia, deindè eos quorum causa, aut cum quibus agendum est. Senec. lib de Tranquill. animi, cap. 4.

I ii

branche en branche, sans s'arrester. La plante qui est souuent transferée d'vn lieu en vn autre, raremét porte des fruicts; & la viande que l'estomach n'embrasse pas à loisir, ne se digere qu'auec peine, & difficulté. Il faut se rompre aux affaires qu'on entreprend, & aux choses qui sont de nostre deuoir; mais il faut agir sans inquietude, & sans se troubler : il faut se despecher tout bellement, & apprendre à faire peu & bien, en attendant que nous puissions faire bien, & beaucoup tout ensemble; nous souuenant que celuy-là qui s'empresse pour estre par tout, n'est en aucun lieu efficacement: b *Frequens enim ac mobilis transitus, maximum perfecti operis impedimentum.*

b Vellesius Paterculus.

La vigueur de nostre esprit a ses bornes, & ses limites, que nous ne deuons iamais outrepasser : & le plus haut point de la sagesse consiste à ne rien entreprendre, qui ne soit conforme à la capacité de nostre pouuoir, & où nous puissions reüssir sans inquietude. Vn esprit remis & posé se contient tousiours au deça de ce qu'il peut iustement desirer : il n'employe pas volontiers toutes ses forces, dans les desseins mesmes qui paroissent

DV SAGE. II. Part. 433

les plus releuez: parce que comme la voix n'eſt pas agreable qui éclatte autant qu'elle peut; de meſme l'action ſemble moins glorieuſe, & tenir deſia de la foibleſſe, quand elle épuiſe toute la puiſſance du ſujet d'où elle eſt partie. Il eſt vray que les preceptes de la vie, non plus que les loix de la ciuilité, & des couſtumes des peuples, ne peuuent eſtre par tout vniformes: la plus exquiſe Prudence des habiles hommes, c'eſt de s'accommoder aux temps, aux lieux, & aux perſonnes. c Quelque prudent & experimenté qu'on ſoit dans les grāds affaires, l'on ne peut pas touſiours reüſſir ſelon ſes projets; & il n'eſt point de deſſein ſi fort aſſeuré, que la fortune n'y ait quelque droit, & qui ne ſoit ſujet pour le moins à vn incōuenient. Et d'ailleurs, la diuine Prouidence marche icy-bas par des routes incónuës à tous les Sages: tantoſt elle conduit toutes choſes depuis leur naiſſance iuſques à leur fin, par des moyens ordinaires, & accouſtumez; & quelquefois elle ſuit vn ordre, qui bien qu'accompagné de Iuſtice, & de jugement, nous ſemble pourtant fortuit, & irregulier, à cauſe qu'il ne peut eſtre preueu par la prudence des hommes. C'eſt

c *Dominatur occaſio in cunctis rebus humanis; maximè verò bellicis.* Polyb. lib. 9.

lii ij

de cette ignorance d'où deriuent tous nos malheurs, & tous nos defordres; noftre efprit n'eftant pas affez refolu pour voir fans s'eftonner l'arriuée des accidens qu'il ne preuoit pas, ny affez flexible pour fe détacher d'vne façon de viure accouftumée, pour embraffer celle à quoy l'occafion & le temps l'appellent. Que s'il pouuoit receuoir cette trempe, & ce degré de bonté & de force, noftre ame ne fe detraqueroit iamais de fon deuoir, & de fon bon-heur: au milieu de l'inconftance des chofes, & parmy toutes fortes de malheurs, elle viuroit en tranquillité & en repos, & trouueroit des fujets de confolations & de joyes, quoy qu'il luy pût arriuer de fafcheux. C'eft le fecret qu'a trouué le Sage, pour viure content: il s'accommode volōtiers aux decrets de Dieu; & il fuit volontairement ce qui le pourroit trainer de force. Sans fe remuer, il void tout le monde: il découure toute la terre, & toutes les mers de fon cabinet; il entre au Confeil fecret des Roys & des Princes; il condamne leurs amours, leurs ambitions, & leurs tyrannies. Les euenemens des chofes paffées le rendent Prophete pour l'aduenir, & il vit fans émotion & sans crainte des presentes, quoy qu'elles soient generalement mauuaises. Il est accoustumé à voir la decadence des Empires, les disgraces des Fauoris, la mutinerie des Peuples qui reprennent leur liberté; & en fin, le retour des Republiques à la Monarchie. Il preuoit ces changemens apres le cours de quelques années, comme il prediroit apres quelques iours, ou quelques heures, ou le reflux de l'Ocean, ou la crise d'vne fievre. L'homme sage attend la bonne fortune, apres la mauuaise, & iuge à peu prés d'vne action par vne autre : d'ordinaire semblables entreprises produisent des euenemens tous pareils ; & quoy que ce soient differens acteurs qui paroissent, c'est tousiours le mesme theatre, sur lequel on les represente, & les mesmes pieces qui se rejoüet. Le monde va tousiours mesme branfle, & semblable train; il n'y entend autre finesse, qu'à recommencer tousiours les mesmes choses : il en est de mesme des actions des hommes; de pareilles causes sortent ordinairement des effets semblables : & ceux qui par diuers euenemens ont reconnu quelle façon de viure, de gouuerner, ou d'agir est la meilleure, ils doiuent estre crus comme personnes fondées en l'experience, qui surpasse tout raisonnement, & toute estude. Comme c'est l'estude, la meditation, & la conference qui commence les grands hommes: aussi est-ce la pratique, & l'experience qui les finissent, & qui les acheuent. Et pour ce qu'ordinairement l'âge a cette proprieté de perfectionner le bon sens, & de meurir la Prudence, il faut suiure le conseil des sages vieillards : parce que le long vsage de la vie leur ayant formé le iugement, ils ne peuuent manquer que sur les choses passées, ils ne soient bons directeurs des futures. d *Peritorum hominum, & seniorum, seu prudentum, pronuntiationibus & opinionibus absque demonstratione non minus quàm cum demonstrationibus attendendum est: quia namque ex ipsa experientia visum habent, principia intuentur.*

d Aristotel. lib. 6. Ethic. cap. 11.

Il est vray qu'il y a de certains momens qui sont destinez à executer les grands affaires, lesquels l'on ne recouure pas facilement, quand on les a vne fois negligez: c'est en vain qu'on attend l'effect, quand la cause a cessé d'estre; & il n'appartient qu'aux consommez en sagesse d'obeïr à la necessité des temps, & de changer au befoin de projets, & de volontez. En matieres d'affaires importantes, il n'y a rien de si dangereux que quand la chaleur indiscrette a pris le mafque d'vn vray zele, & qu'vne fievre de la Raifon a paſſé pour vne vertu folide. *e* Les efprits boüillans portent tout à l'extremité, & croyent que leur pouuoir fe doit eſtendre auſſi loin que leur defordonnée paſſion. Il ne ſuffit pas de jetter les yeux le plus auant que l'on peut dans les efpaces du futur; de faire comparaiſon du paſſé auec le prefent, & de pefer les affaires auec les circonſtances qui font pour & contre : encore voyons-nous en certains rencontres, & parmy les inſtructions empruntées de tous les fiecles paſſez, que la longueur dans l'execution eſt bien fouuent le plus grand effect de noſtre Prudence. *f* Comme il y a des malices noires, qui fe ruinent d'elles-meſmes, ſi elles ne font promptement executées : auſſi fe trouue-il de grandes affaires qui fe portent beaucoup mieux quand les confeils n'en font pas precipitez. Pour executer des projets extraordinaires, il ne fuffit pas de fe fçauoir bien feruir des occaſions, il eſt encore neceſſaire de les fçauoir prendre à leur

e Quod euenit in labyrintho properantibus: ipſa illos velocitas implicat. Sene. Epiſt. 44.

f ſcelera impetu; bona conſilia, mora valeſcere, Cornel. Tacit.

poinct. Toutes les actions des Sages, aussi-bien que celles des hommes communs, ont leur saison pour estre bien-faites; & ceux-là gastent tout, qui les entreprennent à contre-temps. Comme les voyageurs qui se leuent à la clarté de la Lune, pensant qu'il soit iour, sont contraincts de se remettre au lict, ou courent fortune de s'égarer, s'ils se mettent imprudemment en chemin: de mesme ceux qui suiuent la simple apparence des choses, & qui entreprennent de grands affaires à contre-saison, sont au hazard de trouuer le contraire de ce qu'ils cherchent; & courent risque de se perdre eux-mesmes dans l'execution de leurs grands desseins. Ce seroit pecher contre la Prudence, de persister dans vne mesme route, quand les affaires ont changé de face. A certaines occurrences, le Sage sçait changer d'auis, mais iamais de resolution: imitant l'Archer subtil & adroict, qui pour tirer à vn but mobile, ne s'arreste point à vne visée fixe; mais la remuë, & la fait suiure l'object, afin d'adresser son coup plus certainement. g Il faut sçauoir éuiter les mauuaises rencontres, se détourner des pieges, se deffendre des surprises, estre tousiours

g *Dementem puto, qui mala imminentia non extimescit.* Sene. Epist. 85.

toufiours fur la deffiance, penfer au prefent, faire reuenir tout le paffé dans fa memoire, & preuoir de bonne-heure à l'aduenir. Vne feule circonftance fuffit pour changer vn grand projet; & bien fouuent l'effet des plus importantes actions, dépend d'vn moment. Iufques aux moindres chofes que nous auons à faire, ou à dire, il y a des temps à prendre : & ce qu'on aura couppé, ou defchiré & mis en lambeaux pour vne occafion, fe peut par apres recoudre, & rapiécer pour vne autre. Il faut quelquefois changer de vertu, felon la diuerfité des occafions, & fe feruir de la promptitude, où la patience ne feroit pas bonne. Le Sage doit ceffer de deliberer quand la faifon de faire eft venuë; il n'eft plus le temps de confulter, quand il faut agir;& ce feroit faire contre la prudence, s'il renuerfoit fes premieres opinions par des fecondes, & celles-là, par d'autres nouuelles;ou s'il perdoit les bons fuccés, en les differant. Ceux qui regardent toufiours aux vents, & qui obferuent les nuées, ne fement, ny ne moiffonnent iamais: la trop grande crainte qu'ils ont de mal commencer, fait qu'ils ne commencent ny bien, ny mal; & pour ne vouloir iamais faire de fautes, ils sont asseurez de tousiours faillir. Tout succede à l'homme sage, non pas comme il pourroit bien souhaitter, mais comme il a sagement préueu: il peut bien estre empesché en ses desseins, mais non pas estre trompé; quoy qu'il luy reüssisse tres-mal, & contre l'opinion des mieux sensez, l'on peut s'asseurer qu'il n'est point surpris, & qu'il estoit preparé à vne plus malheureuse fin. Vn homme de bon sens sçait préuoir les tempestes, relâcher à temps, & gaigner le port de bonne-heure: il sçait prendre si iustement ses mesures, & le temps si à propos, que tous ses desseins luy reüssissent; au lieu qu'vn estourdy les ruineroit. Il est vray qu'il y a de certaines affaires, où les plus sages sont bien empeschez à bien consulter, & à bien resoudre ce qu'il faut executer: a *Difficile enim perspicere futura: quod præterijt certum est; futurum verò obscurum.*

La consultation de plusieurs personnes peut donner de grandes lumieres aux affaires: mais quand il faut tirer vne prompte resolution d'vne multiplicité d'auis, vn seul y est necessaire pour bien

a Thales Milesius.

conclure; & les grands desseins n'ont iamais eu de fauorables issües, que sous la conduite d'vn particulier, qui passoit les autres en experience, & en sagesse. Toutes les negociations d'icy-bas, sont au dessous de certains esprits, ils acheuent auec facilité ce qu'ils entreprennent; & l'aduis des hommes communs, ne seruiroit qu'à ruiner leurs grands desseins, en les retardant. Comme les Aigles, & les Dauphins prennent plaisir dans l'agitation de leurs elemens, où ils ont dequoy desployer leurs forces : De-mesme l'on void sur cét Ocean du monde des esprits si genereux, & si extraordinairement forts, qu'ils se delassent dans les grandes affaires, & se joüent dans les occasions mediocres, qui causeroient de l'inquietude aux petits courages. Apres tout, il faut conclure que le sage ne sçauroit pratiquer la Prudence, sans se déguiser en bien des manieres. Les grands hommes d'aujourd'huy font profession de ne presenter pas leurs aduis à visage descouuert; ils joüent bien souuent le personnage du Renard, & du Lyon en vne mesme affaire: ils reculent quelquefois pour auancer dauantage ; & comme ceux qui tirent à l'auiron, ils tournent le dos, où ils pretendent aborder. Quoy que le mensonge ne soit pas permis, & que ce soit vne chose indigne de l'homme, que le dehors côtredise son interieur; que la langue demente le cœur, & que la parole trahisse la pensée, dont elle est l'image, & le caractere: si est-ce qu'en matiere de negociations importantes, personne n'est obligé de manifester tous ses sentimens, ny de faire son Confesseur, ou son Conseiller du premier venu. Car il est certain que Dieu nous a aussi-bien recommandé le silence, & le secret pour taire des veritez dangereuses, qu'il nous a laissé le parler libre, pour publier les vtiles & les necessaires. Aristote estime estre le propre des magnanimes de haïr, & d'aymer à découuert; de iuger, & parler auec franchise; & au prix de la verité, ne faire cas de l'approbation de qui que ce soit. Mais ce n'est plus auiourd'huy la mode: les Sages mesmes de ce siecle, ayant à viure & à negocier parmy les r'affinez & les fourbes, sont contraints d'expliquer à contre-sens tout ce qu'ils entendent, & démentir la plus-part de leurs pensées. Il n'y a plus quasi que les fols, & les temeraires, qui ont le cœur sur la langue, & qui font de leurs visages comme des montres d'horloges, afin que personne n'ignore rien de tous leurs projets. *b* Quelque bonne mine que nous fassent les hommes, il faut tousjours craindre, & se deffier: il n'y a parent, ny frere, ny amy qui ne puisse nous tromper, & nous trahir. Selon tous les Sages, la deffiance a tousiours esté la mere de la seureté ; & ils ont tousiours tenu pour maxime tres-asseurée, que pour n'estre pas trompé facilement, il falloit se garder auec soin, comme si l'on couroit risque de l'estre. Celuy qui se veut ietter dans les employs, & dans les affaires, se doit ressouuenir bien des fois que mesmes projets n'ont pas tousiours mesmes fins ; que les malicieux nous surprennent par des chemins que nous n'auions pas preueus ; que tous les preceptes de la Prudence ne sont pas également bons en tout temps, & qu'ils ne peuuent pas preuoir à tous les accidens qui arriuent dans les grandes affaires ; qu'il n'y a que les desseins qui soient au pouuoir de l'homme, & que l'euenement des choses n'est pas tousjours celuy que nous desirons ; *c* Que nous pouuons auoir la guerre en pleine

b Dum secundo vento nauigas, naufragium time, & tutior à naufragio eris, adiutorem ac sçcium tibi timorem asciscens.
S. Gregor. Nazianz. orat. 40.

c Sæpè inter placidissima terror existit:

paix, & perdre en moins d'vn quart d'heure tout ce que nous auions acquis en beaucop d'années ; que c'est vne asseurance de fols de s'asseurer de la fortune; que le bon-heur n'accompagne pas tousjours la justice, & les entreprises sainctes, non plus que Dieu ne s'oppose pas tousjours aux desseins violens & pernicieux; que nous ne sçaurions rien faire en dépit du Ciel; & que dans le cours des affaires du monde, il y a vne Toute-puissance au dessus de l'homme, qui dispose des euenemens de tous ses projets : laquelle neantmoins, estant infiniment iuste, ne fait rien à l'aduenture, ny par hazard. Cela donc estant veritable, comme personne n'en peut douter, l'homme sage se resout à toutes sortes d'accidens, pour fâcheux qu'ils soient: si la patience luy eschappe d'vne main, il la reprend aussi-tost de l'autre; & tesmoigne en toute occurrence vn courage ferme, vn visage qui ne change point, & vne vertu immobile: d *Vir fortis & sapiens stat rectus, sub quolibet pondere: nulla illum res minorem facit; nihil illi eorum quæ ferenda sunt, displicet. Nam quicquid cadere in hominem potest, in se cecidisse non queritur; vires suas nouit, scit se esse oneri ferendo.*

mala vnde minimè expectabantur, erumpunt. Senc. Epist. 91.

d Seneca, Epist. 71.

Du gouuernement du Sage: Qu'il gaigne les cœurs de tous ses sujets, par le moyen de l'affabilité, & de la douceur; Qu'il ne leur commande iamais qu'en priant; Qu'il est tousiours luy-mesme le premier à tout; Qu'ils apprennent tout ce qui est de leur deuoir dans l'exemple qu'il leur donne, en s'acquittant le premier du sien; Et qu'il les traicte auec toutes les tendresses, & tous les soins que pourroit inuenter le meilleur de tous les Peres.

CHAPITRE XIII.

IL y a des vies illustres, & heureuses en bien des façons parmy les grands hommes: mais celles qui iettent des lumieres douces, & benignes, sont bien plus plaisantes, que celles qui tonnent, & qui esbloüissent. Ce n'est pas le bruit, & les esclairs qui font les beaux iours: c'est le calme & la serenité du Ciel, qui nous les rend agreables; & vne conduite tranquille & iudicieuse d'vn Prelat, ou d'vn Capitaine, qui est tousiours

446 LES ENTRETIENS

l'ouurage de la Prudence, & de la raison, est preferable à ces grands succez que le monde admire, qui n'arriuent ordinairement que par hazard. *e* Parmy toutes les vertus agreables il n'y en a point de charmantes, ny de fortes à l'esgal de l'affabilité, & de la douceur : gaigner tous les cœurs, enchanter les sens, gouuerner les passiós, rauir l'entendement, commander à la volonté, exercer sur tous ses sujets vne tyrannie sans violence, c'est vn pouuoir qui n'est concedé qu'à la mansuetude, & à la douceur. Ce que nul homme ne sçauroit faire auec la force, & la violence, la douceur sçait bien en venir à bout sans aucun trauail : elle se joüe d'ordinaire des choses difficiles, & des impossibles; elle se rend auec industrie la Maistresse des affections, & des volontez; & appriuoisant les esprits les plus farouches, elle en obtient tout ce qu'elle veut. Ceux qui possedent cette vertu rauissante, & qui sont esleuez aux Prelatures, & aux grandes charges, l'on peut quasi dire d'eux que ce sont de petits tout puissans, & qui commandent aux Anges, & aux hommes. La douceur & la complaisance ont veritablement leurs excez, mais ils sont

e Quemadmodum solis iubar, vt primum apparet, fugat tenebras : ita benignus, & vstus suâ presentiâ res turbulentas componit, quietasque, ac tranquillas reddit. S. Chrysost. serm. de mansuetudine.

plus

plus tolerables, & plus legitimes que le simple vsage de la rudesse, & de l'inciuilité; pour le moins ils ne sont pas si farouches, ny si mal-faisans. Il faut selon la loy de la societé espouser les humeurs de tous: il faut voir la joye auec vn esprit complaisant; les douleurs, auec des sentimens de tendresse & de compassion; nous courber vers la foiblesse, pour la releuer; & represénter tous les visages, pour en conquerir tous les cœurs. *a* Il ne faut qu'estre extraordinairement doux & affable, pour se rendre souuerain par tout où il y a des hommes. Quoy que nous viuions en vn siecle des plus malheureux que nous puissions remarquer dans l'histoire, si est-ce que les belles paroles ne payent point encore de tribut; nous en pouuons donner liberalement à tout le monde, sans nous ruyner. Il est vray que la rigueur peut seruir pour conquerir des Royaumes: mais pour les conseruer vn bien long espace, & les rendre aussi fideles que nos sujets naturels, il faut de necessité que la Mansuetude en soit la regente. *b* L'homme est vn animal qui s'effarouche par la seuerité du gouuernement, & qui s'adoucit par l'effet de son

a Nihil mansuetudine violentius.
S. Chrysost. homil. 58. in genes.

b Medicus austera remedia cum recipere persuadet

LII

contraire : il y a des humeurs qu'il faut gaigner pour les vaincre ; & il est certain qu'il arriue des occasions qui veulent necessairement qu'on les flatte, & qu'on les caresse, de peur qu'ils ne se mutinent, qu'ils ne prennent le frein aux dents, & entrainent celuy qui les doit mener. Les esprits genereux ne souhaitent pas qu'on les laisse dans le mal, en les flattant à leur preiudice, mais ils voudroient bien qu'on les en tirast sans rudesse : & les simples supplications assaisonnées de douceur, & de bonté, quoy qu'elles tendent à la correction de leurs vices, les contentent beaucoup d'auantage que des bien-faits tout secs, & qui partent d'vne humeur superbe; semblable à celle des amis de Iob, qui luy disoient des iniures en le consolant. Comme il y a des chairs si mauuaises, que le baume n'y peut fermer vne esgratigneure : aussi se trouue-il des corps si bien composez, que leurs blesseures se ferment d'elles-mesmes, ou se guerissent auec de l'eau & du laict. Ce parfait temperament se rencontre aussi bien aux esprits genereux, qu'aux bons corps dont nous parlons ; & il ne se trouue quasi plus personne qui veüille souffrir des remedes violens. *c* Au siecle où nous sommes,

ægrotos, agit precibus, non compellit imperio: sciens infirmitatis, non voluntatis esse, quod salutaris respuit, quoties profutura repellit infirmus.
S. Chrysol. serm. 108.

c Vt compositum, ita ani-

il faudroit auoir des paroles de Saincts, *morum mol-*
& des regards d'Anges, pour auoir la paix *liter vitia tra-*
auec vn chacun. Comme tous les hommes *ſtanda ſunt;*
font bien ayſes qu'on les loüe, & qu'on *plicauit mo-*
les flatte: auſſi ſont-ils fort ſenſibles aux *ra, pertinacia*
affronts & aux iniures. La moindre pa- *abruptum*
role de meſpris fait la tempeſte dans vn *eſt.*
eſprit vain: vne diſgrace des grandes *Senec. lib.*
puiſſances ne luy eſt pas moins qu'vn *7. de benef.*
coup de foudre; & vn ſeul de leurs regards dédaigneux, luy fait plus ſouffrir
qu'vn coup d'eſpée. Ceux-là meſme qui
ont mépriſé toutes choſes, ne ſont pas *d S. Ambro.*
bien ayſes qu'on les mépriſe. d *Qui pauper-* *in Pſal. 118.*
tate contentus eſt, non eſt contentus iniuriâ: &
qui poteſt ferre verborum pœnas, exagitatur ver-
borum contumelijs. Grande eſt in omnibus hu-
militatis tenere menſuram.

Quiconque veut eſtre grand en ce
monde, auſſi-bien qu'en l'autre, & ſe
rendre digne des dignitez & des charges,
il faut, en faiſant forces actions eminentes, qu'il ſe reſolue de forcer ſon cœur à
prendre la loy de la douceur, & de la cle- e *Citò indi-*
mence: e Autrement, s'il ſe laiſſe aller *gnatur liber-*
à ſa paſſion, & à l'émotion de ſes fougues, *tas, ſi oppri-*
aſſeurez-vous qu'il ne fera iamais rien de *plus impetrat*
memorable qui ne luy tourne à confuſiõ; *à libero, quàm qui ſeruire*

& qu'en profitant fort peu pour luy, il nuira beaucoup aux autres. Les magnanimes montrent leur grandeur en supportant les infirmes, & les imparfaicts; & c'est vne marque d'vn esprit foible, & malicieux d'vser de rigueur enuers ses semblables, qui le surpassent bien souuent en vertus & en merites, aussi-bien qu'en extraction, & en toutes sortes de capacitez. ƒ L'affabilité, & la douceur en nos paroles, sont les assaisonnemens qui rendent la vie agreable ; tout le monde ayme les personnes de cét humeur là : celuy qui est doux & accommodant, iusques à trouuer bon tout ce qu'on luy dit, & ce qu'on luy fait, n'est importuné d'aucune chose ; & quiconque ne se fait point d'ennemis de gayeté de cœur, n'est persecuté, ou mal voulu de personne. Au reste, il n'y a point de guides infaillibles, pour nous mener droict à Dieu, comme sont la simplicité de cœur, & la bonté ingenuë: & comme le Fils de Dieu a pratiqué icy bas plusieurs vertus, qui sembloient repugner à sa Majesté supréme, comme sont l'humilité, la douceur, & la patience, afin que comme il estoit le Chef du corps des fideles, dont nous sommes membres, il nous laissast des exemples

non cogit.
S. Hieronymus, Epist. 62. ad Theophilū.

ƒ *Neque hominibus sine lenitate, plusquam Deo side, placere passibile est.*
S. Bernard. serm. 5. in Vigil. Natiuit.

pour le suiure, & pour l'imiter : *g*
Aussi faut-il necessairement que ceux
qui tiennent sa place parmy nous, mettent en œuure les mesmes vertus ; &
qu'en nous voulant conduire par la voye
qu'il nous a tracée, ils y marchent eux-
mesmes tous les premiers. Ceux qui sont
constituez aux gouuernemens, & aux
Prelatures sont comme les esprits mou-
uans, les Cieux, les Soleils, les intelligen-
ces, & les petits Dieux du monde : C'est
pourquoy, ils doiuent à leurs sujets, comme esprits, la vigilance; comme Cieux, la
vistesse; comme Soleils, la lumiere ; comme Anges, la garde; & comme Dieux, le
soin, & la Prouidence. Voilà les qualitez
essentielles, & inseparables, qui constituent la Nature de leur office : & sans lesquelles ils cessent d'estre ce que porte leur
titre, & restent comme des hommes
peints, qui ne sont rien moins qu'hommes; quoy qu'ils en retiennent le nom, &
la figure. Il faut qu'vn bon Chef, ou vn
bon Prelat ait cent yeux, & autant d'o-
reilles, pour bien voir, & pour bien écouter : s'il auoit autant de mains pour faire
de bonnes actions, ce seroit vn personnage rauissant, & vn vray Phœnix parmy

g Medicos se, non Dominos agnoscentes, parant confestim aduersùs phrenesim a-nima, non vindictam, sed medicinam.
S. Bernard.
serm. 25. in Cant.

Ll1 iij

les hommes. La meilleure, & la plus fructueuse façon de commander, c'est quand le chef monte au sommet de la perfection de son deuoir, & qu'il pratique le premier tout ce qu'il enjoinct aux autres. *h* Les paroles percent plus auant dans les consciences, quand elles partent d'vne vie qui est sans reproche: nous croyons plus facilement à nos yeux, qu'à nos oreilles; & nous deuenons bien pluftost sages par les exemples, que par les preceptes. La pieté est vn frein puissant, qui arreste la trop grande liberté des mœurs; & les corrections sont des tonnerres, qui épouuentent les malicieux, quand elles sortent d'vne bouche saincte. Car quoy que les hommes soient obligez de reuerer la puissance, en la personne qui la possede legitimement, si est-ce qu'ils ne le peuuent faire auec affection, que lors qu'ils voyent qu'elle est joincte à la bonne vie, aussi-bien qu'à la capacité, & à la science. Autrement, ils se persuadent que le gouuernement & l'authorité en vn indigne, est vn ornement dans la bouë; & que celuy-là qui sert à ses desordonnées passions, ou au vice, est indigne de commander à de meilleurs que luy. Il n'y a pas

h Homines amplius oculis quàm auribus credunt: longum iter est per precepta, breue & efficax per exempla. Sene. Epist. 6.

vn des hommes communs, qui ne croye
que la Nature nous a fait égaux, & qui ne
souhaitte pareillement, (puis que l'ordre
d'icy-bas demande que nous soyons di-
stinguez par les conditions) que la Iustice
fasse choix des plus vertueux, & des plus
sages, pour assujettir sous leur conduite
les plus ignorans, & les moins parfaicts.
Dieu commanda autrefois qu'au premier
son des trompettes les Capitaines, & les
Chefs eussent aussi-tost à sortir aux
champs, & que si elles continuoient à
sonner, le reste de la populace se disposast
pour combattre : i Ce Souuerain de tous
les Monarques vouloit nous montrer par
là, que le plus grand priuilege de ceux qui
commandent, c'est d'estre les premiers &
les derniers à tous les rencontres ; mais
principalement aux perilleux, & aux difficiles. L'exemple n'a que la douceur, les
attraits, l'amour, & la raison toute simple :
& cependant ainsi nud, & desarmé, il fle-
chit pluftost les hômes sous le joug de son
Empire, que non pas la loy; quoy qu'elle
se serue de toutes sortes d'armes, pour
les contraindre à luy obeïr ; k Ceux qui
refuseroient aux raisons la creance, aux
persuasions le consentement, à l'autho-

i *Non domi-*
nantes in cle-
ris, sed forma
facti gregis, ex
animo.
1. Petr. cap.
5.

k *Faciente*
eo, qui præ-
cipit, ad ope-
ra illicò exeūt

rité l'obeïssance, & à la force la crainte, ne peuuent refuser l'imitation, à l'exemple; quoy que les Chefs soient grandement puissans, par l'authorité qu'ils ont, ils le sont encore plus par leur bonne vie. Au reste, Iesus-Christ n'a point recommandé aux Chefs, ny aux Prelats qu'ils eussent vn grand soin d'eux-mesmes; il sçauoit bien qu'ils ne manqueroient pas de ce costé-là: mais il les a chargez d'exposer leurs ames, pour le bien de celles dont ils ont pris le soin, & pour lesquelles ils doiuent respondre, au cas qu'elles se perdent par leur faute: l *Pastor bonus, non dixit, honoratur; sed animam ponit pro ouibus suis: hæc est vera superioris scientia, sua negligere, & eorum, quos regit curam gerere.*

m L'affabilité, l'humanité, la benignité, & toutes ces vertus douces, qui rauissent & entrainent les cœurs des barbares, ce sont les charmantes perfections que nous deuons souhaiter en tous les Superieurs de dedans, & dehors le monde. C'est vn grand bien d'estre traité par vn Medecin affable, & compatissant, & qui s'accommode, sans nostre preiudice, à nos infirmitez & à nos foiblesses. Les blesseures de l'ame, aussi bien que celles

omnes qui audiunt.
S. August. in Psal. 7.

l S. Chrysost. in Psal. 114.

m Difficile est dictu quã topere conciliet animos hominum comitas, affabilitasque sermonis.
Cic. de officijs.

celles du corps, veulent estre maniées tout bellement: ce que l'on peut demesler par la patience, se rompt bien souuent quand on s'opiniastre à tirer trop fort; & il est certain qu'il n'y a guieres d'hommes, pour méchans qu'ils soient, qu'vne grande douceur ne puisse vaincre, & rendre meilleurs. Il est vray que toutes sortes de chaisnes, fors celles de l'amour, pesent à l'esprit humain: & c'est l'entendre mal, de vouloir si fort appesantir le joug de l'obeïssance, que l'on donne sujet à ceux qui le portent de le secoüer. Toute accrimonie porte en soy l'image de la haine, & du mépris; quoy qu'elle prouienne d'vn excez d'amour, & de probité, ou de zele vn peu indiscret. a La moderation n'est pas tousiours inutile à recouurer des choses que l'on croyoit perduës; & l'on a veu souuent de mauuais payeurs, à qui la sagesse & la patience du creancier a donné moyen d'acquitter leurs debtes, pour les auoir attendus, & supportez autant qu'il falloit. Les corrections les plus efficaces, sont celles qui ont le plus de cordialité, & d'humaine condescendance: & il est certain que la reprehension qui excuse à demy, & sup-

a *Vir bonus quanto melior, tanto mitior : quanto fueris celsior potestate, tanto humilior pietate.* S. August. in Epist. 2. ad Macedonium.

plie amiablement, a bien des effets plus energiques, que la menaçante. La puissance qui est donnée de Dieu à ceux qui commandent, doit estre mesnagée selon ses intentions: & comme il nous fait voir en toutes parts les effets de sa bonté, il n'est pas loisible à vn homme de soüiller ce caractere tout diuin, en exerçant des rigueurs, & des cruautez sur ses semblables. Vn Pere ancien demande pourquoy Giezy ne pût ressusciter l'enfant mort, qui luy fut presenté pour cét effet là? *b* Il respond luy-mesme au doute qu'il propose; & il semble qu'il veüille asseurer que le baston qu'il auoit en sa main, l'empeschoit de faire vn si beau miracle. Comme les vents les plus impetueux, & les plus froids, se relâchent & s'adoucissent aucunement, en passant par vne region temperée: aussi est-il vray que les plus seueres, & les plus picquantes corrections retiennent quelque chose de la qualité de celuy qui les entreprend, & perdent vne partie de leur aspreté, & de leur rudesse, dans la conduite d'vn Superieur sage, & bien aduisé. C'est le propre des personnes qui sont recommandables par leur extraction, & par

b *Is quem terroris virga suscitare non poterat, per amoris spiritum ad vitam redit; dumque paruulo se accommodauit, & composuit, facile erexit & suscitauit.* Petr. Damian. lib. de contemp. sæculi, cap. 18.

DV SAGE. II. Part. 457

leur vertu, de s'abaisser, au dessous des plus petits, & de se rendre doux & sociables auec vn chacun: & lors qu'on les tire de l'obeïssance, pour commander à de moindres qu'eux, il n'y a pas vn de leurs sujets qui n'apprenne à viure sainctement, en considerant leurs actions, & leurs paroles. Il n'y a que ceux qui sont pauures de naissance, de vertus, & de merites, qui sont hautains & insupportables: c On ne voit que trop de petits hypocrites qui s'en font accroire, & qui gourmandent des personnes qui vallent mieux qu'eux; desquels ils se fussent estimez heureux d'estre les valets, s'ils fussent demeurez dans le monde. Cela arriue tous les iours à plusieurs, par vn orgueil estudié, ou par vne stupidité affectée: de sorte qu'il semble qu'en entrant dans les charges, dont ils sont indignes, qu'ils boiuent à mesme temps de l'eau d'oubliance, qui efface en eux la memoire de ce peu qu'ils estoient par le passé, pour posseder auec insolence, ce dont ils ne deuroient iamais iouyr selon la Iustice. d Il est vray que les honneurs, & les Prelatures offusquent l'entendement des esprits foibles: à mesme temps qu'ils sont

c *Videas plerosque in Ecclesia de ignobilibus nobiles, de pauperibus diuites factos, intumescere, pristinæ obliti abiectionis.* S. Bernard, serm. 4. in missus est.

d *Inordinatum sibi metum à subditis petunt, &*

Mmm ij

esleuez au dessus des autres, ils ne peuuent plus commander à eux-mesmes. Ces petits presomptueux n'entendent pas l'art de gouuerner des personnes libres : il se voit mesme des bestes si nobles, qu'ils seroient trop rudes pour en auoir soin. Ils se persuadent à faux que la puissance ne subsiste que par la rigueur, & qu'elle seroit mesprisée, si elle n'estoit mal faisante. Il est vray que la sujection nous est aussi naturelle que la societé, & la compagnie, & que pour estre raisonnables, il faut viure sous la conduite d'vn autre ; que tous les hommes font vn corps au monde composé de plusieurs personnes, entre lesquelles l'on ne sçauroit établir vn bel ordre, que par la dependance & la subordination, qui suppose le commandement & l'authorité : mais aussi faut-il auoüer que l'homme s'estimant autant qu'vn autre homme, abhorre naturellement d'estre commandé de son semblable ; e & que si sur cette repugnance qui luy est naturelle, vous y adjoustez de la cruauté, & de la rigueur, vous rendez l'obeïssance insupportable ; & en voulant trop appesantir son joug, vous donnez sujet de le secoüer. Dieu a si fort en hayne

non tam propter Dominum, quàm pro Dominis venerari volunt.
S. Gregor. lib. 29. moral. cap. 14.

e Violenta imperia nemo diu sustinuit: moderata durant.
Cornel. Tacit.

les Prelats rigides, & tyrans, qu'vn Pere ancien ne feint point de dire, que si par malheur nous en rencontrons vn pareil, nous tenions pour asseuré que Dieu ne luy a point commis l'authorité dont il abuse : f Mais que c'est luy-mesme qui par la malice des sujets, s'est acquis cette qualité, dont il est indigne. Iesus-Christ enuoyât ses Apostres pour prescher son Euangile par tout le monde, leur deffendit de porter ny verges ny bastons en tous leurs voyages : voulant par là leur enseigner qu'il les enuoyoit pour semer sa parole auec affabilité, & non pas pour corriger auec rudesse ; pour gaigner les hommes par la douceur, & non pour les instruire à coups de gaule : g *Eos misit ad seminandum, qui non cogerent, sed docerent; nec vim potestatis exercerent.*

f *Ex se namque, & non ex arbitrio summi Rectoris regnant, qui nullis fulti virtutibus, nequaquam diuinitus vocati.* S. Gregor. in 2. part. Pastor. cap. 1.

g S. Ambr. lib. 7. in Luc. cap. 10.

Les Superieurs & les Chefs pechent contre la forme de ce qu'ils sont, & de ce qu'ils deuroient estre, quand ils s'esloignent de la fin, pour laquelle Dieu leur a donné le pouuoir de commander. h Au lieu d'edifier, & de planter, ils ne doiuent pas destruire, ny ruiner tout vn corps, dont vne partie n'est qu'vn peu malade. Ils ne sçauent pas que l'art de bien gou-

h *Nusquam acerbù se præbere conuenit, etiam si obiurgatione opus sit.* S. Basil. Epistol. 1.

uerner consiste à gaigner les mauuais courages, & qu'il n'en faut venir à la seuerité de la peine, que comme les Chirurgiens aux incisions, quand des remedes plus doux ne peuuent seruir. Le Sage n'employe pas les derniers remedes dans l'apprehension d'vn mal mediocre, & ne coupe iamais ce qui n'est pas encore gasté : il se sert ordinairement de lenitifs, quand les remedes acres sont mortels ; il tâche de gaigner par la douceur, ce que l'on pourroit perdre par la violence : *i* Certes, quand la voix de nos Superieurs nous menace, au lieu de nous instruire ou commander doucement ; & qu'ils veulent plustost nous esblouïr par ces façons de parler brusques, ie veux, j'ordonne, ie commande, ie deffends ; que nous esclairer par de sainctes & vertueuses actions : il ne faut pas trouuer estrange s'ils rencontrent des esprits rebelles à leurs commandemens, sourds à leurs exhortations, & aueugles à leurs lumieres. L'homme est vn animal delicat sur tous les autres, & qui veut estre traitté auec bien du respect, & de la douceur. Il faut qu'vn Superieur, ou Prelat se serue de la Prudence, pour accommoder à sa volonté tous les esprits

i Decet Superiores non abuti sua potestate contra subditos, cauereque ab insolentia, contemptu atque sæuitia : nam ista non sunt indicia placidi animi ; sed impotentia tyrannica, exercentis licentiam pro arbitrio.
Philo, de specialibus legibus.

qu'il a sous sa charge; plustost que se les soûmettre par la violence, & par la rigueur. En maniant doucement des matieres rudes, à la fin on les ploye à quelque vsage : & c'est vn hazard si on ne les rompt en morceaux, quand on les force auec rudesse. Si les Superieurs auoient assez de Prudence, & de Charité, ils n'exerceroient la Iustice que bien rarement. k Et si Iesus-Christ presidoit à leurs iugemens, & qu'il escriuist en terre leurs plus gros pechez, comme il fit autrefois ceux de ces Pharisiens, qui vouloient lapider vne pauure femme, peut-estre qu'ils seroient aussi honteux qu'eux, & qu'à l'imitation de celuy qui est infiniment bon, ils tâcheroient de le deuenir ; & de pratiquer la misericorde, & la douceur enuers leurs semblables, comme ils souhaitteroient que l'on fist enuers eux, s'ils estoient eux-mesmes sujets sous quelque teste vn peu verte. l Apres tout, qu'ils se vantent autant qu'ils voudront, pour authorizer leur puissance, qu'elle vient du Ciel; qu'ils sont establis de la main de l'Eternel, & assistez de sa grace, & de ses soins tres-particuliers : il est vray que Dieu s'en peut seruir, comme on fait des

k In aliis horrent, quod in se semper admittunt; mirum in modum & accusatores eorumd. in criminum, & excusatores. Saluian. lib. 3. de gubernat. Dei.

l Audiant hoc prælati, qui sibi commissis semper volunt esse formidini; vtilitati rarò. Discite subditorum matres vos

verges pour chaſtier les enfans ; mais il ne les ayme pas quand ils ſont cruels. S'il permet que nous en ayōs de cette ſorte, ce n'eſt iamais qu'en ſon couroux, & au iour de ſa fureur; & ce ſont ordinairement les maux dont ſes Prophetes nous ont menacez, & les effects de ſa Iuſtice irritée. Or il ne ſuffit pas qu'vn Superieur ſoit bon pour ſoy-meſme, il faut qu'il le ſoit auſſi pour les autres: il faut qu'il ait de la ſcience pour inſtruire ceux dont il eſt chargé; qu'il ait de la Prudence pour les gouuerner; & bien de la charité pour diſſimuler les petites fautes, & pour remedier aux mediocres, & aux grandes. Il n'y a rien de ſi vergongneux en vn Superieur, que d'eſtre au deſſous de ſes ſujets, en bon ſens, en capacité, & en merite: & qui pour iuger ſainement des choſes, a beſoin d'aller chercher dans la ceruelle d'autruy, ce qu'il deuroit trouuer dans la ſienne. Encore vaut-il mieux pour eux, & pour nous, qu'ils manquent de ſcience, que de douceur & de probité: & qu'au deffaut de tant de beaux diſcours que font les ſçauans, ils nous preſchent, & nous inſtruiſent, par leurs bons exemples. C'eſt vn rencontre qui eſt aſſez rare dans le monde,

que

eſſe debere, non Dominos: ſtudete magis amari ; quàm metui : & ſi interdum ſeueritate opus eſt, paterna fit, non tyrannica.
S. Bernard. ſerm. 23. in Cant.

que de trouuer vn homme achoué, & qui soit capable de commander auec profit, aussi-bien qu'auec honneur: comme il y a fort peu d'endroits sur la terre, qui produisent tout ce qui regarde le plaisir des sens, & la necessité de la vie; de mesme se trouue-il fort peu d'ames, qui ayent les vertus necessaires au gouuernement. C'est vn mestier pourtant qui est enuié de tout le monde : il n'y a soldat si simple qui ne vouluft estre General d'armée;& il n'est pas iusques aux petits Nouices des grands Monasteres, qui ne souhaittent qu'on les appelle bien-tost (Monsieur l'Abbé.) Il n'y a esprit si chetif, qui ne s'estime capable d'y bien reüssir, & de s'y faire admirer ; & tel qui n'a pû apprendre à bien obeïr durant vingt années, qu'il a esté sujet sous autruy, se persuade qu'il sçaura l'art de bien gouuerner, dés l'instant mesme qu'il sera promeu à la Prelature: a *Nunc ipso die, quo in Prælatione constituitur, ita præsidentis induit speciem, ita dominantis exprimit maiestatem, vt non nuper electum, sed natum dicas Abbatem. Fit repentè seuerus in vultu, imperiosus in voce, ad corripiendum acer, ad iudicandum promptus.*

a Petr. Damian. lib. 6. Epist. 7.

Au demeurant, il faut conclure que

comme on peut regretter les meilleurs siecles, quoy que l'on ne puisse changer le present : *b* aussi pouuons nous desirer des Superieurs meilleurs que les nostres; principalemét quand ils sont cruels, ignorans, & vicieux auec excez. Car comme il est mal-aysé de respirer vn air contagieux, & de ne deuenir pas malade, en y faisant du sejour : aussi est-il difficile de voir tousiours de mauuais exemples, & de ne faire que de bonnes actions; & ie croy que les bons sujets peuuent legitimement rechercher tout ce qui peut contribuer à leur salut, lors que les mauuais Superieurs procurent de s'establir auec iniustice. Nous deuons pourtant la sujetion & l'obeïssance à tous nos Prelats, & à tous nos Chefs; car elle regarde directement leur office : mais l'estimation, non plus que l'affection, nous ne la deuons qu'à leur vertu. Les sujets ne sçauroient auoir de la bonne volonté, pour ceux de qui ils ne reçoiuent que des commandemens tyranniques ; & ordinairement ils ne leur dressent des Autels, ny offrent des Sacrifices, que comme faisoient des anciens à la peste, & à la fievre, pour estre preseruez du mal qu'ils en crai-

b Scire autem Prælati debent, qui si peruersa vnquam perpetrant, tot mortibus digni sunt, quot ad subditos suos perditionis exempla trãsmittunt. S. Gregor. 3. part. Pastoral. admonit. 5.

gnent. Personne ne sçauroit nier, qu'en souffrant la tyrannie, l'on ne puisse desi-rer la iuste administration: & quoy qu'il ne faille iamais disputer contre le Pilote qui nous mene; si est-ce, quand il est mau-uais, qu'on en peut souhaiter vn autre le-gitimement. Or comme il ne faut pas se creuer les yeux, pource que l'on vit auec des aueugles nez: aussi ne faut-il pas s'ha-bituer à faire du mal, encore que nous ayons de mauuais Superieurs, qui nous en montrent l'exemple. La mesme au-thorité qui nous deffend d'imiter les dé-reiglemens de nos Pasteurs, nous com-mande d'en respecter la doctrine; & de nous tenir dans le bon chemin qu'ils nous montrent, du bourbier où ils sont tombez. C'est à eux à songer à leur de-uoir, & à nous de penser au nostre: Dieu s'est reserué le iugement des bons & des mauuais; il recompensera, ou punira les vns & les autres, selon qu'ils auront bien ou mal exercé leurs charges. Comme vn Peintre bazanné & demy More peut tirer de beaux visages, & bien blancs: de mesme vn Prelat vicieux peut donner de bons preceptes. Les bons sujets n'exami-nent point la vie, ny les mœurs de ceux qui les ont en charge, & qui ont droict de leur commander: tous tels que le Tout-puiſſant leur a donnez, ils leur rendent l'honneur & l'obeïſſance qu'ils leur doiuent. Car puis qu'il n'y a point de puiſſance legitimement eſtablie, qui ne deriue de celle du Ciel; & que l'inſtitution de ces degrez de Prelature, & de ſoûmiſſion, de preſceance, & d'inferiorité; de commandement, & de ſeruice, eſt vn effect de la prouidente Sageſſe de Dieu, & vn ordre abſolument neceſſaire, pour la manutention de cét vniuers: il faut qu'vn chacun indifferemment ſe ſoumette à ceux qui dans l'ordre de la Iuſtice ont le pouuoir & l'authorité de commander; & perſonne ne ſe doit ſouſtraire d'aucune ſujetion de toutes celles qui obligent, s'il ne veut encourir l'indignation du Souuerain de tous ceux qui commandent, & qui obeïſſent. Et puis qu'il eſt vray que c'eſt à Dieu meſme que ſe rapporte l'obeïſſance de l'oüaille à ſon Paſteur, du ſujet à ſon Prince, du juſticiable à ſon Iuge, de l'enfant à ſon Pere, & du ſeruiteur à ſon Maiſtre: il eſt tres-certain que quiconque n'obeït point aux Puiſſances, tant ſubalternes que ſuperieures, en tout

DV SAGE. II. Part. 467
ce qu'elles ont droict de deffendre, & de commander, enfreint cét ordre si iustement establi, & se rebelle & s'oppose contre Dieu, qui en est l'Autheur : c *Non est enim potestas, nisi à Deo: quæ autem sunt, à Deo ordinata sunt. Itaque qui resistit Potestati, Dei ordinationi resistit.*

c Rom. 13.

Que le Sage prefere vne Pauureté honneste à l'abondance des thresors, & des biens du monde: Qu'il souffre les afflictions, & les incommoditez de la vie auec vne patience admirable ; Et qu'il cherit & pratique l'humilité auec vn grand soin, comme estant le soustien des autres vertus, & la baze de la vraye Sagesse.

CHAPITRE XIV.

d Il n'y a que ceux qui ont de grandes pretensions en l'autre monde, qui mesprisent tous les biens de celui-cy : & il faut sçauoir bien iuger des choses, & auoir l'ame aussi bonne que le sens commun, pour faire des richesses comme des monceaux de terre pour monter au Ciel. Comme pour nager à son ay-

d *Magnus vir & verè beatus, qui nihil suum potuit amittere, nihil alienum habet : hoc est nihil minus habere, nihil superfluum.*

Nnn iiij

se, il faut estre deschargé de toutes cho-ses: aussi faut-il estre des biens superflus, pour marcher sans peine au chemin de la vertu, & de la sagesse. Les biens perissa-bles nous empeschent de penser aux per-manens, & aux eternels: & tout ce qui nous fait despiter contre Dieu, ou con-tester auec les hommes; c'est d'auoir crû que nous estions les proprietaires des choses, dont nous n'auons que le simple vsage. C'est se tromper de croire que les biens terrestres, soient la preuue de l'a-mour que Dieu nous porte: tant s'en faut, les necessitez qu'il nous fait souffrir du-rant cette vie, nous tesmoignent vn cœur de pere, & vn soin particulier de nostre salut; puis que les richesses ne sont autre chose que des moyens pour se per-dre, & dont il punit quasi tousiours les impies, & les malicieux; reseruant à don-ner les vrais biens à ses amis, quand ils seront passez de ce monde en l'autre. e Ou le premier homme n'a point esté creé heureux, ou le pauure l'est autant que luy: l'vn a esté creé tout nud, & sans aucuns biens; & l'autre est reduit à vn point de misere quasi tout semblable. Tout cét vniuers n'est pas moins creé pour l'indi-

S. Ambros. lib. 2. de Ia-cob, cap. 5.

e Nescit na-tura diuites, quæ omnes pauperes ge-nerat: nudos fudit in lu-cem, egentes cibo, amictu, poculo; nudos secipit terra

gent, qu'il l'eſt pour le riche : & la Nature n'a point donné plus aux vns qu'aux
autres; tous naiſſent également nuds en
ce monde, & partent d'iceluy au meſme
équipage qu'ils y ſont venus. Pour eſtre
touſiours joyeux, & viure content, il faut
eſtre pauure, ou du moins ne pas aymer
les richeſſes. Les grands ne gouſtent iamais d'aucun plaiſir pur : ils s'ennuyent
bien ſouuent du bon-heur, & de la pompe qui les ſuit par tout; ils ſont bien ayſes
d'imiter les actions des particuliers, & de
ſe maſquer quelquefois, pour ſe diuertir d'vne grandeur qui les importune.
Le Sage n'eſtime rien que la vraye & ſolide vertu, & n'a en horreur que le vice :
par tout où il poſe le pied, il trouue vn
Royaume : il ſemble que tout l'vniuers
ſoit de ſon domaine; d'autant qu'il en vſe
comme d'vne choſe qu'il repute à ſon
vſage, & comme ſi elle n'eſtoit faite que
pour luy ſeul. L'humble mépris qu'il reſ-
ſent des biens de la terre, ne vient que de
l'eſtime qu'il fait des threſors du Ciel : &
en dédaignant les charges, & les honneurs
d'icy-bas, il s'érige vn throſne au deſſus
de toute ſorte d'ambition, & de vaine
gloire. Tous les threſors de la Chine ſont

quos dedit ; neſcit fines poſſeſſionum ſepulchro in- cludere.
S. Ambroſ. in tract. de Naboth. paupere, cap. 1.

trop foibles, pour attaquer sa constance; & trop pauures pour tenter sa moderation: il ne connoist d'heur, ny de malheur durant cette vie, que l'exercice d'y faire du bien, ou du mal. Par là nous voyons comme l'on peut nourrir de grandes vertus, dans vne petite fortune: & il n'est pas difficile à croire, que le plus rapetassé de tous les belistres, peut estre vn grand sainct auprés Dieu. ſ La pauureté ne fait du mal qu'à celuy qui l'ayant en horreur, s'abandonne au déreiglement de ses passions, & se sert de moyens illegitimes pour s'en affranchir: elle doit plustost passer pour tres-vtile, & pour vn des plus dignes ornemens de l'esprit, si nous nous la rendons volontaire, & bien familiere. Et quoy qu'elle ne conduise ceux qui luy ont donné la main, que par des chemins rudes, & fort raboteux, si n'a-on laissé de la venir rechercher de beaucoup d'endroits. Il y a long temps qu'elle a gaigné des millions de cœurs, sans chatoüiller les oreilles par ses beaux discours. Elle n'a point esté eloquente, & toutefois elle a si puissamment persuadé les grands, & les sages, qu'elle a fait descendre des Roys de leurs throsnes, & des

ſ *Paupertas nulli malum est, nisi repugnanti.* Seneca.

Docteurs de leurs Chaires, pour adorer des esclaues qui annonçoient ses perfections. a Iesus-Christ luy-mesme en a esté si esperduëment amoureux, qu'il a voulu naistre pauure, & viure & mourir le plus indigent de tous les pauures : & pour montrer comme quoy il aymoit les necessiteux, il a eu soin que l'argent dont il auoit esté vendu aux Iuifs, fust employé à l'achapt d'vn champ, pour enseuelir les professeurs de cette vertu : b *Illius figuli, qui hominem plasmauit, ager, Christi sanguine emptus est peregrinis, qui erant sine domo, sine patria, & toto orbe exules iactabantur : vt requies Christi sanguine proderetur : vt quibus non est in mundo possessio, ijs in Christo sit sepultura.*

a *Ille Dominus in humilitate, & ignobilitate incessit domicilio incertus; vestitu incultus; vultu denique, & aspectu inglorius.* Tertull. lib. de Idolatria, cap. 18.
b S. Ambro. serm. 51.

La vie des pauures est semblable à ceux qui nauigent terre à terre : & celle des riches, à d'autres qui s'exposent en pleine mer : ceux-cy ne peuuent plus rentrer dans le port, si tost que le vent leur est contraire, & que la tempeste les a entrainez par la violence, où ils ne vouloient pas aller de leur bon gré : ceux-là, au contraire, viennent à bord quand bon leur semble : à mesme temps qu'ils iettent vn petit cordeau dessus la riue, le premier qui se rencontre les tire à terre, &

les fauue. Dailleurs, la pauureté peut aller seule, & en feureté en tous les païs du monde: mais en quelque lieu que foit la richeffe, comme fi elle eftoit coupable de quelques grands crimes, elle eft toujours dans les apprehenfions, & dans les frayeurs. On l'attend fur les grands chemins pour la piller: on luy dreffe des embûches dans les forefts pour l'outrager: Si elle s'embarque fur la mer, elle n'eft pas plus affeurée qu'elle eftoit deffus la terre; outre les naufrages qu'elle craint, elle ne peut efchapper les Pyrates. Et non feulement elle redoute les aguets de ceux qui luy font la guerre: mais iufques aux endroits les plus fecrets des maifons où elle habite, il faut qu'elle fe garde de ceux mefmes qui la gardent. Il eft vray que toutes les couronnes que la Pauureté prefente font faites de ronces & d'épines: tous fes chants font triftes & lugubres; & eftre bien-heureux felon fon langage, c'eft eftre beliftre, & neceffiteux de toutes chofes. Excepté la mort, & vn voyage de Marfeille pour neuf ou dix ans, il n'y a rien de fi épouuentable que la pauureté: la pefte ny la guerre ne font pas tant de peur à beaucoup prés: & c'eft le fleau le plus à redouter durant cette vie; principalement à ceux à qui on ne donne rien qu'en disant payez-moy. Certes il est difficile de conseruer vne grande vertu, parmy vne pauureté extréme: la necessité fait faire d'estranges choses, quand l'eau & le pain nous manquent; & il est vray que tous les preceptes de la sagesse se trouuent courts, & insuffisans, pour resoudre vne personne qui est pressée de la faim. c Tout au moins il nous faut du pain & de l'eau à suffisance, afin de nous pouuoir soustenir sur nos deux pieds, & d'empescher que le principal officier de chez nous ne murmure. La pauureté neantmoins n'est onereuse qu'à celuy qui la souffre à côtre-cœur, & qui a empreint en son ame vne fausse opinion des richesses. Celuy qui sçait ajuster & restreindre ses appetits dans les bornes du necessaire, & se tenir aux limites de la Nature, il n'est iamais pauure: d il n'y a rien de rauissant chez les plus opulens du monde, à l'égal de la pauureté du Sage; si l'on connoissoit les contentemens d'esprit qui sont cachez dans la pauureté honneste, l'on ne trouueroit pas vn gueux ny aux champs, ny à la ville; & il n'y au-

c *Ventel precepta non audit, poscit, appellat. Non est tamen molestus creditor, paruo dimittitur.* Sene. Epist. 11.

d *Honesta res est, læta paupertas: illa verò non est paupertas, si læta est.* Sene. Epist. 2.

roit pas vn riche, qui ne quittaſt tout
ſon bien pour ſe faire pauure. Apres
tout, il n'y a point d'échole pareille à la
pauureté; l'on y apprend la vertu, & la
ſageſſe en fort peu de temps, & à fort bon
compte: ç'a eſté touſiours chez elle, où ſe
ſont inſtruicts tous les grands hommes:
elle a enſeigné la debonnaireté à Pho-
cion, la vaillance à Epaminondas, & la
ſageſſe à Socrate. Pluſieurs en faiſant
naufrage des plaiſirs, & des biens du corps,
ont trouué le port de la tranquillité de
l'eſprit: ce que la ſageſſe ne peut perſuader à quelques-vns, la neceſſité y contraint preſque tout le monde: e *Pauperem prouehit ad Philoſophiam Paupertas : ad
virtutem dolor : contemptus ad patientiam : ne-
ceſſitas ad voluntatem : fames ad ieiunium : ſitis ad
tolerantiam : ad vitam mors : ad præmium pœna : ad cælum terra : egeſtas ad regnum.*

f Il nous faut apprendre à faire le meſtier, pour lequel nous ſommes entrez
au monde, & nous accouſtumer à ſouffrir les miſeres de la condition de l'homme; puis que nous participons au bien,
& au mal de la Nature humaine, & que
(Dieu mercy) nous ne ſommes pas des
monſtres. Les vices ſeulement ſont les

e S. Chry-
ſolog. ſerm.
124.

f. *Terra exer-
citium eſt ho-
minis, cælum
corona.*
S. Ambroſ.
in Epiſt.

maux que nous deuons redouter, & fuïr auec vn grand soin : Et vne ame qui leur sçait resister courageusemét, est inuincible aux attaques de ces accidens, que les effeminez appellent des malheurs. g Ce móde nous est vn champ de bataille, où il nous faut vaincre nos passions, souffrir les incommoditez du corps, supporter les disgraces de la fortune, & nous sauuer de mille embusches, que nos ennemis nous dressent pour nous ruiner : il faut endurer ce qu'on ne peut vaincre ; il faut surmonter les maladies de l'ame par le raisonnement, & celles du corps par la patience. Dieu distribuë icy-bas les fardeaux des afflictions, comme vn Pere de famille fait les offices aux domestiques de chez luy : il faut necessairement qu'vn chacun se contente de celuy qui luy est donné ; car s'il le portoit auec chagrin, il se priueroit des couronnes de la patience, dont le prix est autant inestimable, que la force en a tousiours esté iugée inuincible. h Nostre esprit se doit contenir dans l'étenduë d'vne genereuse constance, parmy les secousses & les reuers que la fortune nous donne : & ne se changer iamais dans les faueurs, ou dans les disgraces,

g *Non licet nobis vna die sine patientia manere : sed super iram nostram si occiderit, periclitamur.* Tertull. lib. de patient.

h *Ea itaque perfecta patientia est, quæ imm̄bilis ad omnes conflictus perseuerat, & triumphatrix euadit.* S. Hieronymus, in cap. 8.2. ad Cor.

Ooo iij

non plus que le Soleil quand il vient à la plus haute, ou à la plus baſſe partie de ſon Ciel. Il eſt vray que l'homme craint naturellement ſa propre peau; & il ne ſe ſoucie pas ce qu'on faſſe aux autres, pourueu qu'il ne ſouffre rien : nous fuyons meſmes les mouches, & les fourmis, quoy que nous ſoyons aſſeurez qu'elles ne piquent pas bien fort; tant nous auons peur de trouuer des choſes qui nous incommodent : & ie croy que ſi Dieu nous donnoit le choix des ſouffrances, nous n'en prendrions que de bien douces, ou peut-eſtre point du tout. Nous ne ſommes induſtrieux qu'à preſcher la patience, & à montrer des Crucifix aux bien affligez : ſi toſt que l'affliction ſe ſaiſit de nos perſonnes, noſtre vertu s'eſuanoüit en fumée; & ceux qui meſuroiét noſtre ſainéteté à nos beaux diſcours, reconnoiſſent à noſtre honte, que nous ne ſommes bons qu'en apparence; & que nous n'auons de la vertu que ſur la ſuperficie des lévres. Il n'y a rien de ſi ayſé, quand on eſt bien ſain, que d'exhorter les infirmes à la patience; & quand on eſt en proſperité, de conſoler les affligez & les miſerables : mais l'importance eſt de ſe ſçauoir ſeruir de ces bons remedes, quand l'on sent les mesmes maux; & de tesmoigner par de beaux exemples de vertu, tout ce qu'on a presché auec de si beaux preceptes. i Ce n'est qu'en la patience des mespris, & des iniures que l'on connoist les vrais iustes: & lors qu'ils ployent, comme les bonnes lames, on iuge bien que la vraye vertu loge chez eux; & qu'ils sont bien mieux instruits à bien faire, & à bien souffrir, qu'à parler en Philosophes, & qu'à contrefaire les Seneques. k La patience est l'effet d'vne sagesse consommée qui constituë nostre ame en vne perpetuelle tranquillité: & il est vray que celuy-là seul s'est esleué par son industrie, iusques au dernier point où peut arriuer vn esprit excellent, qui se peut resioüir en souffrant de toutes sortes d'affronts, & d'iniures pour l'amour de Dieu. Comme c'est le propre des méchans de faire du mal auec insolence, & auec estude: aussi est-ce celuy des gens de bien de le souffrir sans former des plaintes. C'est bien le plus court de ne dire mot, pour l'amour de la vertu, & de ne nous pas plus remüer, ny esmouuoir que si nous estions deuenus sourds, & muets: de peur d'empirer nostre

i Qualis quisque apud se latet, contumelia illata probat.
S. Gregor. Magn. lib. 1. dialog. cap. 5.

k Virtus enim Dei, non hominis videtur magnitudo, si ad opprobria, quæ humanum animum pungere, & excitare solent, quis videat, & maledicentibus hominibus iuxta Christi præceptum gaudeat, & exultet.
S. Chrysost. homil. 14. in acta Apost.

cause en la deffendant, & d'exciter de grandes tempeſtes, en voulant appaiſer de petits orages. Au milieu de tant de ſortes de ſouffrances, & d'afflictions, montrons-nous meilleurs que ceux qui nous perſecutent : & pendant qu'ils exercent ſur nous toutes les malices qu'ils ont apriſes des demons, ſeruons-nous pour leur reſiſter, & pour les vaincre de la patience que le Fils de Dieu nous a enſeignée. *l* *Oſtendamus quid illos erudierint dæmones, & quid nos docuerit Chriſtus.*

l S. Gregor. Nazianz. orat 2. contra Iulianū.

Le Sage conſerue ſes habitudes parmy les diſgraces qui trauerſent ſes occupations, & qui couurent l'éclat de ſon merite aux yeux du vulgaire : il eſt touſiours égal à ſoy-meſme, quoy que tout luy reüſſiſſe au rebours de ce qu'il auoit projetté; & comme il n'a point d'affection que pour la vertu qu'il ne ſçauroit perdre, auſſi ne ſe paſſionne-il pour aucune choſe qu'on luy puiſſe oſter. Il profite touſiours de toutes ſes pertes, & s'auance dans le chemin du Ciel, en faiſant des cheutes. *m* Les grandes afflictions ſe tournent en de grandes joyes, à qui les ſçait prendre de la main de Dieu. Si l'homme demeuroit en ſon deuoir, & dans l'obſeruance

m Omnia ſæua & immania, prorſus facilia, & propè nulla efficit amor. S. Auguſt. ſer.1.de verbis Dom.

l'obseruance de la loy diuine, il tireroit de l'honneur & du profit de tout ce qu'il faut qu'il souffre: car comme le bien se conuertit en mal à celuy qui a la volonté peruertie; de mesme le mal se conuertit en bien à celuy qui reigle la sienne selon les decrets du Ciel. Si nous nous rapportions à Dieu de nostre conduite, nous deuiendrions bien-tost sages: s'il manque à nous faire bien souffrir, c'est que nous n'aymons pas les souffrances, & que nous ne voudrions pas aller au Ciel par vn chemin raboteux, & tout parsemé d'épines. Toutes nos vertus, & nos bons desirs sont dans vn vaisseau de verre, la premiere affliction qui le heurte le met en morceaux; aussi-tost nos perfections s'éuanoüissent, & disparoissent comme la fumée. La pluspart du temps nous receuons autant de coups, que nous en donnons: nous sommes aussi fameux par nos pertes, que par nos victoires; & nous serions bien-tost au cathalogue des hommes illustres, si la lâcheté estoit vne vertu heroïque. Il est vray que c'est vn point cotté pour les sages, de souffrir les affronts des temeraires, auec autant de douceur & de patience, que le Medecin fait les iniures, & les coups d'vn phrenetique : car comme il n'y a point de marque de plus grande, & de plus solide vertu, que d'oublier facilement les iniures qu'on nous fait ; *a* aussi est-il vray que nous ne sçaurions estre si notablement offensez de qui que ce soit, que nous nous offensons nous-mesmes, lors que nous en conseruons le souuenir, & que nous en desirons la vengeance. Nostre impatience & nostre courroux, nous font plus de mal, que les iniures & les mépris dont nous nous plaignons : & il est vray que ce ne seroit pas vn petit manque à vn Sage, s'il ne pouuoit souffrir de toutes sortes d'afflictions sans former des plaintes. Il faut que nous souffrions humblement tous les maux de peine, que nous auons merité pour nos maux de coulpe : & que nous fassions plus d'estime de tous les affronts qu'on nous fait, que si on nous donnoit vn boisseau de gros diamans, ou de perles rondes. Les douleurs ont leur chagrin qui ronge l'esprit ; la crainte cause vn abaissement de cœur ; l'esperáce excite vne ardeur impatiente des choses que nous souhaittons ; enfin toutes les passions ont vne pointe, dont elles picquent nostre ame

a Ladendo vincere, Satanicarum legum est. Isidor. Pelus, lib. 2. Epist. 169.

iufques au vif: mais quand noftre impatience eft vne fois efchauffée, elle la déchire, & la ronge bien plus furieufement que ne font les autres. C'eft donc vn trauail neceffaire à noftre raifon, que de chercher les moyens de la reprimer, & de la retenir dans fon fiege; & s'il fe peut mefme, elle doit paffer plus outre; car il faut qu'elle effaye d'en eftouffer les reffentimens, & qu'elle s'efforce de trouuer la paix dans la guerre. *b* Quand nous pouuons méprifer les affronts & les iniures auec vn vifage gay, & content, tous les efforts de nos ennemis reffemblent à ceux que font quelquefois les malades, vn moment deuant que d'expirer leur dernier foufpir. Or quand on dit que perfonne n'eft bleffé que par foy-mefme, cela s'entend feulement de la partie principale qui fait l'homme ; autrement cette affirmation feroit fauffe. Nous difons que le Sage ne peut receuoir d'iniures: & cependant fi quelqu'vn le baftonne en plein marché, ou en pleine ruë, il n'y a homme de bon fens qui ne repute cela à bien grand affront; *c* & il eft certain qu'il ne laiffe pas d'eftre patient & vertueux, quoy qu'il tefmoigne qu'il n'eft pas ladre ; & que tels

b Nihil ita confufionem facit ingerenti mala, ficut fortis tolerantia patientis: & neque in verbo, neque in opere reddere vindictam. S. Chryfoft. in Epift. ad Hebr.

c Virtus verfatur circa difficile. Ariftoteles.

Ppp ij

complimens ne luy plaisent pas. Le S. homme Iob, de qui l'esprit n'estoit que patience, comme son corps n'estoit que douleur, retint tousiours ses volontez dans vne égale resignatiō à celle de Dieu, au milieu de tous les maux qu'il souffroit: il permettoit pourtant à sa langue de plaindre ses miseres, & ses pertes, & de crier que ses membres n'estoient pas d'airain, ny de bronze. Dieu mesme, dans les cruautez de son agonie, a voulu que ses plaintes fussent vne preuue de ce qu'il estoit, de peur que l'opinion de son insensibilité, n'ostaft la croyance de la moindre de ses natures. *d* Pourueu que nous imitions son exemple en la soûmission, aussi bien qu'en ses clameurs, nos larmes & nos soupirs n'empescherōnt pas nostre patience d'estre vne vertu. Certes nous disons beaucoup de choses éloignées de la coustume, qui puis apres y reuiennent par vne autre voye: & il est vray qu'il faut estre eminemment sage, & vertueux pour prendre à contre-sens tous les affronts, & les mépris qu'on nous fait. La Philosophie des Sages du monde ne sçauroit aller iusques-là, quelque presomptueuse qu'elle soit, & quelque vanité qu'elle s'attri-

d Pacem cum Deo habentibus, ac semper Patri toto corde dicentibus, fiat voluntas tua, nulla præualere certamina, nulli possunt nocere conflictus.
S. Leo ser. 6. de Natiuit. Domini.

bué: il n'y a que la Morale de Iesus-Christ, qui puisse former vne si excellente habitude ; & cette force de vaincre soy-mesme, n'est concedée qu'aux fideles, qui peuuent tout en celuy qui les fortifie. Pour sçauoir bien endurer, l'on n'en sent pas moins le mal ; & tout l'aduantage qu'ont les mieux versez en la patience, c'est de tout souffrir sans dire mot, & de bien ioüer le personnage d'vn muet, & d'vn sourd : e *Plena victoria est, ad clamantem tacere, & non respondere prouocanti.*

e S. Valerian. Episcop. homil. de bono conseruandæ pacis.

La charité Chrestienne, qui nous épure & nous affine iusques au plus noble degré de la perfection que Iesus-Christ nous a enseignée, nous ordonne de faire du bien à ceux qui ne nous procurent que du mal : elle veut qu'il ne parte de nostre cœur que des souhaits de prosperité pour ceux qui nous veulent perdre ; & qu'il ne sorte de nostre bouche que des benedictions pour ceux qui nous persecutent, & qui nous maudissent. Et c'est là peut-estre le plus difficile de tous ses preceptes ; comme c'est le poinct le plus important de la perfection du Sage. f C'est vne marque d'vn mauuais courage de s'aigrir contre ceux qui nous affligent : pource que s'ils

f *Humilem contumelia non mordet; & contem-*

ptorem mun-
dana gloriæ,
vituperati,
non offendit.
S. Cyril. lib.
10. in Ioan.
cap. 28.

g Nostra nihil interest, aut à quo, aut quando perimamur, mortis & sanguinis præmium de Domino recepturi.
S. Cyprian.
ad Cornel.

sont gens de bien, il faut croire qu'ils ont la raison, & la justice de leur costé: s'ils sont reconnus de mauuaise vie par les bons, tant s'en faut que nous deuions nous en attrister, quelque outrage qu'ils nous fassent; qu'au contraire, il faudroit soupçonner qu'il y eust quelque chose à dire en nos œuures, si elles estoient suiuies de leur approbation. g Si celuy qui nous offense est encore jeune, il faut pardonner à son âge: si c'est vn vieillard, il faut croire que le sens luy manque: si c'est vne femme, le sexe l'excuse: si c'est vn amy, il luy faut pardonner plustost qu'à vn autre, & ne pas rompre auec luy pour vn manque. Certes si nous considerons la conduite des choses humaines, nous trouuerons que nous sommes tous fautifs : il n'y a sage, ny prudent à qui il n'eschappe quelque indiscretion, ou quelque boutade inuolontaire ; si nous n'apprenons à supporter en autruy les mesmes deffauts dont nous sommes pleins, nous ne viurons iamais contens, ny satisfaits dedans ou dehors le monde. En pliant vn peu, de peur de rompre, il n'y a pas vne espece de malheur, contre qui la patience ne nous secoure, si nous l'employons. Il est vray que d'abord cette vertu épouuente les esprits lâches, mais à peu de là elle fortifie les courages genereux : si l'on se picque en cueillant ses roses, aussi est-il certain qu'elles ne flestrissent iamais ; & que contre la nature des autres fleurs, elles deuiennent plus fraiches, & plus odorantes à mesure qu'elles sont maniées rudement. *h* Le temps fait vn cal à nostre mal par l'accoustumance : le Sage s'habituë peu à peu, à supporter toutes sortes d'afflictions, sans se plaindre ; & de l'habitude qu'il s'est faite à souffrir les trauaux du corps, il supporte ayséement les douleurs de l'ame. Les ames de grand cœur s'entrepoussent à l'enuy à qui souffrira plus de mépris, & plus d'iniures : les martyres leur sont pluftost des appas que des souffrances ; & s'ils passent vn demy-iour sans rien souffrir, c'est cela seul qui les afflige, & qui les tourmente. Veritablement c'est vne marque de vertu solide, de ne blesser pas celuy à qui nous ostons le poignard, qu'il nous vouloit enfoncer dans le cœur : & vn tesmoignage d'vne ame vrayement noble, de conseruer la reputation de celuy, qui auoit proietté, & fait des efforts pour

h Vt callus tempore fa-ctus adimit sensum : ita diutina mala consuetudo facit, vt lenius feramus.
Plin. lib. 25. cap. 2.

nous rendre infames. Il n'appartient qu'à ceux qui ont quelque chose de sur-humain, de se vaincre de la sorte, & de pardonner à ses aduersaires en telle occurrence: & il est vray que c'est auoir vne vertu fort approchante de l'infinie, & imiter Dieu, que de vaincre la malice de nos ennemis, par la continuë de nos bienfaits. Celuy qui cherit la patience, comme elle le merite, ne peut qu'il n'ayme ceux qui luy donnent le moyen de la pratiquer. Ce nous est vne consolation indicible, d'auoir les yeux de Dieu pour tesmoins de nos souffrances: & lors que nous endurons pour la Iustice, auec vn courage masle, de sçauoir que nostre patience est esclairée icy-bas, de ces regards qui font les bien-heureux là haut dans le Ciel. k Pendant que nous sommes en ce monde pour souffrir, & pour meriter, souuenons nous que le chemin que le Sauueur a tenu, & que celuy par lequel nous deuons passer pour le suiure; est tout plein de Croix, & tout parsemé d'espines; qu'il est enuironné de precipices & d'abysmes; & qu'il ne s'y presente que des monstres, & des démons à combattre. D'ailleurs, que la vie d'vn Sage,

i *Patientia est res Dei: infinita virtutis est, odia vicisse beneficiis.*
S. Cyprian. de bono patientiæ.

k *Igitur Dominum sequamur, consequamur, & maledicamur patienter, vt benedicti esse possimus.*
Tertull. lib. de patient. cap. 8.

Sage, & d'vn vertueux n'eſt autre choſe qu'vne milice continuelle ſur la terre; & que cette guerre ne doit eſtre iamais lâche, ny effeminée: mais touſiours maſle, virile, & conſtante: qu'il ne cherche point çà bas d'autre felicité, ny d'autre bon-heur, que la pauureté, l'abjection, & les larmes; & point d'autres contentemens, que les auſteritez, les mortifications, & les ſouffrances: a *In cruce per totam iſtam vitam, debet pendere Chriſtianus: non enim eſt in hac vita tempus euellendi clauos.*

a S. Auguſt. ſerm. 86. de diuerſis.

Ce n'eſt pas vouloir agrandir de petites choſes de dire que l'humilité eſt puiſſante, & qu'il faut eſtre de bon ſens pour la pratiquer. b Puiſque c'eſt le principe de la vraye ſageſſe, l'abſoluë perfection de toutes les vertus, & comme le ciment, par le moyen duquel elles s'entretiennent, & ſont bien vnies. C'eſt vne vertu incomparable, & de qui le merite n'eſt pas conneu parmy les humains: ſa pratique eſt autant plus difficile, qu'elle excelle ſur toutes ſes autres ſœurs, en pouuoir, en ſainċteté, & en innocence. Elle merite d'eſtre ſuiuie, & qu'on faſſe de la foule par tout où elle eſt: & il eſt certain que les hommes ne ſçauroient l'eſti-

b *Fundamentum ſanċtitatis ſemper fuit humilitas; nec in cælo ſtare potuit ſuperba ſublimitas.* S. Cyprian. de Natiuit. Chriſti.

Qqq

mer ce qu'elle vaut, ny ce qu'elle peut, c puis qu'eſtant la fauorie du Dauphin du Ciel, elle obtient de luy toutes les graces qu'elle veut, deuant meſme qu'elle les demande. C'eſt vne choſe ſi grande, & ſi admirable que cette vertu, que nous n'euſſions iamais pû comprendre ſa valeur, ny ſon merite, ſi le Fils de Dieu ne nous l'euſt luy-meſme enſeignée, par l'eſtime qu'il en a fait en la pratiquant. Sainct Chryſoſtome aſſeure que les Anges Gardiens des vrays humbles ſont pris dans les Chœurs des Hierarchies les plus eſleuées : & ſainct Hilaire dit qu'il y a vne certaine emulation parmy eux à qui ſeruira les humbles : & que depuis que ces Eſprits celeſtes ont veu tomber leurs compagnons dans l'abyſme de l'orgueil, pour auoir voulu monter trop haut, ils prennent vn autre chemin pour s'eſleuer ; c'eſt en s'abaiſſant à ſeruir les humbles, & en meſurant leur plus grande gloire, au degré de l'humilité la plus baſſe, & la plus profonde. d C'eſt la vraye ſcience des Saincts, & des Sages que cette vertu : c'eſt elle qui faict voir l'homme, à l'homme ; qui luy faict connoiſtre ce qu'il eſt, ce qu'il deuroit eſtre, & ce qu'il n'eſt pas ; & qui le courbe

c *Magna humilitatis virtus, cui etiam Deitatis maieſtas tam facile ſe inclinat.*
S. Bernard. ſerm. 43. in Cant.

d *Hæc eſt via, & non alia præter ipſam ; qui aliter vadit, cadit potiùs quàm aſcendit : quia ſola*

& l'abbaisse sur la terre, pour à la fin l'esle-uer au Ciel. Il est vray que l'humilité, qui a ses racines dans le cœur, ne peut tomber qu'en vne personne de bon sens, & que l'effect le plus commun de la vraye sagesse, est de connoistre ses propres deffauts, & de ne rien presumer de ses propres forces. Il faut s'arrester à la vraye vertu, au lieu de suiure les fantosmes d'vne saincteté contrefaite: & il vaut beaucoup mieux jetter les fondemens d'vne veritable perfection, dans l'abysme d'vne humilité interieure, que d'esleuer vainement nostre renommée au faiste des extases, & des rauissemens supposez. e La vertu du Sage a beaucoup plus de solidité, que de montre: elle ressemble à ces arbres, dont les racines sont plus longues que les branches: & la plus belle partie de sa vie, est celle qui nous est la moins connuë, & dont il ne veut pour tesmoins que Dieu & les Anges. Il est vray qu'on luy feroit plustost croire qu'il y a des singes verds, & des corbeaux blancs, que de luy persuader qu'il est bon, ou propre à quelque chose: tout ce qui paroist hors de luy, n'est que l'éuers de ce thresor qu'il cache au dedans; & comme les plantes en hyuer, vous

est humilitas, quæ exaltet; sola quæ ducit ad vitam. S. Bernard. ser. 2. de ascensione Domini.

e *Quantò humilior, tantò capacior, tantò plenior: colles enim aquā repellunt, valles implentur.* S. August. serm. 74. de tempore.

le voyez tousiours dépoüillé des ornemens de l'ostentation, & de la vaine gloire. Il recherche la vertu pour son merite, & pour l'amour d'elle; & non pour les acclamations qu'elle produit: il la sert à cause de ses attraits, & non pour ses récompenses; & voulant estre modeste en ce qui est deû legitimement à la vertu, il esleue son esprit au dessus des honneurs & des loüanges. Il se refuse à luy seul ce qu'il donne à tout le monde; il n'offense de toutes les loix que celles qui luy sont fauorables, & aduantageuses: & s'efforçant d'honorer le rebut de tous les hommes, il n'a garde de s'égaler à ceux de la lie du peuple. Luy seul se croit indigne de l'honneur, dont tous les autres le payét auec Iustice: & il augmente l'estime que l'on a de sa vertu, par le mépris qu'il tesmoigne de soy-mesme. *f* Veritablement il faut auoir vn esprit plus qu'humain, pour se mettre si entierement sous les pieds de tout le monde: & on ne sçauroit iamais se soûmettre aux autres, qu'on n'ait surmonté toutes ses passions déreiglées. La flatterie est auiourd'huy en vogue par tout l'vniuers, aussi bien que l'ostentation & la vanité: les Saincts mesmes

f In alto, non altum sapere, nihil Deo carius; nihil rarius apud homines.
S. Bernard.
Epist. 123.

dé ce siecle souffrent qu'on les loüe, & qu'on les estime : & ce n'est pas chose qui soit incroyable; puis que les esprits y sont tellement disposez, que ceux mesmes qui ont perdu toute marque de vertu, & de saincteté, en veulent encore retenir le tribut, qui est la loüange. Il n'est pas si difficile de faire des actions de grande vertu, que de les estimer petites, & d'empescher qu'on ne les connoisse. Certes, c'est presque vn miracle de voir vn homme de grande extraction, profond en science, & eminent en vertu, qui neantmoins a des pensées basses de sa suffisance, & de son merite ; & qui fuit d'estre honoré, & chery de tous les hommes. g Le plus haut poinct, & le plus difficile de la pratique de cette vertu, c'est d'aymer la confusion ; de luy aller au deuant ; & de receuoir les mépris, les injures, & les affronts à bras ouuerts, & auec joye. C'est là où l'on éprouue les Nouices de l'humilité, & de la sagesse : quiconque s'est habitué à cét exercice, il est desia sage, & peut enseigner les autres. Au reste, l'esleuation du vray humble ne luy donne point de vanité extraordinaire : il sçait bien que sa vertu n'est pas plus grande, pour estre expo-

g *Non planè bonus color, si sanctorum quispiam anxiè ferre abiectionem suam videatur : de qua etiam nõ gaudere, & non gloriari, minus est à perfecto.*
S. Bernard.
Epist. 249.

sée à vn plus grand iour: & comme l'on rehausse les digues des riuieres, lors qu'elles grossissent auec excez; afin d'empescher qu'elles ne se débordent, & qu'elles ne ruinent le plat païs: de mesme celuy qui possede cette vertu dans le fond de l'ame, voyant que ses biens, & ses dignitez croissent malgré luy, fait vn rempart de sa modestie, pour empescher que ce torrent de gloire & d'honneur, qui entraine & corrompt tous les esprits foibles, ne se répande iusques sur son ame, & n'en fallisse la blancheur, & l'integrité. Apres tout, le Sage sçait bien qu'il n'a pas le don de ne point errer; que le plus accomply de tous les hommes n'est pas iuste deuant Dieu; & que ceux qu'il a choisi luy-mesme pour les meilleurs, & les plus parfaits, sont tombez en de grandes fautes:

h Tertull. lib. de præ-script.

h *Saül bonus præ cæteris, liuore postea euertitur: Dauid vir bonus, secundum cor Domini, postea cadis, & stupri reus est: Salomon omni gratia, & sapientia donatus à Domino, ad idolatriam à mulieribus inducitur. Soli enim Dei filio seruabatur sine delicto permanere.*

De la Constance du Sage : qu'il est tousiours preparé à bien faire, & à bien souffrir ; qu'il reçoit la prosperité, & l'affliction de mesme visage ; & qu'il obeyt aux decrets du Ciel, sans inquietude, & sans repugnance.

Chapitre XV.

LA gloire de tous les employs, & de tous les arts consiste en la difficulté de s'en acquitter auec honneur : & se sont les perils, & les dangers extraordinaires, qui rendent les combats & les victoires glorieuses & recommandables. i Il n'est pas difficile d'estre magnanime, & courageux pour vn peu de temps : mais il est mal-aysé de l'estre tousiours, & de le paroistre en toute occurrence. Il y a quantité d'hommes qui feroient volontiers de bónes actions, pourueu qu'elles ne durassent qu'vn quart d'heure, & que la pratique en fust douce : mais il n'y en a guieres de si ardens, & de si genereux, dont l'esmotion ne se passe en

i *Non mirum est in tranquillitate non concuti. Illud mirandum, ibi extolli aliquem, vbi omnes deprimuntur : ibi stare, vbi omnes iacent.* Senec. Epist. 71.

fort peu de temps, & qui ayent de la patience de reste, au bout de trois iours qu'ils souffrent. Il n'y a que l'homme Sage, & constant qui est tousiours prest à bien faire, & à bien souffrir: autant de fois que l'occasion se presente pour vn bon sujet, il fait l'vn & l'autre de bonne grace. Quand le peril est inéuitable, & qu'il faut qu'il souffre, ou qu'il meure pour l'amour de la vertu, il est tousiours prest d'accomplir les decrets du Ciel, qui luy sont prononcez par la bouche des méchans; & de faire vne retraite autant honorable, qu'il auroit sujet de la desirer, si elle ne luy estoit presentée par la force de ses ennemis. En ce cas, il faut endurer les persecutions des impies, sans inquietude, aussi bien que nous souffrons leur prosperité sans enuie: & traicter les sentimens que nous en auons, comme on fait les monstres, lesquels on étouffe aussi-tost qu'ils naissent. Il vaut mieux souffrir les injures, & les affronts, que d'en faire aux autres; & nos ennemis ne nous sçauront iamais vaincre, si nous supportons genereusement les maux qu'ils nous font. k Il n'appartient qu'aux hommes de grand cœur, & de bon esprit de se montrer

k *Gubernatoris peritiam non probat*

trer doux, & affables au temps d'vne profperité extraordinaire; & de paroiſtre conſ-
tans & bien reſolus, pendant qu'ils ſont
accablez d'ennüis, & d'afflictions inſuportables. C'eſt ne connoiſtre que la
moitié de la vie, de n'auoir iamais ſenty
que la proſperité en tous nos projets:
c'eſt n'auoir pas nauigé fort loin, que d'a-
uoir eu touſiours le vent en poupe, & la
mer propice: c'eſt n'auoir eu matiere que
pour pratiquer la moitié des vertus, qui
compoſent les grands hommes, que d'a-
uoir touſiours eſté heureux. Comme la
nuict a ſes eſtoiles, l'aduerſité a auſſi les
ſiennes; & il y en a qui luy ſont toutes
propres, & qui ne ſe peuuent pratiquer
que durant les rigueurs de cette ſaiſon;
ny montrer leur force & leur vertu, que
dans les tempeſtes & les orages, dont elle
eſt ordinairement agitée. Le Sage demeure immobile, & tranquille dans
le fort de la Raiſon, comme dans ſon
cétre, tandis que le Tout-puiſſant change & remuë comme il luy plaiſt tout ce
qui eſt au tour de luy. a Il ſçait bien
que la neceſſité, auſſi bien que la Iuſtice,
l'obligent à l'obſeruance de toutes les
loix qu'il a eſtablies ſur le genre humain;

temperies ſerena, ſed procelloſa tempeſtas: blandiente aura, nauim regit vltimus nauta; in confuſione ventorum, primi quæritur ars Magiſtri.
S. Chryſoſt.
ſerm. 20.

a *Decernunturiſta, non accidunt. Omnia autem ad quæ gemimus,*

& que l'homme n'est entré en ce monde qu'à condition de souffrir, & de s'accommoder à tous les accidens qui sont hors de sa puissance, & qui sont communs à tous les hommes. Le Sage ne sçauroit perdre ce qu'il n'a iamais tenu pour sien : il demeure égal entre l'abondance & la diserte, comme la mer entre l'abord & l'escoulement des fleuues ; & si quelquefois ses forces lassées ne luy permettent pas de marcher si viste, il ne laisse pas de se tenir touſiours ferme dans la meſme route. b. Comme vn grand feu s'allume par vn petit vent qui fait varier sa flamme, & redoubler ses ardeurs par vn peu d'eau qui tombe deſſus : ainsi vne vertu maſle s'augmente au rencontre des occasions ; au lieu que celle qui s'est touſiours conſeruée à l'ombre, ne ſçauroit se ſouſtenir au moindre choc. L'habitude se fortifie dans l'exercice aſſidu : l'homme conſtant apprend à touſiours vaincre, pour eſtre ſouuent attaqué ; & il void tomber ſes ennemis à ſes pieds, qui ſont pluſtoſt recreuz de le tourmenter par leur malice, qu'il n'eſt las de ſouffrir pour l'amour de Dieu. Il faut apprendre à marcher, comme les oyſeaux & les poiſſons, contre

quæ expauescimus, tributa vitæ sunt. Senec. Epiſt. 96.

b *Ad ſuſpicionem vulneris tyro paleſcit; audacter veteranus ſuum cruorem ſpectabat, qui ſcit ſe ſæpius viciſſe poſt ſanguinem.* Senec. lib. de prouident. cap. 4.

l'eau & le vent de toutes les difficultez qui occurrent : nous ressouuenant à toute heure que la palme est en la perseuerance; & que la fin en toute chose est le chapiteau qui parfait & couronne l'œuure. La beauté de la Vertu demeure tousiours semblable à elle-mesme : le temps & la mort ont bien le pouuoir de l'attaquer, mais non pas de la surmonter, & de la vaincre : ses douceurs, & ses graces, toutes immortelles, n'ont que l'eternité pour terme, & pour borne de leur durée; c & tout ce que les meschans font pour la ternir, & pour la soüiller, ne sert qu'à luy donner plus d'éclat, & vn nouueau lustre. Les vices seulement sont les seuls maux que nous deuons fuir; & vne ame qui leur sçait resister courageusement, est inuincible à l'attaque de ces petites souffrances, que les effeminez appellent des malheurs, & des infortunes. Il faut apprendre à souffrir ce que l'on ne peut éuiter; & c'est vne sorte d'injustice de nous plaindre d'vne chose, qui peut arriuer à tous les hommes. Nous deuons estimer nos ignominies, & nos afflictions glorieuses, pourueu qu'elles seruent à nostre salut : nous ne sçaurions desirer auec hon-

c Qui fuerit patientior ad iniuriam, potentior constituetur in Regno.
S. Ambros. serm. 10.

Rrr ij

neur, d'estre déchargez d'vn faix que nous portons conjoinctement auec le Fils de Dieu; & il n'y a que les esprits foibles, & les lâches qui refusent de souffrir de courtes peines, qui produisent des prosperitez qui ne finiront iamais: *d Ista non sunt mala, nisi malè sustinenti. Auida est periculi virtus; & quò tendat, non quid passura sit, cogitat: quoniam & quod passura est, gloriæ pars est.*

d Sene. lib. de Prouident. cap. 4.

e La vertu solide ne rencontre auiourd'huy que des perils, des fatigues, & des combats au lieu de triomphes: au lieu des honneurs, & des recompenses qu'elle merite, on luy impose des peines; & il est certain qu'elle souffre tant de calamitez, sous les persecutions de ses enuieux, qu'elle est l'object de nos compassions, aussi bien que de la misere. Il est vray que les gens de bien ont tousiours des ennemis à combattre, & des maux à craindre, ou à supporter; ils vieillissent dans les souffrances, & dans les martyres, comme dans leur centre: & comme le poisson mourroit infailliblement, estant retenu long-temps hors de l'eau; aussi ne pourroient-ils pas viure, si les mépris, & les persecutions leur manquoient pour peu que ce fust. Il n'y a sorte d'affronts, & d'in-

e Iusto Dei iudicio datur plerúque peccatoribus potestas, qua sanctos ipsius persequuntur, vt qui spiritu Dei aguntur, & viuunt, fiant per laborum exercitia clariores. S. August. lib. de vera innocentia, cap. 23.

jures que les impies n'inuentent pour les affliger : mais quoy qu'ils souffrent de fâcheux à l'esprit, aussi-bien qu'au corps, ils demeurent tousiours inuincibles par la force de la vertu ; *f* sont des grains du froment de Dieu, lesquels méprisez, mortifiez, & jettez dans la terre des tribulations, multiplient en sainêteté, en vertus, & en merites. Dans cette mer de toutes les disgraces que les malicieux leur procurent, nous remarquons en eux vne serenité d'esprit admirable : vn calme qui ne se trouble iamais ; vn courage entier, & vne vertu immobile : si par hazard, ou par surprise, ils ressentent quelque sorte d'émotion, elle ne passe iamais en tempeste, & n'est ny violente, ny dangereuse. *g* Ces grandes ames ont le front trop noble, pour rougir de l'ignominie du Crucifix ; & le courage trop genereux, pour refuser de prendre part aux liurées du Dauphin du Ciel : la Patience leur sert d'Auriflamme, pour surmonter tout ce qui les choque ; ils sont inuincibles aux attaques des malins esprits, aussi-bien qu'à celles des hommes ; & les plus doux des contentemens dont ils iouïssent en ce monde, c'est de souffrir de toutes sortes de maux auec

f Nati sunt in exemplar. Seneca.

g Pericula despicit, qui tendit ad regnum ; victoriæ cupidus nescit timere. S. Chrysol. serm. 22.

innocence, & pour la justice. L'oppression des méchans n'oste point la vertu à ceux qui vallent mieux qu'eux ; elle ne fait qu'irriter leur courage, & animer leur generosité par la douleur, & par le mépris. Les bons ressentent des plaisirs incomparables, mille fois plus vifs, & plus penetrans, que tous les effects de ces agreables artifices, que l'esprit a inuenté pour flatter le corps : *h* & ils font voir, par l'experience qu'ils en font, que la vertu n'est pas malheureuse sur la rouë; & que la douleur qui épouuente ses bourreaux, ne fait que la chatoüiller. Tant s'en faut que l'aprehension de toutes les violences qu'on leur fait, les fasse reculer d'vn pas en arriere ; qu'au contraire, ils vont au deuant des souffrances qu'ils pourroient attendre; asseurez de triompher auec autāt plus de gloire & d'honneur, qu'ils auront souffert d'indignitez, & de persecutions pour le Ciel. Les magnanimes & les vertueux regardent les pertes, & les gains d'vn mesme visage: les coups de disgraces ne troublent point le calme de leurs esprits; ils ne sont pas plus étonnez que des biens qui leur sont suruenus les quittent, que de voir coucher le Soleil qu'ils auoient veu

h *Pulcherrima pars eius, maximéque mirabilis illa est, non cedere ignibus; obuiā ire vulneribus : interdum tela ne vitare quidem, sed pectore excipere.*
Sene. Epist. 67.

leuer le mesme iour. Leur vertu se r'anime
& fait de nouueaux efforts, à mesure
qu'elle est oppressée: les coups dont les
méchans ont crû les faire tomber, n'ont
seruy qu'à leur affermissement ; & la force
de laquelle l'on a chocqué leur constance,
sans la pouuoir esbranler, n'a fait que
montrer la solidité de sa matiere. Ils tesmoignent par la generosité de leur courage, & par la bonté de leur vertu, que sur
l'extreme vieillesse du monde, & dans le
declin de toutes choses, l'Eglise porte
encore des enfans, dignes de la premiere
vigueur de leur mere : i & ce qui les console, & fortifie incroyablement, c'est
qu'ils croyent que Dieu est Autheur de
leurs souffrances, & qu'il les permet, ou
les commande auec Iustice. Il est vray
que la vertu reçoit vn nouueau lustre, par
le moyen des persecutions, & des martyres, comme elle languit, lors qu'elle
est sans exercice, & sans aduersaires. Plusieurs, sans ennemis, fussent demeurez
sans reputation, & sans honneur. L'or
& le verre, les deux plus belles choses du
monde, ne se purifient que dans la braize.
k. C'est aussi l'aspreté des grandes souffrances que la vertu cherche; & c'est par-

i *Nihil fit sensibiliter, & visibiliter quod non de interiore inuisibili, atque intelligibili aula summi imperatoris, aut iubeatur, aut permitta-tur.* S. August. lib. 3. de Trinit. cap. 4.

k *Afflictio-nes forti viro corona, laua-*

my les mépris & les injures que la gloire se rencontre. Comme l'integrité des mœurs, & la fuite de tous les vices preserue le iuste de la corruption du siecle: aussi le repos de sa conscience le rend-il inesbranlable aux secousses de toutes sortes d'aduersitez. Par l'innocence de ses actions, il s'épure de ce qu'il a de fresle, & de mortel, pour s'esleuer de la terre au Ciel: & par cette voye il s'approche de plus en plus de la Nature diuine, iusques à ce que finalement il cesse d'estre mortel; s'vnissant auec Dieu, qui est sa derniere fin, aussi bien que son principe. ☙ Plus les deluges des tribulations croissent, plus cette belle Arche s'esleue & se guinde vers le Ciel: plus elle est retranchée, ainsi que la vigne, & plus elle multiplie ses fruicts: elle ne souffre iamais tant, que quand elle ne souffre rien; & l'on peut asseurer que son amertume tres-amere est dans la paix. Elle sçait bien que la victoire ne s'acquiert que dans les combats; que l'aspreté des Medecins redonne la santé aux malades; que les vents contraires sur la mer du monde, font cingler vers le port du Ciel; & que pour arriuer à la terre promise, il faut passer par

lido infirmitates.
S. Ambros.
lib. 2. de
Abraham.
cap. 4.

1 *Quicquid illi acciderit, æquo animo sustinebit: sciet enim id accidisse lege diuina, quâ vniuersa procedunt.* Senec. Epist. 76.

DV SAGE. II. Part. 503

des chemins raboteux, & beaucoup souffrir ; c'est à quoy elle est resoluë, & entierement disposée : a *Et vt bonus miles, feret vulnera, enumerabit cicatrices : & transverberatus telis, moriens amabit eum, pro quo cadet Imperatorem : habebit in animo illud vetus præceptum : Deum sequere.*

a Senec. lib. de beata vita, cap. 15.

b De là nous voyons l'empire qu'vn bon esprit a sur soy, quand nous luy voyons dissiper les troubles, & les agitations de son cœur par la viuacité de la Raison, & par l'vsage des preceptes de la Sagesse, dont il se sert courageusement en toute occurrence. Il n'y a rien de si rauissant que de voir vn grand courage battu des gresles & des tempestes de toutes sortes d'afflictions, sur lequel il semble que le Ciel veüille creuer, & tomber par pieces : *c* le voir, di-je, parmy toutes les iniures de l'air, & toutes les ruines du monde, tousiours debout, comme vn grand colosse d'airain, qui se mocque des croix, des tourmens, & des martyres. Veritablement c'est en la constance que l'on connoist les vrais Iustes ; & il est certain que la persecution est vne enseigne, qui montre au doigt où la vraye vertu est logée. Les plus signalées

b In insuperabili loco stat animus, qui externa deseruit, & arce se sua vindicat. Infra illum omne telum cadit. Sene. Epist. 82.

c Stat rectus sub quolibet pondere : vincit virtute fortunam. Sene. Epist. 76.

S ſſ

faueurs, dont les Sages jouïssent icy bas, c'est d'y souffrir de toutes sortes de persecutions, & de peines; d'y demeurer debout pendant que les autres y sont renuersez, & de n'y estre iamais inquietez de ce qui y trouble le reste des hommes. Il est vray que les méchans nous peuuent affliger en bien des manieres: ils nous peuuent priuer de nos biens, & de nostre honneur, aussi bien que de la vie; mais ils ne sçauroient offenser nostre ame, ny diminuer de nostre vertu; ils ne peuuent nous priuer des faueurs de Dieu, ny nous exclure du nombre des predestinez pour la gloire: ils peuuent bien nous humilier temporellement; mais ils ne sçauroient empescher que nous ne soyons glorifiez eternellement. Il est vray que l'aduersité est le Theatre des cœurs genereux, qui se nourrissent & se plaisent dans les plus ameres tribulations: leur vertu n'esclate, & ne brille iamais tant, que lors qu'elle est en ecclipse; *d* Ce sont personnes qui ne se ressentent point de la corruption, ou de la lâcheté du vulgaire, & qui n'ont quasi rien de l'infirmité humaine. Ils estiment les mépris à bien grand honneur; ils

d Dedecus, & mors, & paupertas me-ra quidem vocabula sunt; res autem apud ex-

preferent la pauureté à de grands tresors; & tout ce que les esprits foibles nomment aduersitez, ou afflictions, ils les appellent leurs plaisirs, & leurs delices. Aux occurrences de quoy que ce soit qu'ils doiuent souffrir, ils font connoistre par leur grand courage, qu'il n'y a point d'accidens à surmonter, contre qui ils ayent besoin de toute leur vertu: ils cherchent mesme les occasions qu'ils pourroient attendre, & preferent les dangers honnestes, à vne seureté sans merite. Leur vertu se renforce côtre tout ce qui la veut forcer; elle s'endurcit, ainsi qu'vne enclume, par le battement de toutes sortes d'afflictions: elle se relance en haut, comme la palme, contre le faix de tout ce qui la peut forcer; le souffle mesme des tourmés & des peines allume son feu interieur, & l'eau des saisissemés, & des oppressiós de cœur, comme celle des forgerons, rengrege ses ardeurs & ses flámes. Quoy qu'il arriue, leur raisõ demeure toujours debout; & ils font voir que l'esprit du Sage est au dessus des afflictions qui épouuantent le vulgaire; au milieu de tant de tempestes, & de tant d'orages, il leur demeure assez de force, & assez d'adresse pour ne lâcher

teros: hos scilicet, qui non agnoscunt qua ratione Deus suos puniat; in quem finem affligat; quo denique præmio laborantes coronet.
S. Isid. Pelusiot. lib. 3. Epist. 133.

e Tenendum est, rapiente fluctu, gubernaculum: luctandum cum ipso mari; eripienda sunt vento vela.
Seneca.

pas le timon, & pour se conduire au port en dépit des vents. Apres donc les noires vapeurs de la médisance, & les nuages des calomnies qui ternissent la reputation de ceux qui les souffrent: apres les enuies, & les fureurs brutales de tant de méchans: apres la lâche trahison des amis, & la perfidie des faux freres: bref apres tant d'affronts, tant d'injures, & tant de disgraces receuës, quand on void vn cœur en bône assiette; tousiours patient, humble & doux; vn cœur qui ne gauchit point de la vraye vertu; qui souffre tout sans dire mot, sans s'excuser, & sans se plaindre: on peut bien s'asseurer que ce n'a point esté la Nature qui a porté vne si belle ame à tant de souffrances, non plus que l'objet des interests de son corps; mais que c'est Dieu qui l'a attirée par son amour, qui l'a secouruë par sa grace, & qui luy donnera le Ciel pour le salaire de toutes ses peines. f Quand nous n'auons point de foy, ny d'esperance qu'en Dieu seul, il est tousjours nostre consolation, & nostre secours, en quoy que ce soit qui nous arriue: c'est luy qui change la nature des choses rudes; qui fait trouuer la douleur plus agreable que la volupté; la solitude plus

f *Scimus, quod nobiscum sit Deus in tribulatione: dum enim vulnus infligit, osculum proximus præbet: dum affligit, adhæret: dum torquet, adest.* S. Bernard. in Psal. 90.

douce que la compagnie; la pauureté plus auantageuse que les grands thresors; & la mort plus à souhaitter que la vie. Il n'est rien impossible à ceux qui sont assistez de sa grace, & épris de son amour: il a donné des aisles à des enfans, & à des vieillards, pour courir aux tourmens, & aux martyres; & les plus formidables de tous les tyrans, n'ont pas eu le visage si asseuré, que les criminels qui mouroient pour la deffense de son nom. g Là où est la foy, & la pieté, il y a vne armée d'esprits Angeliques pour la proteger: & celuy qui n'a que de sainctes intentions en la suiuant, ne peut estre frustré de ses esperances. Quoy qu'il nous vienne de fâcheux, ou d'insupportable, tenons-nous tousiours fermes dans les ruines publiques, & particulieres: si nous ne pouuons marcher, trainons-nous: on peut bien nommer vn homme miserable; mais, s'il veut, il viura content & heureux, quoy que tout l'enfer se monopole contre luy: h *Non fert vllum ictum illæsa felicitas. At vbi assidua fuit cum incommodis suis rixa, callum per iniurias ducit; nec vlli malo cedit: sed etiam si ceciderit, de genu pugnat.*

g *Ad cœlum Deus militem Christianum vocat, quem comitantibus glorys pressuræ deducunt.* S. Hieronym. ad amicum ægrotum.

h Sene. lib. Quare bonis viris, &c.

Nous sommes, puis qu'il plaist à Dieu,

esprouuez & persecutez en bien des manieres; & il semble que la malice des impies n'est ingenieuse que pour nous affliger: si est-ce neantmoins que la violence de nos douleurs n'est iamais si grande, qu'elle vienne à troubler la tranquillité de nostre esprit. Il est vray que nous souffrons quelquefois des afflictions si cuisantes, & en si grand nombre, qu'il semble que nous soyons prests à y succomber. 1 Mais Dieu, qui ne nous abandonne iamais, que nous ne l'ayons quitté les premiers, fait qu'assistez de sa grace, & de son secours, nous en demeurons victorieux; & en quelque lieu qu'il s'esleue des monstres contre nous, en recourant à luy par humilité, nous sommes asseurez d'vn liberateur. Tout ce qui nous fait plus de peine à supporter, & tout ce que la Nature a le plus à contre-cœur, c'est de nous voir despoüillez de tous nos biens, abandonnez de tous nos amis, & mesprisez & persecutez de tout le monde: mais considerant que nous n'oserions nous dire les seruiteurs du Fils de Dieu, si nous ne sommes ses imitateurs; & ne faisant, comme luy, aucune estime de tout ce que les hommes appellent honneur, plaisir,

1 *Deus suorum non est immemor, sed semper dat eis in tribulatione solatium.* S. Ambros. in 2. Epist. ad Cor. cap. 7.

ou richesses, les mépris & les affronts que nous font tous les méchans ne nous donnent ny tristesse, ny confusion. Aussi est-ce le propre de l'Esprit de Dieu, d'inciter à souffrir patiemment, sans plaindre; & il est vray que la marque la plus precise, pour connoistre ses legitimes enfans, c'est lors que nous les voyons souffrir auec amour, & perseuerer dans les souffrances auec vn visage gay. Il est des afflictions que Dieu nous enuoye pour guerir nos ames, comme des remedes que nous prenons pour guerir nos corps : les plus forts, & les plus amers, sont toujours les plus salutaires, & ceux qui font les plus belles cures. Côme le miel adoucit tous les fruicts ausquels on le peslemesle, pour acres & amers qu'ils soient : De mesme l'Amour de Dieu emmielle & fait trouuer doux, tous les trauaux, & les afflictions que le Tout-puissant nous enuoye : pourueu que nous y en meslions deux ou trois gouttes, il n'y a rien que nous ne trouuions agreable, & de tresbô goust. k Vne ame qui en a gousté tant soit peu, non seulement veut tout ce que Dieu veut, mais elle ne peut plus vouloir autre chose. Il est vray que nous n'auons

k *Velle autem quod Deus vult, hoc est, iam similem Deo esse: non*

rien qui soit vrayement nostre que nostre volonté: c'est elle seule qui nous peut rendre heureux en ce val de larmes; pourueu que nous la rendions solidement ferme, en cette saincte & loüable resolution, de ne vouloir iamais que ce que Dieu veut: & que nous vouliós receuoir de sa paternelle main, tout ce qui nous arriue autant pour le corps, que pour l'esprit. Puis que tout l'effort de nostre prudence ne nous peut asseurer comme quoy reüssiront les choses futures: & ne sçachans pas mesmes si en changeant de condition, nostre ame iroit de mal en pis, ou de bien en mieux; nous deuons tousiours preferer à nos desirs, & à nos souhaits, tout tel ordre qu'il plaira à Dieu d'établir en nos affaires. Aussi bien le iugement humain ne sçauroit-il rien déterminer d'asseuré touchant les motifs de Dieu en ses actions; il a tousiours raison de faire ce qu'il fait, quoy qu'il ne la declare que quand bon luy semble. *l* Partant, quoy qu'il nous arriue, aussi-bien qu'aux autres, ne disons iamais que c'est contre l'ordre que Dieu deuroit auoir estably : & quand nous voyons que les entreprises des Sages, & des justes ont des euenemens funestes; &

velle, nisi quod Deus vult, hoc est, iam esse quod Deus est; cui velle & esse, idipsum est. S. Bernard. Epist. ad fratres de Monte Dei.

l Credendum Deo consulenti patiētiam; Deo docenti fructum patientiæ ; Deo comminanti pœnam; Deo

celles

celles des fols, & des méchans des succez heureux, gardons-nous bien de croire qu'il y ait rien de fortuit, ny de déreiglé en la conduitte du monde. Dieu ne fait iamais rien que pour nostre bien; & comme il est vray qu'il peut toutes choses: aussi est-il certain qu'il ne veut iamais que les meilleures, & que les plus iustes: & il ne faut pas que nostre entendement iuge de ses actions selon sa portée; encore que nous n'en puissions comprendre les motifs, il ne s'ensuit pas qu'il n'en ait de tres-raisonnables. a Ce n'est pas à nous à troubler l'ordre de la Prouidéce, & à nous mesler des affaires superieures: Dieu a mis entre nos mains ses commandemens, & non pas la conduite de cét vniuers; il faut que nous nous mettiós en deuoir de les obseruer, & que nous luy laissions gouuerner le monde à sa mode. Desormais donc, au lieu de murmurer des choses qui se font icy-bas, qui choquent nos sens, il faut reigler nos desirs à la volonté supréme, qui pour vn bien tres-certain, permet arriuer des choses, qui ne sont maux qu'en la foiblesse de nostre pensée: b *Hic est magnus animus, qui se Deo tradit: at contra, ille pusillus, & degener qui obluctatur; & de or-*

promittenti præmium. Holcot, in cap. 2. Ecclef.

a *Totum quod est pietatis excludit, qui salutare non crediderit, quidquid dederit pater.* S. Chrysol. serm. 55.

b Senec. Epist. 98.

T tt

dine mundi malè existimat, & emendare mauult Deum, quàm se.

De la tranquillité de l'esprit du Sage: Qu'il se détache de l'affection de tout ce qui est creé, pour viure content; Qu'il trouue son bon-heur au dedans de soy; & qu'il ne constituë sa félicité temporelle qu'au reiglement de ses passions, & en la pratique des vertus solides.

Chapitre XVI.

c *Quamdiu aquor hoc vitæ nauigamus, tamdiu fluctus : & interdum serenu aliquod si blanditur, decipit, & ferè tempestas maior succedit.*
Lipsius in Epistolis.

c NOSTRE vie est vne nauigation pleine de perils, tousiours battuë d'orages, menacée d'écueils, & où il ne suffit pas d'auoir la boussolle qui marque les quartiers du monde, il faut souuent consulter la carte qui montre le port. C'est vn voyage dans lequel l'on s'égare infailliblement, si l'on ne sçait le lieu où l'on doit aller. Ce n'est pas assez d'agir auec raison, mais il faut que la vie s'adjuste, & se gouuerne de sorte, qu'elle tienne tousiours la route qui la conduit à sa propre fin. Tout ce qui se fait dans le commerce du monde, pour la commodité des sens, & sous le regne des passions déreiglées, n'est qu'vne vie animale trop terrestre pour la dignité de l'homme, & qui n'a point de rapport à la grandeur de son origine. *d* Nous sommes icy, puis qu'il plaist à Dieu, en vn païs de desirs desordonnez, & insatiables: les choses s'y écoulent par vn flux continuel d'alteration, & de changemens; & le temps mesme les emporte par vne course trop precipitée, pour y pouuoir établir le siege de nostre bon-heur. Quand mesme le Ciel nous presenteroit le bien que nous souhaittons, nostre ame estant prisonniere dedans le corps, est encore d'vne condition trop basse pour le receuoir, & pour en jouïr; & ses yeux se trouuent trop foibles durant cette vie, pour souffrir vne lumiere qui brille si fort. *e* L'homme Sage ayant souuent medité sur la condition des choses caduques, & humaines, les estime à peu prés ce qu'elles vallent: mais il n'adjouste rien à leur valeur par son opinion; au côtraire il diminuë beaucoup du prix que le vulgaire leur donne, & croit que les plus brillâtes ne sont pas tousiours de bon or. Il sçait precisément en quel degré les choses sont bonnes, ou mauuaises;

d Hæc Dei est lex, virtutem solam esse, quæ potens, solidáque sit: cætera omnia nugas, & ineptias. Pythagor. apud Stobæum.

e Ille verè sapiens, cui quæque res sapiunt, prout sunt. S. Bernard. de verbis Apostoli.

Ttt ij

514 LES ENTRETIENS

& pour éuiter les precipices, & trouuer la verité, il ne faut que suiure son exemple, & ses conseils. ƒ Il sçait que les Princes & les Roys vieillissent; qu'il n'y a point d'ancienne beauté que celle de Dieu, de ses estoiles, & de son Soleil; que ces carcasses, & ces os descharnez qu'on voit aux sepulchres, ont esté autrefois les merueilles, & les diuinitez de leurs siecles; & qu'il peut mesme suruenir des accidens, ou des maladies, qui ruinent les beautez, & qui ne laissent rien à faire à la vieillesse, non plus qu'à la mort. Et pour ce qui touche le Sage en son fait particulier, il n'ignore pas que le cours de bien peu d'années, pendant lequel il souffre des persecutions innombrables, le doit rendre au port de l'eternité, où il fera gloire de tout ce qu'il aura enduré de fâcheux; & que tout le mal que les méchans luy font icy-bas, est la semence d'vn bon-heur, dont il doit faire la recolte dás le Paradis. g Il est vray qu'on nous a trompez en l'imposition des noms, quand on a appellé biens, les honneurs, les plaisirs, & les richesses : & lors qu'on a donné le nom de maux aux priuations qui nous arriuent de tous ces sujets, qui

ƒ *Omnia mortalium opera, mortalitate damnata sunt: inter peritura viuimus.* Sene. Epist. 91.

g *Circumspice ista quæ nos agunt in insaniam quæ cum plurimis lachrymis amittimus: scies non dam-*

ne dependent point de nostre puissance, & que le vulgaire nomme afflictions. L'opinion falsifie tellement tout ce qu'elle propose à la volonté; elle corrompt & emporte nostre iugement auec tant d'effort, par le tumulte d'vne voix publique, qu'il ne se faut promettre aucune felicité sous son regne. Il est certain que le mal qui cause tous les déreiglemens dans nos ames, a sa source en l'intellect, & en la volonté: & que tous les desordres de nostre vie, procedent de ce que ces deux puissances sont lezées. *h* Car si nous n'estimions les choses que ce qu'elles vallent, & si nous reglions tous nos appetits selon la Raison, nous demeurerions dans la pratique des vertus solides, qui nous ouuriroient le chemin du Ciel, & nous feroient trouuer dés-icy-bas la tranquillité, & la paix interieure que nous y cherchons. Veritablement les hommes ne sont pas d'ordinaire si differens en leurs visages, & en leurs postures, qu'ils le sont au iugement des choses qu'ils estiment bonnes. Chacun se fait son souuerain bien de ce qui reuient d'auantage à ses appetits: l'Auare a son cœur dedans ses thresors: l'ambitieux trouue sa felici-

num in his molestum esse, sed opinionem damni. Sene. Epist. 42.

h Quamdiu amor ad multa spargitur, & ad ima deriuatur, numquam ad plenam pacem perducitur, numquā ad vera securitatis tranquillitatem seruatur. Richard. victorin. tract. de exterminat mali, cap. 19.

Ttt iiij

té dans les grandes charges: Il y en a qui ne se figurent point d'autres plaisirs que celuy des sens; & les autres mettent tout leur bon-heur, dans vn repos qui ne les oblige iamais à l'action, ny à vaquer aux affaires. *i* Ce sont là les inquietudes ordinaires des esprits malades, qui empirent de tous les remedes que leur prescriuent leurs passions : & qui cherchans à se soulager d'vne douleur qui les suit par tout, & dont ils portent la cause en eux-mesmes, ne s'aduancent du costé de la tranquillité de l'esprit, qu'à la façon des escreuisses, qui marchent tousiours en reculant. En vn mot, si nous iugions sainement des choses, nous demeurerions dans la pratique des grandes vertus, qui nous ouuriroient le chemin du Ciel, & nous conduiroient au souuerain bien que nous cherchons : κ *Certum est, solum & summum bonum esse virtutem, eamque abundare solam ad vitæ fructum beatæ : nec externis aut corporis bonis, sed virtute sola præstari beatam, per quam vita æterna acquiritur.*

l Il n'y a rien de si souhaitable, durant cette vie, que la paix de l'ame : ceux mesmes qui suiuent le cours du monde, & qui s'engagent dans ce grand commerce où

i Riuus quâ fluit, cauat terram: sic discursus temporalium conscientiam rodit.
S. Bernard. lib. 4. de considerat. cap. 6.

κ S. Ambro. lib. 2. offic. cap. 5.

l summus sapientiæ finis est, vt simus mente tranquillâ.
S. Ambros. in Psal. 118.

DV SAGE. II. Part. 517

l'on fait perte de sa liberté, souspirent apres la tranquillité d'esprit, dont nous traitons, & se proposent pour derniere fin, quelques années où ils pourront vacquer à eux-mesmes. Il est vray que la plus generale de toutes les passions qui se retrouuent auiourd'huy parmy les hommes, c'est celle d'estre heureux & contens; ainsi qu'il se voit par les efforts qu'ils font tous pour le deuenir: mais parce qu'il ne se trouue presque personne qui se serue des moyens qui sont propres à en obtenir la iouïssance; aussi est-il vray que pas vn d'eux ne rencontrent ce qu'ils cherchent, ny ce qu'ils souhaitent; m ne sçachans pas que le bon-heur, & la felicité de l'homme, ne se retrouue iamais en l'ame de qui que ce soit, qu'auparauant toutes ses puissances raisonnables, & superieures ne soient soûmises à Dieu, & que toutes les sensibles obeïssent aux raisonnables. Comme il est necessaire que nostre œil, pour bien iuger des couleurs, n'en ait pas luy-mesme: aussi faut-il que nostre cœur soit détaché de toutes sortes de terrestres affections, pour faire vn iugement equitable des choses du monde, & pour bien connoistre son instabilité, & sa trompe-

m *Neque speculum, si pollutū sit, imaginum poterit impressiones recipere: neque anima sæcularibus occupata curis, & carnalis sensus affectionibus obtenebrata, illuminationis Spiritus sancti c. pace esse valebit.* S. Basil Epistol. 64.

rie. Si nous voulons rendre nos ames capables de belles & genereuses actions, nous deuons les esleuer au dessus des choses sublunaires, & mettre toutes les choses creées, comme des monceaux de terre, sous nous pieds, afin qu'elles nous seruent de degrez, & d'eschelles pour monter au Ciel. n Il nous faut negliger toutes les negociations d'icy-bas, & quitter les soins & les chagrins que nous y prenons de nos interests: il ne nous faut soucier que d'vne chose, qui est de ne nous soucier de rien ; afin d'aymer & seruir sans inquietude, celuy qui est toutes choses, & au dessus de toutes les choses. Autrement, nostre Raison estant liée & retenuë par nos desordonnées affections, ne nous seruira non plus que le vol aux petits oyseaux, qui pensant se guinder en l'air, & vers le Ciel, se retrouuent engluez par les pieds, & par les aisles. Il est certain que nostre ame s'affranchiroit des inquietudes du monde, si elle n'y mesloit point ses affections. Comme le corps souffre ses lassitudes, par vne dissipation d'esprits dans vn trauail assidu: ainsi l'ame raisonnable sent ses forces moins genereuses, quand elles se diuertissent dans

n *Negotiatio omnium præstantissima, quâ brevia & fragilia bona cum sempiterna gloria commutantur.*
S. Grego
Nazianz.
orat. 18.

dans vne multiplicité d'affaires. Et d'ailleurs, comme les foüets, & les verges marquent & efcorchent les corps qui en font battus, & leur font fouffrir des douleurs cuifantes: De mefme, les paffions déreiglées defchirent les ames de ceux qui en font perfecutez; & les affligent en telle forte, que s'ils veulent viure heureux durant cette vie, il faut neceffairement ou qu'ils les eftouffent, ou qu'ils les moderent. *a* Le Sage s'efleue genereufement au Ciel, quand il n'y a plus d'objets qui l'arreftent fur la terre: & fon cœur, qui conferue vne fecrette flamme de l'Amour diuin, s'en embraze fort facilement, quand il le defcharge du trop de matiere qui l'eftouffoit. Il eftime plus la verité, qui eft eternelle, que les beautez periffables: il prefere vn bien qui luy eft propre, que la hayne & la tyrannie ne luy peuuent ofter, à vn éclat trompeur, & à vn ornement paffager, dont il peut eftre defpoüillé par le moindre reuers de la fortune. Et pource qu'il connoift la nature, & la fragilité des biens d'icy-bas, il fe contente de l'vfage eftroit des plus neceffaires, & ne cultiue auec vn grand foin, que cette partie qui luy eft propre, &

a *Magna vis amoris, ab omnibus feparat, & amato animam alligat: quod fi non auolat, faltem velocit reurit ad Deum.* S. Chryfoft. homil. 63. ad populum.

V u u

dont les biens ne luy peuuent estre ostez, par l'indignation des tyrans, ou par l'iniustice des autres hommes. *b* Rien n'est capable de contenter nos desirs immenses, qu'vne vie sans corruption, vne verité sans tromperie, vne bonté sans malice, vne grandeur sans limites, & vne gloire qui dure tousiours. Toutes les affections que nous auons pour la terre, ont moins de douceur dans la joüissance, que dans leurs recherches : parce que nostre ame, qui aspire à l'infini, se trouue abusée par des objets d'vne si petite estenduë; & il est vray qu'elle soûpire pour vn bien vniuersel, qui ne se trouue qu'en peinture parmy les choses creées. Tout ce qui nous peut faire bons, & nous rendre heureux n'est pas loin de nous : *c.* nous nous pouuons rendre sages en bien peu de temps, & quasi pour rien : mais pour en venir à ce point, il ne faut pas tenir le chemin battu du vulgaire, dont la coustume est d'enuoyer toutes ses pensées au dehors, sans iamais faire de reflexion au dedans de soy. Le bon-heur de l'homme ne doit point estre cherché ny dedans, ny dessus la terre : il ne faut point trauerser les mers pour en joüir, ny le cher-

b In virtute posita est vera felicitas: Deo parere libertas est. Seneca.

c. Regibus contingei virtus sine apparatu, sine impensa. Seneca.

cher parmy les estoiles : il loge dedans nous, & non ailleurs; ou s'il en est absent par le desordre de nos passions, il est en nostre pouuoir de l'y faire reuenir quand bon nous semble : d *Nascitur ex bona con-scientia: ex honestis consilijs, ex rectis actionibus, ex contemptu fortuitorum, ex placido vitæ, & continuo tenore vnam prementis viam.*

d Senec. Epist. 23.

L'homme estant vn voyageur pendant cette vie, il se doit proposer Dieu pour le dernier terme où il rapporte tous ses mouuemens, à l'exemple du Dauphin du Ciel, qui estant descendu du sein de son pere, n'a aduancé icy-bas que pour y retourner. Quelques presens que nous fasse le monde, de quelques delices qu'il flatte nos sens, il est tousiours l'objet de nostre mépris, aussi long-temps que nous iettons les yeux sur les biens du Ciel: nostre esprit ne se peut contenter des choses qui se peuuent accroistre, pource qu'il est creé pour jouïr d'vn bien infiny. e Le viure doucement, & tranquillement ne procede point des choses externes, qui sont hors de l'homme: ains au contraire, c'est l'homme qui donne du contentement és choses qui l'auoisinent; pourueu que ses mœurs, & ses affections soient

e *optimè constituta est illius hominis vita, qui in se ipso omnia quæ ad felicitatem pertinent, sita habet.* Plato.

Vuu ij

bien composées au dedans. La source de la vraye tranquillité est dans nostre ame: curons-la diligemment de la bouë de toutes sortes de terrestres affections, puis nous joüirons auec plaisir de la beauté & douceur de ses eaux. Personne ne nous peut empescher d'aymer Dieu, d'obseruer ses commandemens; de haïr le vice, d'aymer la vertu; d'estre iuste, constant, & temperant; d'estre charitable, chaste, patient, humble, & debonnaire; de mépriser les plaisirs, les honneurs, & les richesses; de cherir nos ennemis, & de reduire toutes nos passions sous l'empire de nostre raison. ƒ Bref, il ne tient qu'à nous que le Royaume de Dieu ne soit dás nousmesmes, & que nous ne joüissions tranquillement de tous les plaisirs qu'il produit, dans les cœurs où il habite. Or il est certain que la tranquillité de l'esprit ne peut estre solidement appuyée, que sur celuy seul qui estant Eternel par sa Nature, est exempt par son pouuoir infini, des loix de la mort, & de l'inconstance. La vicissitude des choses humaines, est vne des plus fortes preuues que nous ayons, qu'il est impossible de ioüir icy bas d'vne tranquillité perdurable: car si

ƒ *Hoc est autem Regnum Dei, quando & in cælo, & in terra Dei voluntas est sola: quando in omnibus hominibus Deus mens est: Deus viuit: Deus agit: Deus regnat: Deus est totum.* S. Chrysost. serm. 67.

le bon-heur que nous cherchons tous, & que si peu trouuent, consiste en vne paix & repos de l'ame, qui possede à souhait tout ce qui est capable de la combler d'vne heureuse ioye, auec asseurance de n'en estre iamais priué ; comment pourroit-on iouïr de ce contentement perpetuel, en vn lieu où il n'y a rien qui ne soit muable ? veritablement nous ne sommes pas si peu hommes, que nous ignorions que l'Eternité, & l'Immutabilité sont logées dans le Ciel, & non ailleurs. C'est pourquoy, Dieu estant la source eternelle de la felicité, & du vray amour, l'homme ne sçauroit iouïr d'vn plus grand heur, que de reünir le sien à son origine ; & de prendre pour l'obiect de sa dilection, le principe d'où elle est sortie. Comme la pierre n'est iamais en repos qu'elle ne soit arriuée à son centre : ainsi l'homme ne peut estre parfaictement heureux, qu'il ne soit vny à cette Bonté infinie. g Cela estant, l'on peut bien asseurer qu'il n'y a point de vraye felicité durant cette vie, & que nous n'en pouuons jouïr icy bas, que par vne bien petite participation. Il est vray que la terre est faicte pour nous, mais nous ne sommes pas faits pour la terre : il y a vn se-

g *Aliqualis participatio beatitudinis in hac vita haberi potest: perfecta autem, & vera beatitudo haberi non potest.* S. Thom. 1. 2. quæst. 5. artic. 3.

jour plus heureux, où nous deuons attacher nos affectiōs, & y esleuer nos pensées, que le Tout-puissant a preparé pour ceux qui le seruent. Dieu veut que pour aller à luy, nous tenions le mesme chemin qu'il a pris pour venir à nous: & que comme il s'est dépoüillé des ornemens de sa gloire, nous renoncions à l'amour des choses terrestres, pour estre reuestus de l'innocence, & éclairez de ses lumieres. Nos ames sont trop nobles pour se raualler à l'amour des choses si viles, comme sont les biens du monde; & c'est des seules richesses des vertus, & de la grace dont elles doiuent estre passionnément amoureuses. Elles sont creées pour regner à iamais dans le Ciel, & le mépris de tout ce que les mondains estiment si fort, leur est la plus seure voye pour y paruenir. Le monde est bien leur chemin, mais non pas leur but; c'est leur passage tant seulement pour aller ailleurs. *h* Il est vray que la moindre recherche de nostre interest, fait naistre en nostre ame des soins qui la troublent: estant impossible qu'elle ne demeure inquietée, lors qu'il luy arriue des choses qui ne sont pas conformes à ses intentions; au lieu que si nous ne cherchions

h Non potest dominari omnibus, nisi is qui proprys non tenetur. S. Chrysol. serm. 22.

que Dieu en tous nos projets, & en l'accomplissement de ses volontez, nous trouuerions, sans doute, la tranquillité & le bon-heur que nous cherchons inutilement. Il ne faut point, Dieu mercy, monter iusques dans le Ciel, pour se mocquer de la fragilité & de la foiblesse de cét vniuers: l'étude de la vraye sagesse, & de la vertu nous met en cét estat là. i Le Sage considere toutes choses au dessous de luy: les Palais des Princes luy paroissent des cabanes, & les sceptres des Roys des joüets de la fortune ; & son esprit est si fort affermy, par les exercices de la vraye vertu, qu'il ne sçait que c'est des orages qui troublent le repos de la vie, par le desordre des passions, ou des infortunes. k Que les affections troublent tant que l'on voudra le calme de ses puissances; qu'elles iettent, si elles veulent, la confusion dans la volonté, & les tenebres dans l'entendement, sa grandeur neantmoins se fera tousiours connoistre, comme celle du Soleil & de la Lune, qui dans les eclypses ne laissent pas de montrer toute la circonference de leurs faces, quoy que pasles & défigurées. Il est des oyseaux nobles, comme sont les Aigles, qui sont presque touſ-

i *Nescit naufragia, qui semper in portu tranquillitatis est*
S. Ambros. lib. 1. de Iacob. cap. 6.

k *Regium profecto animum gerit, qui desiderys suis imperare, & studia sua, & exercitia pro deliberationis arbitrio disponere consueuit.*
Richard. victorin. lib. 1. de erudit. inter. hominis.

jours esleuées au plus haut de l'air, & ne descendent icy bas que bien rarement, & pour prendre leur pasture: aussi est-il des ames genereuses, qui sont continuellement esleuées dans le Ciel, & ne raualent iamais leurs pensées sur la terre, que pour satisfaire aux simples necessitez du corps, lesquelles elles ne peuuent negliger sans offense. Ce sont des ames qui ne mettent leurs affections qu'en des objects qu'ils peuuent tousiours aymer, & qui sont eternellement aymables; qui ne se sallissent point de la bouë des choses terrestres; qui esleuent leurs desirs iusques à la source des rares beautez, & les esloignent du corps & de la matiere, comme de la lie & de l'impureté des creatures. l Elles regardét desia la terre de la mesme sorte qu'on la considere du Ciel Empiré: rien ne leur paroist grand dans vne espace si petit; ils n'y voyent rien qui merite d'y arrester leurs pensées, ny d'y occuper leurs affections; tout ce qu'elle contient ne les rempliroit pas à demy. La seule possession de Dieu est capable de combler de si larges cœurs: aussi est-ce l'vnique suject de tout leur amour, & toute leur ambition, leur part, & leur heritage; les honneurs, & les richesses,

l *Verè non habet super terram quod amet, qui bonum cæleste in veritate gustauerit.* S. Chrysost. homil. 51. in imperfect.

chesses dont ils iouïssent, n'en sont que
les suites, & les accessoires : a *Sancta anima* a S. Amb.
nescit aliud desiderare, quàm sponsum, qui est in Psal. 118.
*Christus Iesus:illum concupiscit,illum desiderat:in
illum totis viribus intendit:illum gremio mentis fouet; illi se aperit, effundit; & hoc solum veretur,
ne illum possit amittere.*

b Or le moyen d'auoir la paix, & la tran- b *placuit sa-*
quillité de l'esprit, que tous les hommes *pientissimo*
& optimo
recherchent, & dont peu ioüissent, c'est de *Creatori, vt*
mettre des bornes à ses desseins, & de rap- *spiritus hominis pie Deo*
porter ses actions à vne fin generale & le- *subditus, ha-*
gitime de toute sa vie. Celuy qui prend la *beat fœliciter*
Raison pour guide, & qui assujettit tou- *subditum corpus, & sine*
tes ses passions sous ses loix, sera tranquille *fine permaneat ipsa fœ-*
entre les disgraces, asseuré de son chemin *licitas.*
en toutes sortes de routes; & iamais il ne S. August.
prendra le change, ny les ombres pour la lib. 15. de
Trinitate.
verité : mais il possedera agreablement la
vie, qui roulera, comme font les Cieux, autour d'vn centre immobile, auec des
mouuemens tousiours reguliers. Cette vie
tranquille, pleine de douceur & de majesté, & esleuée comme dans vn throsne, au
dessus de la presse d'vne populace, rend
l'homme iuge du reste du monde : c Il c *Omnia in*
attend auec vn esprit égal, que la fortune *se reposuit,*
nihil fortunæ
se vienne jetter à ses pieds pour luy faire *credit : bona*

hommage, & luy demander pardon de son infidelité : sans qu'il soit ny corrompu par ses presens, ny offensé de ses iniustices ; parce que ces choses sont estrangeres de luy, & indifferentes pour la fin qu'il s'est proposée. Il n'appartient qu'à vne vertu heroyque & quasi diuine, de prendre ces fortes & genereuses resolutions : & d'establir vn gouuernement si bien reiglé dans la vie particuliere, que ses excez & ses deffauts, n'y soient iamais remarquables. L'auersion que l'on conçoit des biens de fortune, est vn moyen propre pour acquerir la tranquillité de l'ame : la colere s'arme fort vtilement sous la conduite de la Raison, pour proteger vne innocence opprimée, ou pour reprimer les desordres de nos appetits ; & la hayne que l'on porte au vice, en espargnant la personne, est vne force qui maintient l'empire de la vertu, & qui donne des triomphes à la pieté sur ses ennemis, sans rompre la paix. *d* Le Sage conçoit vn mépris genereux des choses materielles, d'où naissent tous les troubles de la Raison, & les desordres de la volonté : il fait ce qu'il peut pour se deliurer des seruitudes du corps ; pour se décharger

sua in solido habet, contentus virtute, quæ fortuitis non indiget. Seneca.

d Magna & generusa res est humanus animus : nullos sibi poni nisi communes, & cum Deo terminos patitur. Sene. Epist. 22.

d'vn poids qui l'accable; pour se deffaire d'vn negoce, qui peut deuenir ruineux, & dont à present les proffits ne consistent qu'en inquietudes : Il tâche de conuerser auec les hommes, sans se salir de leurs vices; & en s'esleuant au dessus du monde, de n'auoir de l'amour que pour le Ciel. Et pource qu'il connoist le monde par experience, il prefere la liberté des deserts, à la pompe & aux charmes des Cours des souuerains : & les chaisnes les plus precieuses, & les mieux dorées, n'ont pas assez de forces ny d'attraits, pour l'y retenir. e. Il sçait bien que le vray repos, & le solide contentement de l'esprit, ne doit point estre mis entre les choses qui s'obtiennent à prix d'argét : & que ceux qui naissent d'vn sang illustre, & qui sont nobles de quatorze races, ne sont point destinez pour en jouyr plustost, que ceux qui sont issus de la lie du peuple. Il voit le cours, le progrez, & la fin de toutes choses: il se mocque de ces fortunes esclatantes, qui se doiuent briser à trois pas de là, & qui n'ont que le masque de felicité; pour marque de leur bonté, & de leur durée. Il iuge le monde en quelque part qu'il se trouue, & en publie cét Arrest par

e *Bona illa sunt vera, quæ ratio dat: solida ac sempiterna, quæ cadere non possunt, nec decrescere quidem aut minui. Cætera, opinione bona sunt.* Sene. Epist. 74.

tout où il va; à sçauoir, que ses plaisirs, ses honneurs, & ses richesses sont des semences de douleurs, & de remors; que la paix & le repos de l'esprit, ne se peuuent trouuer dãs leur jouyssance, & qu'il faut chercher vn bien plus vniuersel, & plus veritable pour viure content: ſ *Nulli creaturæ fidere; sed in solo Deo omnes suas, & spes, & opes habere collocatas; ex eoque totum, mente, animoque pendere; res est magni animi, & cælestis.*

ſ Philo, lib. qui inscribitur, quis rerum diui. sit hæres.

FIN.